LE RÉSEAU BUCÉPHALE

Du même auteur

OAS, histoire d'une organisation secrète
Fayard, 1986

L'Arme de la désinformation
Grasset, 1999

André Malraux 1901-1976, le roman d'un flambeur
Hachette Littératures, 2001

OAS, histoire d'une guerre franco-française
Seuil, 2002

EN COLLABORATION AVEC ROGER FALIGOT

Service B
Fayard, 1985

Kang Sheng et les services secrets chinois
Robert Laffont, 1987

Porno Business
Fayard, 1987

Les Résistants
Fayard, 1989

Le Croissant et la Croix gammée
Albin Michel, 1990

As-tu vu Cremet ?
Fayard, 1991

Éminences grises
Fayard, 1992

Histoire mondiale du renseignement, tomes 1 et 2
Robert Laffont, 1993 et 1994

Le Marché du diable
Fayard, 1995

L'Hermine rouge de Shanghai
Les Portes du large, 2005

RÉMI KAUFFER

LE RÉSEAU BUCÉPHALE

ÉDITIONS DU SEUIL
*27, rue Jacob, Paris VIe*

ISBN 2-02-060203-2

www.seuil.com

Pour Henri, qui ne pourra pas lire ce livre

AVERTISSEMENT

À l'exception de certaines figures historiques comme le général de Gaulle, Pierre Brossolette, André Malraux, Jean Moulin… et d'autres personnalités moins connues de l'époque : le colonel Groussard, le colonel Passy, sir Claude Dansey ou, dans un tout autre genre, Klaus Barbie par exemple, les noms de famille mentionnés dans ce roman ne correspondent pas à des personnages réels.
De même pour le réseau Bucéphale, qui n'a jamais existé.

Prologue

Le dossier est marqué « urgent ». Le ministre tente d'en récapituler les éléments essentiels. Difficile quand texte et tableaux chiffrés dansent la sarabande sous ses yeux. Mais demain, plusieurs élus ont prévu de l'interpeller à la Chambre des députés sur ce point technique qu'il maîtrise déjà si mal.

Quand la porte capitonnée s'entrouvre, Vincent Noroit, agacé, relit le même passage pour la troisième fois.

– Monsieur le Ministre, votre visiteur de 9 h 30, annonce l'huissier.

– Faites entrer, réplique Noroit machinalement. Pris à sa place par le secrétariat, ce rendez-vous n'évoque rien de précis pour lui.

Dos voûté, veston croisé de mauvaise coupe, lunettes passe-partout, un inconnu se glisse dans la pièce à pas de loup.

Noroit sursaute. Ce fantôme, ce revenant, c'est...

– Toi ici ? Mais tu es fou ! balbutie l'ancien chef du réseau Bucéphale.

– Je voulais te voir.

Le fantôme s'avance à pas hésitants vers le bureau en acajou. Regard braqué sur Noroit, il interrompt son mouvement au milieu de la pièce.

– Me voir ? Je vais te faire arrêter.

– Aucune importance, tout est déjà fichu.

Quelque chose se brise dans la voix de l'homme au moment précis où la main du ministre s'apprête à presser le bouton d'appel du secrétariat. Figé, Noroit laisse son interlocuteur poursuivre :

– C'est à toi que je veux me rendre, Vincent. À personne d'autre. Il fallait que je te dise, que tu comprennes. Je te le jure, j'ai suivi les consignes à la lettre. Après mon arrestation, on a roulé plein pot dans Paris.

– Jusqu'à l'avenue des Ternes, je suppose.

– La chambre du deuxième étage, celle de l'angle. Kraus et Wehner étaient là. Gautremont surtout…

Noroit hoche la tête. Durant l'Occupation, Robert de Gautremont, faux noble mais authentique collaborateur, fut l'un des auxiliaires les plus efficaces des nazis. Chef de la police économique franco-allemande, la PEFA, plus connue sous le sobriquet de « la Savate », cet aventurier régnait sur un univers de dénonciateurs, de demi-mondaines, de collaborateurs, de tortionnaires, de truands.

– Gu et le Nantais, poursuit le visiteur, m'ont menotté les bras derrière le dossier de la chaise. Malgré les coups de cravache, je gardais le silence. Wehner s'est énervé. Puisque je m'obstinais à faire le malin, il allait me laisser à ces messieurs. Les autres m'ont fait passer à côté, dans la salle de bains. Ils appellent ça le « salon des aveux spontanés ». Ils te déshabillent, ils…

– Je sais.

Hurlement d'écorché vif :

– Non, tu ne sais pas… Tu ne sais rien !

Cassé, l'homme se laisse tomber sur un des fauteuils Régence disposés face au bureau. La sueur perle sur son visage. Le récit de sa déchéance prend l'allure d'une litanie funèbre :

– J'étais nu devant cette baignoire pleine d'eau, de sang, de déjections. Gu, Ribouldingue et Vermeulen m'ont labouré le corps à coups de nerf de bœuf. Je me suis écroulé sur le carrelage. Eux ont ôté leurs vestons, enfilé des bottes de caoutchouc, passé des tabliers de cuisine en toile cirée. Ils m'ont enroulé une sangle autour du ventre. Quatre fois de suite, j'ai été plongé dans cette eau glaciale. Ils t'enfoncent la tête, tu n'as plus d'air, tes poumons manquent d'éclater. Juste avant le moment de l'asphyxie, ils te ramènent à la surface en tirant sur la sangle. Ils appellent ça « baigner », ils font durer le plaisir. Ils s'arrangent toujours pour que tu survives.

La main de Noroit se pose à nouveau sur le bouton de la sonnerie, puis se ravise encore.

– J'ai vomi sur mes jambes. Gu ricanait en me traitant de dégueulasse. Moi, je m'en fichais bien : la peur s'était évanouie.

Rien qu'un froid atroce, des tremblements partout. Ribouldingue m'a séché dans un peignoir-éponge, puis frictionné avec de l'eau de Cologne. Enroulé dans une couverture, un verre de cognac à la main, je commençais à me sentir mieux. La laine me grattait, c'était presque agréable. Gautremont a poussé la porte.

– Alors ?

– Que dalle, patron. On l'a pourtant baigné quatre fois.

Gautremont m'a regardé :

– T'es un gars courageux, j'aime ça.

Et à ses acolytes :

– Fin de baignade. Habillez-le correctement. Maintenant, c'est mon invité.

Il a souri. Une heure après, j'étais à table face à lui. Smoking, nœud papillon et champagne. Kraus n'était plus là.

– Et Wehner ? s'enquiert Noroit.

– Lui, oui. De l'autre côté de la table, un journaliste collabo du *Cri du peuple* et sa femme. Trois ou quatre filles aussi.

– Mesdames, a proclamé Gautremont, vous avez devant vous un authentique héros. Héros et âne bâté. Monsieur a la comprenette difficile ; Monsieur croit aux miracles ; Monsieur n'a toujours pas saisi que l'Allemagne est en train de gagner la guerre…

– Laissez-lui un peu de temps, a lancé le plumitif.

– Oui, c'est ça, du temps ! piaillait sa compagne, trois quarts saoule. Les autres, des jeunesses, piquaient des crises de fou rire. On aurait dit des gamines. Élyette, la maîtresse de Gautremont, m'a offert une cigarette. Une fille plutôt gentille.

Noroit scrute son ancien camarade de combat. Lui aussi aurait des choses à raconter à propos d'Élyette, mais il préfère garder le silence.

– Je suis un bon cheval, a repris Gautremont. Et un meilleur hôte encore. Allez, mes amis, dînons. Il y a du pâté de chevreuil dont vous allez me dire des nouvelles.

Le repas a commencé.

– Et tu as mangé ? demande Noroit, pris aux tripes par le récit de cette descente aux enfers.

– Qu'est-ce que tu aurais fait d'autre ? Oui, j'ai mangé ! C'était bon, j'en oubliais la douleur. Le type du *Cri du peuple* et sa femme sont partis les premiers, puis Wehner. Alors Gautremont a fait claquer ses doigts, et tout le monde s'est tu.

– Les filles, montez vous coucher. Et toi, l'âne bâté, viens. On a un copain commun, figure-toi.

Vermeulen m'a poussé dans le bureau. Nous nous sommes assis, moi d'un côté de la table sur une chaise, Gautremont de l'autre, dans le fauteuil en cuir.

Dans mon dos, Vermeulen veillait au grain. Le malaise a fini par m'envahir. Déjà, Gautremont abattait sa première carte :

– Ton courage ne sert à rien, mon pauvre vieux : je sais tout. Pourquoi donc te faire démolir pour des nèfles ?

– Si ça ne tenait qu'à moi, a-t-il ajouté en haussant les épaules… Seulement les Chleuhs, tu les connais, ils adorent la paperasse. Des kilomètres de rapports pour leurs chefs de Berlin. Alors raconte-moi tout et, parole d'homme, tu pourras aller te faire pendre ailleurs.

Ils m'avaient laissé les mains libres, une chance inespérée. Mais au moment où j'allais tenter le coup, Gautremont a ordonné :

– Mardreau, fais entrer notre ami, que Dédale puisse le voir.

La porte s'est ouverte. C'était… enfin… Ils lui avaient crevé…

– Je sais, coupe Noroit, nerveux.

– Je n'ai même pas eu le courage de lui adresser la parole. Gautremont ricanait ; il m'avait percé à jour.

– Un crétin qui ne veut rien dire, regarde bien comment ça termine sa carrière ! a-t-il beuglé.

Deux coups de feu. Œdipe s'est écroulé sur le sol. Du sang a giclé un peu partout dans la pièce. Mon pantalon plein de taches rouges, je tremblais. Du bout de ses chaussures, Gautremont a retourné le cadavre. Il a sorti son chronomètre à gousset.

– Et nous, mon petit héros, c'est l'heure, faut qu'on y retourne.

– Où ? J'ai braillé... je ne me contrôlais plus.

– Au bain, pardi ! C'est là qu'elle se passe, la fin de ton histoire.

Haut-le-cœur de Noroit, partagé entre dégoût et bouffée soudaine de compassion envers ce camarade déchu.

– Et cette fois, tu as parlé, observe-t-il d'un ton faussement détaché.

L'homme se plie sur lui-même, sa voix n'est plus qu'un mince filet.

– Dans la baignoire, je m'étais cru héroïque. Mais là, les forces ont commencé à m'abandonner. Gautremont et les autres n'ont même pas eu besoin de me déshabiller à nouveau. J'ai dit « oui » tout de suite. D'abord, j'ai lâché de petites informations sans conséquence. Ils ne s'y sont pas laissé prendre. Ils exigeaient sans cesse des noms, des détails précis. Incapable de m'arrêter, j'ai donné des tas de trucs. Je me souviens même pas de ce que je leur ai raconté au juste.

– Salaud ! explose Noroit, soulagé d'en finir une fois pour toutes avec cette pitié gênante qui commençait à le submerger.

– Je ne t'ai pas livré...

– Ils m'ont eu quand même !

– La piaule, tu comprends, je ne pouvais pas deviner.

– Et Psyché ? Et Déméter ? Et Dionysos ?

Le fantôme à lunettes baisse les yeux.

– Je glissais sur la pente sans pouvoir me retenir.

Noroit, frissonnant, se laisse retomber dans son fauteuil.

– Tu aurais pu, je ne sais pas...

– Il suffit de quelques secondes. On les paie toute sa vie, si on peut appeler ça une vie. J'étais damné.

– Le suicide ?

– Je suis chrétien, Vincent. La division Leclerc approchait de Paris. Un jour qu'ils étaient presque tous partis pour une nouvelle razzia, un restant de courage m'est revenu. J'ai raflé une grosse somme en liquide dans le bureau de Gautremont et je me suis enfui. Les habitants dressaient des barricades. J'ai essayé de me faire tuer, je te jure que j'ai essayé, mais Dieu n'a rien voulu savoir – deux égratignures sans conséquences. Depuis, je vis avec des faux papiers. Par les journaux, j'ai appris la tentative de fuite de Gautremont, son procès, sa condamnation, son exécution. Mais ça fait trop. Je n'ai plus d'argent, je suis à bout, je me rends.

Il pose ses doigts parcourus de tremblements sur la surface du bureau du ministre.

– Il faut que tu me pardonnes, Vincent.

Noroit secoue la tête.

– Pense à tous les camarades ! Je n'en ai pas le droit.

Le visiteur se voûte un peu plus encore.

– Alors fais-les venir. Tu ne me reverras plus jamais. Sauf à mon procès.

Noroit hésite, se décide enfin à appuyer sur le bouton de la sonnerie. L'huissier pointe un nez interrogateur.

– Cet homme est venu se livrer à moi volontairement. Il relève de la justice. Prévenez les gendarmes, ordonne le ministre.

Tournant le dos à son visiteur, Noroit fixe la fenêtre d'un œil vide. Il pleut. Rien à voir avec ce jour où leur histoire a commencé, quand le pays tout entier volait en éclats.

Chapitre 1

Juin 1940

Noroit explose, dégainant son pistolet d'ordonnance.

– Cette fois, c'est trop ! crache-t-il.

Depuis 6 heures, son peloton de dragons portés rame à contre-courant du flot des réfugiés fuyant l'avancée fulgurante des chars allemands. Et voilà cette 202 en panne qui bloque le carrefour, qui provoque déjà un début d'embouteillage. Dans quelques minutes, la paralysie sera générale.

Giclant du side-car, visage glabre, casque de tankiste à bourrelet de cuir, pattes de collet bleu foncé sur vareuse kaki, bandes molletières bleu clair et chaussures encore cirées, il fond sur la Peugeot. Plusieurs soldats bardés de cartouchières jaillissent à leur tour de la chenillette et lui emboîtent prestement le pas. Trois semaines de combats acharnés puis d'errance dans les débris des unités françaises disloquées par le coup de boutoir nazi n'ont cessé de rapprocher le jeune lieutenant de ses hommes, qui mettent leur point d'honneur à faire corps avec lui.

– Dégagez le passage ! ordonne Noroit au conducteur de la 202.

– Un p'tit coup de manivelle et elle redémarre, supplie le type, un quinquagénaire à la barbe naissante. L'idée que son véhicule empêche les autres réfugiés de fuir le front et, simultanément, les combattants de monter vers lui ne l'effleure même pas. La seule chose qui compte, c'est l'auto. Sa belle 202 noire et le bric-à-brac dont il l'a chargée jusqu'à la gueule.

Noroit le met en joue :

– Descendez.

– Je me plaindrai, râle le conducteur, qui transpire de plus en plus… quand même, on est en république !

– La république, bon Dieu, on est là pour la défendre ! Débarrassez-moi le plancher.

Prenant le soleil à témoin de son infortune, l'homme renifle, puis capitule d'un seul coup. Raflant une serviette en cuir sur le siège vide du passager, il pose un pied précautionneux sur la chaussée liquéfiée par la chaleur. Noroit l'agrippe par le col de sa veste pour l'arracher de force à la 202. L'ordre fuse :

– Basculez-moi cette guimbarde dans le fossé !

Avant de céder à la force, la 202 livre un ultime baroud d'honneur. Craquement de tôles tordues. La voiture se renverse sur le bas-côté, ses roues gauches meulant le vide. Les portières sont enfoncées. Deux poulets, un cageot de fruits, un rouleau de linoléum vert sombre, quelques boîtes de Ripolin et des bouteilles de vin en nombre indéterminé s'éparpillent dans l'herbe tandis qu'une odeur de foin coupé monte du champ voisin.

Noroit sent sa fureur retomber d'un coup. Ce n'est quand même pas la faute de ce pauvre type si la marche des combattants vers le front se fait si désespérément lente.

– Belin et Ménard : à droite et à gauche du carrefour ! s'entend-il ordonner. Interdiction aux véhicules de s'engager. Au besoin, montrez vos mousquetons, mais ne tirez qu'à mon ordre.

Et tourné vers le pilote de sa Gnome & Rhône :

– Ramène-toi, Lebel, on repart.

Au même moment, une main agrippe son épaule :

– Alors, lieutenant, c'est comme ça qu'on défend la république : en malmenant de paisibles citoyens ? lance le nouveau venu, un gaillard râblé en pantalon bleu et vareuse gris de fer ornée, coquetterie un peu surannée de capitaine de chasseur à pied, de trois galons jonquille. Ses cheveux sont ras, sa tenue impeccable. Noroit sursaute, pivote, esquisse un garde-à-vous sans l'achever, salue malgré tout d'un geste rapide :

– Lieutenant Noroit, dragons portés. Contre-attaque en préparation. J'ai ordre de gagner au plus vite le point kilométrique 93.

– Un officier qui veut se battre ! Et réserviste, je parie, rigole le capitaine après lui avoir rendu son salut. Penché vers Noroit, il ajoute un ton plus bas :

– Le point 93, c'est une bonne idée. La preuve : j'y vais aussi. Et vous avez raison, on va contre-attaquer. Le patron est un type bien, c'est le colonel de Baravange. Avec Bara, pas de chichi, droit devant !

Capitaine La Granière, se présente-t-il enfin, tendant la main à Noroit. Vingt hommes de mon corps franc m'accompagnent. Chacun d'entre eux vaut bien une douzaine de bidasses. Vos méthodes me plaisent, on va se joindre à vous. Avec vos chenillettes, vous nous taillerez la route. Pour le reste, à la grâce de Dieu. Et à celle de Bara, naturellement...

Col de vareuse dégrafé, un pansement de fortune souillé de sang autour de sa main blessée, Henry La Granière écrase son mégot sur un des cailloux qui jonchent le sol :

– Donne-moi un bon motif pour être républicain, Vincent, un seul.

– Notre victoire dans la Grande Guerre.

– Mettons... mais la république est en train de nous faire paumer celle-ci.

– Rien n'est encore perdu, proteste Noroit.

Haussement d'épaules de son interlocuteur :

– S'il y avait beaucoup de types comme toi. Mais là ! Écoute, Vincent, tu es un bon petit républicain bien sage...

Ses yeux se plantent dans ceux du jeune lieutenant :

– Et moi, j'ai une bonne longueur d'avance. Ta république, c'est un régime pour escrocs sans envergure.

– Le 6 février 1934...

– Le 6 février, j'étais sur le pont de la Concorde, avec les camelots du roi, le service d'ordre de l'Action française. Nous n'avions que nos cannes plombées, des grilles d'arbres, des billes à jeter sous les sabots des chevaux des gardes mobiles. Eux nous canardaient avec des armes à feu. Mon meilleur ami a été tué net ; il était venu manifester les mains nues. C'était la première fois que je voyais un mort par balle.

– J'étais là, moi aussi, à l'autre extrémité, côté Chambre des députés. Vous vouliez la saccager.

– Et leur botter le cul, à tes députés pourris, oui ! Mais cette nuit-là, Maurras s'est enfermé dans son bureau de la rue du Boccador pour écrire un poème, lui, le chef de l'Action française, le théoricien du nationalisme intégral ! Il avait tout bonnement la trouille. Dire que tout était possible, ce jour-là !

– Ne va pas plus loin, Henry ! J'en sais déjà assez long comme ça.

Pas besoin d'explications supplémentaires, en effet. Rien n'égale l'intimité du front. Depuis quinze jours qu'ils combattent côte à côte, Noroit et son camarade savent discerner l'essentiel de l'autre. Quelques écarts de langage ont suffi pour que le lieutenant devine le glissement de La Granière vers le Comité secret d'action révolutionnaire, le CSAR, scission de l'Action française en tous points conforme à son tempérament agressif.

Quatre lettres anodines pour un grand pas vers la guerre civile. Là où Maurras se contentait d'une violence surtout verbale, la Cagoule, organisation structurée et bien armée, préparait la chute du régime républicain honni par des moyens nettement plus musclés. L'un des premiers « abonnés » de l'organisation, La Granière a prêté serment, jurant, face au drapeau, de garder le secret absolu sur ses compagnons de clandestinité. Le CSAR démantelé par la police fin 1937, la chance et quelques solides appuis du côté de l'armée lui ont valu d'échapper à la rafle. Depuis, toujours aussi avide d'action, c'est peu dire qu'il ronge son frein.

Fils d'un helléniste réputé, Vincent Noroit vient du bord politique opposé. Ce même 6 février lui a servi d'initiation politique. Dès l'annonce des manifestations droitières, l'adolescent, bien décidé à affronter les factieux, se ruait vers la Chambre des députés à la tête de son petit groupe de lycéens. Paris sentait la poudre.

– Rentrez chez vous, les gamins. C'est une histoire de grandes personnes, leur lançaient les gendarmes mobiles, goguenards.

Quelques instants plus tard, les hommes en uniforme riaient toujours, mais jaune. Sur le pont de la Concorde, le service d'ordre affrontait les émeutiers dans une ambiance indescriptible : hurlements, insultes, boulons, bombes incendiaires, aboiement des mousquetons réglementaires des mobiles, riposte côté manifestants de pistolets ou de revolvers de petit calibre. Noroit vit tomber de cheval un lieutenant, atteint au plexus par un morceau de fonte. Affalé sur la chaussée, son sabre de cavalerie inutile au côté, l'officier saignait d'abondance. Mais déjà, ses gendarmes l'emportaient vers l'arrière.

Il regarde son ennemi d'hier devenu camarade de combat d'aujourd'hui. Petit industriel, le capitaine de réserve La Granière fabrique en temps ordinaire des accessoires d'automobiles. Une activité professionnelle qui le captive cent fois moins que sa femme Hélène et son fils, auxquels il voue une passion sans bornes, ou que l'action politique souterraine. Il en fut un maniaque, elle lui manque toujours autant. Courageux à la folie, cet homme ne connaît pas le juste milieu. Un sens de la mesure qu'il méprise autant qu'il exècre la république ou qu'il révère cette France dont il désespère.

C'est vivant qu'on peut encore servir à quelque chose, tente de le raisonner Noroit. Figure de proue des études gréco-latines à l'École normale supérieure de la rue d'Ulm, son père, le professeur Noroit, est mort en septembre 1939, quelques jours seulement après la déclaration de guerre à l'Allemagne. Vincent se souvient des dernières heures de ce demi-squelette aux cheveux blancs, les joues mal rasées, le corps usé par la maladie.

– Cette guerre va être terrible, Vincent. La civilisation pourrait bien y périr, affirmait le professeur à son fils. Et d'ajouter d'une voix déjà faiblissante : le seul recours possible, ce sera Pétain. Il a été un chef économe de nos vies, respectueux de notre pauvre bien-être de combattants des tranchées. Rien à voir avec ces généraux bouchers que j'ai connus par la suite. Le maréchal, lui, reste un vrai républicain. Un fils de cultivateurs comme ton grand-père, un homme du peuple qui s'est élevé par l'étude. À Verdun, il fallait le voir…

La main décharnée d'Adolphe Noroit était retombée sur le drap blanc du lit d'hôpital. Quelques instants plus tard, le vieil homme s'endormait. Le lendemain, on l'avait retrouvé mort.

– 10 h 30, fin de la récréation. Ces messieurs de Germanie ne devraient pas tarder à rouvrir le feu, observe La Granière d'un ton détaché.

Le feu, il est partout, dans ce paysage de campagne défiguré par le pilonnage ennemi. Baravange tué l'avant-veille par le même obus que son adjoint, une bonne partie de l'état-major du régiment et la moitié des soldats rescapés a pris une fuite sans gloire, qualifiée, pudeur toute militaire, de repli tactique. Au fil des jours, pas mal d'isolés et quelques unités éparses s'étaient agglutinés autour du petit môle de résistance. Seuls restent les plus décidés : deux cents biffins, une quarantaine de tirailleurs sénégalais, une poignée d'artilleurs, quelques soldats du génie, douze combattants encore valides du corps franc de La Granière, dix dragons portés plus les deux survivants de l'équipage du char Versailles, touché de plein fouet par un tir ennemi.

Au sein de ce « réduit Bara » qui a donné tant de tracas à l'Allemand, le moral commence à baisser. L'existence du point fortifié ne tient désormais plus qu'à la détermination d'une poignée d'hommes.

Or pour frapper l'imagination de la troupe, le commandant d'intendance Bollard, successeur en titre de Baravange, n'a rien trouvé de mieux qu'un tribunal militaire improvisé.

Le falot s'est réuni ce matin vers 9 heures. Ordre du jour : le cas Plantel. Récidiviste des chapardages, des protestations, des gestes de révolte en tout genre, ce voyou de Montparnasse s'est fait pincer la veille en pleine tentative de désertion. Traîné devant Bollard, il s'est offert le luxe d'insulter copieusement son supérieur hiérarchique, le traitant de « crevure », « planqué », « gonzesse ». On l'a condamné à la peine capitale. Depuis, Plantel attend, enfermé dans une ancienne étable transformée en prison de campagne.

Bombardement de Stukas, avec leurs sirènes assourdissantes, pluie de 105 Rheinmetall sur des positions françaises déjà labourées par l'artillerie légère : décidé à en finir, l'ennemi s'est déchaîné. Le 47 antichar du réduit Bara a succombé à ce tir sans merci. Les chevaux qui le tractaient aussi. Pour ne pas laisser perdre tant de viande encore fraîche, les cuistots sont en train de leur faire un sort. Et bien sûr, les animaux ne sont pas les seuls à avoir écopé.

– Douze morts et une quarantaine de blessés : le Boche a fait du dégât, constate La Granière.

Hors d'haleine, l'ancien aide de camp de Baravange, Versain, surgit sans crier gare aux côtés de Noroit et de La Granière, qui, assis dans l'herbe, reprennent leur souffle.

– Dans un moment, Pétain va parler à la TSF, lance-t-il. On peut capter l'émission à la ferme.

C'est ainsi que les défenseurs du réduit Bara désignent cette grande bâtisse épargnée par les combats. Miracle, l'électricité parvient encore jusqu'à elle. Les deux officiers s'y rendent en foulées nerveuses dans l'espoir de recevoir au moins quelques nouvelles fraîches.

Une douzaine de gradés s'entassent dans l'ancienne cuisine. Les conversations se sont tues. Le poste de radio grésille au milieu de la fumée des cigarettes. Dès son entrée, Noroit et La Granière perçoivent la voix chevrotante du vieux maréchal :

« Sûr de l'appui des anciens combattants que j'ai eu la fierté de commander, je fais à la France le don de ma personne. En ces heures douloureuses, je pense aux malheureux réfugiés qui, dans un dénuement extrême, sillonnent nos routes. Je leur exprime ma compassion et ma sollicitude. C'est le cœur serré que je vous dis aujourd'hui qu'il faut cesser le combat. Je me suis adressé cette nuit à l'adversaire, pour lui demander s'il est prêt à rechercher avec nous, entre soldats, après la lutte et dans l'honneur, les moyens de mettre un terme aux hostilités. »

Un désastre de plus ! Par la bouche du vainqueur de Verdun, la France s'admet vaincue. Pire, elle semble se soumettre aux volontés de Hitler.

– Tout est foutu alors ! s'exclame le capitaine Robert.

– On s'est battu pour des nèfles, ajoute Paranguole d'une voix blanche.

Au cœur du brouhaha, Noroit et La Granière échangent un bref coup d'œil. La rage les étreint, haine instinctive, immédiate, envers ce vieillard qui appelle ses hommes à déposer les armes avant même qu'un accord soit intervenu avec l'ennemi.

– Pétain déraille… on lui a raconté n'importe quoi ! crie Noroit dans le vague espoir de freiner l'hémorragie. D'ailleurs, on n'est même pas sûr que c'est lui ; les Allemands ont très bien pu monter une émission bidon.

La Granière l'interrompt de sa voix sèche :

– Coupez-moi cette saleté de TSF. Un maréchal de France qui quémande la pitié d'Hitler, ça ne s'écoute pas, ça se méprise !

– Z'êtes candidat au poteau, La Granière, ou quoi ? s'étouffe Bollard, dont l'infinie détresse paraît soulagée par la perspective d'une fin rapide des combats. La succession de Baravange pesait trop lourd sur ses épaules de « riz-pain-sel » peu coutumier du feu.

– Pétain est le chef du gouvernement. S'il m'ordonne d'arrêter la bagarre, moi j'obtempère. Et tout de suite, précise-t-il à l'intention de ceux qui n'auraient pas compris.

– Le commandant a raison, les ordres sont les ordres. Ceux d'un maréchal. Surtout celui-là, renchérit Paranguole d'un ton aigrelet. Derrière lui, Noroit remarque un des biffins de la 3e compagnie. L'homme, un grand escogriffe aux épaules voûtées, se faufile au milieu des uniformes dépareillés. Secouant le battant de la porte, le voilà déjà dehors, vociférant à ses camarades assis à l'extérieur de la ferme :

– La guerre est finie, Pétain l'a dit ! On va riper de ce camp retranché à la con, on va rentrer chez nous !

Une clameur lui répond. Tant que Baravange était vivant, les hommes ont tenu. Mais maintenant, ils sont en train de flancher, et les voilà qui se rabattent sur la perspective fallacieuse d'un retour prochain à la maison. Les uns se congratulent, d'autres esquissent un pas de danse.

– La quille, punaise ! la quille ! la quille ! la quille ! psalmodie Brelu, un gars de Châteauroux qui jette son casque au sol. Merlebier renverse, lui, d'un maître coup de pied le faisceau de mousquetons. Les mains en porte-voix, Thibault pousse des cris inarticulés. Pour ne pas être en reste, Bourgeois tape sur l'épaule de l'adjudant-chef Riltant qui, non content de se laisser faire, lui offre une cigarette.

– Ne vous laissez pas faire prisonniers ! Les Boches vous garderont ! rugit Noroit à s'en casser les cordes vocales.

– Ta gueule, la rampouille ! riposte un courageux anonyme au milieu du tumulte qui monte, couvrant bientôt la voix du lieutenant.

– Bande de moutons, siffle La Granière.

Mais c'est trop tard : personne n'écoute personne, tout le monde parle à la place de tout le monde. Évaporée, la sacrosainte discipline militaire qui-fait-la-force-principale-des-armées. Pas tout à fait quand même : au milieu du chahut, Noroit capte la voix de Bollard :

– Les hommes nous échappent. Faisons fusiller Plantel.

Plantel, voilà son problème, au commandant ! À la veille de déposer les armes, il ne sera pas dit que le « riz-pain-sel » aura pratiqué le pardon des injures.

– Ça pue déjà la charogne… nous n'avons plus rien à faire

ici, glisse La Granière. Noroit sur ses talons, il s'écarte du misérable spectacle d'une troupe en décomposition.

Grincement du battant sur des gonds qui n'ont pas connu de graisse depuis des mois. Au fur et à mesure que Noroit pousse la porte, la lumière s'engouffre paresseusement dans l'étable. L'homme allongé relève le buste d'un bond, frottant ses yeux rougis et somnolents.

– C'est pour maintenant ? s'inquiète Plantel d'un ton qui trahit une réelle détermination. Perdu pour perdu, le jeune truand a décidé de mordre une dernière fois. S'il part vers l'enfer, ces salauds de galonnés ne l'emporteront pas au paradis. Leur monde s'écroule, tant mieux. Et lui que ses amis du milieu ont surnommé Paulo le Moko vendra chèrement sa peau. Insidieusement, sa main glisse déjà vers un morceau de verre brisé dissimulé sous la paille.

– Pour jamais, Plantel, rétorque le lieutenant. Dans le civil, je suis avocat et il se trouve qu'aujourd'hui, il y a un bon Dieu pour les grandes gueules. Prends tes affaires et fous le camp avant qu'on change d'avis ; tu es libre.

Paulo le Moko pointe vers les deux officiers un visage en lame de couteau bleui par une barbe de deux jours. Le malfrat est blond à faire pâlir d'envie une escouade de SS.

– Libre ? Sauf votre respect, mon lieut'nant, z'êtes tordu. Pourquoi vous faites ça alors que vos collègues ont décidé le contraire ?

– Parce que ça ne rime plus à rien de te fusiller. Pétain va capituler ; tout le monde décampe. C'est ce que tu as de mieux à faire, toi aussi.

Plantel retire sa main de la paille. Elle est vide.

– Et si j'venais avec vous, mon lieut'nant ? suggère-t-il.

Noroit hausse les épaules :

– Qu'en penses-tu, Henry ?

Le capitaine éclate d'un rire tonitruant :

– Et comment ! Un monarchiste déçu, un républicain

en mal d'illusions et un déserteur repenti : fameuse équipe, ma foi...

S'adressant à Plantel :

– Je vais te dire deux bonnes choses, trompe-la-mort. D'abord, tu peux remercier le lieutenant parce qu'au milieu de cette pétaudière, figure-toi que le commandant Bollard n'a rien trouvé de plus urgent que de convoquer le peloton, histoire de te coller douze balles dans la peau. Ils seront ici dans un quart d'heure, pas plus, autant dire que tu as intérêt à accélérer la manœuvre. Autre chose : le lieutenant Noroit et moi n'avons pas la moindre intention de nous rendre aux Boches. On se tire, comme diraient tes copains du milieu. Pour se battre, pas pour se planquer. Suis-nous si tu veux, mais à tes risques et périls.

Plantel se dresse sur ses jambes. Il se fige dans un garde-à-vous impeccable, le premier de son existence, à coup sûr.

– Ça me va, mon capitaine. Parole, moi j'aime les gars qui en ont.

– Merci du compliment. Et maintenant, on file.

Le trio quitte l'étable, longe en petites foulées le champ de blé, puis s'évanouit en direction de la rivière qui forme le quatrième côté de l'ex-réduit Bara. Il n'a pas fait un kilomètre à travers champs qu'une voix impérieuse s'élève :

– *Halt ! Halt !*

– Fumiers de Boches, sont déjà partout, jure La Granière.

Courbé en deux, le capitaine accélère le pas vers le petit bois de bouleaux, trois cents mètres en contrebas.

– *Halt !* Rendez-vous ! *Krieg* finie ! reprend la voix qu'accompagnent des claquements de culasse. La Granière, Noroit et Plantel plongent à l'abri d'un fossé, évitant ainsi un premier tir de semonce bien trop haut pour les menacer.

– On repart, ordonne La Granière.

Les trois hommes n'ont plus que cent mètres... cinquante... vingt... dix mètres à franchir.

– Nous tirer encore ! insiste la voix anonyme.

Trop tard : les fugitifs ont atteint le bois. Cachés derrière les troncs, ils constituent des cibles bien moins faciles qu'en rase campagne. Drôle d'endroit, quand même. Ça sent l'été tout proche. Pour un peu, on ferait la sieste à l'ombre complice des arbres, on chercherait des champignons.

Tchac ! tchac ! tchac ! Premières rafales d'armes automatiques. Les balles sifflent aux oreilles des trois hommes allongés, déchiquettent les feuilles, lacèrent l'écorce des bouleaux.

– Merde ! je suis touché, gémit La Granière.

Une tache rouge s'élargit sur sa vareuse, à hauteur de la poitrine. Bravant les tirs allemands, Noroit rampe vers son camarade. Pour constater la mort du capitaine : une seule balle a suffi.

Rejoint par Plantel, Noroit fouille les poches de La Granière, prend ses papiers, son portefeuille, puis récupère sa plaque d'identité militaire. S'il survit lui-même, au moins pourra-t-il prévenir la famille du disparu.

– Mon lieut'nant, les Boches ! l'avertit Plantel.

Les Boches, c'est vrai. Une douzaine, casqués, qui braquent leurs armes sur les deux Français survivants. Pas besoin de longs discours pour comprendre que toute résistance serait inutile. Noroit n'a sur lui que son pistolet. Plus mal loti encore, le truand de Montparnasse est totalement désarmé. Qu'il esquisse le moindre geste vers l'étui de ceinture de La Granière, et les hommes de la Wehrmacht l'abattront sans hésiter.

– Plantel, pas de conneries, lui crie Noroit. On se rend, c'est un ordre !

Frères siamois de la défaite, les deux hommes lèvent les bras en l'air d'un même mouvement.

Noroit et Plantel ont beau faire signe qu'il faut porter La Granière en terre, le fantassin de la Wehrmacht, gueule du Mauser pointée dans leur direction, ne veut rien savoir.

– Ce n'est pas un chien, c'est un être humain, insiste Noroit dans un allemand malhabile à dessein – l'avocat parle assez bien la langue de Goethe, mais, premier réflexe de dissimulation d'un homme pour qui l'ennemi reste l'ennemi, il n'a pas la moindre envie que ses vainqueurs s'en rendent compte.

En désespoir de cause, le soldat se décide à appeler enfin son chef, un tout jeune sous-lieutenant. Outre-Rhin, les duels universitaires au sabre restent à la mode. Rien qu'à son âge et à sa joue droite balafrée, on devine l'étudiant sorti côté guerre éclair des bancs de la faculté. Il s'exprime dans un français impeccable, à peine rehaussé d'une pointe d'accent germanique. Très blond, très grand, très droit, très beau, l'insigne d'assaut de l'infanterie en bronze bien en vue sur la poche gauche de poitrine de sa vareuse de campagne. D'instinct, il trouve le ton de courtoisie hautaine qui convient à un rejeton de la « race des seigneurs ». Simple soldat, Plantel ne compte pas. C'est donc à Noroit seul qu'il daignera adresser la parole.

– Mais la bataille n'attend pas, monsieur le lieutenant (pour réduire à son avantage la différence de grade entre Noroit et lui, il tire habilement parti de cette formule de politesse). Ne craignez rien, la Wehrmacht ne fait pas la guerre aux morts. Votre officier trouvera bientôt sa sépulture. Le Marshall von Frankreich Pétain est un grand soldat, ajoute-t-il d'un ton pénétré. Tout à l'heure, il a donné à votre armée l'ordre de cesser le combat. Le Feldmarshall a raison, monsieur le lieutenant. Tous les Français doivent lui obéir. Continuer à se battre est inutile, cela ne sert qu'à aggraver les malheurs de votre pays. La résistance doit s'arrêter tout de suite. Nous sommes le 17 juin. Notre Führer se montrera magnanime : c'est un soldat lui aussi, un combattant du front. Mais sa patience a des limites. La mienne aussi. Je ferai enterrer le capitaine quand la reddition de votre unité sera complète. En attendant, mes hommes vont vous prendre en charge.

Sur ces paroles définitives, le sous-lieutenant tourne les talons, distribuant ses ordres d'une voix gutturale. Une demi-section conduit les captifs deux kilomètres plus loin, en plein village, sous le préau d'une école de campagne, refuge provisoire pour les nombreux captifs de la Wehrmacht. Une bonne centaine d'hommes attendent, dont quelques blessés couchés sur des bottes de paille installées à la hâte. Sur le terreau fertile de la débâcle, bobards et rumeurs fleurissent. On parle de capitulation en rase campagne, de signature imminente d'un armistice et encore, toujours, d'un retour prochain à la maison.

Ces bruits vont occuper les détenus jusqu'à la tombée de la nuit. Une heure plus tard, les Allemands reviennent en force, armes braquées sur une dizaine de tirailleurs sénégalais. Les Africains sont en sang ; ils ont été battus.

– Ils sont en train de bousiller mes Nègres ! Faut pas les laisser faire, les vaches, proteste un sergent à l'accent bourguignon. Est-ce que quelqu'un parle chleuh, ici ?

Noroit fait signe que oui. Le sous-off le salue puis lui emboîte le pas. Flanqués de Plantel, qui a déjà pris l'habitude de suivre son sauveur comme une ombre, les deux hommes foncent vers les nouveaux arrivants. Nécessité fait loi : Noroit retrouve instantanément son allemand pour s'adresser à l'Oberleutnant qui les commande :

– Pourquoi laissez-vous vos subordonnés frapper ainsi nos tirailleurs ? Leur comportement est révoltant.

– Ce ne sont pas des soldats, ce sont des primitifs, des assassins. Dans la Ruhr, ils ont violé des femmes allemandes, rétorque l'officier, piqué au vif.

– J'en doute fort. Et de toute façon, l'occupation de la Ruhr date de 1923. Ceux-là n'y sont pour rien.

– Vous les Français, vous faites combattre des Nègres et des Arabes à votre place.

– Et vous, les Allemands, vous vous vengez sur des prisonniers sans défense. Laissez ces hommes tranquilles ; ils relèvent de la convention de Genève.

– La convention de Genève ne s'applique qu'aux êtres civilisés.

– Elle s'applique à toute l'armée française, et ces soldats en font partie. La couleur de leur peau ne change rien à l'affaire.

En mal d'arguments, l'Allemand s'éloigne. Bientôt, assis en rond autour de leur sergent-chef, les tirailleurs psalmodient dans la nuit quelques mélopées de chez eux. Nostalgie contagieuse : des Français se mettent de la partie. Pour que le dépaysement soit total, seul manque un accordéon. Mais Vincent, accablé, ne peut s'ôter de la tête les scènes de décomposition vécues cet après-midi. Sa défroque de vaincu lui colle déjà à la peau.

À ce moment précis, il décide de s'évader quel qu'en soit le prix.

Vers 1 heure du matin, quand tout le monde s'est endormi, l'avocat s'en va tirer Plantel du sommeil. Les Allemands, sûrs d'eux, n'ont laissé que trois sentinelles armées à l'extérieur de l'école. À pas de loup, les fuyards parviennent à éviter les deux premières. La troisième, le caïd de Montparnasse s'en chargera. Sans un bruit, le soldat vert-de-gris s'affaisse, gorge tranchée.

Chapitre 2

Juin 1940

Le récit touche à sa fin :

– Sur notre passage, les paysans étaient surpris de nous voir surgir à l'improviste. Malgré nos uniformes dépenaillés, ils offraient à boire et à manger de bon cœur. Au milieu d'une telle déroute, deux soldats isolés n'attirent pas l'attention. Dormant le jour dans les sous-bois, les fourrés, marchant la nuit le long des petits sentiers, l'oreille attentive au moindre bruit de moteur, nous nous sommes faufilés au milieu des unités allemandes. L'armistice, nous l'avons seulement appris cent cinquante kilomètres plus loin, au hasard de la traversée d'un bourg. Une fois à Paris, nous nous sommes séparés. Avant d'aller me faire démobiliser – voyez, je ne porte déjà plus l'uniforme –, je m'étais fixé une mission, la plus difficile : vous apprendre les circonstances de la mort de votre mari.

Debout dans son salon, jupe claire en tissu imprimé, deux nattes de cheveux noirs enroulées autour des oreilles, Hélène La Granière pâlit et chancelle. Négligeant le bras que lui tend Noroit, la jeune femme manque de s'effondrer mais, au dernier moment, la voilà qui s'agrippe d'extrême justesse à une commode. Fermé par une petite broche à la hauteur du col, son corsage se soulève au rythme de sa respiration saccadée.

– Permettez, lieutenant. Je me croyais forte, mais le coup est trop rude.

Doigts qui se cramponnent au dossier cannelé d'un des fauteuils. Des larmes commencent à perler sur les joues d'Hélène. Elle tente de les contenir, en vain.

Noroit cherche ses mots sans les trouver. À la faculté de droit, on lui a appris quantité de lois, de décrets, de règlements, mais jamais la manière d'annoncer les catastrophes. C'est dire s'il se sent impressionné, lui que ses camarades du barreau présentent pourtant comme le type même du beau parleur.

– Ne vous méprenez pas sur mes propos, l'assure Hélène d'un ton rauque. Ce n'est pas un reproche, mais un remerciement. Aussi atroce soit la vérité, je préfère l'apprendre de la bouche d'un camarade de combat d'Henry plutôt que par un télégramme de l'état-major. Nous y avons… avions quelques relations bien placées mais, jusqu'à votre visite, j'ignorais pourtant tout du drame. À peine avais-je appris qu'Henry devait se trouver sous les ordres de Bara, cet ami officier dont vous venez également de m'annoncer la disparition.

Malgré la tension, sa voix reste retenue, fruit d'une pratique déjà ancienne de l'action clandestine. La Granière associait étroitement sa jeune femme à ses activités politiques. Fiancée puis jeune mariée, Hélène a ainsi côtoyé le service secret Corvignolles, un groupe d'officiers activistes dont Henry et elle constituaient un des traits d'union avec la Cagoule. Quelle meilleure manière d'allier passion politique et goût du complot puisé dans la lecture, adolescente, des exploits du Mouron rouge ? Le bondissant héros des romans de la baronne Orczy déjouait, un excellent point, les plans des robespierristes du début des années 1790, mais sa qualité de sujet du roi d'Angleterre le rendait tout de même suspect à ses yeux précocement nationalistes : chez ses parents les règles édictées par l'Action française avaient encore force de loi.

Les réseaux Corvignolles ? Ils vinrent plus tard, à la fin des années trente. Comme le CSAR, ils vivaient dans la hantise d'un putsch communiste. À cette époque, le salon Art nouveau des La Granière, celui-là même où la jeune veuve reçoit aujourd'hui Noroit, abrita plus d'un conciliabule entre cagoulards et émissaires des réseaux. Rien de plus innocent qu'un dîner mondain. Entre bordeaux, poire et fromage, les La Granière approfondirent des relations familiales déjà anciennes avec Baravange, alors clef de voûte de Corvignolles. Autant de détails dont on ne s'ouvre pas à un inconnu, fût-il le témoin des derniers instants de l'être aimé.

Ignorant de ce passé chargé, Noroit tente d'adoucir l'atroce brutalité des faits :

– Le colonel a été tué le 15. Jusque-là, nous avions tenu tant bien que mal ; après, tout est parti en quenouille. La TSF a diffusé le discours de Pétain. Une première fois dans la matinée, et une deuxième, celle que nous avons pu capter, vers 13 h 30. Entendre le vainqueur de Verdun accepter d'avance les conditions de l'ennemi, c'était...

– J'ai pensé à vous, les combattants du front. J'imaginais Henry ; je partageais sa révolte.

Hélène La Granière se redresse, plonge dans ceux de Noroit des yeux qui tranchent si fort sur le jais de sa chevelure. Regard embué mais plein de flamme, forçant l'admiration en même temps qu'il appelle la tendresse. À peine dissymétriques, les traits creusés d'Hélène se parent en cet instant d'une beauté extraordinaire.

– C'est une femme en deuil qui vous le dit, lieutenant : j'étais certaine qu'Henry allait refuser de se soumettre, et dans mon malheur, je suis fière qu'il l'ait fait. Tant qu'il lui reste quelques hommes comme vous, un pays peut espérer conserver son honneur.

Le mot ne fait pas vraiment partie du vocabulaire usuel de Noroit, allergique aux hymnes, aux défilés, aux décorations, aux cérémonies. Mais comment expliquer cette vague de patriotisme qui, jaillie de ses tréfonds, est venue le submerger près d'un vieux poste de TSF, dans cette pièce bondée d'une ferme à demi détruite ? Comment expliquer cet élan qui le pousse, lui, Vincent, vers cette femme partagée entre douleur et besoin pathétique de rester maîtresse d'elle-même ?

L'avocat fouille la poche de son complet d'été civil en coton gris fer, en sort le portefeuille en cuir de La Granière, ses papiers, sa plaque d'identité militaire. Il les pose sur la table en bois laqué noir.

– Ce sont ses affaires, tout ce que j'ai pu rapporter.

Hélène contemple les reliques de loin, sans oser s'en approcher. Brusquement, elle fond en larmes, la tête dans les mains, le corps parcouru de sursauts convulsifs.

– Madame, balbutie Vincent, madame…

L'avocat fait un pas en avant, puis se ravise. Il reste là, immobile, hésitant.

– Excusez-moi, laisse tomber Hélène, j'ai encore présumé de mes forces. Car je suis faible. Hier, ma faiblesse avait nom Henry ; aujourd'hui, elle s'appelle Paul. Notre fils se trouve chez sa tante pour l'après-midi, mais 6 heures approchent, et il ne devrait pas tarder à nous rejoindre. Il n'a que cinq ans. Que vais-je lui dire ?

La voilà qui tressaille soudain, qui s'affole, qui perd pied, qui se noie :

– Comment annoncer la mort d'Henry à cet enfant ? Mon Dieu, je ne sais pas !

Noroit reste muet. Lui non plus ne sait pas.

Chapitre 3

Mai 1941

Plaidoirie superbe ; un brin excessive tout de même pour un simple tribunal correctionnel. Pour quelle cause maître Noroit s'est-il donc surpassé aujourd'hui ? Rien qui soit digne d'un talent désormais reconnu par tous, ici, au Palais de justice. Maigre affaire de chapardage entre voisins. Deux saucissons séchaient dans un linge au grenier ; ils sont passés sans accord préalable d'une table familiale à une autre. Un poulet aussi, mais dame, ça vaut bien 120 francs, un beau poulet, en ces temps d'Occupation. Le douzième du salaire mensuel d'un ouvrier parisien ! Alors, de fil en aiguille, d'insultes en coups de poing, le larcin a mené son auteur dans le prétoire. Reconnu coupable, l'homme n'en écope pas moins d'une peine légère : quinze jours de prison avec sursis pour prix d'une raclée débouchant, côté propriétaire des saucissons, sur une semaine d'arrêt de travail.

Noroit, machiavélique, a calqué sa plaidoirie sur le triptyque « travail, famille, patrie » cher au régime de Vichy. Et de brandir les manches de sa robe noire. Et de faire vibrer sa voix de bronze. Et de citer l'appréciation de l'ancien chef de corps de l'intéressé : « Brigadier-chef, plein d'allant, soigneux de sa personne, ponctuel, attentif au service et qui a fait ses preuves au feu. » Et de surenchérir en citant des missives, flatteuses elles aussi, de son menuisier de patron et du curé de sa paroisse. Submergé par ce flot de conformisme, le tribunal a fléchi presque aussitôt. L'accusé s'en est trouvé bien et, à l'issue d'une poignée de main pleine de chaleur avec son défenseur, il a regardé, détendu, Noroit quitter la salle d'audience en direction du vestiaire des avocats.

Hélène La Granière le guette un peu plus loin. Un coude dans le couloir du Palais, le poste d'observation idéal. La jeune femme porte une jupe à fleurs en cotonnade, un chemisier blanc à col Claudine et une veste en lin bleu marine à peine décolorée. Jambes nues – les bas sont devenus un produit de grand luxe – et chaussures à lanières aux talons mi-hauts légèrement usés vers l'extérieur du pied. Le petit cadran rond de son bracelet-montre en or à chiffres romains marque 11 h 27.

Il ne tardera pas. De fait, Noroit reparaît quelques instants plus tard. En complet civil, cette fois, veston croisé de bonne coupe, boutons de manchettes et cravate à fines rayures. Le sourire narquois qui lui barrait le visage s'évanouit à la vue d'Hélène.

– Mais que diable…

– C'est moi, maître, en effet. Et c'est bien vous que j'attendais. Situation insolite, ton impérieux : tout indique que l'heure n'est guère aux séances d'explications. Leur rencontre, la deuxième, en mériterait pourtant quelques-unes, un an ou presque après la mort tragique d'Henry La Granière. Sa veuve et Noroit ne s'étaient pas revus. Seul un événement important peut justifier cette soudaine reprise de contact.

– Je dois vous parler, insiste Hélène La Granière. Elle se balance d'une façon quasi imperceptible de droite à gauche et de gauche à droite, petit signe de nervosité qui n'échappe pas à Noroit. La chose, à n'en pas douter, est sérieuse.

L'homme de robe esquisse un de ces gestes assez vagues qui n'engagent à rien.

– Nous pourrions aller à la brasserie qui fait face au Palais ?

– Je préférerais quelques pas sur les bords de Seine.

– Comme vous voudrez.

Dévalant derrière elle les escaliers du Palais, Noroit ne peut s'empêcher d'admirer la démarche élastique de la jeune femme. Ces retrouvailles inattendues le laissent tout de même perplexe. Pourquoi tant de mystère ? Hélène La Granière aurait aussi bien pu le joindre par téléphone à son cabinet.

Pourquoi ? Mais parce que ses activités subversives passées et celles de son mari ont familiarisé Hélène avec les méthodes de l'action clandestine : ni entretien téléphonique ni message verbal devant témoins. Ce qu'elle est venue chercher aujourd'hui en plein palais de justice, c'est un tête-à-tête loin des oreilles indiscrètes. D'où sa préférence pour une « flânerie » sur les quais de Seine. Luxe de prudence qui ne résout d'ailleurs rien : Hélène a déjà essuyé tant de refus, et la forte impression produite un an plus tôt mise à part, que sait-elle de celui qui fut l'ultime camarade de combat de son mari ? Peu de choses.

Si, quand même. Proche du ministre de la Guerre, un vieux conspirateur ami du couple La Granière, le colonel Groussard s'est procuré les fiches de police de l'avocat. Ces documents précisent que les deux premières années du Front populaire, on a beaucoup vu Noroit et son petit groupe d'activistes de gauche affronter leurs adversaires droitiers. Insultes et invectives précédaient de peu les coups de poing, de pied, de canne, de barreaux de chaise enveloppés dans du papier journal. Autant de bagarres de rue où Noroit, veste à carreaux et lavallière autour du cou, se distinguait par son audace. Troisième ligne centre de rugby, sport de combat par excellence, il fut, croit-on, le stratège d'un raid mémorable sur le quartier général des étudiants royalistes, la Taverne du Palais, place Saint-Michel.

Mais après 1938, plus de pétitions antifascistes, de meetings, d'escarmouches, de horions donnés ou reçus. Rien qu'une cascade de résultats flatteurs aux examens de droit, une entrée au barreau en qualité de stagiaire et quelques plaidoiries suffisamment marquantes pour se faire un petit nom dans la *Gazette du Palais*.

Des succès féminins aussi, mais on ne prête qu'aux riches. Encore célibataire, l'avocat a su se montrer discret, soit qu'en homme galant, il évite de compromettre ses conquêtes, soit que la rumeur ait exagéré ses talents de séducteur.

– Si ce Noroit ne partage pas nos idées, au moins ne manque-t-il pas de culot, a laissé tomber Groussard, poussant une pile de papiers pelures en direction d'Hélène. Tentez le coup si vous y tenez, ma chère amie. Dans cette guerre, rien ne correspond à nos critères habituels. Nos adversaires d'hier pourraient bien être nos alliés de demain. Et réciproquement.

Parfait sosie d'Erich von Stroheim, la vedette allemande de *La Grande Illusion,* le colonel fixait Hélène derrière son lorgnon d'officier de tradition :

– N'oubliez pas que vous agissez sous votre responsabilité exclusive. Soyez gentille de me faire parvenir ce dossier après lecture. Empruntez la « voie Théo » comme d'habitude ; elle est tout indiquée. Et rappelez-vous bien qu'officiellement notre rencontre d'aujourd'hui n'a d'autre objet que la demande de croix de guerre à titre posthume pour Henry. En excellente voie, d'ailleurs.

Franchissant les grilles de l'entrée, Vincent et Hélène s'engouffrent sur le boulevard du Palais. À l'autre extrémité du pont, le boulevard Saint-Michel. Ils le dédaignent et, d'un commun accord, s'engagent à pas mesurés sur le quai. Quelques rayons de soleil printanier donnent à leur marche au bord de la Seine un faux air de rendez-vous amoureux. Regards circulaires d'Hélène qui tourne la tête en arrière une fois, deux fois. Certaine que nul ne les a suivis, la jeune femme se décide à engager la conversation.

– Je ne m'attendais pas à vous trouver en défenseur d'un voleur de poules… pardon, de poulet.

Sourire mi-figue, mi-raisin de Noroit. Les yeux d'Hélène, remarque-t-il à cet instant précis, possèdent une couleur étrange, ce bleu foncé inclassable qui tire sur le violet. Lors de leur première entrevue, il ne s'en était pas même rendu compte.

– Ménard est l'un de mes anciens dragons. Ouvrier ébéniste pas bien riche : à preuve son minable larcin ! Ça coûte cher, un avocat, et moi je n'avais aucune raison de lui refuser ce petit service.

Un chef soucieux de ses subordonnés en ces temps de capitulation, c'est une denrée rare. Se pourrait-il que la jeune femme soit venue sonner à la bonne porte aujourd'hui ? Mais deux soldats allemands lui font déjà froncer les sourcils. L'un jeune, les cheveux blonds sous son bonnet de police en drap gris-vert, l'autre plus âgé et presque chauve. L'aîné tient à la main son appareil photographique, un Leica.

– Monzieu, madam, s'excuse-t-il après une ébauche un peu raide de salut militaire, z'il vous plaît, pouvoir prendre photographe de nous ?

L'homme, un sergent-chef, suit à la lettre les consignes de ses supérieurs, lesquels, forts de leur victoire éclair de l'année précédente, recommandent aux militaires du Reich une correction toute germanique envers les Parisiens.

À peine Noroit esquisse-t-il un geste instinctif de refus que la main d'Hélène se pose sur son avant-bras. Arrêté dans son élan, l'avocat écoute la jeune femme répondre au sous-officier. Sa voix sonne bizarrement :

– Pourquoi non ? Mettez-vous devant la Seine, messieurs, et vous, Vincent, prenez le cliché s'il vous plaît.

Trop mielleux pour être honnête. L'ancien lieutenant de dragons entrevoit des horizons insoupçonnés. Comme s'ils commençaient à se comprendre enfin, Vincent Noroit et la veuve d'Henry La Granière échangent un regard bref mais éloquent. L'avocat empoigne le Leica, colle son œil droit sur le viseur, prend coup sur coup deux clichés des soldats souriant avec bonhomie. Dans leur dos, sur le fleuve, une péniche se dirige vers le Pont-Neuf, pavillon tricolore au vent. Les Allemands récupèrent leur appareil. Remerciant ces « mezieur-madam bons Français », ils finissent par s'éloigner.

– Le *feldwebel* portait l'insigne de pointeur d'artillerie, cette espèce de petite bougie dorée sur fond noir à l'avant-bras gauche, murmure Hélène. Avez-vous pu saisir ce qu'ils se sont raconté quand ils ont parlé entre eux ?

– Mon allemand est excellent, merci, maugrée Noroit. J'avais repéré le rouge vif des passepoils de leurs pattes d'épaule. Artilleurs en effet. Et figurez-vous que dans ce cas précis, sergent-chef ne se dit pas *Feldwebel* mais *Feuerwerker !* Comme officier de réserve, je connais encore assez bien les coutumes de la Wehrmacht. Suffisamment pour me demander à quoi rimait votre petite comédie de tout à l'heure.

Il marque un temps d'arrêt.

– Si vous me disiez enfin le véritable objet de votre visite ?

Hélène cherche son regard, l'accroche. Et tiens, on dirait bien qu'elle se trouble un peu :

– Ce n'est pas dans mes habitudes de guetter les avocats à la sortie de leur vestiaire. Mais quand vous êtes venu m'annoncer la mort d'Henry l'an passé, j'ai senti, enfin, j'ai cru…

Pourquoi cette gêne, elle si audacieuse, si assurée d'habitude ? De la veuve d'Henry La Granière, ses vieux amis disent qu'elle possède autant de cran que son défunt mari. Et beaucoup plus de sens politique que lui.

Mais où sont-ils, justement, ces amis ? À Vichy pour la plupart, ralliés au régime depuis leur échec de la mi-décembre 1940, quand Groussard et ses Groupes de protection, véritable garde prétorienne de Pétain, ont tenté d'assigner à résidence Pierre Laval, le vice-président du gouvernement, avant de le relâcher sur ordre exprès de l'ambassade d'Allemagne.

Des anciens cagoulards ou animateurs des réseaux Corvignolles impliqués dans ce coup de force manqué, seul le colonel au monocle a su rester plus ou moins fidèle à son engagement. Les autres se sont couchés. À défaut de passer à l'action contre l'occupant, ceux-là mobilisent désormais leur énergie pour régler de vieux comptes avec leurs ennemis français d'hier, les « Front popu », les « socialos », les « cocos ». Et de plus en plus volontiers, les juifs.

Autres cibles de choix, les petits groupes dissidents qui se proclament gaullistes. Mais quelle réalité pratique cachent ces noms grandiloquents : Armée des volontaires, Bataillon de la mort, Vengeance ? Et que représentent au juste ces feuilles clandestines, *Pantagruel, Valmy, L'Homme libre, Résistance ?*

Fin janvier, on a appris l'arrestation d'Honoré d'Estienne d'Orves, un officier de marine secrètement venu de Londres. Le mois suivant, les dirigeants du réseau du musée de l'Homme sont tombés dans les filets allemands. Ce groupe de Résistance comprenant quelques figures connues des cercles intellectuels, l'affaire a fait un certain bruit. La répression s'est étendue au Palais de justice, plusieurs avocats dont Noroit ignorait les activités de Résistance ont même été appréhendés.

Par Doriancourt, ex-cagoulard bien vu des nouvelles autorités, Hélène sait également qu'un vieux complice d'Henry La Granière rallié au général de Gaulle s'est blessé lors de son parachutage en Dordogne. Interpellé par la police de Vichy mais protégé par la confrérie occulte du CSAR, Maurice Duclos, c'est son nom, a fini par bénéficier d'un non-lieu. Il vient de s'évanouir dans la nature. Outre-Manche, peut-être.

La jeune femme rassemble ses forces pour une première passe d'armes.

– Êtes-vous patriote, Noroit ?

– Aurais-je donné motif à en douter ? réplique l'avocat, partagé entre agacement et ironie.

– Aucun. Du coup, j'abats mes cartes. Après la mort d'Henry, je suis allée à Vichy. Voyez, je ne vous cache rien. Quelques-uns de nos amis s'y trouvaient prêts à agir.

La phrase reste en suspens le temps que le couple longe la boîte d'un bouquiniste des quais. C'est alors Noroit qui reprend la parole :

– Pas dans un sens qui m'aurait convenu. Henry appartenait à la Cagoule, n'est-ce pas ?

Main à la hanche, Hélène avise son contradicteur :

– Un sobriquet ridicule signé Action française ! Maurras et Daudet n'ont jamais toléré de perdre leurs éléments les plus décidés au profit du CSAR.

– Nous parlons bien de la même chose. Et cette chose-là, justement, je ne l'ai jamais aimée.

– Le problème, Noroit, ce n'est pas la Cagoule ! Elle est morte ; Henry aussi est mort.

– Pas pour elle ! Tout s'effondrait autour de nous ; lui ne supportait pas cet avachissement, voilà tout.

Hélène s'accoude au parapet du quai.

– J'en sais autant, beaucoup plus même, sur les invertébrés qui grenouillent à Vichy ! Mais vous mélangez tout. Est-ce un crime d'avoir essayé de stopper ce voyou pro-boche de Laval ?

Vincent répondrait bien que le crime, en l'occurrence, c'est d'avoir échoué, mais il ne souffle mot. Car lui aussi a tenté sa chance sans résultat. Croisé au Palais, un habitué des affaires de carambouille se faisait fort de le faire passer en Angleterre, où il pourrait s'engager dans les Forces françaises libres. Mais le passeur n'était qu'un escroc, ses promesses du vent et le bateau de pêche promis, un fantôme que Noroit a attendu en vain deux jours d'affilée dans une pension de famille voisine du port du Guilvinec.

Contrairement à Hélène, ce sursaut déjà ancien – c'était quand ? en décembre ? en janvier ? – a laissé l'avocat sans énergie, prêt comme tant d'autres à tolérer sinon à admettre le nouvel ordre des choses, troupes nazies à Paris et dans toute la zone occupée, catéchisme gâtisant du régime maréchaliste en zone dite « libre ». Pris d'un remords rétrospectif, il laisse la jeune femme poursuivre.

– Certains de mes amis (Groussard, évidemment, mais elle évite de mentionner son nom) conservent l'espoir de quelque chose d'efficace à Vichy. D'autres…

Geste vague d'une main droite aux longs doigts qu'orne une bague à chaton de cornaline. D'autres, c'est-à-dire le commandant Loustaunau-Lacau. *Alter ego* de Baravange, ce Béarnais au sang chaud fut à ses côtés le maître d'œuvre des réseaux Corvignolles. Flanqué de son assistante Marie-Madeleine Méric qu'on croirait faite pour l'action clandestine tant elle y excelle, et fort lui aussi de quelques appuis à

Vichy, il s'emploie à monter un petit réseau de renseignement. Action embryonnaire à laquelle la veuve d'Henry La Granière a refusé de se joindre dès lors que Loustaunau-Lacau prenait sans complexes des contacts avec des agents spéciaux britanniques, alliés certes mais étrangers – le syndrome Mouron rouge, toujours. Et par-dessus le marché, Hélène s'entend on ne peut plus mal avec Marie-Madeleine. Convictions politiques mitoyennes, âge similaire, tempérament identique, elles se détestent cordialement.

La jeune femme s'est donc résolue à créer sa propre organisation, à laquelle elle espère associer Noroit. Seuls des hommes neufs comme lui peuvent, croit-elle, réveiller un pays où on pense plus volontiers à voler deux saucissons secs qu'à affronter l'occupant.

Reste à savoir s'il le voudra. Hélène plonge ses yeux dans les siens, et lui ne fuit pas ce regard.

Elle le sent : celui-là sera d'accord.

Chapitre 4

Juin 1941

La médaille commémorative est posée sur la table, une Jeanne d'Arc de bronze avec la mention « Ils ne passeront pas » ; un nom, Verdun, et une date : 21 février 1916.

– Faut avouer qu'ils ne manquaient pas de couilles, les Boches. Mais nous autres, on aurait pu leur en revendre. La preuve : on a gagné ! C'est là que mon amitié avec ton père s'est enracinée. Et quand je dis racines, je sais de quoi je parle parce que nous y vivions, dans la terre. Hardaumont, le Mort-Homme, la Wavrille, Damloup, Fleury, Souville, le bois Fumin, le bois des Caures, le bois de Haumont…

Ton père était mon ancien. Cinq ans de différence d'âge, ça compte mais bon, moi aussi, j'étais déjà un vieux de la vieille. Sous-bite à trente-cinq ans alors que dans la réserve, j'avais pas dépassé le grade de serpatte ! Les officiers d'active tombaient comme des mouches, fallait bien les remplacer. Alors oui, sous-lieutenant d'infanterie. Camarades d'abord, amis ensuite.

Entre deux coups de chien, ton père me racontait son fameux bouquin en préparation sur Homère. Ça m'épatait qu'un monsieur de cet acabit, un grand prof, ait voulu nous rejoindre dans notre boue, nous, les poilus. Volontaire pour le front ! À son âge, la quarantaine déjà bien tassée, une place toute chaude l'attendait dans les services auxiliaires. De temps à autre, il donnait un article à notre petit canard de tranchée, *Le Bouffe-Boches* – on disait tout simplement le

« *BB* ». Ah oui, on peut dire qu'on les a vécues comme deux vrais frères d'armes, les tranchées. On faisait même une sacrée équipe.

Gaétan Levallier brandit sa manche gauche. Elle est vide – un bras perdu dans les derniers temps de la bataille. Le ruban rouge de la Légion d'honneur fait une tache claire sur le revers de son veston pas très propre. En dessous, ce sexagénaire au cheveu rare porte un gilet en tricot grisâtre, une chemise bleu marine et une cravate au nœud trop gros. Terne à souhait, l'ensemble contraste étrangement avec le papier peint à rayures de sa salle à manger.

– Oui, ils se battaient bien, ajoute-t-il d'un air songeur. Tu ne reprends pas un peu de roteux ?

De sa main droite, Levallier désigne la bouteille et les deux verres vides trônant au milieu de la table. Depuis sa retraite, l'ancien combattant a pris un coup de vieux. Privé d'exercice, il boit de plus en plus et s'empâte. Sans compter ce terrible coup de massue, la défaite de l'an dernier, l'armée française vaincue en six semaines, les Allemands sûrs d'eux qui paradent sur les Champs-Élysées. Et pire, son fils unique prisonnier de guerre dans un *stalag*, quelque part dans la Saxe.

Sans attendre sa réponse, il lui verse une nouvelle rasade :

– Voilà ce qui m'amène, attaque Vincent. Je… j'ai été contacté par des gens qui appartiennent à un groupe clandestin. Ils travaillent contre les Allemands.

Le poing valide de Levallier se crispe.

– Des gaullistes ! Mais ce sont des irresponsables, tes amis ! Et leur chef, un déserteur ! Abandonne-t-on sa patrie occupée pour aller se mettre aux service des Anglais ?

Noroit se cabre.

– De Gaulle, je ne l'ai jamais vu de ma vie. Mais on ne va quand même pas rester les bras croisés face aux Allemands !

– Mais qui parle de se croiser les bras, malheureux ? Le maréchal porte notre croix à nous tous. Il sait ce qu'il fait. À ta place, j'irais à Vichy demander qu'on m'affecte à quelque chose de valable.

Que peut-il bien y avoir de valable à Vichy ? Noroit revoit la silhouette élancée d'Hélène, leur récente conversation au bord de la Seine. Non, on ne peut rien attendre de ces gens-là.

– Mes amis veulent agir ; ça compte tout de même.

– Avec les livres sterling des Anglais, sans doute ! Tu ne comprends donc pas leurs sales coups, à ces faux jetons d'Angliches ?

– Ne vous emportez pas, Onpeluche !

Sourire attendri de Levallier. Onpeluche, c'est le raccourci d'Oncle Peluche, le sobriquet sous lequel, enfant, Vincent désignait l'ami et camarade de combat de son père. La colère de l'invalide de guerre baisse d'un cran.

– Je ne m'emporte pas, mon petit, je constate. Ont-ils au moins le feu vert d'une autorité quelconque, tes amis ? Je parle de gens sérieux, pas de petits rigolos.

– Aucun à ma connaissance, mais est-ce si important ?

– Bien sûr que c'est important ! Il ne faudrait pas que vos gamineries viennent contrarier, je ne sais pas, moi, les projets du maréchal.

– Mais ouvrez donc les yeux : le Pétain d'aujourd'hui n'a plus rien à voir avec le vainqueur de Verdun.

Le visage de Levallier s'empourpre.

– C'est honteux ! Si ton père pouvait t'entendre, comme il serait triste.

– Laissez papa de côté s'il vous plaît, Onpeluche.

– Ton père serait le premier à mettre le holà, il t'interdirait de t'égarer avec ces soi-disant résistants.

– Comment pouvez-vous en être si sûr ?

– Parce que ton père était mon ami, parce que nous avons combattu côte à côte. Parce que je le connaissais mieux que personne. Il vénérait le maréchal, et toi tu l'insultes. Sous mon propre toit, encore !

Blême, Noroit s'est dressé. Sans un mot, il quitte la salle à manger, s'engouffre dans l'entrée, claque la porte, dégringole l'escalier, furieux et soulagé à la fois. C'est comme si Levallier venait de lui ôter un énorme poids. Venu chercher un conseil, il repart certain de discerner enfin la juste voie. Qu'importent les naïves croyances de Levallier, qu'importe même le fantôme de son père. Les morts ne parlent pas ; c'est lui qui a raison.

Hélène et lui.

Eux et Léon, peut-être, si son Dieu le veut.

Noroit a connu Léon Hiégel à la faculté de droit. S'ils avaient le même âge, les convictions des deux étudiants n'étaient pas identiques. Noroit l'athée croyait au Front populaire, aux promesses de pain, de paix et de liberté que l'alliance des grandes forces politiques et syndicales de gauche, soutenues par les communistes, charriait avec elle. Catholique d'origine alsacienne, Hiégel penchait également vers la gauche, mais une gauche spiritualiste, aux antipodes de toute idée de revanche sociale et de lutte des classes.

– La vraie révolution, chacun devra la faire en lui-même, assurait-il, bardé de certitudes. Car Léon a la foi, celle qui soulève les montagnes.

À peine admis à la faculté, Vincent adhère au Comité de vigilance des intellectuels antifascistes. Léon se fait une joie de l'y rejoindre. Malheureusement, on ne trouve rien de mieux que de transformer les deux jeunes recrues en petites mains du secrétariat. Travail fastidieux vite négligé au profit de bagarres contre l'extrême droite. Les deux amis y trouvent un exutoire à la mesure de leur trop-plein d'énergie. Comme en témoigneront plus tard les fiches de police de Groussard, ils vont même s'y tailler une solide réputation de chefs de bande.

Un drame familial vient, hélas ! contrarier la marche en avant de Léon. C'est d'abord son père qui meurt, c'est ensuite sa mère qui, très affectée par cette disparition, tombe gravement malade. Les Hiégel sont gens de condition modeste. Il faut songer à « la matérielle » et vite. Arrêtant net ses études de droit, Léon s'installe à Clermont-Ferrand. Sa formation juridique lui permet d'y trouver assez vite un emploi d'agent d'assurances. Payé au contrat, il gagne plutôt bien sa vie. L'état de santé de sa mère, lui, empire. Veuve, elle a perdu toute confiance dans l'avenir et, peu à peu, s'abandonne au mal qui la gagne.

En 1938, c'est un orphelin qui revient à Paris. Fils unique, Léon a perdu toute sa famille. Soutenu par des convictions religieuses de plus en plus intenses, le jeune homme parvient néanmoins à reprendre le dessus. Il se montrera particulièrement actif au sein des Jeunes Équipes, un groupe d'intellectuels catholiques, étudiants, universitaires ou, comme lui, jeunes adultes déjà inscrits dans le monde du travail (Léon gagne toujours sa vie en plaçant des contrats d'assurances à domicile).

Face aux périls qui s'amoncellent, les Jeunes Équipes tentent d'inventer une pratique religieuse mieux insérée dans la société moderne. Trop novatrices pour les uns, pas assez radicales pour les autres, la guerre qui s'approche à grands pas les divise en outre profondément. Secrétaire général des Équipes auxquelles il consacre désormais la majeure partie de son temps, Léon éprouve en effet un mal croissant à combattre la tendance conciliatrice du mouvement. Celle-ci se renforce de jour en jour. Or, croyant défendre la paix, les Jeunes Équipes pacifistes ne font qu'exonérer le régime nazi.

Peu à peu, cette tentation de la paix à tout prix s'empare de la majorité du groupe. La messe sera dite au début de l'été 1939. Les Équipes éclatent, laissant Léon désemparé. Un mois plus tard, c'est la mobilisation générale. Sous-officier de réserve dans l'infanterie de forteresse, Hiégel va vivre la « drôle de guerre » derrière les murs bétonnés d'une casemate de la ligne Maginot. Il se porte volontaire pour les patrouilles qui, la nuit venue, tentent de capturer d'hypothétiques parachutistes allemands.

L'ennemi, c'est l'inaction. *Double Crime sur la ligne Maginot*, le roman d'espionnage de Pierre Nord, passe de main en main. En mai, une pluie d'obus s'abat sur l'ouvrage fortifié. La guerre a cessé d'être « drôle ». On ferme les barrières antichars, on double les gardes de peur des détachements de choc allemands munis de lance-flammes. Malgré les nouvelles de plus en plus alarmantes à la TSF, le moral reste élevé, le corps franc Hiégel se singularisant par un coup de main réussi contre une section de la Wehrmacht infiltrée au milieu des fortifications françaises. L'action d'éclat vaudra à son chef une blessure légère à l'épaule, une citation à l'ordre du régiment et les deux barrettes de lieutenant.

Encerclés, Léon et ses camarades tiennent bon, repoussant au corps à corps cinq attaques successives de pionniers d'assaut allemands bardés d'explosifs. Mais le lundi 24 juin, la nouvelle tombe : l'armistice a été signé. Quatre jours plus tard, la Wehrmacht rend les honneurs aux défenseurs invaincus mais épuisés de cette portion de la ligne Maginot. Séparé de ses hommes en qualité d'officier, Hiégel part pour la captivité. Mais trompant la vigilance des vainqueurs, il parvient à s'enfuir. De retour à Paris, c'est un homme blessé qui reprend, faute de mieux, son métier d'assureur.

Cet homme qui, le lendemain même de l'entrevue désastreuse entre Vincent Noroit et Gaétan Levallier, entend frapper à sa porte. Son camarade de faculté est venu lui demander de s'engager à nouveau dans un combat autrement périlleux que leurs bagarres estudiantines d'antan.

Hiégel, studieux, a étalé quelques feuillets de papier vierge et posé un crayon noir sur le coin du bureau de Noroit. En écoutant Hélène La Granière, il essuie ses lunettes à fine monture.

– Nous n'y survivrons sans doute pas, conclut la jeune femme.

Léon et Vincent gardent le silence. À quoi bon dire le contraire dès lors qu'ils partagent le même point de vue ? Mathématiquement parlant, leurs chances de sortir indemnes de l'aventure avoisinent le zéro absolu.

D'un geste décidé, Léon chausse ses carreaux. À lui le prochain tour de parole.

– Le mieux, ce serait une sorte de journal. Une feuille recto verso ronéotypée pour commencer. Quelques anciens des Équipes ont gardé notre matériel de reprographie. Je pourrais renouer le contact avec eux.

– Pas de meilleur moyen pour défendre nos idées, insiste-t-il.

Assise jambes croisées sur le fauteuil Empire où s'assoient d'ordinaire les clients de Vincent, Hélène l'interrompt :

– Encore faudrait-il qu'elles soient identiques ! Ce ne sont pas des idées que nous partageons, Hiégel, c'est un refus. Darlan ou Laval, les deux se valent bien.

Comme son mari mort, la jeune femme ne conçoit d'action qu'expéditive. Ses mains d'excellente pianiste semblent serrer le cou de quelque adversaire invisible.

– Nous ne les aimons pas plus que vous, remarque l'avocat. Mais un journal… Attention à ne pas viser au-dessus de nos moyens, Léon.

– Je vois, pas de gazette, râle Hiégel. Lui qui s'imaginait la presse clandestine comme une aventure un peu romantique, il en est pour ses frais.

– Que faire, alors ? demande-t-il.

– D'abord, conserver notre autonomie, répond Hélène. Pas que je me méfie des autres patriotes, mais pour des raisons de sécurité…

Elle prend Vincent à témoin.

– L'heure est aux groupes recrutés sur affinités personnelles. Fusionner avec d'autres, on verra ça plus tard.

L'avocat de s'étonner en silence. Après lui avoir parlé de ses amis déjà engagés dans des activités de résistance, voilà qu'Hélène refuse tout projet commun avec eux. Pourquoi se tenir avec tant d'obstination à l'écart des forces existantes ? Volonté de jouer perso, peut-être, le péché suprême au temps où lui-même maniait le ballon ovale.

S'il y a un abcès, autant le crever sur-le-champ.

– Nous devrions n'en faire qu'à notre tête, c'est ça ? fait-il observer, sarcastique.

Hélène n'apprécie guère.

– Et pourquoi non ? Ma tête n'est pas plus vide que celle de ces défaitistes.

– Sans doute, mais…

– Je n'ai jamais dit qu'il fallait faire n'importe quoi !

Léon tente d'arrêter l'orage qui gronde.

– Le journal, admet-il, c'était peut-être une mauvaise idée. Mais la bonne idée, c'est quoi ?

– De nous prendre pour ce que nous devons être : des soldats, lance Hélène en redressant le buste.

– Des soldats ?

– Oui, mais sans uniforme. Par principe, je me refuse à envisager d'autre forme d'action que militaire.

L'assureur n'a jamais vu les choses de la Résistance sous un tel angle. Roulant des yeux étonnés, il se tourne vers son voisin.

– Que penses-tu de tout ça, Vincent ?

Ce qu'il en pense ? Comme toute manifestation d'irréalisme, plus de mal que de bien. Ce qu'il ne tarde guère à faire savoir :

– L'action militaire aujourd'hui… À part les candidats au suicide, je ne vois pas très bien.

À deux doigts d'éclater, Hélène parvient à contenir sa colère.

– N'empêche, argumente-t-elle d'un ton presque calme, que nous devons préparer coûte que coûte le jour où le combat pourra reprendre avec des chances sérieuses de succès.

Noroit semble toujours aussi sceptique :

– Dans l'immédiat, riposte-t-il, faisons plutôt ce que nous sommes en mesure de faire.

Et avisant Hiégel :

– Tes amis des Équipes catholiques, ils pourraient nous prêter leur matériel, ou même nous aider à imprimer quelques tracts ? Parce que je n'ai pas l'intention de foncer comme ça, à nous trois.

Avec ses brodequins impeccablement cirés, son pantalon bleu sombre et son chandail kaki, Théodore Maurin sent le militaire démobilisé à des kilomètres. L'ancien factotum d'Henry La Granière s'est recasé après l'armistice dans les Groupes de protection du colonel Groussard, cheville ouvrière du coup d'État avorté de la fin 1940 à Vichy. Contraint de regagner la vie civile par la mise hors circuit des GP, il a répondu sans la moindre hésitation à l'appel d'Hélène. La jeune résistante vient de lui poser la même question qu'à Léon et Vincent huit jours plus tôt :

– Connais-tu d'autres personnes susceptibles de nous rejoindre ?

D'un geste machinal, le trentenaire bâti en hercule tripote sa petite moustache noire taillée au cordeau. Ce qui frappe le plus chez ce géant, c'est la juxtaposition de sa prothèse de verre côté gauche (Maurin a perdu cet œil pendant la nuit d'émeute du 6 février 1934) et de son monocle côté droit (il a toujours été myope comme une taupe). L'ensemble donne à son visage, déjà rude, quelque chose d'un peu effrayant.

– Puisque vous m'avez interdit de parler de votre affaire aux anciens copains des GP, pas trop madame Hélène, répond-il d'une voix timide.

Impatiente, la jeune femme toise celui qui fut l'homme de confiance de son mari.

– Mais encore ? Ne me dis pas que tu n'as personne en vue !

Théodore hésite.

– J'vois bien quelqu'un qui n'est pas du tout dans nos idées, bafouille-t-il. Un camarade d'école que je croise souvent dans la rue, parce qu'il habite pas loin de chez moi. On se salue, on parle de tout, de rien…

– « Pas dans nos idées », ça veut dire quoi ?

– Ça veut dire qu'il est rouge bon teint, le bougre ! Oh ! pardon, madame Hélène.

Geste agacé de la résistante :

– Je ne sors pas du couvent des Oiseaux ! Parle-moi comme si tu étais en face du capitaine. Rouge à quel point, ton gars ?

– Employé municipal socialiste, un vieil adhérent de la SFIO.

– Rouge dehors, rose dedans, je vois.

La voix d'Hélène s'est chargée de mépris : même chez l'adversaire politique, la modération lui fait toujours autant horreur. Mais la résistante a tranché un peu vite. À preuve, l'insistance inhabituelle du fidèle Maurin.

– Non, non, madame Hélène, un rouge vrai de vrai. Émile dit qu'il est plus socialo que les socialos, et même plus coco que les cocos. Il avait la carte du PSOP.

Parlerait-il chinois que la jeune femme n'en serait pas plus déconcertée.

– C'est quoi, cette nouveauté-là ?

Plus au fait, et pour cause, des mouvements de gauche, Vincent s'empresse de voler au secours d'Hélène :

– Le Parti socialiste ouvrier et paysan. Des militants mécontents de la SFIO, trop molle d'après eux. Leur leader s'appelait Marceau Pivert.

– Celui qui beuglait que « tout était possible » au temps du Front populaire ?

– Celui-là même. Au sein de la SFIO, Pivert avait créé sa propre tendance, la Gauche révolutionnaire.

Moue éloquente d'Hélène : l'homme, c'est évident, ne figure pas dans son panthéon personnel. Vincent tient pourtant cet ancien instituteur, croisé deux ou trois fois au comité de vigilance, pour un homme de bonne foi sinon une tête politique.

– Donc, reprend la jeune femme, ton Émile…

– … dirigeait un groupe de gros bras « pivertistes ». Pas nombreux mais coriaces. Ils ont mis à sac la permanence des camelots du roi rue Asseline, dans le 14e. Place des Ternes par contre, le capitaine était avec nous ; on leur a mis une sacrée peignée. Une autre fois, on a saisi une de leurs caisses de paperasserie. Ça causait de « sizaines », de « trentaines », d'équipes de choc. De « femmes-yeux » aussi.

– Des guetteuses probablement. Bravo pour le jargon ! s'amuse Hélène. Et tu continues à le voir, ton anarcho ?

– Ben, c'est un copain de la communale.

– De là à en faire un patriote ! Parce que si je comprends bien, il n'est même pas drapeau tricolore, ton ami.

– Non, mais il est très *Marseillaise*, alors peut-être qu'on pourrait essayer. Même pas d'accord, il ne nous dénoncera jamais.

– Qu'est-ce qui t'en rend si sûr ?

Inquiet d'une possible volée de bois vert, le borgne baisse la tête.

– Émile était au courant de ce que je faisais avec le capitaine, il n'en a pas parlé à ses copains Front popu. Et moi, pendant la guerre d'Espagne, j'savais qu'il traficotait des armes pour les républicains, mais j'en ai rien dit au capitaine.

– C'est du beau ! Allez, ne fais pas cette tête : Henry détestait les délateurs. Qu'est-ce que tu attends pour prendre contact avec ton Émile ?

Théodore se gratte le nez, qu'il a fort et long.

– Y a un autre problème, madame Hélène. C'est qu'il est juif.

À des années-lumière de là, seul un israélite bardé de décorations aurait pu prendre place à la table des La Granière ; le cas ne s'est d'ailleurs jamais présenté. Mais il y a eu la débâcle, la fin des certitudes. Cette lettre où, très étonné, Henry s'ouvrait à Hélène de l'héroïsme d'un lieutenant juif des corps francs : « On a ses œillères, quand même. Si je survis, je ferai dresser un monument à sa mémoire. Avec l'étoile de David dessus : il l'a bien méritée. »

La jeune femme médite tout cela à l'heure où elle fourbit ses armes.

– Beaucoup de choses ont changé dans ce pays, Théodore. Qu'il soit catholique, protestant, juif, bouddhiste, monarchiste, pivertiste ou anarcho, ton Émile, ça m'est complètement égal du moment qu'il est prêt à se battre avec nous. Je veux le voir, et vite !

CHAPITRE 5

Juin 1941

Reconnaissable à sa haute taille et à ses épaules de nageur, Émile Nordmann n'a pas l'air évasif de ceux qui changent d'avis pour un oui pour un non.

D'un novice non plus. La brasserie populaire où il a fixé ce premier rendez-vous possède plusieurs issues. Elle offre de surcroît un emplacement suffisamment reculé pour mettre les conversations confidentielles à l'abri des oreilles indiscrètes. Hélène, Vincent et Théodore sont arrivés à 15 heures pile. Nordmann attendait à l'extérieur. C'est uniquement après qu'il s'est décidé à faire son entrée.

– Théo me jure que vous savez tenir votre langue, laisse-t-il tomber, alors allons-y. J'ai milité autrefois dans les TPPS, les Toujours prêts pour servir, des groupes de volontaires de la fédération SFIO de la Seine pour l'autodéfense des ouvriers. Quand il y a eu la scission, on a suivi Pivert au PSOP. L'objectif, c'était l'armement du prolétariat. Le vôtre est assez différent, d'après ce que j'ai compris.

Assis devant son verre de mauvais vin coupé d'eau, l'ancien militant pivertiste fait face à ses trois interlocuteurs. Il porte un veston de lainage ancien mais propre à la poche droite déformée par son béret basque. Un peu clairsemés sur le front, ses cheveux noirs sont séparés au milieu par une raie. Les mains sont puissantes, sans grâce mais solidement nouées, le regard sombre droit comme un « i ».

J'aime assez ça, songe Hélène. Opinion partagée par

Vincent, qui craignait de se retrouver face à un petit employé un peu terne comme la SFIO en compte tant.

Qui l'eût dit ? Nordmann semble plus réceptif que prévu aux arguments des trois résistants. Sortant de sa poche un paquet de Balto et un bloc de feuilles de papier Job, il roule une cigarette puis l'allume.

– De Gaulle ne m'inspire aucune confiance ; c'est sûrement une vieille culotte de peau. Mais bon, il a au moins le mérite de refuser de se coucher. Parce que les gens qui se couchent, on ne voit que ça, en ce moment.

– Pour ce qui est de De Gaulle, admet Hélène, nous n'avons aucun rapport avec lui pour l'instant. Plus tard sans doute.

– Faudra, parce que moi j'aimerais savoir ce qu'il a dans le crâne, votre gégène. Pétain et sa clique, ça ne trompe personne, on sait bien ce qu'ils veulent. Ils ont dissous la SFIO, le parti, communiste, le PSOP. Et leurs syndicats corporatistes, c'est Mussolini et compagnie. Mais de Gaulle ?

Vincent se penche vers lui.

– Chaque chose en son temps. Comme vous venez de le dire, avec Vichy, on sait au moins où on met les pieds : dans la gadoue. Ces gens qui s'en prennent aux travailleurs sont les mêmes qui se coupent en quatre pour faire plaisir aux Boches.

Nordmann pose sa cigarette.

– J'aime pas le mot, s'insurge-t-il. Je suis internationaliste. Avant Hitler, beaucoup des soldats allemands votaient social-démocrate, communiste, et même plus à gauche encore.

– C'est entendu, reconnaît Noroit. Mais précisément, Hitler leur a retiré le droit de vote, et tous les autres avec. Quand je dis Boches, je ne pense pas aux Allemands en général, je pense à la clique nazie.

Hélène a d'évidence un point de vue assez divergent, mais le lieu et les circonstances ne se prêtent guère à la polémique. De peur que la conversation avec l'ex-pivertiste ne prenne un vilain tour avant même d'avoir abordé les points essentiels, l'avocat se permet un geste de familiarité hier encore incroyable. Sous la table, son pied écrase celui de la veuve d'Henry La Granière pour se retirer presque immédiatement. Furieuse, la jeune femme manque le gifler. Noroit débloque, mais non, c'est lui qui a raison, et c'est elle qui allait commettre une énorme erreur !

Nordmann, qui n'a rien remarqué, hoche la tête.

– Là, je vous suis. D'accord itou à propos des gens de Vichy : de vraies lavasses, des revanchards anti-Front popu, des anti-popu tout court, même. Le problème, c'est ce qu'il faut faire.

– S'organiser, tranche Hélène.

Sourire un peu triste de Nordmann.

– On ne sera pas beaucoup, je vous préviens. Les copains du PSOP, par exemple, ne seront jamais d'accord pour faire le grand saut. Comptez sur eux pour inventer toutes sortes d'excuses, mais je sais bien ce qu'ils ont, au fond : la trouille. Le parti a éclaté avec la mobilisation. Déjà qu'il n'était guère solide ! Depuis six mois, je m'acharne à regrouper les gars, à monter des réunions. Peau de balle ! Sauf votre respect, madame. Tout le monde se défile.

L'ancien des TPPS se retient d'expliquer qu'il a dû batailler ferme pour sauver un petit stock d'armes constitué durant la guerre d'Espagne. Affolé, un rescapé du pivertisme s'apprêtait à le jeter à la Seine !

– Pas très brillant, concède Noroit. Et d'autres gens plus décidés ?

Nordmann tripote son verre aux trois quarts plein.

– Les seuls que je connaisse, ce sont les communistes. Mais pour faire quelque chose contre les Allemands, des nèfles. Ils ont des consignes. Staline tient à son pacte avec Hitler comme aux poils de sa moustache, et le PCF dénonce sans relâche de Gaulle comme « l'homme de la City ». Bougeront pas, les camarades. Un crève-cœur parce qu'à part ceux de l'appareil, la plupart sont des braves gars. Mais sûr qu'ils resteront l'arme au pied, cons comme la discipline de parti.

Il soupire :

– Alors faute de grives, excusez-moi, je prends vos merles. Pour répondre à votre question, j'peux vous proposer qu'un seul nom, ma femme. Enfin, ma copine, pardon madame, mais on n'est pas mariés. On n'aime pas trop les curés et les maires.

– Aujourd'hui, il n'y a plus de vrais maires mais de vulgaires fonctionnaires de Vichy, conclut Vincent. Du coup, ça nous fait un point d'accord supplémentaire. CQFD.

Après le rendez-vous, Noroit et Hélène La Granière s'éloignent à pied. Ils n'ont pas l'air de conspirateurs, plutôt d'un jeune couple en goguette.

– Ce type m'inspire confiance, observe Hélène.

– Moi aussi, approuve Vincent. Vous avez remarqué ce qu'il a dit des communistes ?

– Ça vous inquiète ?

– Sans m'étonner. Je les ai côtoyés au temps du comité de vigilance. On ne pourra jamais rien faire avec eux.

– Erreur, lance la jeune femme, le doigt pointé sur le bleu du ciel printanier à peine assombri de légers nuages. Demain, quand Allemagne et URSS en viendront aux mains…

– Une guerre, comme vous y allez !

Hélène ne relève pas. Son affirmation repose pourtant sur une base solide. Avant de foncer tête baissée dans l'équipée des réseaux Corvignolles, son ami Baravange fut en effet impliqué, à titre officiel cette fois, dans les contacts franco-soviétiques secrets du début des années trente. Pour le compte du Conseil supérieur de la guerre, le futur chef du réduit Bara se spécialisait alors dans le suivi militaire de l'URSS, tâche qui le rendait, plus que tout autre, conscient du véritable potentiel de l'armée Rouge.

De là à former avec les jeunes époux La Granière et quelques autres conspirateurs une cellule de veille anticommuniste liée à l'Action française (la Cagoule n'existait pas encore), le pas était vite franchi. Ce fut l'occasion d'échanges fructueux sur l'URSS et le communisme international auxquels se joignait volontiers Louis, le frère aîné d'Hélène.

Le souvenir de ces soirées ronge encore la jeune femme. Il s'y dessinait en effet un drame familial. Sur le conseil de Baravange, très impressionné par cet aspect avant-gardiste de la stratégie soviétique, Louis se portait en effet volontaire pour les troupes aéroportées. Dès avril 1935, le sous-lieutenant de l'armée de l'air Revellemont participait à un premier stage de formation à l'académie de parachutisme de Touchino, en URSS. Il en revenait béat d'admiration devant les prouesses des chuteurs opérationnels de l'armée Rouge, pionniers de cette arme futuriste. Qu'attendaient donc les militaires français pour suivre l'exemple de leurs homologues russes ? Promu lieutenant, Louis ne cachait désormais plus son philosoviétisme, cause d'âpres disputes avec sa sœur et son beau-frère. Mais le moyen de freiner l'ardeur d'un casse-cou déjà titulaire de sept sauts et prêt à jurer qu'avec l'alliance russe, la France avait enfin trouvé le moyen de contrer l'expansionnisme nazi ?

En octobre, le lieutenant Revellemont participait à la création du centre d'entraînement parachutiste de Pujaut, un petit terrain d'aviation à la limite du Gard et du Vaucluse. Mais affecté en avril 1937 au tout nouveau 601e groupe d'infanterie de l'air de Reims, il s'écrasait au sol dix-neuf mois plus tard, lors d'un saut d'entraînement.

Cette connaissance des ressorts cachés du communisme et de la puissance militaire soviétique, Hélène l'a payée assez cher pour ne pas faire l'impasse dessus.

– Un conflit entre Allemagne et URSS ? insiste Vincent, troublé. Mais Nordmann vient de le dire, il y a le pacte germano-soviétique.

– Ça n'a jamais gêné Hitler, un pacte, tranche la jeune femme. Staline non plus. Lequel des deux prendra l'initiative de rompre, c'est la seule question. Je parie sur Hitler : Staline est plus patient, plus prudent, et l'URSS encore trop faible.

– Le bolchevisme vous fascine, croirait-on, remarque l'avocat.

Hélène marque le pas.

– La guerre germano-soviétique, tranche-t-elle enfin, est inscrite dans les faits. Seul problème : sa date. Dès qu'elle aura éclaté, l'attitude des communistes français changera du tout au tout. Et là, à nous de jouer finement.

Nous, c'est tout de même beaucoup dire, songe Vincent. Car Hélène plus Léon, plus Théodore, plus Émile, plus lui-même, ça ne fait jamais que cinq ! Un ou une de plus que les trois mousquetaires. Et deux peut-être tout à l'heure.

« Tous ces mecs à biceps
Ça n'm'a jamais fait peur
Leurs soi-disant combats c'est du chiqué
Y passent leur temps, à s'caresser », gouaille Fréhel dans le phonographe installé au fond de ce bar mal famé de Montparnasse, haut lieu de la pègre parisienne.

– C'est pour Paulo le Moko, annonce la fille aux ongles écarlates et au décolleté vertigineux. Monsieur dit qu'il le connaît. Paraît qu'y a pas besoin d'introduction et qu'un nom et une date suffiront : « Commandant Bollard, le 17 juin 1940. » J'savais pas qu'il fréquentait des commandants, Paulo. Fais passer l'message quand même.

Un sourire aux lèvres, elle se retourne vers Noroit, mais les lèvres sont trop peintes, et le sourire trop mécanique.

– On va le prévenir. Et toi, beau mâle, qu'est-ce que tu prendras ?

– Export-grenadine, c'est possible ?

– Tout ce que tu veux sauf moi. J'suis déjà en main, tu piges ?

Deux armoires à glace masquent l'arrière-salle du bouge, tandis que quatre spécimens plus minces jouent à la belote, l'œil rivé vers l'intrus qu'ils gaffent sous toutes les coutures. Poulet ? Trop discret. Marloupatte ? Pas le genre. Seule certitude, le gars n'est pas enfouraillé. Ni renflement visible à la ceinture ni bosse indiscrète sous l'aisselle. Surin ? À vérifier.

Cheveux platine colorés à la diable, jupe courte, maquillage agressif, une autre fille émerge de l'arrière-salle. Juchée sur la pointe de ses chaussures à talon haut, elle colle sa bouche contre l'oreille d'un des deux gorilles. Laissant entrevoir une impressionnante balafre sur la joue gauche, la brute se tourne vers le visiteur.

– Paulo t'attend, laisse-t-il tomber d'une voix caverneuse. T'as qu'à me suivre.

Noroit s'exécute tandis que Fréhel complète son autoportrait en 78 tours minute :

« Je bois du gros qui tache

C'est moi la môme catch-catch… »

Profitant de l'étroit couloir, l'homme palpe sans discrétion le corps et les vêtements de l'avocat avant d'émettre un grognement approbateur. Le passage s'élargit. Noroit et son guide débouchent dans une pièce sans fenêtre, à peine éclairée par une faible lampe. L'endroit rêvé pour un guet-apens. Mais déjà, une voix familière vient rompre l'épais silence.

– Merde alors, j'en crois pas mes yeux ! C'est bien vous mon lieut'nant ?

Complet veston à rayures avec gilet assorti, fine moustache sur joues rasées de frais et chevelure soigneusement peignée à la Brillantine, Plantel n'a plus rien à voir avec le condamné que Noroit et La Granière avaient sauvé d'une mort certaine voilà un an. Dans le monde fermé de la truanderie parisienne, le Breton est redevenu ce caïd qu'il était déjà avant-guerre. Ce qui n'exclut pas une dose de timidité envers son ancien chef.

– C'est bien moi, Plantel, mais redevenu simple pékin. Encore que…

– Z'auriez l'intention de rempiler, mon lieutenant ?

– Dans l'armée d'armistice, certainement pas : le pantalon en treillis de lin avec patte de serrage au bas des jambes, la pèlerine cycliste à capuchon amovible, merci ! Moins ces gens se battent, et plus ils distribuent de décorations. Et pendant ce temps-là, mon régiment de dragons portés descend de ses chenillettes pour remonter à cheval…

Noroit jette un regard circulaire qui n'échappe pas à Plantel :

– Pouvez parlement librement ; ici, les murs ont pas d'oreilles. Quand on a échangé nos adresses après la mort du capitaine et l'arrivée à Paris, je pensais que si y en avait un qu'aurait besoin de l'autre un jour, ça s'rait plutôt moi. Pour un gars du mitan, ça peut toujours servir d'connaître un avocat. Mais l'contraire, j'vois pas bien.

– Le contraire est parfaitement possible. Plantel, est-ce que je peux vous parler en toute confiance ?

– Un gars qui m'a sauvé la vie, il peut tout se permettre. J'ai pas oublié ma promesse, mon lieutenant. J'suis peut-être un coupe-jarret, mais j'sais me tenir. Tout ce que vous allez m'dire aujourd'hui restera entre nous.

– Dans ce cas, nous pourrions peut-être nous asseoir ?

Les deux fauteuils de cuir fauve qui trônent dans le bureau de Plantel leur tendent les bras. Vincent, qui ne fume pas, refuse la cigarette blonde que lui propose son ancien subordonné. Mais pas un bon verre de whisky, denrée rarissime en cette année 1941.

Quand les deux hommes se séparent une heure plus tard, Paul Plantel, gangster, trafiquant, repris de justice connu pour sa promptitude et son habileté à jouer de la lame s'est métamorphosé en résistant. Par patriotisme, par haine des Allemands ? Par fidélité presque animale envers son sauveur, plutôt. Auprès des truands, nombreux, qui jouent à fond la carte de la collaboration, Plantel recueillera toutes informations utiles à son ancien camarade d'évasion.

À son sobriquet de Paulo le Moko va s'ajouter un pseudonyme tout neuf, Électrion. C'est que, rompue aux pratiques clandestines depuis le temps de la Cagoule, Hélène La Granière a persuadé ses amis de cacher leurs identités réelles derrière des noms de code. Ultime hommage à son propre père, Vincent a proposé que ces pseudos soient tous puisés dans l'Antiquité grecque. L'organisation à créer portera, elle, le nom de Bucéphale.

Chapitre 6

Février 1942

Hélène enroule une poignée de « papillons » à l'intérieur de l'hebdomadaire collabo *Je suis partout*.

Ronéotés chez Clément & fils, une famille d'imprimeurs du quartier de la Bastille, providence de plusieurs groupes de résistance, ces tracts miniatures sont-ils vraiment efficaces ? La jeune femme en doute, mais Noroit et Hiégel restent attachés à une action qu'ils mènent depuis huit mois déjà. Celle-ci n'a pourtant guère démontré sa capacité à faire surgir de nouvelles recrues. Bucéphale se résume en effet toujours à une petite centaine de membres presque tous parisiens, et cinq personnes pour la direction : Pénélope, Hélios, Dédale, Télémaque et Iolaos, soit respectivement Hélène La Granière, Vincent Noroit, Léon Hiégel, Théo Maurin et Émile Nordmann.

Trois filiales plus modestes encore opèrent toutefois en province. À Lyon, sous la houlette d'un ancien membre des Équipes catholiques, à Vichy par l'entremise de relations du couple La Granière, et à Marseille grâce à un médecin ami de Noroit depuis la période où il était officier de réserve. En dépit de leur taille lilliputienne, elles portent les noms de Lion de Némée, Sanglier d'Érymanthe et Taureau de Crète, trois des légendaires travaux d'Hercule. Optimiste, on espère porter leur nombre à douze au moins.

Ce qui manque, bien entendu, c'est le nerf de la guerre. Bucéphale ne vit que des cotisations de ses membres, de l'héritage familial des La Granière et des avances de trésorerie de Noroit. Mais à ce train-là, l'argent des La Granière ne sera plus qu'un souvenir. Un destin analogue guette celui de l'avocat : on ne sacrifie pas impunément des affaires judiciaires lucratives pour vouer le plus clair de son temps aux activités de résistance.

En cet après-midi hivernal, Hélène, cheveux ramenés en chignon derrière la tête, est vêtue d'une jupe de laine écossaise légèrement usée, d'un chemisier à poignets mousquetaire taillé dans une toile de cotonnade à rideaux et d'une veste à chevrons retaillée qui appartenait autrefois à son mari.

– Petit Paul me presse de questions, lâche-t-elle soudain d'une toute petite voix. Je ne sais plus quoi lui répondre.

Noroit a déboutonné son veston et desserré le nœud de sa cravate. Avec sa mise un peu négligée, il donne à sa compagne l'impression de force contenue qu'elle aime retrouver à chacune de leurs rencontres. Tout dans son visage, des mâchoires puissantes au nez à l'arête cassée d'ex-champion universitaire de rugby, indique l'énergie, la fermeté. Mais la finesse des traits et la douceur des gestes viennent heureusement tempérer ce physique de combattant.

– À ton fils, tu dois la vérité. Pas tout de suite malheureusement. Paul est encore trop jeune, et nous trop vulnérables pour prendre le risque de telles confidences à un enfant.

Solitude, traduit Hélène. Dévorée par son engagement dans la Résistance, la jeune femme accorde de moins en moins de temps à Petit Paul. Le gamin de six ans s'insurge : son père mort, au moins voudrait-il sa mère pour lui tout seul. Or, de prétexte en prétexte, celle-ci lui échappe un peu plus chaque jour. Trop souvent, c'est sa tante Lucie qui vient le chercher à la sortie de l'école, le ramène à la maison, l'aide à faire ses devoirs. Quelquefois même, c'est elle qui le couche et il ne retrouve Hélène qu'au matin. Petit Paul aime beaucoup Tatie, mais une tante, même très dévouée, cela ne remplace pas une mère.

– Les autres te bombarderont de questions. Après, ajoute Vincent, l'avant-bras posé sur le dernier paquet de tracts qui trône encore sur la table. Si ça te chante, raconte-leur comment tout a vraiment commencé. Parle-leur de notre promenade sur les quais de la Seine en sortant du Palais.

Il la contemple avec tendresse.

– Reconnais que ce jour-là, nous n'étions d'accord sur rien.

– Sauf l'essentiel, complète Hélène.

– L'essentiel, c'est toi, dit Vincent, qui prend la jeune femme dans ses bras et pose ses lèvres sur les siennes.

La vie est une maîtresse exigeante, surtout quand on la risque chaque jour. Deux mois après leur tête-à-tête de mai 1941, ils sont devenus amants. Leurs moments d'intimité sont passionnés mais rares. Une heure plus tôt, ils étaient en train de faire l'amour, et maintenant, les voilà tout à leur action de résistance.

– Là où tu m'as le plus épaté, avoue Noroit, c'est quand nous avons discuté ensemble dans la rue, juste après notre première rencontre avec Émile.

– Ah oui ?

– Tu prédisais une guerre entre l'Allemagne et l'Union soviétique, et moi j'avais du mal à te croire. Sauf que cinq jours après, la Wehrmacht attaquait la Russie ! Et maintenant, les communistes se veulent plus patriotes que les patriotes.

– Ils en font même beaucoup trop. Dans le principe, leurs attentats anti-Allemands ne me dérangent pas, mais dans la pratique…

– Ils nous gênent.

– À cause d'eux, les Boches multiplient les contrôles d'identité, les rafles. Vichy et sa police suivent.

– D'après Émile, pardon, Iolaos, les communistes les plus anciens n'aiment pas tellement ces attaques au pifomètre, simplement parce que les types qu'on vient de croiser portent l'uniforme de la Wehrmacht. Pas du tout conforme à l'internationalisme prolétarien, ça.

– Peut-être, mais des milliers de soldats de l'armée Rouge tombent chaque jour devant Moscou ou Leningrad, alors les bons sentiments, les chefs du Parti s'en fichent.

Hélène s'accoude à la cheminée.

– Parlons plutôt de nous. Mon avis n'a pas changé : l'énergie de notre groupe se disperse sans résultat et, pendant ce temps-là, on multiplie les risques inutiles.

Moue embarrassée de Vincent.

– Il faudrait en discuter avec Léon, Théo et Émile.

– Justement, nos réunions sont trop fréquentes, et ça aussi, c'est dangereux. Finissons-en avec l'artisanat et, pour commencer, apprenons enfin à nous plier à des règles de sécurité draconiennes.

Elle consulte sa montre.

– J'ai deux rendez-vous cet après-midi et le troisième, tu sais lequel, en fin de journée. Revoyons-nous demain soir, comme prévu, pour mettre tous ces détails au point.

– Tu ne veux pas passer la nuit ici ?

– Impossible, j'ai promis à Petit Paul de l'emmener à l'école demain matin.

Noroit doit s'incliner.

– Bon, on se revoit demain avec Léon à l'endroit convenu.

Ils s'étreignent.

– Au revoir, Vincent.

Et d'une voix douce :

– Prends garde à toi.

Hélène quitte la pièce, ferme la porte sans le moindre bruit, enfile ses gants en laine et s'engage dans l'escalier.

Noroit apprécie de plus en plus Ménélas.

De prime abord, l'employé des Postes, Télégraphes, Téléphones ne paye pourtant guère de mine avec son teint pâlichon, ses vêtements défraîchis, ses poils dans les oreilles et ses dents jaunâtres.

Ménélas s'importe peu. Il est de ceux qui se sacrifient pour les autres. Cela peut être ses compatriotes dans un pays sous la botte allemande ; c'est surtout sa fille, une gamine de neuf ans à la santé précaire. La moindre allusion à Juliette emplit le visage du postier d'une immense tendresse. Il en oublie même de tirer sur sa Gauloise.

L'enfant a d'ailleurs failli faire capoter son recrutement par Vincent. Ménélas, qui ne décide jamais rien sans elle, était accompagné de sa femme. Après que Noroit, s'étant recommandé d'un ami commun (Nordmann en l'occurrence), eut aiguillé la discussion sur les Allemands, Vichy, la Résistance pour demander enfin à son interlocuteur s'il acceptait d'aller grossir les rangs de l'organisation, le premier réflexe de l'agent des PTT a été le refus.

– Faut faire quelque chose contre les Fritz, d'accord avec vous, monsieur. S'il n'y avait pas la santé de ma fille, je vous aiderais volontiers. Mais sans nous, qu'est-ce qu'elle deviendrait ? C'est un risque que je n'ai pas le droit de courir.

Noroit s'apprêtait à plier bagages quand l'épouse de Ménélas, un petit bout de femme pas tout à fait laide, pas tout à fait jolie, l'air de porter la misère de l'univers sur ses épaules, s'est mêlée à la conversation.

– Étienne, voyons, tu ne peux pas dire non à monsieur comme ça. Si nous, nous ne sommes pas capables de voir plus loin que nos propres ennuis, qui d'autre le pourra ? Tout le monde a une excuse pour ne rien faire.

La bouche bée de Ménélas a rejeté une épaisse volute de fumée.

– Mais Martine, tu sais bien…

– N'empêche.

– Tu voudrais que je…

– C'est à toi de décider, Étienne.

D'un geste sec, le postier a écrasé sa cigarette dans le cendrier, et Noroit a senti que ce petit quelque chose est en train de basculer.

– Pas à moi, Martine, à nous !

Voilà comment Étienne est devenu Ménélas, le responsable des Cavales de Diomède, la filiale PTT de l'organisation Bucéphale, et comment Martine, son agent de liaison avec Noroit et la direction du groupe, s'est transformée en Circé. Voilà pourquoi, deux après-midi par semaine à l'heure de l'école, mais jamais le jeudi, jour de congé des enfants, l'avocat la rencontre dans ce bar-tabac voisin de son cabinet.

Ménélas travaille dans le quartier des ministères, lequel ne porte plus officiellement ce nom depuis le transfert du gouvernement à Vichy mais regroupe toujours les directions centrales de grandes administrations publiques. En quelques mois, son bureau de poste est devenu la plaque tournante de la toute jeune organisation de Résistance.

C'est qu'il est bien placé stratégiquement. Le courrier officiel transite par lui et, mieux encore, les innombrables lettres de dénonciation. Ménélas et ses copains postiers font passer ces enveloppes dans l'arrière-salle. L'un d'entre eux fait le guet, l'autre les décolle à la vapeur et, le cas échéant, prend quelques notes au vol. Certaines missives, les plus inquiétantes, sont carrément subtilisées. Tableau analogue pour le courrier interallemand, dont une petite partie transite par le bureau. L'affaire s'avère tout de même délicate dans la mesure où les fonctionnaires des PTT, dont la plupart n'ont en poche que leur certificat d'études primaires, parlent rarement la langue du Führer.

Les Cavales de Diomède rendent bien d'autres services à l'organisation. La filière courrier, par exemple. Elle fonctionne si bien dans Paris et la proche banlieue que Ménélas envisage de l'étendre à la zone Sud, non occupée par les Allemands et soumise, en principe du moins, à l'autorité de Vichy. Le pivot de cette nouvelle structure serait un de ses cousins, postier à Lyon. Si l'homme se révèle à la hauteur, on pourra acheminer tracts et documents entre les antennes régionales embryonnaires et la « centrale » parisienne de l'organisation.

À 15 h 30 précises, Circé fait son entrée dans le débit de boissons où Vincent l'attend devant un ersatz de café vaguement chaud. Elle le rejoint, visage fermé.

– Quelqu'un vous a suivie ? s'inquiète l'avocat.

Circé fait non de la tête.

– Personne, j'en suis sûre : j'ai fait assez de détours pour ça. Le problème, c'est la petite.

– Malade ?

– Dans ce cas, je ne serais pas venue et Étienne vous aurait retrouvé demain au rendez-vous de repêchage. Juliette n'est pas malade, mais son moral flanche.

– Qu'est-ce qui ne va pas ?

– La solitude, monsieur (Circé, comme d'ailleurs Ménélas, n'est jamais parvenue à se débarrasser de cette mauvaise habitude de politesse). La petite manque souvent l'école ; elle n'a pas vraiment d'amis.

– Mais il y a vous, et Étienne !

– C'est pas pareil.

– Excusez-moi, je suis stupide.

Presque choquée, Circé contemple celui qu'Étienne et elle n'appellent jamais autrement que le Patron. Comment un homme de son importance, un chef, pourrait-il dire des idioties ?

– Pour une gamine, reprend-elle, c'est pas une vie de vivre comme ça en vase clos. Et puis, avec ce froid.

Rien de plus rigoureux que cet hiver de guerre, en effet. Mais déjà, la jeune femme extrait une enveloppe de papier kraft de son sac à main. C'est le courrier du jour ; Noroit la glisse dans sa serviette en cuir.

– Du nouveau pour la province ? s'enquiert-il.

– Étienne attend des nouvelles de Marseille. Son cousin a contacté des collègues là-bas, mais faut le temps.

– Nous ne sommes pas pressés. Enfin, pas trop.

– Étienne prétend qu'il ne sera vraiment satisfait que le jour où le système pourra marcher.

– Qu'il n'oublie pas les règles de prudence. Une organisation qui fonctionne vite, c'est mieux, mais une organisation trop pressée, ce serait mauvais pour la sécurité.

Haut-le-cœur de Circé.

– Oh, monsieur, Étienne est incapable de faire de bêtises comme ça.

– Martine, vous avez un mari formidable. Il n'a qu'un seul défaut, douter en permanence de lui-même. Comme si…

Regard rapide pour vérifier que personne ne peut entendre leur conversation.

– Comme s'il n'était pas un des piliers de l'organisation, et vous également.

– Mais je ne fais que l'aider !

– Faux. Vous résistez, comme tous les camarades de l'organisation quel qu'en soit le sexe. Avant cette guerre clandestine, j'avais sans doute des préjugés sur les femmes. Ce n'est plus le cas à présent.

Rougissante, Circé se demande comment abréger cette conversation trop personnelle.

– Étienne me dit de vous avertir. Il a parlé avec des collègues qui travaillent dans d'autres bureaux. Il les a connus au syndicat. Les gars ont l'air bien au courant. Il paraît qu'il existe une organisation de résistance professionnelle, Action-PTT ou quelque chose de ce genre. Doit-il entrer en contact avec eux ?

Le trio de direction se réunit demain. Excellente occasion pour aborder le problème crucial de l'élargissement de l'organisation, songe Noroit.

– Prenons le temps d'examiner la question. Ce ne sera pas long. Notre prochain rendez-vous a lieu vendredi, n'est-ce pas ?

– Si vous voulez, monsieur.

Vincent pose ses mains à plat sur la table et se penche vers la résistante :

– Si vous cessiez de m'appeler monsieur, Martine ? Le jeu que nous jouons les uns et les autres est suffisamment dangereux pour que nous laissions au placard toutes ces vieilles formules. C'est d'accord ?

– D'accord, mon…

– Martine !

– D'accord, Hélios.

Six minutes de retard. Mais que fiche donc Émile, si ponctuel d'ordinaire ? Léon frissonne. En pleine rue, les rendez-vous manqués attirent l'attention. On fait les cent, les mille pas. Plus le manège dure, et plus les badauds se posent des questions. Là par exemple, certains clients du café d'en face risquent de s'étonner de son attente prolongée.

Le bistrot, plus douillet que la voie publique, est aussi plus dangereux. Dans tout restaurant, débit de boissons et autre lieu public fermé, on court par principe le risque de subir une rafle. Et comme celles-ci se multiplient…

Neuf minutes. Le délai de sécurité est expiré depuis cent vingt secondes. S'éloigner en attendant le rendez-vous de repêchage, demain matin ? Continuer à arpenter le trottoir au risque, peut-être, d'être lui-même arrêté ?

Froid et peur font bon ménage. Bien au chaud, on se sent courageux, mais quand la température tombe en chute libre… Léon s'invente une foule d'excuses. À travers les vitres du bistrot, il apercevra bien Émile. Aucune rafle à craindre car ses papiers – carte d'identité, carte d'immatriculation aux assurances sociales, permis de conduire, carte professionnelle, carte de vêtements et d'articles textiles, tickets de pain, de viande, de matières grasses – sont en règle.

Léon est un privilégié. Comme bon nombre de ses confrères agents d'assurances, un *ausweis* contresigné par le commandant du Gross-Paris et le préfet de police l'autorise à circuler la nuit après l'heure du couvre-feu pour démarcher les clients et régler leurs problèmes à domicile. Bien pratique pour les contacts avec les camarades du réseau, les liaisons, le transport des documents et des messages. Mais le rendez-vous d'aujourd'hui avec Émile était à 17 h 30 précises et l'horloge du pharmacien marque 17 h 41.

Va pour le bistrot ! Léon traverse la rue. Il n'a pas eu sa ration carnée pour cause de restrictions alimentaires et un Viandox bouillant lui réchaufferait les boyaux. C'était pratique, cet été, les rendez-vous sous les voûtes romanes de la piscine de la Butte-aux-Cailles. Émile est employé municipal ; à la belle saison, c'est lui qui distribue les numéros d'accès. Pour se passer les consignes, échanger des messages, des documents, des tracts, il suffisait d'acheter un ticket comme Monsieur Tout-le-Monde. Mais la piscine est fermée par ce froid de canard. Paris claque des dents. Dans la journée, on enfile plusieurs couches de vêtements les uns sur les autres et le soir, on se glisse dès que possible sous les draps avec une bonne bouillotte. Les plus chanceux s'entassent au théâtre. Bonne occasion de se réchauffer les uns au contact des autres. Jamais les salles n'ont été si pleines.

17 h 42. Léon pousse la porte vitrée du café. Sur le tableau noir de l'entrée, quelques mots à la craie informent la clientèle que ce mardi est un jour « sans alcool ». Les habitués, des hommes entre vingt-cinq et soixante ans, parlent boulot, femmes, courses de chevaux, nourriture et température ambiante mais surtout pas politique et encore moins guerre. Les Allemands ont échoué devant Moscou, le général Hiver vole au secours des Russes et, depuis décembre, Hitler s'est bombardé commandant en chef de la Wehrmacht. Quelques jours plus tard, la flotte japonaise attaquait Pearl Harbor. Mais là, pas la moindre allusion à ce conflit désormais mondial.

La France somnole sous l'éteignoir de Vichy ; pour retrouver l'espoir, elle attend le baiser d'un nouveau prince charmant. De Gaulle ? Une voix à la BBC. Certains l'écoutent. Le général sans visage parle bien, mais les discours, ce n'est pas ça qui remplace le charbon pour se chauffer ou le lait pour nourrir les gosses. Ah, si les Chleuhs se décidaient à ramener les prisonniers à la maison ! Encore un million et demi de captifs outre-Rhin. On manque d'hommes, il faut bien que les femmes les remplacent. C'est même un peu elles qui font tourner le pays, mais chut ! ne le dites pas trop fort, il y en a qui se vexeraient. Surtout ici, où on se retrouve surtout entre messieurs.

Un monsieur, tiens, en voilà justement un de plus qui entre. C'est lui, le pauvre, qui faisait les cent pas tout à l'heure devant le bistrot. Sa belle ne viendra plus ; il s'est enfin décidé à comprendre. Allez, bois un coup, mon cocu, c'est toujours ça que les Fritz n'auront pas !

Léon traîne un instant à la recherche d'un endroit bien placé côté rue. L'ayant trouvé, il s'installe, le regard rivé sur l'extérieur.

– Et pour monsieur ?

– Un Viandox.

Le garçon s'éloigne en boitillant, blessure accidentelle. Léon enlève ses lunettes, les essuie. Il n'ose même plus consulter son bracelet-montre. Dehors, l'obscurité commence à gagner. Il n'aurait pas dû se réfugier ainsi au chaud, mais ce qui est fait est fait. Ou alors… Et puis soudain, cette silhouette familière sur le trottoir d'en face. Iolaos, enfin ! Le rescapé des TPPS a l'air fébrile.

Sans attendre qu'on lui serve son Viandox, Léon se lève, rajuste sa canadienne et traverse la salle.

– Il arrive, monsieur ! crie le loufiat au passage. Peine perdue. Léon dépasse l'homme, pousse la porte, vérifie qu'Émile n'est pas suivi, puis s'élance en courant sur les traces de son camarade. Cent mètres à peine les séparent.

– Émile !

Prêt à faire face à d'éventuels agresseurs, l'employé municipal se retourne d'un bond. La vue de Léon le rassure.

– Tu m'as fait peur ! C'est toi ?

– Comme tu n'arrivais pas, j'ai fait la connerie d'aller me taper un Viandox au bistrot d'en face.

Émile reprend son souffle.

– Y a cent fois plus emmerdant. Clément, l'imprimeur, et son fils se sont fait poisser par les cognes. Cinq minutes plus tôt, et j'y passais à mon tour. Mais coup de pot, quand je me suis pointé, la pipelette m'a prévenu. La police était dans l'immeuble.

– Mince !

– Comme tu dis. D'abord, j'ai navigué un moment dans le quartier histoire de gaffer un peu mieux. La bignole disait vrai : je les ai vus embarquer papa Clément et son fils. Des flics français, hein, pas des Allemands ! Avant de filer à notre rencard, j'ai préféré m'assurer que personne ne me collait aux fesses. Ça m'a fait faire pas mal de détours.

Léon passe son bras sous celui de son camarade et l'entraîne plus à l'écart.

– Continuons à marcher. Tout ça devient vraiment dangereux.

– Sans parler des Allemands !

– Sans parler d'eux, oui.

Chapitre 7

Février 1942

« Société nationale des chemins de fer français. Service des prévisions générales », indique la plaque métallique apposée sur la porte.

Hélène écrase le bouton de la sonnette.

– Entrez, lance une voix enrhumée.

Hélène entrebâille la porte. Une secrétaire en chandail bleu ciel et jupe longue lui fait face. Grands ouverts, les bras de la jeune fille supportent une impressionnante pile de chemises à sangles frappées de sigles cabalistiques : TCO, SCETA, MT, EX, PCR, PE, SES, UBA…

– Monsieur Duvaleix ? s'enquiert la résistante.

– Mais il est presque 8 heures du soir ! Vous avez rendez-vous ? s'étonne la secrétaire.

Cette dame n'a pas, mais alors pas du tout, le style SNCF. La maîtresse du patron ? Pas ici : Duvaleix est trop boulot-boulot. D'ailleurs, on imagine mal ce quinquagénaire sans histoire aux prises avec le démon de midi. Une parente, alors ? Une femme seule, une veuve éplorée à la recherche d'un poste administratif ? Mais dans ce cas, pourquoi frapper à la porte du service des prévisions et pas à celle de la direction générale ? L'employée se pose tant de questions à la fois que, sans l'intervention rapide et énergique de la nouvelle venue, ses dossiers lui échapperaient des mains.

– Mettez-les donc par terre, vous voyez bien qu'ils vont tomber, ordonne Hélène.

D'un même mouvement, les deux femmes s'accroupissent. Elles posent la pile de dossiers à même le parquet.

– Madame, excusez-moi, votre bas vient de filer, balbutie la secrétaire en se relevant.

– Vient ? Vous êtes bonne ! Ça fait déjà un mois qu'il est dans cet état !

Suit un rire à briser la glace d'un seul coup.

– J'ai téléphoné ce matin, précise Hélène.

À cette heure, elle s'attendait à trouver son hôte seul. C'était sans compter avec cette demande urgente de la direction générale qui a contraint Lucette – c'est le prénom de la secrétaire – à remuer des chemises bourrées de documents au lieu de se jeter dans le métro pour retrouver son fiancé, qui poireaute place de la République. François doit commencer à trouver le temps long. Les deux amoureux devaient dîner ensemble puis aller voir *Mam'zelle Bonaparte*, le film dont toutes ses copines parlent. Il paraît qu'Edwige Feuillère s'y bat contre Monique Joyce. Drôle de film quand même, mais c'est en costume. Les cinémas aussi font salle comble en ce deuxième hiver de guerre, et tout à l'heure, Lucette se demandait jusqu'où iraient les audaces de son amoureux. À chaque séance, le jeune électricien se montre plus pressant. Un jour, il faudra bien qu'elle lui cède, mais pas encore, pas ce soir.

Le calme revenu, la nouvelle venue explique la raison de son arrivée tardive.

– Monsieur Duvaleix m'attend, mais nous n'étions pas convenus d'un moment précis. Il m'a dit de passer quand cela m'arrangerait.

– Je n'étais pas au courant. Qui dois-je annoncer ?

– Martine Tranier. Remettez-lui en mémoire mon appel téléphonique de ce matin.

– Je vais le faire. Attendez-moi quelques instants.

– Merci, mademoiselle.

Nerveuse, même si elle n'en laisse rien paraître, Hélène dédaigne les fauteuils qui lui tendent leurs accoudoirs. Tandis que Lucette disparaît, elle arpente l'entrée, assez vaste, du service des prévisions générales. Aucune lueur ne filtre des portes ouvertes des bureaux, c'est bon signe. À l'exception de Duvaleix et de sa secrétaire, l'endroit paraît vide.

Quelques instants plus tard, Lucette réapparaît, flanquée de son ingénieur en chef de patron. Petit et un peu rond, le chef du service des prévisions porte des lunettes à monture épaisse. La pochette de son veston s'orne de deux stylos, un Waterman et un Parker.

– Lucette, je vous ai assez retardée comme ça. Laissez-moi les dossiers et rentrez chez vous. Où sont-ils d'ailleurs ?

Lucette rougit.

– Par terre dans l'entrée, monsieur. Je… j'ai failli les laisser tomber, j'en avais pris trop à la fois. Je vais vous les chercher.

– Je m'en occuperai moi-même. Allez, Lucette, filez, on doit vous attendre.

– Merci, monsieur. Bonsoir madame. À demain, monsieur.

– À demain, et faites attention dans l'escalier. Pas la peine de vous casser une jambe !

Le bureau de Duvaleix croule sous les dossiers d'où émerge à grand-peine la Bakélite du combiné téléphonique. Des cartes, des tableaux, des graphiques sont punaisés au mur. L'œil d'Hélène s'attarde sur la table de logarithmes jaune clair posée à côté du téléphone et, beaucoup plus étrange, sur un boulier.

– Souvenir de Chine, explique le chef du service des prévisions. J'ai fait plusieurs missions en Extrême-Orient. J'en ai ramené cet outil tout à fait commode pour les calculs compliqués. Je suis moins rapide que les Asiatiques, mais je ne m'en tire pas si mal. Mais nous ne sommes pas là pour parler calcul. Asseyez-vous, je vous prie madame… Tranier.

Hélène s'exécute. L'ingénieur en chef attendra que sa visiteuse se soit bien carrée dans un fauteuil pour s'installer sur sa chaise tournante.

– Tranier n'est pas mon vrai nom.

– Je m'en doute. Mais vous m'êtes recommandée par d'excellents amis, et pour l'instant, cela me suffit. Donc, vous vouliez me rencontrer ?

– C'est que vous occupez une position stratégique, monsieur Duvaleix.

– Mais encore ?

– Une position que vous pourriez mettre au service du pays.

L'ingénieur en chef sourit : les voilà enfin dans le vif du sujet.

– Je suis tout dévoué à mon pays, madame Tranier.

Désignant le ruban rouge qui orne le revers de son veston :

– Je l'ai gagnée à la bataille de la Somme, près de Maricourt. Blessure grave. On m'avait proposé une affectation spéciale à l'arrière, mais je me suis porté volontaire pour le front. Chef de batterie au 8e d'artillerie, 11e division, général Guillemot. Après, même si ça ne me plaisait pas, j'ai dû réintégrer les chemins de fer.

– À l'époque, fait observer la jeune femme, c'était simple. Mais aujourd'hui, on a parfois du mal à comprendre où se situe exactement son devoir.

– Parfois oui. J'ai perdu mon gendre en 1940 – il était élève aspirant de réserve à l'école de Saumur et, comme vous le savez, la conduite des cadets a été héroïque. Un de mes fils, artilleur justement, est prisonnier en Allemagne.

Duvaleix se redresse :

– Trois tentatives d'évasion, trois échecs, mais je suis sûr qu'il finira par réussir. Et selon vous, où se trouverait donc mon devoir ?

Hélène le fixe droit dans les yeux.

– J'appartiens à la Résistance. Nous sommes peu nombreux, pas très bien organisés mais nous voulons nous battre. Or vous constituez une source d'informations incomparable. Voilà très précisément ce qui m'amène ce soir.

– Ces renseignements, vous comptez les faire parvenir à Londres ?

– Pas dans l'immédiat. La suite dépend de contacts que nous nous efforçons d'établir.

Duvaleix se racle la gorge, l'air pensif.

– De Gaulle ? J'ai du mal à me forger une opinion sur cet homme. Est-ce qu'il montre vraiment la marche à suivre ou, au contraire, se fourvoie-t-il sur une voie de garage ?

– Impossible de se faire une religion sans avoir parlé à ses représentants. Je suis franche, voyez !

– Je le serai donc également : mon autre fils est dans la marine nationale et, chez moi, personne n'a oublié Mers el-Kébir. Et c'est bien ce qui me laisse perplexe chez de Gaulle, sa dépendance envers les Britanniques.

– Vichy est dans la main des Boches, c'est pire !

– Pour moi, cette affaire est réglée. Je regrette que le maréchal s'y soit compromis, mais tant pis pour lui. N'empêche que les Anglais, c'est trois fois non.

Hélène proteste.

– Vous prêchez une convertie ! Pas question pour nous de travailler pour le compte d'une puissance étrangère. Quels que soient les futurs bénéficiaires de vos informations, je peux vous garantir que ce sera des compatriotes.

– Promis ?

– Vous avez ma parole de veuve de guerre, monsieur Duvaleix.

– Madame, excusez-moi.

– D'être patriote, mais c'est un honneur. Les risques, je ne vous le dissimule pas, sont multiples. Si vous acceptez ma proposition, vous ne dormirez jamais plus tranquillement ; vous aurez peur pour vous, pour les vôtres. Il ne faudra vous confier à personne, pas même à vos amis les plus proches. Votre épouse, peut-être, et encore…

Duvaleix ébauche un sourire.

– On ne peut pas dire que vous dorez la pilule, vous au moins !

– Vous aimeriez ?

– Ça ne m'inspirerait pas confiance.

Il se gratte la tête, déjà bien dégarnie.

– Eh bien, madame, votre jeu est un drôle de jeu, mais je ne vois pas d'autre solution que d'y jouer. À partir de cet instant, considérez-moi comme l'un des vôtres. Et pour commencer, voici un document de travail qui vous sera utile. Il était conçu pour notre armée, mais bon…

Duvaleix se penche, fouille dans un tiroir et en sort une plaquette de petit format qu'il tend à son interlocutrice. L'œil exercé d'Hélène a tôt fait d'en déchiffrer les titres : « Ministère de la Guerre. État-major de l'armée. Instruction sur l'aménagement et la reconnaissance des gares. »

– Si vous n'y voyez pas d'inconvénient, ajoute l'ingénieur en chef, j'essaierai tout de même de dormir sur mes deux oreilles. Je suis trois fois grand-père, ma famille a encore besoin de moi.

La Celtique fichée entre les lèvres, Paul Plantel se fend de son rire le plus cordial.

– Bosser pour la Savate, moi ? T'est vraiment louf !

– Si j'te propose la botte, mon poteau, c'est que j'ai mes raisons, tente de le rassurer Gustave Luciani, plus connu dans le mitan sous son diminutif de Gu. Un gars à la redresse qui, à la veille de la guerre, totalisait sept années de prison pour vol à l'étalage, vol à la tire, carambouille, cambriolage, association de malfaiteurs, et port d'armes prohibé. Depuis, rien de neuf au casier sauf que le portefeuille de Luciani s'épaissit de jour en jour.

Gu se la joue grand genre. Il porte des costumes à doublure de soie, des pardessus en pure laine, des chaussures de luxe ; entretient deux poulettes, l'une brune et l'autre blonde ; fait travailler à son compte cinq ou six gagneuses à la Nation, dans un petit bordel réservé aux hommes de troupe de la Wehrmacht, et roule carrosse dans les bars et les boîtes de nuit. Plutôt bonnard pour un apache sans envergure qu'on considérait jusque-là comme un troisième ou quatrième couteau. Un tout petit canif, rigolaient même les plus vachards.

La raison de cette fortune inespérée s'appelle Jules Dambris. Sous le pseudonyme de Gautremont, Dambris préside aux destinées de la police économique franco-allemande de l'avenue des Ternes, officine de fraîche date que le milieu désigne prosaïquement comme la Savate. Le sobriquet qui doit peu aux règles de la boxe française et beaucoup aux méthodes d'interrogatoire très poussées en vigueur dans l'endroit. La PEFA jouit à bon droit d'une réputation sinistre. Juifs, cocos, marchés noir et plus récemment résistants, tout le monde passe au tourniquet, là-bas, du côté de l'arc de Triomphe. Et si d'aventure quelques survivants réapparaissent, c'est rarement en bon état.

Plantel rejette un peu de fumée.

– Le style je-chope-le-type-et-je-lui-fais-cracher-le-raisiné, Gu, j'apprécie guère. S'il faut cogner, je cogne, mais le boulot à la chaîne…

Pour un peu, l'air angélique de Paulo le Moko donnerait des envies de meurtre à Gu, mais le truand parvient quand même à se dominer. C'est un rendez-vous d'affaires aujourd'hui en terrain neutre dans ce bar montant de la rue Delambre, pas une invitation au chambard. Et de reprendre, conciliant :

– Là tu m'charries, mon Paulo. Tout le monde sait que t'aimes bosser seul, d'accord. Mais t'es un mec intelligent, pas un loquedu. Alors dis-moi franco : les frisés, t'as quelque chose contre ?

Paulo le Moko se donne le temps d'achever son absinthe à petites gorgées. Le poisson est ferré, dirait-on. Depuis un bon mois que l'agent Électrion travaille Luciani au corps, c'est la première fois que le porte-flingue de l'avenue des Ternes se décide à formuler une proposition précise. Exactement celle que Plantel attendait. Pour quel autre motif le rescapé de juin 1940 aurait-il repris « par hasard » contact avec cette brute mal dégrossie connue lors d'un séjour commun en cellule, le Moko pour une énième tentative d'évasion et Gu pour avoir arrangé à sa manière la gueule d'un autre détenu, un petit bonhomme chétif qu'il soupçonnait d'homosexualité ?

– Les Chleuhs ? Aucun motif particulier de les aimer, mais tant qu'ils ne viennent pas m'emmerder…

– Pardi ! Et si j'te disais qu'ils peuvent se montrer bon zigs, des fois ?

– J't'écouterais, parce que j'ai pas oublié qu'on a pourri ensemble dans le même trou.

– Alors, ouvre bien tes esgourdes, Paulo. Quand les Fritz sont arrivés, ils ont commencé à s'dire que la France, c'était le pays de cocagne. Mais y a pas que la bouffe qui les intéresse. Z'ont besoin de tas de trucs pour faire tourner leur machine… des métaux… du cuir… des peaux… des tissus… de l'outillage… des pièces de mécanique… du matériel téléphonique… des camions… des bagnoles. Un vrai bric-à-brac.

Plantel secoue négligemment la cendre de sa cigarette.

– Tu veux dire qu'ils pillent tout ?

Sourire carnassier de Luciani.

– Tout. Seulement ils paient.

– Les fournisseurs ?

– Les rabatteurs, tu veux dire. Parce pour nous, à la PEFA, c'est pognon et compagnie ! Dambris… enfin, Gautremont perçoit un mignon pourcentage sur ce qu'on peut rafler, et nous autres, on touche notre part. Elle est costaud, j'te l'garantis.

– Je m'en doute ; y a qu'à te regarder.

Regard apparemment admiratif de Plantel sur les chaussures de Gu, une magnifique paire en box-calf. La brute en rosit de plaisir. Lui qu'on prenait autrefois pour un demi-sel fait désormais partie des caïds, et ça se voit. D'où l'enthousiasme qu'il met à bonimenter son ex-camarade de cellule.

– Les Fritz ont mis en place un service spécialisé dans la récup' à grande échelle. Ils appellent ça « bureau Otto ».

– Tu m'en diras tant !

– C'est le nom de guerre du type qui dirige la manœuvre, le major Brandl. Une huile des services de renseignements militaires frisés, l'Abwehr. Parent de Goering paraît-il, son ex-beauf ou quelque chose comme ça. Il a réquisitionné cinq immeubles du 16e. Une bonne centaine de gonzes et de gonzesses bossent pour lui à temps plein.

Air incrédule de Plantel.

– Ah ouais ?

– Même qu'il s'est annexé l'hôtel particulier du baron de Rothschild, avenue Foch.

– Et tu le vois souvent ?

– Jamais. Notre patron allemand direct à nous, c'est le lieutenant Kraus, un des adjoints d'Otto. Un type à la coule, le père Kraus. Il a bien compris que le meilleur moyen de trouver ce que les gens cachent, c'était de faire appel à nous, les hommes…

Luciani bombe le torse.

– Faut dire, ajoute-t-il, qu'avec Gautremont, Kraus ne risquait rien.

Impassible, Paulo le Moko contemple le papier peint.

– Faudrait m'affranchir jusqu'au bout, Gu. D'où est-ce qu'il sort, ton Gautremont ? Parce qu'avant la guerre, j'en avais même pas entendu parler.

Un rictus gêné zèbre le faciès sans grâce de Luciani. C'est que Dambris fait figure de nouveau venu dans le petit monde fermé des truands parisiens. Rien ne prédisposait au crime ce représentant de commerce pourvu comme seul bagage d'un formidable bagout. Mais las de parcourir la France dans tous les sens, de passer ses nuits à l'hôtel une seule étoile, de manger dans des restaurants deuxième choix, Jules se met d'abord à la colle avec sa maîtresse, Léonie, que, très légaliste, il épouse dès la naissance de leur première fille.

Chef de rayon dans un grand magasin, l'ancien représentant croit trouver la combine de sa vie, une banale tricherie sur l'état des stocks. Confondu puis licencié pour indélicatesse en 1936, juste avant le Front populaire, Jules trempe aussitôt dans quelques arnaques de petite volée. Bilan : six mois de prison. Libéré, il récidive sur une échelle plus vaste. La peine sera à l'avenant. Un an, cette fois. En 1938, muni d'une fausse identité, le voilà embauché par une entreprise française d'import-export de tissus qui fait du commerce avec le Reich.

Au début, ça marche assez bien mais Dambris ne tarde pas à faire des siennes. Un de ses clients porte plainte. Interné à la maison d'arrêt munichoise de Neudeck, il reçoit enfin la visite d'un inconnu. Son fort accent germanique excepté, l'homme parle un français passable. Sous-officier de l'Abwehr, les services secrets de la Wehrmacht, Ulrich Kraus ne tarde pas à dévoiler ses intentions. Que le détenu accepte de travailler pour lui, et c'est l'impunité assurée. Dans le cas contraire, le camp tout proche de Dachau l'attend pour escroquerie, usage de faux papiers. Et si cela ne suffisait pas, au tribunal, pour espionnage.

Intox ? Peut-être bien. Mais Jules, qui vient de fêter en famille son vingt-neuvième anniversaire, ne veut pas courir le risque de finir ses jours dans un camp que la *vox populi* présente sous un jour terrible. Il donne son accord, signe de son vrai nom tout ce qu'on veut : documents compromettants, reconnaissances de dettes, aveux multiformes. Puis, naïf (une des dernières fois de son existence), demande à regagner la France dès que possible.

« Pas avant d'avoir reçu la formation adéquate », lui répond Kraus. Voilà l'agent K 48 expédié à Berlin où les spécialistes l'initient aux mystères du cryptage et du décryptage, de l'encre sympathique, des boîtes aux lettres mortes, des cartes postales codées et autres subtilités du métier d'espion. Dans l'intervalle, les services parisiens de l'Abwehr se sont renseignés sur sa famille, une femme et deux jolies gamines qui, en cas de trahison, paieraient les pots cassés.

Bon père et bon époux, Dambris les adore. La promesse de confortables émoluments fait le reste. S'il a songé un instant à prévenir la police française dès son retour, le voici à présent qui se voue corps et âme à la cause allemande.

À la déclaration de guerre, son réseau, bien qu'embryonnaire, aura déjà fourni d'intéressants renseignements à la centrale de Berlin. Début juillet 1940, Kraus débarque à Paris et s'installe à l'hôtel Lutetia, le quartier général des services secrets de l'armée d'occupation. Presque immédiatement, le sous-officier reprend langue avec son agent. K 48 a bien mérité du grand Reich ; il doit reprendre du service.

Dès la constitution du bureau Otto, Kraus, promu lieutenant, devient l'un des principaux adjoints du major Brandl.

Pour Dambris, c'est l'heure de vérité. Fort du soutien de ses maîtres allemands, l'homme va se révéler un chef de bande d'une efficacité redoutable. Lui, l'ancien cave, en impose désormais aux durs les plus chevronnés. Sous le patronyme aristocratique de « Robert de Gautremont », il s'invente un passé plus gratifiant. Il aurait dirigé une entreprise familiale de coupe de bois précieux en Afrique noire, chassé le lion et l'éléphant, perdu sa fortune au jeu…

Les caïds savent que tout est faux, mais font quand même semblant d'y croire : on n'humilie pas un gonze qui sait mettre les frisés dans sa poche. D'ailleurs, Gautremont ferait tuer sur place le premier qui se risquerait à raconter sa vraie vie en public. Gu le premier, avec sa peur bleue des colères meurtrières du patron. D'ailleurs, il baisse la voix pour livrer à Plantel quelques détails sans importance à ses yeux mais que le truand s'empresse d'enregistrer.

Noroit sera content d'apprendre comment opèrent les hommes de l'Abwehr pour procurer à leur pays les matières premières dont il manque et, par la même occasion, pour recueillir des renseignements de tous ordres. À l'heure où Berlin et Moscou préparent déjà les combats du printemps à venir sur le front russe, c'est particulièrement édifiant.

– On s'en prend un autre petit ? propose Luciani, ravi que la résistance de Paulo le Moko semble fléchir. Demain, il en est sûr, la PEFA comptera un membre supplémentaire.

Et l'organisation Bucéphale, un agent double au sein d'un des services spéciaux du Reich…

Chapitre 8

Mars 1942

Quel plus grand bonheur pour Hélène que d'entendre Petit Paul au piano de l'autre côté de la porte vitrée qui coupe leur salon en deux ?

– Joue-le-moi une dernière fois… en plus délié, s'il te plaît, suggère la douce voix grave de Roman Swierczewski.

Aucune ombre entre le musicien polonais et son élève préféré. Petit Paul tient il est vrai de ses parents. Henry La Granière jouait de plusieurs instruments. Hélène, elle, fut dès son plus jeune âge une pianiste douée, concertiste en herbe, selon ses professeurs du conservatoire, mais bien trop indisciplinée pour atteindre le niveau requis.

Sa leçon terminée, l'enfant s'éclipse à la cuisine pour préparer son goûter, laissant sa mère et Swierczewski devant une tasse de thé. C'est le moment, il le sait, où les deux adultes se retrouvent pour parler de sa passion pour le piano.

Pas cette fois puisque le sexagénaire se penche soudain vers la jeune femme :

– Madame, je sais à votre propos des choses que je devrais ignorer.

Surprise, Hélène trouve refuge dans l'ironie :

– Dans ce cas, faites-m'en part ; c'est toujours instructif d'en savoir plus sur soi-même.

Swierczewski martyrise son collier de barbe poivre et sel taillée au cordeau. Il porte un nœud papillon sur une chemise blanche à col cassé et une veste noire luisante d'usure.

– Je vous en prie, insiste-t-il, ne plaisantez pas. Depuis une semaine, je suis au courant de vos activités dans la Résistance.

Nier même l'évidence, c'est la règle de conduite en pareil cas :

– Mais de quoi parlez-vous au juste, professeur ? Quelles activités ? Quelle Résistance ? Et pourquoi tous ces mystères, à la fin ?

Le vieux monsieur pique un fard. On dirait qu'il cherche ses mots au plafond.

– Vos rendez-vous clandestins avec cet homme, cet avocat près du Palais de justice. J'ai eu l'occasion d'en surprendre un par le plus grand des hasards. Ce monsieur vous est… pardon, visiblement très proche. Il se trouve qu'un ami à moi, homme de robe comme lui, le soupçonne d'appartenir à une organisation clandestine anti-allemande.

Hélène pose sa tasse à thé sur la table basse.

– Ma vie privée, monsieur Swierczewski, ne regarde que moi. Vous enseignez la musique, je crois, pas la morale.

Le professeur rougit plus encore.

– S'il s'agissait uniquement de cela, je n'aurais pas même osé ouvrir la bouche, madame. Mais… vous connaissez mes sentiments, bien sûr ?

– À quel propos ?

– Des Allemands. Ce sont les mêmes que les vôtres.

La jeune femme hausse les épaules.

– Les Boches ont tué mon mari. Je n'ai aucune raison de les porter dans mon cœur !

– Ils ont abattu ma femme et deux de mes frères.

C'est au tour d'Hélène de se sentir gênée.

– Je n'étais pas au courant.

– Ne vous excusez pas. Il n'est guère de famille polonaise qui n'ait eu à souffrir des nazis. La mienne ne fait pas exception, voilà tout. C'est pourquoi je suis entré dans la Résistance.

S'assurant que la porte de la cuisine est toujours fermée, Swierczewski avise son interlocutrice :

– Je comprends votre discrétion, madame. Et vous avez raison, c'est à moi de me découvrir le premier. Je suis un des dirigeants à Paris de l'organisation clandestine de résistance polonaise, la Po-wou-n. La POWN, si vous préférez. P, O, W et N. Dans notre langue, ce sont les initiales de l'Organisation polonaise de combat pour l'indépendance. La POWN a des contacts avec le gouvernement en exil du général Sikorski.

Hélène pose sa main sur la table.

– Sikorski est à Londres, je crois ?

– Oui. Et ici, en France…

Sans doute Swierczewski craint-il d'en dire trop. Il hésite puis se décide :

– Mais à vous, quand même… Après l'écrasement de notre malheureux pays, vous savez qu'une armée polonaise s'est reconstituée en France. Nos hommes ont combattu sur la Loire. Beaucoup de rescapés sont maintenant avec nous. Pour entrer à la POWN, il faut prêter serment sur une Bible ou un drapeau polonais. Nous avons quelques assermentés en région parisienne, plus dans le Nord de la France ou le Pas-de-Calais, chez les mineurs et leurs familles.

– Réconfortant, mais je ne suis pas polonaise.

– Polonaise non, mais patriote oui. Je le sais.

Hélène pose un doigt sur ses lèvres.

– Attendez un instant…

Se tournant vers la cuisine :

– Tu as fini de goûter, Paul ?

– Pas encore, répond une petite voix.

– Prends ton temps, mon chéri, le professeur et moi sommes en train de bavarder.

À l'intention de Swierczewski :

– De quoi, d'ailleurs ?

Large sourire du Polonais devant cette complicité nouvelle qui s'instaure et qu'il prend aussitôt sur lui d'étayer :

– De la POWN, madame. Mon nom de guerre est Wenka.

La jeune femme lève les yeux au ciel.

– Grands dieux, mais pourquoi me dire ça ?

– Pour vous montrer ma confiance. Toutes les organisations clandestines cherchent le contact avec Londres. Or ce contact, la POWN le possède. Et il ne tient qu'à vous d'en faire profiter votre propre groupe…

Les dirigeants de Bucéphale sont réunis dans le salon d'Hélène La Granière. L'arrestation des deux imprimeurs a fait monter une tension que n'apaise pas la perspective de nouer, enfin, des relations avec la France libre par POWN interposée.

Après l'arrestation des Clément, que faire ? Si l'idée d'une action de nature militaire centrée sur le travail de renseignement séduit de plus en plus Hélène, elle a toujours le don d'hérisser Émile. L'ancien pivertiste veut poursuivre les activités de l'organisation dans la même veine qu'avant, propagande anti-allemande et anti-Vichy. Mais, répression oblige, par des moyens plus artisanaux :

– Aux PSOP, on avait notre technique à nous pour reproduire les tracts. Avec du sulfate de baryte, de la dextrine et de la gélatine, on peut fabriquer de la pâte à polycopier. Ces produits sont assez courants, on en trouve dans les drogueries…

Sans craindre de se montrer désagréable, Pénélope l'interrompt, péremptoire :

– Notre problème n'a rien à voir avec la pâte à polycopier, le sulfate de baryte et je ne sais quoi encore ! Notre problème, c'est la sécurité. Personne ici ne respecte les mesures les plus élémentaires. Les Clément sont les premières victimes de nos imprudences, mais si ça continue, j'en prévois d'autres…

Cette froideur envers des camarades emprisonnés indigne Noroit. Il le lui fait savoir :

– C'est tout ce que tu trouves à dire ?

Sa colère sourde, tous la partagent ici. Même Maurin, qui arbore une paire de lunettes à verres teintés l'un correcteur, l'autre neutre. Au temps de la Cagoule, Henry La Granière, conspirateur expérimenté, lui avait suggéré de tirer parti de sa disgrâce physique pour se rendre méconnaissable. C'est particulièrement réussi aujourd'hui.

Insensible aux critiques, Pénélope conserve, elle, son calme hautain :

– Les Clément connaissaient les risques. Cela les a-t-il effrayés ? Bien sûr que non ! Nous allons tout faire pour leur venir en aide, eux et leur famille. Mais cela ne résoudra en rien notre problème.

– Mais quel est-il, à la fin, ce problème ? explose Hiégel, qui s'attire une réponse immédiate :

– Parle moins fort si tu ne veux pas réveiller mon fils… et ameuter tout l'immeuble.

Un ton en dessous, la résistante s'explique. L'arrestation des deux imprimeurs marque à l'en croire un tournant dans la courte existence de Bucéphale. Sans discipline digne de ce nom, leur petite organisation court au démantèlement.

– Mais encore ? objecte Noroit, d'autant plus réticent qu'il n'entrevoit aucun contre-projet valable. Depuis la naissance de Bucéphale, c'est toujours Hélène qui lance les initiatives. Les autres, lui en particulier, n'ont qu'à suivre. Comme il en va de même de leur vie privée, son propre suivisme, très inhabituel, finit par lui porter sur les nerfs.

Impassible, Hélène toise son amant.

– Rien que nous ne nous soyons déjà dit, sinon que l'heure des choix a sonné.

Et de reprendre un exposé mûrement réfléchi. Cavales de Diomède, la filiale PTT, permet, c'est vrai, un système de liaison efficace. Mais deux précautions valant mieux qu'une, on doublera donc cette filière par une deuxième, la filière SNCF. Son dernier tête-à-tête avec Hadès (Duvaleix dont elle seule connaît le nom de famille et le rôle à la tête du service des prévisions générales) laisse entrevoir de grosses opportunités. Garant de la coopération de plusieurs de ses collègues de la haute administration des chemins de fer, Hadès se fait fort de gagner celle de cheminots du rang.

– D'après la convention d'armistice, précise Hélène, la SCNF ne peut rien refuser à…

Elle tient dans ses mains un petit papier quadrillé qu'elle déchiffre.

– … la Wehr-macht Ver-kehrs Direktion.

– La Direction centrale des transports de la Wehrmacht, traduit Hiégel pour Émile et Théo.

– Ça, c'est la théorie, reprend Hélène. En fait, les cheminots patriotes disposent d'une certaine marge de manœuvre. Les Boches le savent. Ils aimeraient bien mettre un type à eux derrière chaque technicien français, mais ça leur demanderait trop de monde. Une chance à saisir. Pour travailler en tandem avec Hadès, il nous faut une personne à l'emploi du temps très souple. Quelqu'un qui pourrait se rendre à la demande partout où on en a besoin.

Émile replonge dans son propre passé. Cette histoire de SNCF lui donne une idée. Mais échaudé par l'humeur de chien d'Hélène, il décide de garder ses réflexions pour lui. On verra plus tard…

La parole est à Noroit. Par l'intermédiaire de sa recrue Électrion, l'organisation va toucher le mystérieux bureau Otto, donc l'Abwehr. En attendant, Plantel (lui aussi évite de citer le nom de son informateur) a déjà récolté des tuyaux de premier ordre sur les bureaux d'achats ; sur leur chef Brandl, excellent francophone recruté par l'Abwehr au milieu des années vingt ; sur sa secrétaire-maîtresse Waldtraut Jacobson, qui gère les 5 % prélevés sur la caisse à titre personnel par Otto.

– Ça nous fait pas mal d'atouts en main, conclut Hélène. Ne les gaspillons pas : la chance tourne facilement.

Fustigeant à nouveau les « mœurs artisanales » en vigueur, la voilà qui brosse un tableau complet de Bucéphale revu et corrigé selon ses vues.

– L'organisation est appelée à grandir. À l'avenir, nous devrons veiller au respect des pseudonymes.

Les mots tombent, secs, nets. La résistante prône une spécialisation des tâches et une meilleure répartition des contacts. Aucun dirigeant ne devra connaître l'ensemble des nouvelles recrues. Aucun patron de « filiale » ne devra connaître l'identité de plus d'un membre du comité directeur, terme qu'elle propose pour désigner la tête de l'organisation. De même, aucun membre d'une filiale ne devra connaître l'identité d'un militant d'une autre filiale.

– On se croirait chez les cocos, ma parole ! s'étouffe Nordmann qui, de notoriété publique, ne porte pas les communistes dans son cœur.

– Eux respectent les règles de la clandestinité, et ça leur réussit, réplique Hélène. S'il faut les imiter pour devenir efficace, pourquoi s'en priver ?

Elle passe au point suivant. Pour éviter les rendez-vous trop nombreux, et là encore, source de dangers, il faut établir un système de liaison avec des boîtes à lettres où sera déposé le courrier. Un service de faux papiers également…

– Mais on peut continuer à les fabriquer nous-mêmes, madame Hélène. Suffit de quelques pommes de terre pour recopier les tampons officiels ou reproduire les signatures et, pour les photos, on se débrouille… plaide Théo.

Le malheureux aurait mieux fait de tenir sa langue.

– Le temps du système D, c'est fini ! clame Hélène.

Vexé, le vieux grognard se carre dans son fauteuil. Il ne dira plus un mot de la soirée.

De toute façon, l'heure du couvre-feu approche, il va falloir se quitter. La voix brisée, la jeune femme informe ses camarades, Noroit inclus, d'une décision particulièrement douloureuse. Résistante à temps plein et mère de famille, ce n'était plus tenable. Hélène a choisi : Petit Paul va habiter chez sa sœur et son beau-frère.

Chapitre 9

Juillet 1942

Gustave Luciani écume :

– Y bouge plus... on est marrons !

Le corps inerte lui glisse entre les bras. Son visage souillé de bave heurte le sol avec un bruit mat. C'est fini.

– Saloperie ! brame en écho Vermeulen, sans qu'on puisse discerner si l'Anversois injurie le cadavre ou le destin qui vient de soustraire sa proie à la « police franco-allemande ».

Le tuyau était bon, le repérage parfait, la filature impeccable mais le type, lui, vient de claquer entre ses mains. Jamais les hommes de la Savate ne connaîtront son identité véritable, André Glumert, ni son pseudonyme dans le service secret gaulliste de Londres, Aristide. Jamais ils ne sauront les noms de ses contacts en France, ses lieux de rendez-vous, la nature exacte de sa mission.

Son agenda ne leur sera pas d'un grand secours. Il ne comporte que des mentions anodines : l'envoyé du BCRA ne notait jamais rien d'important par écrit. De mémoire d'instructeur des services spéciaux, rarement vit-on agent plus discret. Si discret que Glumert ne laissera dans les dossiers londoniens que cette courte mention : « S'est suicidé lors de sa première mission au moment où il venait de tomber dans les mains de l'ennemi. Proposé à titre posthume pour la croix de la Libération (cf. note récapitulative ci-jointe). »

Déposé l'avant-veille dans la nuit par un appareil de la Royal Air Force, Aristide n'aura pas foulé le sol national plus de trente-six heures. Craignant de révéler sous la torture les secrets dont il était porteur, cet ingénieur du textile a mis à profit une toute petite seconde d'inattention des chasseurs de primes de l'Abwehr pour avaler le comprimé à base de cyanure dissimulé dans sa chevalière. Il a succombé en pleine rue, à l'endroit même où Luciani, Vermeulen et leurs complices venaient de se saisir de lui. Et tout ce que les hommes de la PEFA tiennent à présent, c'est un cadavre sans vie, sans papiers authentiques, sans indice dans ses vêtements, sans trace utilisable. Un fantôme.

Glumert est mort seul, mais une de ses camarades de la Résistance, celle qu'il venait rencontrer en ce lieu précis, n'est pas loin, quelques dizaines de mètres à peine. Marchant en sens inverse sur le trottoir d'en face, la femme au pardessus marron clair était presque parvenue au point de rendez-vous. Elle a tout vu. Son unique espoir de salut réside désormais dans la fuite.

– La gonzesse là-bas ! Ramenez-la-moi, bande de cons ! éructe Gautremont. Le chef de bande est le seul à avoir repéré la silhouette féminine qui détale. Sans son œil de rapace, elle se serait déjà éclipsée.

Saine et sauve à un cheveu près, mais ce cheveu-là est tombé au tout dernier moment. Car la dame au pardessus marron s'appelle Hélène La Granière. Hélène qui court à perdre haleine, consciente qu'elle vit peut-être ses derniers instants de femme libre. Maudissant ses semelles en bois qui font ce bruit infernal sur le bitume, la résistante guette la moindre échappatoire avec anxiété. Le café en face ? Une souricière. La ruelle sur la droite ? Une impasse. La porte cochère ? Pire encore.

Dans sa course éperdue, la jeune femme perçoit les cris rageurs de la meute lancée à ses trousses. Tout faire pour ne pas rester dans leur ligne de mire. Sa seule chance, si mince, c'est de changer de rue à chaque carrefour dans l'espoir qu'ils la perdront de vue. Mais vite, plus vite : ils sont en train de gagner du terrain.

Sur son passage, les badauds se retournent. Où court-elle donc, cette dératée qui bouscule les gens sans s'excuser ? Et que lui veulent-ils, ces types patibulaires qui lui filent le train ? Bah, chacun son affaire, après tout.

– Arrêtez la voleuse ! hurlent les poursuivants. La ruse est vieille comme le monde mais, dans cette France occupée, opprimée, affamée, elle marche encore assez bien. Des voleuses, le pays en est plein, voleuses d'argent, de nourriture, de terres, d'héritages. Plus d'un million de soldats toujours prisonniers en Allemagne malgré les promesses de rapatriement : le sexe masculin est minoritaire et, paradoxalement, l'agressivité rentrée des unes, la jalousie ouverte des autres se retourne souvent contre les femmes. Pour tout arranger, celles-ci ne sont pas les dernières à s'entredéchirer.

– La voleuse ! La voleuse ! Près de tomber dans le panneau, un bougnat au visage noir de charbon se ravise. Une voleuse, après tout, c'est pas un assassin. Épargnée par le brave Auvergnat aux mains calleuses, Hélène vire à quatre-vingt-dix degrés sur ses talons de bois, jaillit dans une ruelle, bondit dans une autre. Et là, cette porte cochère qui s'entrouvre soudain, c'est peut-être le salut…

– Laissez-moi entrer ! supplie la résistante d'une voie étranglée.

Où l'héroïne qui se croyait perdue se voit brusquement soustraite au vilain dragon… Voici Hélène essoufflée face à une jeune femme au maquillage criard. Insensible aux critères classiques de l'élégance, l'inconnue, plutôt bien faite de sa personne, arbore un cardigan en angora rose largement échancré sur la poitrine, une jupe en laine et d'épaisses chaussettes qui nagent dans une paire de mules informes. Sur ses épaules, elle a jeté un manteau d'homme bien trop grand tandis que sur le devant de sa tête, un gros nœud multicolore tient en respect de longs cheveux châtains indisciplinés.

L'index appuyé sur ses lèvres rouge vif, l'inconnue lui fait signe de garder le silence. Dehors, en effet, les pas ralentissent, les voix suintent l'exaspération.

– Elle est passée où, cette salope ?

– Dans la rue là.

– Ou alors l'autre, à gauche.

– On se sépare : toi tu m'accompagnes, et vous, vous prenez de l'autre côté. Grouillez !

Le sourire espiègle de l'inconnue fait plaisir à voir.

– Suis-moi, glisse-t-elle à Hélène. Sans bruit, les deux femmes se précipitent vers l'escalier qui débouche sur la gauche, juste avant une petite cour encombrée de pots de fleurs et de poubelles en métal débordantes de bouteilles vides et de reliefs de repas. Le quadragénaire qu'elles croisent en bas de l'escalier jette un regard insistant et vaguement étonné à Hélène.

– Une nouvelle ? s'enquiert-il, un pied sur la dernière marche et l'autre sur le pavé comme s'il hésitait brusquement sur la conduite à tenir.

– Non, une copine. Aujourd'hui, c'est mon jour de repos, riposte l'inconnue avec un accent parisien à trancher au coupe-chou.

– Dommage, Ludmilla, dommage, commente le type, un grand brun, avant de porter deux doigts à son feutre en guise de salut et de gagner la porte cochère. Tandis qu'il disparaît sans se douter de rien, Hélène et sa compagne gravissent promptement l'escalier. Deux, trois étages, puis un long couloir étroit… De l'appartement voisin s'échappent les paroles d'une chanson, c'est la version salace du traditionnel *Malborough s'en va-t'en guerre.* Le couplet paillard est repris à pleine voix par un groupe des deux sexes :

« Et par trente officiers
Quarante-cinq canonniers
Cent vingt-cinq cavaliers
Deux cent trente cuirassiers
Cinq cent six grenadiers
Sept cent vingt non gradés
Elle se fit enfiler. »

Au bout du corridor, l'inconnue pousse une porte à battants. Elle en ouvre une autre. Le passage conduit à l'immeuble suivant. Nouveau couloir, autre escalier, à peine plus large ; on s'y croise de justesse. Trois paliers plus haut, les deux femmes parviennent enfin à destination. L'inconnue sort une clef de la poche de son manteau.

– C'est là, lâche-t-elle en s'effaçant pour laisser entrer Hélène.

Petit et sombre, l'appartement ressemble à un champ de bataille : lit défait, polochon à même le sol, cendrier plein, vêtements éparpillés sur le pouf, sur l'appui de la minuscule fenêtre, sur le parquet où traîne également une bouteille de champagne aux trois quarts vide bouchée par une petite cuillère. Mais, accroché au mur de guingois, un tableau de paysage, puissant et paisible, fait étrangement contraste, comme la petite bibliothèque composée d'une trentaine d'ouvrages. Des classiques aussi bien que *La Condition humaine* de Malraux ou les très gidiennes *Caves du Vatican.* Un roman de Chardonne… *Le Bonheur de Barbezieux* peut-être, mais le titre demeure illisible. Et c'est sûr, *La Comédie de Charleroi,* de Drieu la Rochelle. Sur le dessus de la pile, deux livres aux couvertures suggestives signées respectivement Collot et Rojan voisinent avec un roman pour midinettes aux coins cornés.

– Pas très nette, ma carrée. C'est comme moi ! rigole la fille. Un petit mouvement d'épaule, et son pardessus atterrit sur le lit.

– J't'offrirais bien quelque chose à manger, mais j'ai rien de rien. Une cibiche ?

Hélène fait non de la tête. Mais, épuisée, elle ne refuse pas la chaise que lui tend son interlocutrice.

Avant d'aller s'asseoir sur le bord du lit, l'inconnue tire machinalement ses cheveux vers l'arrière. Une fois installée, elle fiche une Gitane entre ses lèvres. L'allumette craque dans la demi-pénombre, éclairant deux yeux cernés d'un fard épais.

– T'es juive ?

Pas de réponse. L'inconnue lève ses jambes teintes imitation bas, exhibant ses chaussettes de grosse laine, puis les repose sur le plancher. Elle se lève, s'approche d'Hélène, la scrute, la dévisage et en fin de compte, délivre son verdict :

– Non. T'as pas le genre.

Puis, après réflexion, elle se livre à un feu roulant d'hypothèses :

– Qu'est-ce qu'ils te voulaient, les types ? T'as pas voulu coucher avec un ? Avec deux ? Avec tous à la fois ? Y t'plaisaient pas… Tu préfères les filles ?

Rire homérique de la résistante, qui libère d'un coup la tension accumulée tout au long de cette course à la survie. Son contact avec le BCRA vient d'être capturé sous ses yeux, elle-même vient d'échapper par miracle à une bande de gestapistes et on lui parle d'une histoire de coucherie !

– Si ce n'était que ça, soupire-t-elle.

La fille aux chaussettes rejette une volute de fumée, puis une autre.

– Donc c'est plus grave. T'es faiseuse d'anges ?

Nouvelle dénégation amusée d'Hélène.

– Le contraire, alors : t'as un polichinelle dans l'tiroir, tu cherches à l'faire passer et ça fout le chambard partout. J'me trompe ?

– Vous gelez.

– Ah, je gèle. Voyons…

De plus en plus intriguée, l'inconnue poursuit son interrogatoire, tandis que la pièce commence à empester le tabac.

– Marché noir. Là, ça se réchauffe ?

– Non.

– J'me disais aussi, t'as pas non plus l'genre.

Soudain, c'est l'illumination :

– Si c'est pas une affaire de juifs, pas une affaire de cul, pas une affaire de môme, pas une affaire de trafic. Bon Dieu, tu vas quand même pas m'dire que tu fais partie de ces cinglés qui espèrent chasser les vert-de-gris ?

Hélène devrait tricher, mentir. Mais dans le même temps, une voix intérieure l'assure que l'inconnue vaut beaucoup mieux que cette vulgarité affichée. Sans son attitude résolue, Pénélope serait déjà en route pour l'avenue des Ternes, l'hôtel Lutetia, siège parisien de l'Abwehr, ou une autre officine de torture. Et qu'avait-elle à gagner dans cette affaire ?

Rien du tout. Voilà qui lui donne droit à la vérité. Une partie du moins.

– Je suis une patriote, oui.

– Eh ben ça alors, ça m'épate qu'une chouette fille comme toi fasse ce genre de trucs. J'croyais que c'était seul'ment pour les mecs. Ou les mochetés, quoi, les glaçons… oh pardon !

Hélène sourit, indulgente.

– Depuis les historiettes de la comtesse de Ségur, je me suis tout de même dessalée un peu.

– J'parie même que côté fesse, t'es guère privée…

– Mon mari a été tué en juin 1940, mais oui, j'ai un amant, un des camarades de mon organisation.

La fille aux chaussettes tire une nouvelle bouffée de cigarette. L'entretien lui ouvre des horizons insoupçonnés, dirait-on.

– On m'appelle Ludmilla, révèle-t-elle mais mon vrai prénom, c'est Sophie. Toi, des noms et des prénoms, tu dois en avoir des milliards… et plus souvent des faux qu'des vrais.

Elle se penche à nouveau vers Hélène et la fixe.

– Attends, attends, y a kek chose que j'voudrais savoir. Ton mec, t'es amoureuse ?

Hélène s'entend répondre « oui » d'un ton ferme. Elle ne s'était jamais posé la question sous cette forme.

– C'est quand même marrant parce que mon métier à moi, c'est pute. Le mec qu'on a croisé tout à l'heure dans l'escalier fait partie de mes clients habituels. J'travaille au Five to Seven, un claque tout c'qu'y a de plus correct. J'fais quelques clients de rab et la sous-maîtresse me laisse profiter de cette carrée. Un bon arrangement, et là, j'peux t'dire qu'aucun mec ne rentre. Mais j't'emmerde peut-être avec mes confidences ?

– Du tout. Ça me donne à réfléchir.

Rien de plus exact. Un souvenir revient à la mémoire d'Hélène. Elle est à Sainte-Émilie en première. Non, en seconde. L'année prochaine, c'est la première partie du bachot. « Lisez, mesdemoiselles, lisez », prêche madame

Legon, le professeur de français. Hélène suit le conseil ; elle dévore tout ce qui lui tombe sous la main. Un jour, sa mère déniche dans la chambre quelques livres osés. Les vacances de Noël viennent de commencer. La mercuriale en famille n'en sera que plus retentissante : confession immédiate au prêtre de la paroisse suivie d'une semaine de réclusion à domicile avec lecture obligatoire d'ouvrages recommandés par l'Évêché. Mais la nuit venue, quand toute la maisonnée dort du sommeil du juste, la lycéenne ouvre sa fenêtre de chambre, enjambe la balustrade, emprunte à ses risques et périls une étroite corniche avant de descendre dans la rue en s'accrochant au tuyau d'écoulement de la gouttière. Sans un centime en poche, elle traîne dans le quartier, l'œil rivé sur les lumières des cafés ouverts la nuit. Les hommes qui l'interpellent au passage, elle n'en a cure. Si ça les démange, ces messieurs n'ont qu'à se rendre dans les endroits faits pour. D'ailleurs, il y a un bordel de luxe pas loin. Lors d'une de ses pérégrinations nocturnes, elle a longé la façade de l'établissement de plaisir. Rien ne le distinguait vraiment des immeubles contigus. Déçue par cette banalité, l'adolescente rebelle a regagné ses pénates aussi silencieusement qu'elle s'en était allée.

Hélène rit. Osés, ces ouvrages ? Innocents, plutôt. Il y avait, voyons, cette nouvelle de Guy de Maupassant au titre bizarre : *Bouboule... Boulotte... Boule de suif,* c'est ça ! Elle s'ouvre sur l'impitoyable description d'une autre débâcle française, celle de 1870. Mais l'histoire, voyons, quelques notables normands apeurés tentent de gagner Dieppe en diligence. Leurs compagnes de voyage ? Deux bonnes sœurs et Boule de suif, cette prostituée trop ronde, presque grasse, qui refuse obstinément de coucher avec les envahisseurs. Elle veut bien vendre son corps moyennant finances, Boule de suif, puisque c'est son métier. Mais pas au commandant prussien qui parle déjà en maître.

Dans ce cas, proclame l'officier, il bloquera ces messieurs-dames le temps qu'il faudra. Et tous et toutes de supplier la catin de passer outre ses pudeurs patriotiques.

Mais non, s'obstine Boule de suif, pas question de perdre son honneur avec un Prusco. On la raisonne, on la courtise. C'est encore non. Et parce qu'elle a bon cœur, la pauvre finit par se sacrifier. En guise de récompense, elle n'aura droit qu'au mépris de ses compagnons de voyage. « Ces filles, n'est-ce pas ma chère ! »

– Ton hôtel de passe, il reçoit des clients allemands ? demande soudain Hélène, passant d'instinct au tutoiement.

Sophie roule des yeux inquiets, comme si elle cherchait le piège.

– Le Five to Seven, c'est une maison de rendez-vous, nuance. L'étage d'au-dessus, si tu préfères.

– Je ne suis pas spécialiste, mais peu importe. Les Allemands, alors ?

– Des officiers seulement. Je m'en suis fait quelques-uns. Professionnel hein, rien de plus. Y sont pas mal, les gars. Pas fleur bleue, c'est pas leur style, mais polis, courtois, genre vieille Allemagne. Oh merde, j'devrais pas t'parler d'ça, ils ont flingué ton mari, les vaches. Tu l'aimais ?

– Oui, je l'aimais. Nous avons un fils.

– Il a quel âge ?

– Sept ans. C'est ma sœur qui le garde.

– Un loupiot, ça a besoin de son père.

Tout ce qui ressemble à de la pitié fait horreur à Hélène. La jeune veuve redresse le buste.

– Les Boches ne l'emporteront pas au paradis. Tout ce qui touche à eux m'intéresse. Pourquoi pas leurs confidences sur l'oreiller ? Qu'est-ce qu'ils disent… après ?

Sophie se gratte les cheveux.

– Les mêmes choses que tous les types au bordel. Ils causent de leurs femmes qui leur font pas c'qu'y z-aimeraient, de leurs gosses. Y en a qui montrent des photos.

– Et c'est tout ?

– Ben, ça dépend des types. Mais y a un truc qui leur fout à tous une peur bleue, c'est le front russe. Y feraient n'importe quoi pour ne pas se r'trouver là-bas. N'importe quoi !

– Même les pires saloperies ?

– Oui, même. Pourtant, c'est pas tous des tueurs.

– Les SS le sont.

– On n'en voit jamais. Notre clientèle, c'est uniquement la Wehrmacht. La Feldgendarmerie assure la sécurité autour. Des fois, la patronne les laisse boire un verre au bar. Un peu coincés, les pandores chleuhs, mais pas vraiment méchants. Ce qui m'amuse, c'est leurs grosses plaques en métal accrochées par une chaîne.

– Je vois. Mais les militaires, même à mots couverts, ça parle forcément de choses d'armée.

– Y en a qui disent des trucs mais j'écoute pas ; quel intérêt ces conneries ?

– Et si moi je te demandais d'ouvrir toutes grandes tes oreilles à ces moments-là, tu le ferais ?

Au-dessus de joues rubicondes bleuies par une barbe déjà drue, deux yeux mobiles trahissent une dose massive d'anxiété. L'inconnu a peur. Ce rendez-vous avec Noroit, il ne l'a accepté qu'à contrecœur. Ses doigts jaunis par l'abus de cigarettes se cramponnent au plateau de la table. Enfin, l'homme se décide à étaler son organigramme rédigé à l'encre violette sur une copie grand format en papier quadrillé. Partout des flèches, des cases, des sigles, des grades, des noms propres.

– Les policiers fritz sont peu nombreux, commente-t-il. Je ne sais pas le chiffre exact, mais ça doit tourner autour de mille cinq cents pour l'ensemble de la zone occupée. Du coup, ils ont besoin de nous… la police française je veux dire. Et notre haute hiérarchie marche ; on dirait même qu'elle court ! La préfecture va redécouper la place de Paris en trois secteurs. Chacun d'entre eux fonctionnera sous le contrôle direct d'un officier de police allemand. Voyez…

Déjà quasi inaudible, sa voix baisse encore d'un ton. Il allume une Gauloise.

– Secteur nord-est, 4e, 9e, 10e, 11e, 12e, 19e et 20e arrondissements. Responsable boche : colonel Sieler, hôtel Ambassador, téléphones Provence 72-21, Provence 71-29 et Provence 63-74.

Secteur nord-ouest, 1er, 2e, 8e, 9e, 16e, 17e et 18e arrondissements. Colonel Rischert, hôtel George V, téléphones Balzac 33-90 et Balzac 39-93.

Secteur sud, 5e, 6e, 13e, 14e et 15e arrondissements. Hôtel du Palais d'Orsay, téléphones, Littré 59-04 et Littré 59-06. Commandant von Randow.

La main de Noroit s'avance subrepticement vers le document.

– Et cet organigramme, on peut vous l'emprunter ?

– Impossible, sursaute le policier en civil. C'est top secret. Pensez, le texte officiel n'a pas encore été tapé.

– Même si je ne vous le conserve que quelques heures ?

– Personne ne doit s'apercevoir que j'ai sorti ce truc de la boîte. Jamais !

Sourire rassurant de Noroit.

– Mais lors de notre première rencontre, il y a trois semaines, vous m'avez bien remis en mains propres cette documentation complète sur les méthodes de filature de vos collègues. Ça n'avait pas l'air de poser de problème particulier.

– Il s'agissait d'un papier pelure des cours de formation des collègues des Renseignements généraux, pas d'un exemplaire unique. Mais aujourd'hui, le risque est trop gros. Je dois tout rapporter, et vite…

– Cinq petites minutes pour y jeter un coup d'œil ?

Tempête sous un crâne. Avant d'écraser son mégot dans le cendrier, le fonctionnaire s'en sert pour allumer une autre Gauloise. Pour finir, il cède.

– D'accord, mais pas plus.

Toujours aux aguets, le voilà qui pousse le document vers Noroit. Après avoir sorti un cahier à spirales de sa serviette, le résistant recopie l'essentiel des informations en sténo, technique apprise, il s'en félicite, au moment de ses études de droit. Soulagé, le policier récupère son bien. Tandis qu'il allume une troisième cigarette, ses doigts tremblent. Machinalement, il enfouit la main gauche dans la poche de son veston de confection constellé de cendres.

– J'espère que ça vous servira. Moi, il faut que j'y retourne… une réunion de service à 4 h 30. Déjà que j'ai manqué la dernière !

Alors qu'il ébauche déjà le geste de se relever, Noroit tente de le retenir :

– Des renseignements de ce calibre sur la préfecture, c'est précieux pour nous. J'aimerais bien qu'on garde le contact. Une fois tous les quinze jours, vous seriez d'accord ?

L'homme fronce les sourcils.

– Trop dangereux. J'ai une femme et des enfants.

Un peu déçu – en matière de recrutement, c'est son premier échec –, Noroit hoche la tête. Entretien terminé, fructueux mais hélas sans lendemain.

– Attendez, balbutie subitement le policier. Faut que je vous dise… Il y a aussi autre chose.

– Quoi ?

– Excusez-moi, monsieur, un truc très grave. Les Boches… comment dire, veulent arrêter en masse les juifs de Paris. Enfin, c'est pas eux qui agiraient directement, c'est nous, la préfecture. Depuis 1940, déjà, les frisés puisent à volonté dans le fichier de la sous-direction des Étrangers et des Affaires juives.

Toujours en sténo, Noroit note cette précision sur un coin de la page où il a déjà recopié l'organigramme et, sentant que toute parole serait superflue, laisse son interlocuteur poursuivre :

– En août dernier, on leur a déjà prêté la main pour une série d'arrestations massives. Mais là, ce sera pire, une rafle générale : dix, vingt mille hommes, femmes et même enfants à ce qu'on m'a dit. Des apatrides et des étrangers surtout, parce que le maréchal renâcle à interner les juifs français, surtout s'ils sont anciens combattants. On vise les juifs de nationalité allemande, autrichienne, polonaise, tchécoslovaque ou russe entre seize et soixante ans. Les gamins de moins de seize ans seront emmenés en même temps que leurs parents.

L'homme sue à grosses gouttes et cette fois, ce n'est plus de peur mais de honte devant le forfait qui se prépare. Antisémite obsessionnel, un de ses collègues de la brigade spéciale 2 des Renseignements généraux s'est fait une gloire malsaine de le tenir au courant. Enfin, les « youpins » allaient en prendre plein la gueule. Bouclage du « ghetto » pour commencer, avec fermeture des stations de métro, établissement de barrages, perquisitions. Si la date reste encore un peu imprécise, le 15 ou le 16 du mois peut-être, l'affaire, elle, serait déjà programmée. Pour marquer leur « indépendance », les flics parisiens agiront seuls, sans présence allemande ostensible. Mais bien sûr, les SS seront derrière.

L'inspecteur de la BS 2 a livré comme à plaisir une pluie de détails sur le *modus operandi* de la rafle. Une circulaire secrète est en préparation. Munie de cars de service ou d'autobus réquisitionnés, la police parisienne agira dès le petit matin. Principaux objectifs : Belleville, le quartier Saint-Paul, Popincourt, Poissonnière. Pas de faiblesse si les juifs refusent de se plier aux injonctions des forces de l'ordre. Prendre les fuyards de force et, au besoin, enfoncer les portes des appartements. Si possible, parer aux tentatives de suicide – il y en aura forcément. Après, trouvaille de génie, regroupement au Vél'd'Hiv (« des youtres coureurs cyclistes, ça va drôlement tourner », a ricané l'homme des RG) des individus ou des familles avec leurs enfants. Les autres devraient être transférés en banlieue, à Drancy, un camp que les Allemands ont ouvert l'été précédent en réquisitionnant des immeubles d'habitation à bon marché.

– C'est abominable, lâche Noroit, effaré.

– Je n'en sais pas plus.

– Mais c'est déjà beaucoup ! Merci, mon vieux. On va essayer de faire connaître cette saloperie au maximum de gens concernés. Ça ne sera pas facile.

Le policier hausse les épaules, l'air de dire qu'une entreprise aussi ambitieuse dépasse largement le cadre de ses compétences. Avant de prendre congé, il se penche vers Noroit et lui souffle :

– J'ai fait ce que j'ai pu, monsieur. Mais je vous assure, le jeu est trop dangereux. Même de venir vous trouver ici aujourd'hui, j'avais les foies. C'est ma femme qui m'a dit : vas-y, mais pour la dernière fois. Ce qu'ils font, ces gens de la Résistance, c'est bien. Mais pense aux gamins : c'est trop risqué aussi.

Noroit le regarde boutonner son veston, puis sortir de la brasserie. Le policier s'éloigne à grands pas.

CHAPITRE 10

Octobre 1942

« On procédait comme ça aux temps préhistoriques de l'organisation », s'attendrit Nordmann, en proie à la nostalgie entre les stations Père-Lachaise et Ménilmontant.

Dans le métro parisien, le wagon de tête est forcément de seconde classe, celui de queue aussi, les premières occupant deux demi-rames au milieu du convoi.

Deux copains donc, le chef d'équipe en tête du train et son *alter ego* à l'autre extrémité. Arrivés séparément sur le quai de départ, les résistants s'ignorent. Mais dans la poche de leur veste, de leur manteau ou de leur blouson, chacun d'entre eux dissimule une cinquantaine de tracts.

La station choisie comporte obligatoirement deux sorties. Nos compères descendent chacun de leur rame de secondes sans s'en éloigner toutefois. Leurs regards balaient le quai. Qu'une présence – un sergent de ville en uniforme, un soldat allemand ou autre –, lui semble suspecte, et le chef d'équipe peut encore tout arrêter. Il suffit qu'il lève le bras très haut. Dans le cas contraire, les résistants attendent que le va-et-vient des passagers prenne fin. Une petite fraction de seconde avant le moment où les portières se referment, on jette les tracts en pluie à l'intérieur du wagon. Le temps que les voyageurs, éberlués, réagissent, et c'est déjà trop tard. Le train redémarre, les compères s'évanouissent chacun par une sortie différente. Vingt minutes plus tard, leurs itinéraires se croisent en pleine rue dans un lieu décidé à l'avance. Ni clin d'œil ni sourire. On vérifie que l'autre n'est pas suivi, puis on rentre chez soi par une série de détours. Une fois en lieu sûr, on fera le bilan de l'opération.

« Hélène avait raison ; c'était le temps du bricolage », admet Émile tandis que le métro marque l'arrêt à la station de métro Clichy. Quand on sait que le réseau Bucéphale comprend maintenant près de deux cents membres actifs… Quatre filiales : Cavales de Diomède pour les PTT ; Ceinture d'Hippolyte pour la SNCF ; Bœufs de Géryon pour l'armée d'armistice et Hespérides pour les administrations publiques ; des antennes en zone occupée à Orléans, Rennes et Bourges ; d'autres en zone « nono » à Vichy, Toulouse, Lyon et Marseille ; et les trois dernières en zone côtière interdite dans les villes portuaires du Havre, de Saint-Nazaire et de Bordeaux.

Face à lui dans la rame, un couple de vieux israélites serrés l'un contre l'autre, pitoyables avec l'étoile jaune qui leur barre la poitrine. Cette saloperie, Iolaos n'a jamais voulu la porter. Question de sécurité, et d'honneur. On ne va pas se laisser marquer comme du bétail quand même !

Un copain un peu anar de la mairie du 13e, bureau de l'état civil, lui a mitonné des papiers d'aryen authentique susceptibles de passer avec succès les contrôles. Depuis, le résistant juif et internationaliste de l'organisation Bucéphale se sent libre comme l'air. Les nazis, c'est comme les mussoliniens, comme les franquistes, comme les collabos à la sauce Doriot, à la sauce Déat, Bucard, Costantini : Émile les emmerde tous !

Il descend à la station Pigalle. À l'initiative du professeur Swierczewski, un rendez-vous important l'attend un peu plus loin, dans un bistrot où se réunissent quelques fanas de jazz, musique exotique à laquelle l'employé municipal, inconditionnel de l'accordéon musette, ne comprend fichtrement rien.

Quelle main anonyme a griffonné à la hâte ce Mozart cubiste sur l'affiche qui ornait trois ans plus tôt casernes et commissariats de police ? « Silence, l'ennemi guette vos confidences » : le slogan fleure sa drôle de guerre. L'Antiquité ou presque pour les adolescents qui se trémoussent au rythme de *Bugle Call Rag*.

Pour être *swing*, c'est *swing*, comme on le répète à tout bout de champ, ici. *Swing*, les garçons en pantalon étroit qui tirebouchonne sur des chaussures pointues. *Swing*, les cinq ou six jeunes filles en col roulé. *Swing*, les 78 tours de Mezz Mezzrow, de Fats Waller, d'Armstrong. *Swing*, le Hot Club de France, l'orchestre de Raymond Legrand ou celui d'Aimé Barelli. Et *superswing*, ce diable de guitariste gitan de Django Reinhardt. Mais le jazz, l'exotisme, l'Amérique, les cheveux qui rebiquent sur la nuque, les jupes plissées et les bas multicolores, c'est peut-être une patrie de rechange quand la sienne est occupée, quand l'Allemand tient le haut du pavé, quand Vichy étale son gâtisme. Claquons dans nos doigts les copains, l'avenir s'envole en fumée, l'avenir n'existe plus.

À peine dans l'antre jazzistique, Vincent et Émile n'en croient pas leurs yeux. C'est voyant, c'est même énorme ! Avec son veston de tweed cintré, son teint pâle, ses cheveux roux, sa moustache style armée des Indes, l'homme assis seul à la table du fond devant un verre désespérément vide sent à des lieues ce qu'il est : un officier des services de renseignement britanniques. Plus grave encore, voilà qu'il se met à chantonner dans la langue de Shakespeare. À rebours de leur réputation, les Anglais seraient-ils devenus si malhabiles en matière de guerre secrète qu'ils mobilisent des plaisantins de cette trempe ? Pourquoi pas l'Union Jack planté au beau milieu de la place de la Concorde tant qu'il y est ? Avec le *God Save the King* en prime.

– On s'tire ? suggère Nordmann, inquiet. Ça sent le traquenard à plein nez. Sûr que les Allemands sont là, tapis dans l'ombre. Dans quelques instants, d'autres vont faire irruption et coffrer toute l'assistance.

Maudissant le professeur Swierczewski qui a fixé pour eux ce rendez-vous avec l'Intelligence Service, Noroit s'apprête à donner le signal du départ. À ce moment précis, une main se pose sur son épaule.

– *Swing*, les gars ! lance la voix joviale du nouveau venu, cheveux bruns un peu longs, blouson en serge bleu marine et accent parigot à couper au couteau de boucher des Halles. Il se plante face aux deux résistants, les toise puis, un ton plus bas, leur glisse :

– N'empêche que Napoléon…

– … ne sera pas toujours aux Invalides, réplique machinalement l'avocat.

– Merde, vous êtes… bredouille Nordmann, pris de court lui aussi.

– Le major Gibson ; nom d'emprunt, bien entendu, réplique l'inconnu au blouson. Mon prénom est John, mais appelez-moi Paul, c'est plus discret.

– Thomas, dit Nordmann.

– Ignace, improvise Noroit, qui voit le sourire de l'Anglais s'élargir un peu plus.

– Trois fieffés menteurs : nous sommes faits pour nous entendre, rigole l'Anglais. Sortons de cette boîte à musique et allons faire un petit tour sur le boulevard. C'est mieux pour parler.

Dehors, le froid les attend, avec juste ce qu'il faut de vent pour rendre la situation inconfortable. Les passants sont rares, c'est d'ailleurs l'effet recherché. Émile et Vincent remontent leur col tandis que l'Anglais sort une écharpe en laine de sa poche de blouson et coiffe une casquette.

– Jamais de canadienne, note-t-il, amusé. C'est mauvais pour la sécurité. Tous les résistants en portent, le marché noir aussi. Si j'étais allemand, j'arrêterais systématiquement les types de moins de cinquante ans en canadienne. Ça ferait un magnifique carton. Hitler, ravi, me décernerait la croix de fer.

« T'en as de belles, l'Angliche, rage intérieurement Émile. On voit bien que tu passes pas tes journées à errer dans les rues d'un rencart à l'autre. Parce que, légèrement vêtu comme tu es, sûr que tu crèches dans le coin, mon camarade.

Tu dois avoir une planque dans le secteur. Une planque ou alors une petite amie, puisque t'es plutôt beau gosse, major. »

Bien observé. Officier du Special Operations Executive, le SOE *alias* la Boîte, *alias* la Firme, *alias* le Corps des ouvriers serruriers, une organisation de sabotage et d'action dont les ramifications s'étendent dans toute l'Europe, le major Percy Reginald Arnold Charles McNeill n'a pas seulement une ascendance nord-irlandaise du côté paternel, mais aussi une mère parisienne, d'où son argot irréprochable et une amie danseuse qui le loge tout à côté, juste au-dessus du cabaret où elle se produit un soir sur deux devant un parterre de gradés allemands.

Jeu dangereux ? Assurément, mais Percy McNeill *alias* Harp, responsable du réseau Orchestra, aime assez ça, le danger. En revanche, il déteste la marche à pied. L'émetteur-récepteur de radio qui lui permet de communiquer avec la centrale londonienne d'Orchard Court est d'ailleurs planqué à deux pas, dans une chambre de bonne du quartier.

L'émetteur-récepteur, voilà qui intéresse diablement Hélios, Iolaos et leurs camarades du comité directeur. Paul pourrait-il transmettre des messages à destination du service secret du général de Gaulle ? Et à quelles conditions ?

McNeill gratte le haut de sa casquette. C'est compliqué, ces histoires de radio. Il y a les impératifs techniques : on ne peut émettre que pendant des durées limitées, à certaines heures seulement. Et les impératifs… politiques. La section F, pour France, du SOE dont il est membre…

Le major hésite, à moins qu'il ne fasse semblant.

– La section F, reprend-il, doit demander avant toute chose l'avis de la section RF, pour République française. Celle-ci est en relation directe avec le Bureau central de renseignements et d'action militaire, le BCRA, service secret gaulliste placé sous le commandement du colonel Passy.

Inextricable, pas vrai ? Mais bon, on peut simplifier. Que diraient-ils de passer directement dans les rangs du SOE ? Pour les questions d'étiquette, on laisserait la section F, la section RF, le BCRA et les autres s'arranger entre eux.

La ficelle a tout du cordage de marine.

– Dans une vie antérieure, n'étiez-vous pas maquignon, major, par hasard ? s'amuse Noroit.

– Moi ? Côté canassons, je ne saurais pas distinguer un toquard d'un champion.

Encore un gros mensonge. McNeill, certes, n'a jamais vendu de chevaux… pour la bonne et simple raison que c'est lui qui les achetait, lui qui surveillait leur entraînement, lui qui les faisait courir. Ascot… Auteuil… Deauville… Doncaster… Epsom… Goodwood… Maisons-Laffitte… Newmarket : ah ! les jours d'insouciance. Sa famille possède un des plus beaux élevages de toute l'Angleterre, un autre près d'Armagh, à la frontière entre l'Ulster et la république d'Irlande, et un troisième en Australie. Et dire qu'à Longchamp aujourd'hui, les généraux allemands occupent d'autorité la tribune officielle ! Ces salauds de Huns savent peut-être tuer les autres mais, franchement, ils ne savent pas vivre. À les voir sur l'hippodrome toutes décorations pendantes, c'était, voyons, en juin dernier, McNeill aurait bien ouvert le feu sans sommation. Mais les ordres du Corps des ouvriers serruriers restaient les ordres : pas d'arme sur soi sauf nécessité absolue. Et les traditions françaises, ce qu'elles ont toujours été : une magnifique croix de Lorraine s'étalait sur la casaque d'un des jockeys ; aucun des hauts gradés allemands ne tiquait.

Le major est très riche, ce qui rend d'autant plus méritoire sa vie clandestine de patachon dans la capitale française.

Patriote ? Un peu. Quand un de ses anciens condisciples de Cambridge lui a confié qu'à l'hôtel Victoria de Northumberland Avenue, certaines personnes « très discrètes » du War Office cherchaient des sujets britanniques parlant français, il n'a pas hésité.

Curieux surtout, et pas mécontent de se dévergonder ici, à Paris, où les filles, amaigries par deux années de diète forcée, restent quand même les plus belles. Percy n'est guère attiré par ses compatriotes qu'il trouve trop snobs. Amoureux ? Une fois, oui, mais elle était tellement froide… Il l'a revue voici trois bons mois, secrétaire à Orchard Court, bas sombres presque érotiques sur jupe d'uniforme et veste impeccable d'auxiliaire féminine : « S'il vous plaît, Diana, lors de mon recrutement, j'ai prétendu avoir travaillé en France ; ne leur révélez pas que je n'ai jamais travaillé de toute ma vie. »

Sous le vent glacé qui balaie le boulevard, Noroit et Nordmann repoussent avec vigueur les assauts de politesse de l'allié anglais. Oui, ils sont pour l'Entente cordiale, non ils ne veulent pas être embrigadés par les Britanniques.

– Soyez pragmatiques, plaide McNeill, vaguement honteux.

Mais le SOE a trop besoin d'agents français qualifiés pour les laisser tomber dans l'escarcelle de ces gaullistes si malcommodes à manier. Leur patron, surtout, ce général mal embouché qui se prend pour Jeanne d'Arc.

– Nous le sommes, rétorque Noroit, habitué par profession aux réparties rapides. La preuve : c'est très pragmatiquement que nous vous demandons de nous donner un contact avec le BCRA. Très instamment aussi.

Quels obstinés, ces Français ! Maman Francine McNeill, vraie tête de bûche, n'est donc pas la seule. Parti comme c'est, on n'en tirera rien de plus ce soir. Décidé à gagner du temps, le major soupire, renifle, fait mine de battre dignement en retraite.

– Je dois en référer à mes chefs. Ça va demander une bonne semaine. Rendez-vous, disons mardi prochain, même heure, même lieu.

– On pourrait pas trouver un endroit plus discret ? objecte Nordmann.

– Vous n'aimez pas le jazz ?

– J'aime surtout les endroits où les haricots bruns ne risquent pas de pointer leur museau.

McNeill sourit.

– Dans ce cas, le mien est parfait : les Huns n'y viennent jamais. Enfin, jamais en uniforme.

– Vous voulez dire qu'ils envoient des flics en civils ?

– Pas des flics, mais on dit que quelques jeunes officiers de la Wehrmacht fanas de jazz se faufilent certains soirs, habillés en pékins.

Inquiet pour la santé mentale du major, Nordmann avise Noroit. On ne va quand même pas se jeter droit dans la gueule du loup sous prétexte que cet Anglais à côté de ses *boots* a pris ses habitudes et qu'il ne veut pas en démordre ?

L'avocat hausse les épaules. Côté sécurité, certes… N'empêche qu'à l'heure actuelle, McNeill représente la seule possibilité d'établir ce fichu contact avec le BCRA. Alors tant pis, on prendra le risque. En essayant quand même de le limiter au maximum.

– Mardi prochain, même heure, même endroit, d'accord. Mais pas question de parler à l'intérieur. Comme aujourd'hui, on ira faire un petit tour dehors.

– Ça me va tout à fait. Alors à mardi, riposte l'Anglais longiligne qui s'éloigne déjà à grands pas vers la danseuse de son cœur. Aujourd'hui c'est trop tard, mais demain le couple ira peut-être au cinéma. Paraît qu'on vient de sortir une bonne comédie musicale. Ça s'appelle *Mademoiselle Swing*.

Exacte à la seconde près. Les consignes de sécurité arrêtées lors du contact initial entre Nordmann et un de ses anciens camarades du PSOP passé au parti communiste auront été suivies à la lettre. Mais aussi muet soit-il, rien de plus explicite que le reproche de l'interlocuteur d'Hélène. Une femme à ce niveau de responsabilité, c'est la guerre en dentelles, ma parole ! Dans la structure communiste que Joseph Pourchot, ancien numéro deux de la section des cadres, la police interne du Parti, dirige d'une main de fer, les agents de liaison féminines se contentent de porter les messages des responsables, de faire le guet pour eux, de laver leurs chaussettes. Au besoin, de veiller à leur hygiène sexuelle.

L'enfer, c'est les autres. Certains d'incarner l'avenir à eux seuls, les communistes cultivent une méfiance pathologique envers le monde extérieur, forcément imprudent, forcément inapte à la clandestinité. Plein d'arrière-pensées réactionnaires, surtout. L'atmosphère s'en trouve refroidie d'emblée. On est loin du climat habituel des rencontres entre résistants normaux.

Le négociateur du Parti, un responsable assez important selon Hélène à en juger par le luxe de précautions qu'ont exigé les siens, est de taille moyenne. Ses caractéristiques vestimentaires – pas de vêtement susceptible d'attirer l'attention, ni couleur vive ni style marquant – indiquent le militant d'expérience habitué à passer inaperçu. Les traits du visage, cependant, sont marqués, figure osseuse, nez saillant et mâchoire volontaire. Pourchot n'a pas effectué pour rien un stage de formation à Moscou début 1939, juste après son départ volontaire des usines Renault de Boulogne-Billancourt. Alex, c'est son pseudonyme au sein du Parti (pour les non-communistes, c'est Léon), appartient à cette phalange peu nombreuse des militants adoubés par l'Internationale communiste.

– Je représente les Francs-tireurs et partisans, les FTP, c'est-à-dire l'aile armée du Front national, l'organisation politique unitaire de la Résistance, proclame-t-il d'une voix cassante, tout en marchant côte à côte avec Hélène. Deux passants mal assortis dans le froid humide de ce matin d'automne.

Ça confirme que le Front national, comme les FTP, ne sont qu'une succursale de la maison PCF, traduit aussitôt Hélène. Raison de plus pour se tenir sur ses gardes.

– Moi qui vous croyais communiste... remarque-t-elle avec le plus grand sérieux.

Pourchot se rembrunit. Le sens de l'humour lui est totalement étranger.

– À titre personnel, concède-t-il péniblement, je suis militant du Parti. Mais les FTP ne sont pas communistes et le Front national non plus. Il s'agit de deux organisations patriotiques de masse engagées dans la lutte de libération nationale.

Devant l'air sceptique d'Hélène, l'homme du PCF choisit de se perdre dans une nuée de détails destinés à démontrer la supériorité conspirative des Francs-tireurs.

– Nos chefs de groupe testent les postulants. On leur demande d'accomplir d'abord de menus gestes subversifs… comme badigeonner un slogan sur un mur, coller une affichette, voler des tickets de rationnement, relever les heures de passage d'une patrouille allemande. Chaque fois, un responsable se trouve sur place et observe. Si le candidat donne satisfaction, il est introduit, et peut passer à la lutte armée.

– Et de Gaulle, dans tout cela ? persifle la résistante.

Pourchot secoue la tête d'un air convaincu.

– Le général de Gaulle est un patriote.

– Nous nous en étions aperçus !

– Mais les Français de Londres ne sont pas en contact direct avec le peuple. La classe ouvrière représente l'avant-garde de la Résistance. Et le Front national, justement…

Hélène l'interrompt :

– L'action politique n'est pas notre affaire.

– Et militaire ?

– Si. Seulement la manière des FTP n'est pas exactement la nôtre.

Pourchot ne cache pas son agacement.

– On dirait qu'il y a toujours un « mais »… Qu'est-ce que vous reprochez à la lutte armée des FTP ?

Hélène reste imperturbable.

– Le recours prématuré au terrorisme.

Pourchot s'attendait à cette objection ; il contre-attaque :

– Vous refusez qu'on s'en prenne aux soldats nazis ?

– C'est le point de vue du général de Gaulle.

– Mais non ! De Gaulle dit qu'il est normal que les Allemands soient tués par les Français.

Sourire de Pénélope.

– Je vois que nous écoutons les mêmes discours à la BBC, mais d'une oreille différente. Pour l'instant, la consigne expresse du général est de ne pas tuer d'Allemand.

Tournée vers son interlocuteur, elle détache bien les mots :

– En abattant des soldats au hasard, vous attirez les représailles sur la population civile. Après chaque attentat, les

Boches fusillent des otages dont beaucoup appartiennent d'ailleurs à votre parti.

Pourchot se cabre.

– Parce que les militants communistes sont les plus organisés, les plus actifs, les plus disciplinés ! Les Français ne s'y trompent pas. Chaque nouveau martyr nous apporte dix ou vingt nouvelles recrues.

Cynisme absolu ou détermination sans faille ? Hélène tressaille. C'est pourtant elle qui a insisté pour que Bucéphale saisisse la perche tendue par l'ancien camarade pivertiste de Nordmann. Les communistes possédaient-ils un moyen d'entrer en relation avec Londres et le BCRA ? S'en assurer valait bien une leçon de catéchisme marxiste-léniniste. Celle que Pourchot, inlassable, continue de lui infliger :

– L'URSS constitue l'adversaire le plus résolu d'Hitler. Sans l'armée Rouge, le nazisme aurait déjà triomphé.

L'armée Rouge, Louis Revellemont n'avait que ces mots à la bouche, et il en est mort ! Raidissement de la jeune femme.

– N'empêche que les Allemands sont devant Stalingrad, lance-t-elle, méchante.

Pourchot s'indigne :

– Staline sait ce qu'il fait ! Les sacrifices du peuple français comptent peu en regard de ceux des soldats soviétiques. Qu'est-ce que quelques dizaines, quelques centaines ou même quelques milliers de morts ? Nous devons soulager la pression nazie sur le front de l'Est. Ce qu'il faut ici, c'est l'action partout, tout de suite, par n'importe quel moyen…

Faire prévaloir, en d'autres termes, les intérêts de l'URSS sur toute autre considération. Pourchot s'enflamme d'ailleurs à cette perspective de manière surprenante pour un responsable de son rang. Seule la vue d'un couple de sergents de ville emmitouflés dans leurs pèlerines parvient à le calmer. Poussant leurs bicyclettes, les policiers croisent le couple de passants et, au passage, leur jettent le coup d'œil indifférent des fonctionnaires sans histoire dont le service s'achève.

À Hélène de mettre l'intermède à profit pour relancer utilement la conversation :

– Notre organisation aimerait entrer en contact avec le général de Gaulle ou ses subordonnés. Pourriez-vous nous rendre ce service ?

Pourchot s'accorde le temps de la réflexion. Comment expliquer à cette novice que les filières du Parti, organisation prolétarienne d'avant-garde, ne sont pas à la disposition du premier résistant bourgeois venu, et qu'avant toute chose, on doit montrer patte blanche ?

– Il faut respecter les règles de la conspiration, explique-t-il enfin. Procédons par paliers. Votre organisation pourrait adhérer au Front national.

Hélène s'arrête net.

– C'est une condition *sine qua non ?* demande-t-elle d'une voix dure.

Pourchot lui fait face.

– Une fois intégrée dans le Front, votre organisation…

– Et pour contacter les services de De Gaulle ?

Le dirigeant communiste joint ses mains à la manière d'un prélat.

– Ça demande un accord politique préalable.

Un avenir de satellite, en d'autres termes. Évitant par prudence une réponse trop définitive, Hélène choisit de se retrancher derrière ses camarades.

– Je ne suis pas mandatée pour prendre seule une telle décision. Fixons-nous un autre rendez-vous. Disons, dans quatre jours…

– C'est beaucoup trop tôt. Nous vous donnerons un autre lieu et une autre date par l'intermédiaire du camarade qui se trouve en liaison avec le vôtre.

– Comme vous voulez.

– Bien. Séparons-nous à présent. Je vais tourner à droite et vous, continuez à marcher tout droit.

Sans attendre de réponse, Pourchot s'éloigne déjà, certain d'avoir manqué son coup. Ces droitiers allergiques à la lutte des classes raisonnent comme leurs alliés naturels, les banquiers. Sa religion à lui, athée, est déjà fixée.

À moins d'un nouveau zigzag de la ligne du Parti, il n'y aura pas de seconde rencontre.

Ce rendez-vous dans une église, était-ce vraiment une bonne idée ? Hiégel l'a d'abord cru – tout plutôt que les retrouvailles dans les bistrots, de moins en moins discrets, de plus en plus surveillés par la police. Mais à voir Nordmann déambuler au beau milieu de l'allée centrale sous l'œil effaré des paroissiens, l'inquiétude le saisit. Émile est complètement à côté de la plaque. À peine s'il ne sifflote pas *Tout va très bien madame la Marquise*, son air favori ! Pris de panique, Léon réalise brusquement que son camarade – un tiers d'école laïque pure et dure, un tiers de judaïsme très très distancié, un tiers d'éducation marxiste – ignore jusqu'aux rudiments du culte catholique ! Résultat : au lieu de passer inaperçu, c'est peu dire qu'il défraie la chronique paroissiale. D'entrée de jeu, l'ancien pivertiste, perplexe, a contemplé le bénitier. C'était quoi ce vase en forme de coquillage plein d'eau ? Il s'en est éloigné pour se planter, immobile, face à l'autel. Un signe de croix ? Il sait que ça existe, Émile, il n'est pas tout à fait inculte. Le problème, c'est qu'il ignore quand on le fait, dans quel sens et comment. Abstention donc, et maintenant, le voilà qui erre, guettant son camarade. Léon, où est donc Léon ?

Pas loin, à dix mètres, agenouillé au milieu des fidèles qui attendent leur tour de confession. À l'abri d'un pilier complice, l'assureur frémit. Pas moyen d'éviter la catastrophe. Les regards convergent vers l'intrus, les chuchotements le désignent. Un provocateur anticlérical ? Sous le régime politique du maréchal, ce serait un comble ! Un simple d'esprit alors, un aliéné en rupture d'asile ? Par bonheur, personne n'imagine la vérité : c'est un athée militant et résistant plongé dans un milieu dont il ignore tout.

Léon souffre le martyre. L'imbécile, c'est lui qui croyait avoir « tout prévu ». Simple comme bonjour apparemment : « Tu viendras t'asseoir à côté de moi, sans me parler. Si je te tends un missel, prends-le. Ça signifiera que j'ai glissé un mot pour toi à l'intérieur. Tu n'auras qu'à le récupérer et à filer dare-dare. »

Dare-dare, c'est vite dit ! De plus en plus perdu mais aussi de plus en plus voyant, Émile effectue une volte-face digne du plus mauvais effet qui le place carrément dos au tabernacle.

« Oh ! », s'indigne une punaise de sacristie. Les autres se contentent d'invoquer la Sainte-Trinité. Un monsieur en pardessus manque d'intervenir. Son geste s'interrompt au dernier moment… par peur du scandale sans doute. Mais qui empêchera un fidèle plus audacieux de faire la police dans le lieu de culte ? Qui évitera qu'on prévienne le curé, là-bas, dans son confessionnal ? Et quelle sera l'attitude de l'ecclésiastique ?

Déguerpir avant qu'il ne soit trop tard. Rouge de confusion, Léon se lève, interpelle son camarade.

– Ça suffit, on s'en va !

Au moins seront-ils deux à sentir le soufre. Avant de quitter la maison de Dieu, Hiégel, mortifié, se signe brièvement. Émile l'attend sur le trottoir.

– Ils me miraient tous : c'est quoi, ce cirque ?

Au bord de l'étouffement, l'assureur esquisse une réponse.

– Ce cirque… Dis-moi, tu n'avais jamais mis les pieds dans une église, avant ?

Émile hausse les épaules.

– Ben non, jamais. Pour quoi faire ?

Il y a mille raisons de faire ou de ne pas faire, mais le moment ne se prête guère à la métaphysique.

– Et tu pouvais pas le dire, bougre d'âne ? insiste quand même Léon.

– Si j'avais su que c'était si compliqué, je l'aurais dit ! soupire Émile. Mais comment voulais-tu que je devine ?

L'assureur s'empourpre à nouveau :

– Mais c'est dingue, c'est dingue…

Il se passe la main dans les cheveux et comme ça, sans prévenir, sa nervosité se transforme en une crise de rire tellement communicative qu'Émile se tord les côtes à son tour. Si les braves paroissiens avaient suivi jusqu'au trottoir les deux inconnus venus troubler la confession, ils les verraient s'esclaffer comme des enfants, et concluraient sans doute à la mauvaise plaisanterie. Rien n'est plus sérieux que la clandestinité, pourtant. Un travail à temps plein.

Chapitre 11

Novembre 1942

Trois jours et deux nuits qu'Yvonne Détais, l'agent itinérant de la filiale SNCF de l'organisation Bucéphale, n'est descendue d'un train que pour sauter dans un autre. Dans cette errance ferroviaire des deux côtés de la ligne de démarcation entre la France occupée et la zone nono, est-ce la fatigue qui pèse le plus ou la crasse ? La jeune femme, une brune bien découplée aux traits un peu masculins, s'enferme quelquefois à l'intérieur des toilettes pour un déshabillage express suivi de quelques ablutions éclair. À l'extérieur, ça râle, mais tant pis. À la guerre clandestine comme à la guerre clandestine…

La clandestinité, Yvonne la pratique depuis six ans. Une existence en marge inaugurée dès juillet 1936, avec le pronunciamiento militaire contre la République espagnole. Dactylo-secrétaire dans une fabrique parisienne de chapeaux de luxe pour dames, la jeune femme milite avec Roger Faligot à la Fédération sportive et gymnastique du travail. Leurs prises de bec sont mémorables, lui le pacifiste ennemi de toutes les guerres, et elle la marxiste favorable à l'armement du prolétariat. C'est que l'ancienne numéro trois française junior du quatre-vingts mètres appartient à la Gauche révolutionnaire, la tendance dure du parti socialiste SFIO. Sous l'égide de Marceau Pivert, encore lui, la GR espère un « Front populaire de combat ».

Depuis cette époque, Yvonne entretient des liens ambigus avec son employeur. Amoureux d'elle, ce quinquagénaire un peu bedonnant s'est résigné à fermer les yeux sur l'engagement politique de son employée. Celle-ci profite de l'aubaine pour prendre le large chaque fois que les besoins de la cause pivertiste l'exigent, c'est-à-dire de plus en plus souvent. Sa mère serait de santé fragile, prétexte qui ne trompe personne mais lui vaut, en retour, la méfiance des autres filles du secrétariat, persuadées à tort que la collègue monnaye ses absences répétées par des parties de jambes en l'air. En ces temps de Front popu, des relations aussi intimes avec le patronat sont mal vécues à la base. L'ambiance au bureau s'en ressent.

Si Yvonne s'accommode de cette situation gênante pour une gauchiste militante, c'est qu'elle est très occupée par ailleurs. La jeune femme s'enflamme pour le POUM, le parti marxiste dissident espagnol proche des pivertistes. Pris sous les feux croisés des franquistes et des staliniens, le POUM appelle au secours les camarades français. Yvonne fait alors la connaissance de Nordmann et de sa compagne, Lisette Gilmont. Adhérent de la section socialiste du 13e, le couple anime une équipe vouée à la cause POUMiste.

Au Congrès de Royan en juin 1938, Pivert quitte le parti socialiste pour fonder le PSOP. Nordmann, Gilmont et Détais lui emboîtent le pas. Lisette et Yvonne dirigent un éphémère Comité des femmes socialistes révolutionnaires pour la défense de la Révolution espagnole ; Émile pèche en eaux troubles pour se procurer des armes destinées aux POUMistes.

– Peux-tu disposer de quelques jours de liberté ? demande-t-il un jour à Yvonne. Pivert est d'accord. S'agirait de passer la frontière espagnole…

– Ça peut se faire, répond la secrétaire-dactylo.

– Dans ce cas, téléphone à Lecourbe 98-62. Demande à parler à Nicolas Sundelevitch de la part de « Xavier ».

– Xavier, c'est toi ?

– *Top secret*, ma vieille.

Attirée de longue date par Nordmann, Yvonne affecte une réserve de bon aloi. Pas son genre de chiper son homme à une copine comme Lisette. Malgré la dénonciation rituelle des préjugés petits-bourgeois, on en reste donc là.

Commis voyageur de la révolution, Sundelevitch navigue entre Paris, Madrid et la Catalogne, place forte du POUM. Yvonne devient le bras droit de ce descendant de Russes blancs, ingénieur de formation. L'occasion de longs trajets ferroviaires déjà. Mais outre-Pyrénées, les événements se précipitent. Dans une zone républicaine assiégée par les troupes de Franco, la chasse aux POUMistes bat son plein. La Seguridad sous influence communiste arrête Sundelevitch. Elle se servira de lui pour monter l'extravagant dossier d'un complot des Russes blancs, du PSOP et du POUM pour assassiner Staline.

Rescapée de justesse, Yvonne regagne Paris. Elle va sonner le tocsin à la porte d'Émile.

– On file chez Pivert, tranche l'employé municipal.

Le leader du PSOP, un grand maigre à lunettes rondes et moustaches, les reçoit sur-le-champ.

– J'avertis Léon Blum, annonce-t-il.

La campagne en faveur de Sundelevitch rapproche Émile et Yvonne. Un soir, les deux militants se retrouvent dans le lit d'un hôtel où on ne se montre pas regardant sur l'identité des clients. Quelques jours plus tard, les amants se mettent en ménage tandis que Lisette, blessée mais silencieuse, « fréquente » un nouveau camarade, Pierre. L'ancienne compagne d'Émile a-t-elle pardonné ? Officiellement, oui.

Le dimanche, tout le monde déjeune chez les parents d'Émile, maisonnée originale qui vibre au rythme de controverses politico-cabbalistiques. Les Nordmann s'adorent tout en passant leur vie à se disputer. De l'entrée au dessert, on se jette au visage des noms et encore des noms : Marx, Engels, Rosa Luxemburg, Lénine, Trotski, Bakounine, Babel, Liebknecht, Brousse, Guesde, Jaurès, Otto Bauer…

Fervent admirateur de Blum et partisan inconditionnel de l'intégration des israélites dans le mouvement ouvrier français, Maurice Nordmann, casquettier de son état, ferraille contre son épouse Ida, adhérente d'un groupuscule

« bundiste » qui prône au contraire l'organisation séparée des travailleurs juifs. Victime d'une catastrophe ferroviaire quelques jours avant la déclaration de guerre à l'Allemagne, le couple emportera ses divergences idéologiques dans la même tombe du Père-Lachaise.

Entre Émile et Yvonne aussi, les relations tournent facilement à l'orage. Séparation, retrouvailles, nouvelle séparation. Quand il entre dans l'organisation Bucéphale, les deux amants sont en froid. Mais en juillet 1942, la rafle du Vél'd'Hiv bouleverse Nordmann. Se souvenant qu'Hélène La Granière réclame toujours à cor et à cri un agent de liaison itinérant pour Duvaleix, il renoue avec Yvonne.

– Qu'est-ce que je peux faire ? demande simplement la jeune femme.

Forte de son expérience espagnole et de rapports toujours aussi complexes avec son employeur, Démodice, c'est son nom de code, élargit très vite le champ de ses activités. La voilà en charge des liaisons entre Paris et la province, zone nord comme zone nono. Résultat, des heures et des heures de voyages en train. La jeune femme y dort, y mange, parle comme une cheminote, en imite l'allure. La nuit, elle circule avec un brassard et un outil spécial qui ouvre les panneaux des couloirs des wagons, cachette idéale pour les documents à transporter.

Plus question de séparation avec Émile ; on vit déjà suffisamment l'un sans l'autre comme ça. Yvonne accueillera sans la moindre objection la nouvelle du recrutement de Lisette Gilmont.

Démodice a sympathisé d'emblée avec Hélène. Quelques petits instants arrachés à l'action de résistance… autant d'occasions de confidences, de fous rires, de complicité.

– Avant-guerre, nous nous serions écharpées comme deux furies, remarque un jour Hélène. Pourquoi nous détestions-nous autant, nous les Français ?

La réponse n'a rien d'évident.

Au bar du café Miro, à deux pas de la station de métro Miromesnil, Nordmann commence à s'impatienter devant sa tasse vide. Trente minutes de retard : il a dû avaler sa montre, Simon. Car Émile est certain de l'horaire. On avait bien dit… oui, c'est ça : rue La Boétie.

L'œil exercé du résistant parcourt la salle, guettant le flic, l'indic, le mouton. Mais rien ni personne de suspect. Le petit brun avec le pardessus à carreaux à gauche ? Non, il paye son ersatz de café et s'en va.

Quarante minutes de retard ; Émile devrait être dehors depuis vingt-cinq au moins. La consigne du jour est de recruter tous azimuts pour l'organisation, d'accord. N'empêche que pour un rendez-vous exploratoire, on ne prend pas quinze cents secondes de risque inutile…

Simon ne viendra plus. Nordmann enroule son écharpe, reboutonne son manteau aux coudes râpés. Il pousse la porte, le voilà dans la rue.

– Émile, mais qu'est-ce que tu foutais ? le hèle une voix familière.

C'est bien son copain de régiment dans les sapeurs-pompiers qui sort, lui, du Mesnil, le bistrot juste en face dans la rue.

– Ce que je foutais ? Je prenais mon mal en patience. On avait dit au Miro, rue La Boétie, métro Miromesnil.

– Mais non, mon vieux Émile, au Mesnil, rue La Boétie, métro Miromesnil.

– T'es sûr ?

– Plus que de la fidélité de ma femme. Regarde…

Simon exhibe un petit calepin noir de sa poche, il l'ouvre.

– Tu vois, le Mesnil. M-e-s-n-i-l : j'ai tout noté. Tu devrais faire la même chose. Faut tout écrire, mon vieux : à nos âges, on commence à perdre la mémoire !

Le Miro… le Mesnil ! Nordmann éclate d'un rire nerveux qui ne tarde pas à tourner carrément au fou rire. Pour un peu, il se taperait les cuisses.

Faut tout écrire, il est vraiment impayable, ce Simon !

Depuis le temps de la faculté de droit, Raspail a pris du poids, mais reste l'incorrigible bavard qu'il a toujours été.

– C'est mon beau-frère qui m'a fait rentrer à SVP. On avait besoin d'un bon juriste. Pourquoi pas moi ?

Petite pause pour savourer une gorgée de vrai café, un luxe. Ce petit déjeuner entre vieux copains de fac, c'est lui qui l'a voulu. Un dimanche matin en plus, dans la salle à manger de son confortable appartement du boulevard des Capucines. Il tenait tellement à présenter son dernier-né, un garçon.

– Tu connais SVP, naturellement, insiste-t-il.

Vincent époussette les miettes de croissant collées à son veston.

– Il s'agit bien du service de renseignements par téléphone ?

Raspail ramène sa mèche en arrière. Pour masquer sa calvitie sur le front et l'arrière du crâne, il porte les cheveux longs.

– Exactement, mon vieux. Je vais te raconter ça.

Toujours cette tendance à gaver les autres de détails, soupire Noroit. Mais le moyen d'y couper ? S'il a accepté l'invitation de son ancien condisciple, c'est que l'organisation Bucéphale, en pleine phase d'expansion, a comme principe de ne jamais négliger une source de renseignement possible. Et SVP…

– Voilà, poursuit Raspail. Tu composes les trois lettres sur le cadran de ton automatique, une opératrice te répond aussitôt.

Il sourit.

– Moi qui travaille avec elles, je peux te dire…

Regard circulaire bien inutile au demeurant : Josiane Raspail a déjà regagné sa cuisine.

– …qu'il y en a de charmantes. Mais tu connais ton vieux Luc : famille-famille.

– Bon ! reprend-il en rougissant, elle te demande ce qu'on appelle ton « identité administrative », c'est-à-dire ton numéro de téléphone. Elle le note, et là, tu lui poses la question qui te turlupine.

– N'importe laquelle ?

– N'importe. Il y a les grands classiques, les cours de la Bourse, le résultat des courses hippiques. Là c'est facile. L'opératrice a sous les yeux des tableaux tenus à jour. Elle peut te répondre tout de suite, d'où gain de temps et économies parce que, j'ai oublié de te dire, le service est facturé à la durée. D'autres questions reviennent régulièrement, hauteur des montagnes, longueur des fleuves, population du Pérou ou d'Abidjan. Ces recherches-là sont courtes, donc pas très onéreuses.

Les cours de la Bourse où les cinq mille huit cents kilomètres du Yang-Tsé Kiang n'intéressent guère la Résistance, mais d'autres renseignements oui. Comment aborder le point sensible ? Noroit avise son camarade :

– Je suppose qu'on ne t'a pas embauché pour résoudre des problèmes aussi élémentaires ?

Raspail rougit derechef.

– Bien sûr que non. Au début, je ne m'occupais que du domaine juridique. L'opératrice ne peut pas avoir réponse à tout. Alors quand c'est compliqué, elle note ta question et nous, nous prenons le temps de l'étudier, de faire des recherches. Après, on te rappelle. L'investigation de longue haleine, c'est ma partie. Elle ne se limite plus au droit. Je m'occupe aussi d'industrie, de commerce, d'administration…

– Si je comprends bien, t'as décroché le cocotier ! On te paye pour des enquêtes approfondies sur des tas de sujets différents.

– Je touche à tout. Passionnant, d'ailleurs !

– Et tel que je te connais, tu t'es constitué un réseau de gens qui te connaissent et qui sont prêts à t'aider.

Air finaud de Raspail.

– Tu me connais bien, en effet. J'ai des amis dans les entreprises, dans les administrations. Je les appelle, on discute et, souvent, j'ai la réponse que je cherchais. Ça m'a coûté quelques bons repas au début, mais une fois la pompe amorcée…

Une mine de renseignements et de vérifications en perspective pour Bucéphale ! L'hésitation n'est pas de mise : il faut procéder au recrutement. Josiane est toujours dans sa cuisine ? Apparemment oui. Noroit se penche vers son interlocuteur.

Quelle pitié de devoir travailler un dimanche ! À peine arrivé à son bureau, Ulrich Kraus se jette sur un fauteuil. Le capitaine a le teint rouge brique, le souffle court. La mauvaise idée d'avoir avalé plusieurs verres d'alcool avec son café du matin ! Comme si on pouvait chasser aussi facilement ses soucis.

Pour commencer la journée, rien de mieux qu'une bordée d'injures silencieuses à l'adresse de son supérieur hiérarchique, le major Brandl. Pour qui se prend-il, Otto, avec ses airs supérieurs ? Et sa secrétaire, une demi-juive. Le jour où les SS s'intéresseront vraiment à son cas…

Est-ce sa faute à lui, Kraus, si le haut commandement n'est jamais satisfait ? Toujours plus de cuir, de fourrures, de vêtements de laine pour le front russe. Toujours plus de métaux pour l'industrie, de carburant, de pièces détachées. De quoi donner raison aux Français qui nous ont surnommés « les Doryphores ».

Le mois dernier, quand même, quel plaisir de voir ces fanatiques de SS manger leur casquette d'uniforme ! Sur ordre de Berlin, les « noirs » ont dû contraindre les fonctionnaires vichyssois à arrêter… l'aryanisation des échoppes d'artisans fourreurs juifs de Paris. « Sous-hommes » ou pas, le Reich en avait trop besoin pour confectionner les tenues d'hiver des combattants allemands de l'Est ! Les communistes ne s'y trompent pas. De petits commandos rouges font la tournée des ateliers. Quelques doigts de fourreurs récalcitrants brisés pour l'exemple. Au marteau, c'est la méthode.

Kraus lui-même avait signalé par écrit à ses chefs cette technique inédite de sabotage. Que croyez-vous qu'il arriva ? En guise de récompense, on a doublé son quota de vestes en mouton retourné à fournir !

Le poêle Godin ronronne. Humiliant, le sermon de Brandl hier soir. Et déjà, la menace. Si les mauvais résultats continuaient…

Otto a laissé délibérément sa phrase en suspens. Comme aiguillon, rien n'est plus stimulant que la peur de devoir quitter la France si tempérée pour les glaces du front de l'Est. Du coup, Kraus a juré tout ce que son chef voulait. Il allait mettre les bouchées doubles ; les résultats seraient rapides et palpables. En prime, Otto bénéficierait de renseignements d'une valeur exceptionnelle. Quand ? Dans la semaine. Dès demain, peut-être même.

Depuis cette promesse inconsidérée qui le contraint à faire acte de présence un jour férié, le capitaine se creuse les méninges. Quels renseignements ? Il n'en a pas la moindre idée.

Il décroche son combiné téléphonique, se ravise, compose enfin un numéro.

– Ici Kraus, passez-moi Gautremont… Il prend son petit déjeuner ? Qu'il finisse, j'ai besoin de lui… C'est ça, tout de suite, oui, c'est urgent… Non, inutile de me rappeler. Qu'il vienne.

La tête dans les mains, Kraus se prend à rêvasser à ses enfants, Hans, un adolescent bien découplé qui occupe déjà des responsabilités dans la Hitlerjugend, et Hannah, sa cadette de deux ans, excellente élève qui fait honneur à son père.

Frau Annelore, sa femme ? Leurs liens se sont distendus. Parfaite ménagère doublée d'une mère irréprochable, Annelore a le tort d'avoir suffisamment vieilli pour souffrir de la comparaison avec Marinette, la jeune maîtresse française du capitaine. Marinette a vingt-deux ans, un solide appétit sexuel, un formidable besoin d'oublier le quartier misérable où elle a vécu son enfance et un manque total de scrupules. Et lui, il est tombé en pâmoison devant ce petit animal capricieux toujours en quête d'un vêtement plus coûteux, robe du soir en rayonne ou en crêpe de Chine, corsage en taffetas, escarpins en daim ou en chevreau… Des sommes astronomiques qui excèdent de beaucoup sa solde d'officier de la Wehrmacht.

« *Der Nachrichtendienst ist ein Herrendienst* » – le service de renseignement est un service de seigneurs. Un drapeau qui claque, la devise de l'Abwehr. Mais lui, Ulrich Kraus, qu'est-il d'autre que ce soldat sans honneur qui partage avec Gautremont le fruit des rapines de la PEFA ?

Le capitaine tapote le bois de son bureau. Il joue un rôle dangereux et le sait. Mais l'Est, c'est l'enfer sans dîners succulents, sans soirées dans les cabarets, sans Marinette. Une guerre d'extermination à l'état brut.

« Nous abattons systématiquement les commissaires politiques, les membres du parti communiste, les officiers de l'armée Rouge, les fonctionnaires soviétiques ; derrière nous, les Einsatzgruppen SS liquident les juifs », lui confiait son frère aîné lors de leur dernière rencontre. C'était quand cette permission exceptionnelle d'Hermann pour sa croix de fer de première classe : janvier ? février ? Commandant des fusiliers de la 14e Panzer, Hermann appartient à la 6e armée du général von Paulus, qui livre aux bolcheviks un combat apocalyptique devant Stalingrad. La ville n'est plus qu'un champ de ruines mais elle résiste toujours et, dans le terrible froid russe, des machines humaines à tuer s'y entre-déchirent pour un pan de mur, un couloir béant, un escalier suspendu dans le vide. *Rattenkrieg*, la guerre des rats… Dieu protège Hermann, Dieu protège l'Allemagne. Kraus frissonne. Pour son frère, pour son pays ou pour lui-même ?

Une bonne demi-heure a passé. On frappe à la porte.

– *Jawohl*, approuve le capitaine avant de se retrouver face à son secrétaire qui, rappel des cruautés du front de l'Est, a perdu un œil fin 1941 devant Moscou.

– Gautremont, *Herr Hauptmann*…

– Fais entrer, Peter.

Dambris s'engouffre dans le bureau, complet veston en pure laine sombre, écharpe rouge vif et pardessus au col surpiqué. Le voyou se laisse tomber dans le fauteuil de cuir réservé aux visiteurs. D'un geste à la désinvolture calculée, il extrait de sa poche de veste un étui en or, l'ouvre et le présente à Kraus. À l'intérieur, des Players trouvées sur la dernière victime en date de la PEFA. L'officier britannique allait s'enfuir quand une balle l'a atteint en pleine nuque, provoquant l'ire de Gautremont, furieux de perdre une source potentielle d'informations : « On est vraiment entouré de crétins ! »

– Cigarette, capitaine ?

Refus agacé de Kraus. L'officier a horreur que K 48 fasse litière des critères hiérarchiques. Mais l'habitude prise, comment revenir en arrière sans se ridiculiser ?

Gautremont regarde les volutes de fumée s'évanouir vers les moulures du plafond, puis se tourne vers son interlocuteur.

– Vous m'avez demandé ?

– Dambris, je veux tout savoir sur vos activités récentes.

Le chef de la PEFA hausse les épaules.

– La routine. Un stock de godillots de l'armée française découvert dans un vieil entrepôt à Nanterre… Du matériel de récupération à Choisy-le-Roi. Rien de bien intéressant depuis la mort de cet espion anglais.

– Êtes-vous parvenu à l'identifier ?

– Pas encore, mais ça ne tardera pas. Les Britanniques se croient très forts. Pourtant, ils commettent des erreurs.

– L'erreur, c'est vos hommes, K 48.

Kraus se penche vers son interlocuteur :

– Ces ânes butés… non, bâtés ne sont bons qu'à tirer dans le dos. Ils n'ont pas, comment dites-vous, aucune matière grise dans le cerveau.

Gautremont hausse les épaules.

– Mes gars se trompent de temps à autre mais tout de même, on a quelques beaux résultats. Plantel m'a livré plusieurs filières de marché noir.

– Je préférerais des réseaux de résistance !

– Considérez ça comme un examen de passage réussi. Paulo le Moko est parti pour nous rendre de sacrés services contre les terroristes.

– Mais quand ?

– Plus tôt que vous ne le croyez.

– Plus tôt ?

– Oui, parce que je suis parvenu à dénicher certains renseignements assez précis. Voilà comment ça s'est passé…

– Pas de détails inutiles ! s'exclame Kraus d'une voix aiguë. Dites-moi ce que vous avez appris, c'est tout.

Comment ça s'est passé ? Mais il le sait pertinemment, Kraus ! Aucun scrupule n'arrête Gautremont sur la piste d'un coup gagnant. Une piste, même ténue, se présente-t-elle qu'il l'exploite dans le quart d'heure, cueillant des victimes qui ne s'y attendaient pas encore. Vitesse, surprise et peur font le reste, ces trois conditions sont le secret de son efficacité.

– Ça grenouille pas mal chez les Anglais. Un officier du SOE parfaitement bilingue qui se fait appeler tantôt Paul Gibson, tantôt Étienne Velmont s'efforce de mettre en place un réseau. Il a de l'argent, des liaisons radio avec Londres. Du bagout aussi.

– Et côté gaulliste ?

– Un ou deux nouveaux réseaux créés le mois dernier, sans compter le petit groupe d'amateurs peu doués que nous avons démantelé ensemble. Ah oui…

Léger sursaut de Kraus.

– Quoi ?

– On parle d'une organisation d'espionnage : « Bucéphale ».

L'homme de l'Abwehr prend un air détaché.

– Bucéphale, vraiment ? L'Antiquité me passionne ; au lycée, j'étais très bon en grec.

La sonnerie du téléphone vient abréger cet accès de nostalgie.

– *Was ?* aboie Kraus.

Plus un mot ensuite, et cette bouche qui s'arrondit, ce teint qui vire au blanc d'albâtre. Le capitaine raccroche. C'est un visage décomposé qu'il tourne vers Gautremont :

– Les Américains sont en train de débarquer en Afrique du Nord.

Chapitre 12

Février 1943

Midi devant la Chope de la Bastille, c'est la consigne du major Gibson. À l'heure du déjeuner, les gens se passionnent d'autant plus pour le contenu de leur assiette qu'elle n'est pas très garnie, a expliqué l'officier britannique. Nous n'aurons qu'à jouer la comédie des vieux copains qui se retrouvent.

À l'heure précise, Émile et Hélène se plantent face à la brasserie. Suivi d'un petit homme aux mains et au visage constellés de taches de rousseur, McNeill leur fait un grand signe de la main, gratifiant Hélène d'un regard appuyé. Il s'incline d'un geste quasi mondain.

– Ravi de faire votre connaissance, madame. Ce n'est pas tous les jours qu'on rencontre une véritable Parisienne.

– Entre camarades de combat, on peut se dispenser des formules de politesse, n'est-ce pas ?

– On peut, concède le major, penaud.

Désignant son compagnon :

– Celui-là, c'est Jerry, un Écossais pur malt des Highlands. Jerry appartient à l'escadrille très spéciale de mon service très secret. La semaine dernière, son Whitley Bomber a été abattu par la flak allemande au moment d'un parachutage de nuit dans le Berry. On est quand même parvenu à le récupérer. Il faut l'évacuer d'urgence en Angleterre. Le problème, comme je vous l'ai dit hier, Thomas…

– C'est que votre as du manche à balai ne parle pas un traître mot de français, complète Nordmann.

La veille, c'est lui qui est convenu avec McNeill des détails de l'exfiltration dont Bucéphale doit assumer la responsabilité au titre de l'accord passé entre la petite organisation de résistance et l'homme du SOE. Donnant-donnant. L'acheminement de l'aviateur jusqu'à un point précis du Sud-Ouest d'où il pourra passer en Espagne par une filière d'évasion spécialisée en échange d'un contact enfin direct entre Bucéphale et le BCRA. Mais de son propre chef, le comité directeur de Bucéphale a ajouté un avenant à ce contrat par trop déséquilibré. Wenka, le résistant polonais de la POWN, sera du voyage. Coupé du général Sikorski pour cause de liaisons radio défaillantes, repéré en outre par les polices allemande et française, le professeur de musique de Paul La Granière doit passer d'urgence en Angleterre.

McNeill a tiqué. S'il aime distribuer des ordres, notre ouvrier serrurier n'apprécie guère d'en recevoir. Mais le moyen de faire autrement quand ses propres liaisons avec Londres connaissent elles aussi de sérieux ratés ?

Jerry semble à bout de nerfs. À l'énoncé de son prénom, on l'a vu sursauter comme un voleur pris la main dans le sac. Réflexe dangereux, note Émile qui n'aime pas, mais alors pas du tout, cette combine avec les Anglais. Les types des services secrets, c'est calcul et magouille. Dommage que sans eux, on ne puisse pas faire grand-chose aujourd'hui.

– Et votre Polak, il arrive ? s'étonne McNeill.

– Le voilà, souffle Hélène, irritée. Le major, elle l'a senti tout de suite, n'est homme à femmes que de très fraîche date, d'où sa boulimie de séduction. Derrière la façade de type à la coule, il y a le fils de bonne famille, la vie facile, le goût du jeu, la bravade dandy mêlée d'inconscience. Pas lâche, non, mais fragile. Méfiance, ma fille…

Wenka s'approche du quatuor franco-britannique. Coup d'œil à droite, à gauche, devant, derrière. Rassuré, le sexagénaire à barbe grise s'approche.

– Tout va bien ?

– Tout va pour le mieux, rétorque Hélène. Voici Jerry, qui va faire le voyage avec nous.

– Et les billets ?

– Paris-Bordeaux ; ils sont dans ma poche. Après, nous emprunterons un itinéraire spécial pour franchir la ligne de démarcation.

– Bizarre que les Huns ne l'aient pas tout à fait supprimée, celle-là, remarque McNeill. Depuis l'invasion de l'ex-zone nono, ils se sont bien emparé des leviers de commande dans tout le pays.

– On dit qu'ils veulent maintenir leurs postes frontaliers, croit savoir Hélène. Excellent moyen de faire le tri. Des tas de gens passaient la ligne en fraude pour des raisons anodines. À l'avenir, ceux qui emprunteront la même voie le feront pour des motifs beaucoup plus sérieux.

– Comme vous aujourd'hui.

– Justement, ne traînons pas comme ça en pleine rue. J'ai deux jeux de faux papiers : pour vous, professeur, et pour notre compagnon. Quant à vous…

Se tournant vers Jerry, elle lui répète les consignes dans son anglais correct mais un peu scolaire. Pendant le trajet, l'Écossais devra garder obstinément bouche close.

Poignée de main à Émile, signe de tête plus distant à McNeill. En route pour la ligne de démarcation.

Cette odeur de chou aigre, de graillon et d'eau de Javel, il ne l'a jamais oubliée. C'était celle du réfectoire quand Paul Plantel n'était qu'un « pitau », un orphelin confié à l'Assistance publique. Car Paulo le Moko a gâché à l'hospice quelques-unes de ces années qu'on prétend les plus belles de l'existence.

Sa vie ? Une succession de malheurs. Paul n'a que quatre ans le jour où son père, artisan couvreur quimpérois, glisse d'un toit par temps de pluie et se tue. Désemparée, sa mère se met en ménage avec un cousin. Mais ce colosse boit, la trompe, l'humilie, la bat. Nouveau drame deux ans plus tard. Parce qu'elle tente de protéger Paul massacré à coups de ceinturon pour une faute imaginaire, l'ivrogne, fou furieux, se met à rouer sa compagne de coups.

– Assassin ! hurle la malheureuse, à bout de forces. La brute l'attrape par les cheveux et lui cogne la tête sur la table. La mère saigne par la bouche, ses yeux s'éteignent, elle est morte. Et court, court à toutes jambes le petit orphelin dans les rues de Quimper pour sauver sa propre existence…

Au tribunal, le criminel n'écope que d'une peine de cinq années d'emprisonnement pour crime passionnel. C'est bien plus tard qu'on retrouvera ce meurtrier, la gorge tranchée d'une oreille à l'autre. Crime de rôdeur ou obscur règlement de comptes, décide la justice faute d'indice. Très vieux compte, en effet, de ceux qui ne peuvent se laver que dans le sang.

Confié à une famille d'accueil par la circonscription de placement nourricier du pays de Caux, Paul s'entend aussi mal que possible avec ses nouveaux parents, un couple de paysans séduits par l'allocation que leur verse l'Assistance publique. À chaque repas, l'orphelin contemple son assiette presque vide. Pour survivre, il chaparde de la viande crue, des œufs, du pain. Un soir, fou de colère, il lance à la rivière sa médaille d'identité inamovible accrochée à un collier. Perdre volontairement sa médaille, c'est très grave. Avertis, les gendarmes viennent le chercher à la ferme. Tant pis pour lui ; le voilà bon pour l'hospice.

Existence morne et sans joie de pensionnaire – lits au carré, uniforme, corvées de chiottes, de patates, bizutages, brimades. Paul repousse une première fois les avances d'un des surveillants, petit bossu surnommé Zébu-Bill. L'homme insiste. Le pitau lui donne rendez-vous un soir dans la remise à outils, le guette un manche de pioche à la main, lui casse un poignet.

– Va te plaindre au dirlo !

Vaincu, Zébu-Bill baisse la tête.

Plantel devient le caïd de l'hospice, vole, frappe et rend sa justice à lui. Surpris par les gardiens de la paix au moment où il faisait main-basse sur le porte-monnaie d'une passante un jour de sortie, il va connaître les rigueurs, cent fois pires, de la maison de correction. À l'occasion de cette longue période de redressement, l'adolescent opte définitivement pour une carrière de voleur. Dès son dix-septième anniversaire, le Quimpérois se sera taillé une réputation d'as de la cambriole. Pas de meilleur spécialiste s'il s'agit d'escalader une façade de nuit, de crocheter une serrure, de passer au crible un appartement bourgeois, de repérer et de violer un coffre-fort.

– T'es malin, le jeunot, mais méfie-toi : la chance, ça tourne, lui lance un policier excédé. Même les durs finissent par chialer toutes les larmes de leur corps, à Tatahouine !

Et de fredonner, content de lui, la marche des « joyeux », les affectés disciplinaires des bataillons d'Afrique :

« Pour être "joyeux", chose spéciale
Faut connaître Melun ou Poissy
Ou bien sortir de la centrale
C'est d'ailleurs là qu'on nous choisit. »

Plantel sourit : le type qui le mettra au pas n'est pas encore né. Au reste, la prédiction policière se révèle inexacte. Échappant à ces machines à briser les fortes têtes que sont les bat d'Af', il va remplir ses obligations militaires dans une unité beaucoup plus conventionnelle d'infanterie de ligne, non sans quelques séjours prolongés au poste de police du régiment. Au moment de la quille, le chef de corps, exaspéré, refuse de lui délivrer un certificat de bonne conduite. Lui s'en fiche, évidemment.

Dans le milieu, on le surnomme Fantômas, sobriquet qui change après la sortie de *Pépé le Moko*, avec Gabin dans le rôle-titre. L'ancien pitau va voir le film. Et il rit, il rit, une quinte, une crise de hoquets devant cette histoire de bandit adulé par la casbah et qui, fin dingue des beaux yeux de Mireille Balin, tombe dans le piège gros comme un gourbi du cauteleux inspecteur Slimane. Gabin ? Il ne ferait pas cent mètres dans la rue sans se faire alpaguer…

Plantel, c'est le contraire : un mauvais garçon sans histoire. Le mitan ne lui connaît pas d'ennemi jusqu'au jour où un complice occasionnel, Lulu-la-Casse, le gruge dans une affaire de bijoux escamotés.

La Casse, mais pas la Terreur. Coupe-chou en poche, Plantel retrouve Lulu et sa bande au point de rendez-vous fixé, paraît-il, pour arranger le coup. Paulo le Moko est seul, les autres cinq… dont quatre prennent bientôt la fuite tandis que le dernier, Lulu soi-même, gît à terre saigné à blanc.

Fichu, Paulo le Moko ? En principe oui puisque Lulu appartenait à la bande des Corses de Montparnasse dont le chef, Nini-Toussaint, n'est pas de ceux qui supportent les affronts. Sauf que Nini, truand d'expérience, a fondé son système sur une excellente qualité de renseignement. Informé des circonstances exactes de la mort de Lulu-la-Casse, il ne cache pas son admiration :

– Un contre cinq et c'est lui qui a eu le dessus ! Pour un Breton, il a des burnes. Et même de l'honneur, tandis que Lulu, paix à ses cendres, en manquait tout de même pas mal. Connaissez Paul Féval, les mecs ?

– Qui, chef ?

– Lagardère, bande d'ignares ! *Le Bossu*… les coups d'épée… les spadassins tueurs d'enfant… la botte de Nevers, tchak ! tchak ! au beau milieu du front. Quand j'étais gamin, j'adorais ça. Il me plaît, ce petit gars couillu. Je veux le voir tout de suite.

La rencontre aura lieu dans l'arrière-salle d'un bar. De ce jour et jusqu'à l'assassinat jamais élucidé du caïd corse en pleine « drôle de guerre », Plantel bénéficiera de la protection de Nini-Toussaint en échange d'un pourcentage convenu sur ses affaires les plus juteuses. Drôle de guerre que le Breton, mobilisé, va faire sans enthousiasme mais pas sans esprit critique. À preuve les noms d'oiseaux dont il traite le commandant d'intendance Bollard. Quelques injures bien senties qui lui vaudront le falot et cette condamnation à la peine capitale auquel il n'échappera que grâce à Noroit et à La Granière.

Cloisonnement oblige, Vincent n'a pas informé Plantel du rôle de la veuve du capitaine au sein de l'organisation

Bucéphale. Par mesure de sécurité, l'avocat seul est en effet habilité à traiter avec Électrion, qu'il rencontre aussi régulièrement que possible dans des endroits convenus au coup par coup. Cette fois-ci, c'est un restaurant bon marché du 10e arrondissement où l'odeur de chou aigre a le don de rappeler tant de mauvais souvenirs à l'ancien pitau...

Noroit extrait d'une poche de veste son petit carnet à couverture noire barrée d'une étiquette rassurante « Affaires en cours au palais ».

– Parle-moi un peu de toutes ces boîtes boches, Paulo.

– C'est compliqué, mon lieut'nant (malgré les nombreux rappels de Noroit, le monte-en-l'air ne s'est jamais départi de cette marque de déférence trop bien enracinée). Il y a celles qui dépendent du Sicherheitsdienst, le SD. Les SS si vous préférez. On dit la Gestapo pour simplifier mais aux yeux des Fritz, la Gestapo, c'est une flicaille intérieure, ça vaut que pour l'Allemagne.

– Donne-moi les détails.

– Le SD est basé avenue Foch. Il contrôle la Devisen Abteilung, qui s'occupe de repérer le pognon, l'or. C'est au 5, rue Pillet-Will, dans les anciens locaux de la banque Lazard. Le SD s'occupe aussi de la Zentral Wachüng Stelle – pardon pour l'accent, mon lieut'nant, mais j'parle pas boche couramment.

« 18, rue Auguste-Vacquerie, vers l'Étoile » : Noroit note scrupuleusement l'adresse. Sur le front économique, la guerre bat son plein, explique Plantel, noms, chiffres et adresses à l'appui. Les Allemands et leurs collaborateurs français montent une nouvelle série d'officines spécialisées dans la récupération des métaux, des munitions, des diamants, et même de produits pétroliers. Un affairiste sans scrupule, Szkolnikoff, et un ancien chiffonnier, Joinovici, se distinguent dans ces activités commerciales au service de l'occupant.

– Szkolnikoff vend beaucoup au Kriegsmarine Nachforshung, rue Saint-Florentin. Sa Société commerciale de l'océan Indien fait également dans l'immobilier. C'est 6, rue du Faubourg-Poissonnière…

Fasciné par la mémoire sans faille de Paulo le Moko, Noroit couche toutes ces précisions sur le papier. Les collabos du mitan se partagent entre deux obédiences rivales : la Carlingue de Bonny et Laffont opère sous la houlette des SS, tandis que Masuy et Rudy de Mérode travaillent, eux, pour l'Abwehr. Le préféré des renseignements militaires allemands reste quand même Gautremont.

L'entrevue touche à sa fin. Les traits tirés, Plantel se penche soudain vers l'avocat :

– Faut que j'vous avoue quelque chose, mon lieut'nant.

– T'as la trouille ? Rien de honteux, tu sais : à ta place, moi j'en serais déjà mort.

– Pas seulement. J'ai un truc qui m'trotte par la tête depuis quelques temps. Imaginez que vous disparaissiez, y aurait plus personne pour dire que moi, Paulo le Moko, je n'ai jamais été un salaud, un traître ; que je travaillais avec vous, que j'étais résistant…

– Tu es des nôtres, Paul.

– Oui, mais si je dois y rester, j'veux pas qu'on m'enterre comme un chien. J'veux qu'on mette la vérité sur ma tombe. Vu que je suis orphelin, ça intéressera pas grand monde, je sais bien, mais quand même, pour le principe.

Ému, Noroit fixe le Breton droit dans les yeux.

– Même s'il m'arrivait malheur et à toi aussi, il y aura toujours quelqu'un d'insoupçonnable pour témoigner. J'y veillerai personnellement, tu as ma parole…

Soulagé, Plantel ébauche un sourire.

– La patrie, mon lieut'nant, j'ai jamais trop su ce que c'était. On m'a pas appris ça quand j'étais à l'Assistance. Mais si c'est des types comme le capitaine La Granière ou comme vous, alors là, oui, je marche. Sauf…

– Quoi ?

– Sauf si vous me filez encore rencart dans ce resto. J'aime pas son odeur.

– Et pourquoi donc ?
– Secret, mon lieut'nant. Secret d'ancien pitau…

Au fond du compartiment de deuxième classe, les fantassins allemands, étalés sur la banquette, somnolent en plein milieu des civils français. Une vieille dame debout s'appuie sur sa canne. Elle n'a pas osé demander aux trois spécimens de la race aryenne de lui céder leur place. Quand passent Hélène et ses deux compagnons de voyage, l'un des soldats, émergeant du sommeil, écarquille des yeux rougis qui déshabillent littéralement la résistante.

Impression de souillure ? Trop-plein de fatigue ? Excès de tension ? Pénélope envoie par-dessus bord les conseils de prudence qu'elle est d'ordinaire la première à prodiguer.

– Ici, wagon pour les civils, *kein soldaten*, clame-t-elle d'une voix énergique.

– *Was ?* balbutie le soldat. D'instinct, il a déjà rectifié la position.

– Armée allemande dans l'autre wagon pas ici, reprend Pénélope. *Nur für Wehrmacht*, interdit aux Français, C'est marqué à l'entrée des premières…

Quand vos nerfs lâchent ainsi d'un seul coup, le culot devient la seule chance de s'en sortir.

– Ici, *Französiche* civils. Civils, pas militaires ! *Kein Wehrmacht !* Vous partir dans autre *Wagen* avec *soldaten*, c'est le règlement. *Abrechnung !* Partir tout de suite, sinon moi appeler chef de train.

Au mot « chef », le deuxième soldat, un tout jeune homme, raidit à son tour le buste, imité par leur caporal. Soumis à une discipline de fer, ces hommes semblent prêts à plier devant toute manifestation d'autorité aussi peu fondée soit-elle.

– *Ya ! ya ! Madam*, bafouille le caporal.

– L'autre wagon, che comprends, ajoute-t-il. L'homme n'a rien du guerrier germain cher à son Führer, et tout du brave fonctionnaire plein de bonne volonté.

Sa colère à demi tombée, Hélène se souvient du *leitmotiv* de Nordmann, furieux du vocabulaire anti-allemand de ses propres amis : chez les « punaises vertes, il y a de tout, quelques nazis fanatiques pour beaucoup de types normaux dont beaucoup votaient socialo ou même coco avant l'arrivée d'Hitler ».

– Allez dans le wagon réservé à votre armée, répète la résistante. Tout pour que ces garçons tétanisés cèdent sans délai ; pour qu'ils ne se posent pas de question gênante.

Embarrassé, le caporal explique l'affaire à ses deux camarades dont l'un esquisse une protestation vite réprimée tandis que l'autre hausse les épaulettes d'un geste las, puis se lève.

De la poche de sa vareuse, le gradé extrait un paquet de cigarettes. Même contestataires, les femmes ne fument pas : négligeant Hélène, il avise Jerry. Depuis le début de l'esclandre, l'Écossais, fidèle aux consignes, se tient deux pas derrière Hélène.

– Zikarette, monzieur ?

Muet, Jerry contemple l'Allemand. Ne pas laisser échapper un seul mot, on le lui a assez seriné. Alors il se fige, l'air stupide, le *thank you very much* au bord des lèvres.

– Zikarette, monzieur ? répète le caporal.

C'est le moment que choisit le professeur Swierczewski pour intervenir. Passant d'autorité devant l'aviateur en perdition, il prend les soldats à témoin dans un allemand parfait :

– Pardonnez mon neveu, il est simple d'esprit.

Un idiot, quel malheur dans une famille. Les trois hommes hochent la tête puis, gênés, quittent définitivement leur place pour se diriger vers l'entrée du wagon.

– Asseyez-vous, madame, lance alors Swierczewski, plus maître de lui que jamais, à la vieille femme à la canne.

Premier rendez-vous pour Hélène et ses amis à Bordeaux. Un agent de liaison doit les attendre dans un petit café voisin de la gare.

– Il se fera reconnaître par cette phrase : « L'été, c'est pas pour demain », a récité Nordmann. Tu lui répondras : « Dommage, parce que moi, j'adore les pêches. » C'est lui qui a le contact avec la filière d'évasion. Attention aux contrôles. Gare Saint-Jean, ils sont assez sévères.

Une douzaine de soldats allemands, en effet, et autant de gendarmes français. Mais un homme du marché noir leur a sauvé la mise. Sa valise pleine de jambons, le trafiquant a polarisé à lui tout seul l'attention du service d'ordre.

La jeune femme marche vers le café dont elle a demandé le chemin à un autochtone. Le professeur Swierczewski se tient à sa hauteur tandis que Jerry, instruit par sa mésaventure ferroviaire, s'est placé d'instinct au second plan. Avec le froid, son visage a pris une belle teinte rougeâtre qui contraste avec le bleu très foncé du béret basque dont on l'a affublé. Mais la nuit tombée, qui s'en apercevrait ?

– Hum ! souffle le professeur, histoire d'engager la conversation tandis qu'il relève le col de son pardessus.

Sa voisine s'est enroulé une écharpe en laine autour du cou.

– Oui, répond-elle.

– Madame La Granière…

– Hélène.

– Hélène, oui, je vous dois un aveu. Il y a quelque chose que j'ai omis de vous dire…

Elle le regarde d'un air étonné.

– Nous avons tous des choses à cacher.

– Cette vérité, je vous la dois. Je sais combien votre organisation brûle d'entrer en contact avec Londres. Je me souviens aussi du sort tragique du premier envoyé que vous n'avez même pas pu rencontrer.

– Nous voici obligés de passer par l'intermédiaire du major Gibson et des Anglais. Croyez-moi, je n'aime pas ça du tout. Mais tant mieux…

Sans interrompre sa marche, elle pose sa main sur l'avant-bras du vieux résistant polonais.

– Tant mieux si c'est l'occasion de rendre service, à vous professeur et à cet écervelé de Jerry. Cette mission a quelque chose de plaisant. Au moins respirons-nous un air différent. Et vous, bientôt, celui de Londres. En cette saison, il ne doit pas y faire si chaud.

L'homme de la POWN hoche la tête.

– Plus d'humidité qu'ici, probablement. Mais la liberté, elle, n'a pas de prix. Et c'est bien ce qui me gêne : vous laisser ici pendant que moi, je serai en sécurité parmi les miens.

– Chacun sa part, professeur. Vous avez déjà payé la vôtre.

– N'empêche que je puis encore être utile. Et savez-vous pourquoi ?

Un vélo-taxi croise le trio. À son bord une femme d'un certain âge aux vêtements élégants. Plus loin, deux ouvriers sont en train d'installer des barrières de chantier.

– Diable non…

– Écoutez mon histoire. Elle commence à l'été 1920. Six armées soviétiques convergent sur Varsovie. Mais des amis volent à notre secours… Deux cent cinquante officiers français commandés par le général Weygand. Et parmi eux, un certain capitaine de Gaulle.

Hélène ignorait ce détail de la biographie du chef de la France libre.

– « Le » de Gaulle ? interroge-t-elle.

– Lui-même, madame. À l'époque, il n'était toutefois qu'un artisan parmi d'autres de ce qu'on a appelé le « miracle de la Vistule » : l'arrêt de l'invasion russe… la contre-attaque franco-polonaise… la bataille de Grodno… le recul définitif des rouges. En octobre, un armistice fut signé et en mars de l'année suivante, un traité de paix entre l'État soviétique et la Pologne. Nous étions sauvés… temporairement.

– Et le capitaine de Gaulle ?

Un sourire espiègle parcourt le visage ridé du vieux professeur.

– Je l'ai connu dès son arrivée chez nous, en 1919. Au moment de la marche en avant des Soviétiques, les familles de Varsovie se battaient pour recevoir les officiers français à leur table. De Gaulle est venu dîner chez nous plusieurs fois, avenue Marzalkowska. Un soir, il est même resté coucher dans la chambre d'amis. Nous en étions très fiers. C'est de cela dont je voulais vous parler. Heu… avez-vous confiance dans les Anglais ?

Hélène hausse les épaules.

– Les Anglais sont des alliés mais ils jouent toujours leur jeu en priorité. Par conséquent, ma confiance envers eux ne saurait être que relative.

– La mienne aussi. Le major Gibson vous a promis de vous mettre enfin en contact direct avec les services du général de Gaulle, n'est-ce pas ?

– Nous avons échangé cette faveur contre le passage de Jerry en Angleterre *via* l'Espagne.

Nouveau sourire du professeur.

– En ajoutant ma propre personne dont Gibson se fichait, mais que vous avez imposée.

– Comment l'avez-vous su ?

– Je l'ai deviné et, du fond du cœur, je vous remercie de ce geste généreux.

– Il en allait de votre survie et de celle d'une partie de la POWN. Notre organisation est déjà repérée par les nazis mais ne court, je crois, aucun danger immédiat.

– En êtes-vous certaine ?

La jeune femme esquisse un sourire.

– Pour être franche, non. D'un autre côté, les renseignements que nous pouvons recueillir ne servent à rien s'ils ne parviennent pas au bon endroit. Rappelez-vous la rafle antijuifs de juillet dernier… nous étions au courant, mais faute de contacts suffisants avec d'autres groupes… Vous parliez des Anglais ?

– Du général de Gaulle, plus exactement. Car si vous le voulez bien, voici ce que je ferai dès mon arrivée à Londres… si j'y parviens.

– Vous y serez, professeur. Et donc ?

– J'irai voir personnellement de Gaulle. En souvenir des soirées de Varsovie et du « miracle de la Vistule », il ne refusera pas de recevoir son vieil ami Swierczewski. Je lui parlerai de la POWN, c'est la moindre des choses, mais aussi de votre organisation. Je lui dirai le travail formidable que vous faites. Et lui comprendra la nécessité de faire agir ses services secrets. Au besoin, il leur forcera la main.

– Merci, répond sobrement Hélène.

– Surtout pas… Voyez qu'il peut encore servir à quelque chose, le prof de musique en cavale.

– Je n'en ai jamais douté. Mais tiens, le Bar du Bordelais. Nous voici arrivés à notre première destination, monsieur le professeur. Heureusement, d'ailleurs car il se fait tard.

Notes manuscrites, pelures de documents administratifs, croquis à l'encre de Chine provenant des diverses filiales de l'organisation de résistance s'entassent sur le bureau de Léon. Et là, conformément au B.A.-BA du métier non pas d'espion mais d'analyste du renseignement, il faut la trier, la synthétiser, lui donner un sens. Tâche essentielle qu'assume aujourd'hui Dédale, assisté de Juliette.

« J'ai compté quatre Messerschmidt, des BF110 équipés de 4 mitrailleuses et de 2 canons de 20 mm. Ces chasseurs biplace sont faciles à identifier. Six trimoteurs de transport Junker 52 aussi, très reconnaissables au revêtement en tôle ondulée du fuselage des ailes. Ci-joint les inscriptions et les numéros que j'ai pu relever, ainsi qu'un dessin à main levée représentant l'insigne peint sur le fuselage des Junkers », note ce Toulousain, ancien mécano de l'armée de l'air. Et d'indiquer, croquis à l'appui, plusieurs objectifs potentiels pour les bombardiers de la Royal Air Force : la poudrerie du Fauga… celle de Toulouse… les usines Air France et Bréguet de Montaudran… les aérodromes de Blagnac et de Francazal… la SNCASE de Saint-Martin-du-Touch. C'est sa femme qui a transmis l'ensemble à Yvonne Détais. Elle transporte cartes et papiers dans le landau de leur bébé.

Deuxième document émanant, cette fois, de Pollux, un des rescapés de Bœufs de Géryon, la filiale du réseau Bucéphale dans les milieux militaires. Après l'invasion de la zone non occupée, l'armée d'armistice a été dissoute sur ordre des Allemands. Reconverti dans l'industrie, Pollux fournit des renseignements d'une précision confondante. Où va-t-il les chercher ? Mystère et cloisonnement. Hiégel ignore que l'ex-capitaine est resté en relation avec un de ses camarades de Saint-Cyr très en vue dans les milieux collaborateurs, et très porté sur la confidence… Pollux rédige ses rapports de nuit, à l'insu de sa femme. Le porte-plume à la main, il travaille en alternance sur deux feuilles séparées, une phrase pour son rapport à la Résistance puis une phrase d'une lettre à ses parents et ainsi de suite. Au cas où son épouse le surprendrait en plein travail, l'ex-capitaine n'aurait qu'à exhiber la missive familiale dont l'encre, encore fraîche, et pour cause, atteste d'une activité épistolaire des plus rassurantes…

« Début 1939, la Wehrmacht comptait 55 divisions, dont 5 blindées (en abrégé PzD pour Panzerdivision). Dès l'ouverture des hostilités, trois séries distinctes de divisions en formation ont apparu pour un total d'environ 90 divisions. Pendant l'hiver 1939-1940, les divisions légères *(Leichte Divisionen)* du temps de paix ont été transformées en PzD, et la brigade de cavalerie est devenue une division. En mars 1940, le nombre des divisions allemandes était déjà passé à 180, dont 120 à l'Ouest. Par dédoublement, les PzD étaient désormais 10, dont 3 équipées de matériel tchèque.

« L'attaque contre l'URSS a été préparée pendant l'hiver 1940-1941. Douze PzD avec une nouvelle composition et 6 divisions d'infanterie motorisée *(Infanterie Divisionen)* ont été constituées. Au 1er avril 1941, l'armée de campagne comprenait en tout 240 divisions, 120 à l'Est ; 60 à l'Ouest, et 60 dans les Balkans. L'année dernière, les Allemands ont transformé leurs divisions d'infanterie en divisions légères, et créé 3 nouvelles divisions blindées. Avec la stabilisation du front russe et le débarquement allié en AFN, ils raclent leurs fonds de tiroirs : réservistes mobilisés, Polonais, Tchèques, Belges, Russes, souvent recrutés de force comme nos compatriotes alsaciens.

En vue d'augmenter le nombre de divisions, on a créé à la fin de l'année dernière :

– des divisions aériennes de campagne (personnels de la DCA plus des transmissions et des sections administratives de la Luftwaffe).

– des divisions parachutistes (personnels en excédent de la Luftwaffe).

– des divisions de réserve, qui assurent l'occupation des pays conquis et prennent en charge les missions d'instruction du personnel destiné aux divisions.

Les effectifs de l'armée de campagne atteindraient 280 divisions en tout.

P.-S. En 1940, les Allemands ne croyaient pas au char lourd ; ils avaient tenu en réserve leurs Pz V et VI de 40 tonnes, peu nombreux d'ailleurs. Mais leurs déboires sur le front russe les ont obligés à se pencher à nouveau sur la question. L'année dernière, un premier projet conçu par le Dr Ferdinand Porsche a été refusé. Revu et corrigé, il a fait son apparition simultanément à l'Est et en Tunisie. C'est le Tigre I, 56 tonnes, moteur V12 Maybach HL 210 ou HL 230, vitesse de 40 km/h, chenilles larges, blindage de 82 mm sur les côtés et à l'avant, de 100 mm au masque de tourelle. Il est armé d'un canon de 88 mm KWK 36 dérivé du Flak 18-36. »

Rapport net et précis d'un officier formé au travail d'état-major. Une exception. Les informateurs de Bucéphale appartiennent pour la plupart aux couches inférieure ou moyenne de la hiérarchie sociale ; leur point de vue se limite souvent à des observations personnelles directes, fiables, mais éparses. Il y a tout de même les productions de Raspail, le camarade de fac de Noroit, encore directeur du département enquêtes des renseignements téléphoniques SVP. Et aujourd'hui, la note de synthèse de Duvaleix, texte difficile à déchiffrer car son auteur l'a entièrement rédigé de la main gauche. Conscients de l'hémorragie de renseignements qui affecte le secteur stratégique clé des chemins de fer, les services de sécurité allemands procèdent à des comparaisons d'écriture entre manuscrits de travail et documents de résistance interceptés. Les fonctionnaires de son rang ne sont pas épargnés…

« SNCF – État général pour l'année 1942.

En fin d'année, les effectifs du parc s'établissaient comme suit :

10 800 locomotives à vapeur, 775 électriques, 10 Diesel, 475 automotrices électriques et 700 autorails. Le chiffre le plus significatif concerne les locomotives à vapeur. La Société nationale en possédait plus de 16 000 en 1939, presque 13 000 en 1940 et encore 12 500 l'année dernière. La baisse est de 1 700 en un an, soit 13,5 %.

Pendant la même année 1942, les chemins de fer ont parcouru 69 millions de kilomètres pour transporter des voyageurs civils, soit 6 millions de kilomètres de moins que l'an dernier, et 19 millions de kilomètres pour convoyer des militaires allemands, soit 6 millions de kilomètres de moins que l'an dernier.

Le total de voyageurs transportés est passé de 475 à 600 millions.

Le tonnage des marchandises est stable, aux alentours de 150 millions de tonnes.

Début janvier, Munzer, le numéro un allemand des chemins de fer, s'est plaint officiellement de la mauvaise répartition des wagons, due selon lui à la résistance passive de la SNCF. Mêmes éléments pour les locomotives, dont le taux d'immobilisation est selon lui d'un quart (*nota*, je confirme : l'évaluation est correcte). Si ce mauvais rendement persiste, Munzer menace de s'en prendre aux hauts dirigeants de la SNCF, en particulier au directeur du Mouvement qui pourrait être inquiété par la Haupt Verkhers Direktion, la Direction générale des transports.

Dans le même ordre d'idées, les Boches envisagent de faire nommer des Français plus « souples » à la direction. Ils renforcent également les effectifs des techniciens allemands chargés de surveiller les cheminots, qui leur ont collé le sobriquet de « Banofs » (c'est la déformation du mot allemand *Bahnhof* qui signifie gare). En général, ces techniciens ne sont pas vraiment méchants, mais il faut tout de même faire très attention.

Les Boches sont de plus en plus conscients des quantités de matériel que les cheminots dissimulent un peu partout dans les gares. Ils savent que beaucoup de collègues « planquent » du carburant, de l'huile, de la graisse, des câbles, des isolants et des appareils électriques, de la fonte, de l'étain, de l'acier, du cuivre, du bronze. Il faut s'attendre à une surveillance renforcée. »

Avertir… alerter… informer. Cette fois-ci, ce ne sont que des photos parvenues Dieu sait comment entre les mains de l'organisation Bucéphale. Cinq photos mille fois plus parlantes qu'un long discours. Cliché n° 1 : un jeune homme, résistant anonyme, est conduit vers le poteau de supplice par des soldats allemands à l'uniforme reconnaissable. Cliché n° 2 : on lui bande les yeux. Cliché n° 3 : le peloton d'exécution ouvre le feu. Cliché n° 4 : le corps du patriote s'effondre. Cliché n° 5 : un officier donne le coup de grâce.

Quel mobile a donc poussé l'Oberleutnant Gerlach à confier le développement du film à un artisan photographe français ? Celui-ci s'est empressé de tirer des doubles de chaque photo, que Léon vient précisément d'extraire d'une enveloppe-bulle. Une mention manuscrite les accompagne : « Le monde entier doit savoir combien les Boches sont criminels. Faites parvenir ces tirages au général de Gaulle et au général Giraud. Qu'ils les montrent à Churchill, au roi George VI et au président Roosevelt. »

Giraud, un nouveau venu dans le grand jeu. Ce général cinq étoiles s'est taillé une solide popularité en avril 1942, en s'évadant de la forteresse prussienne de Kœnigstein. Décidé à reprendre le combat, il a quitté clandestinement la France à la veille du débarquement allié en Afrique du Nord, exfiltration conduite par Marie-Madeleine Méric, l'ennemie intime d'Hélène La Granière. Le vieux baroudeur s'est installé à Alger mais patriotisme et antinazisme mis à part, de Gaulle et lui sont aux antipodes. Un bras de fer pour le *leadership* des Français en lutte les oppose désormais, rivalité sans merci dont la Résistance intérieure perçoit des échos de plus en plus alarmants. Cédant aux pressions des Alliés, de Gaulle et Giraud viennent bien d'échanger une poignée de main en public, mais ce bel unanimisme ne trompe personne. Entre le premier, fondateur de la France libre, président du Comité national français, et le second, haut-commissaire en Afrique française et, en principe au moins, commandant en chef de toutes les armées, les coups pleuvent. Autant dire que le vœu du brave photographe : unir les deux généraux, ne risque guère de se transformer en réalité pour l'instant...

– Quelle horreur, ces photos ! La main de Juliette se pose sur l'épaule de Léon. Sophie, la prostituée résistante du réseau, ne s'en étonnerait guère ; elle sait d'expérience que le danger attise l'instinct sexuel. Réalité que le père Maillard lui-même, le confesseur de Léon, a bien dû admettre. Informé des activités de résistance de ses ouailles, l'ecclésiastique a décidé que Léon Hiégel et Juliette Lamarre n'étaient en état de péché mortel qu'à titre provisoire. Déjà fiancés mais pas officiellement afin qu'aucun lien public n'apparaisse entre eux, les jeunes gens doivent se marier sous peu. Ils risquent à tout moment la mort et la torture, a estimé le prêtre, Dieu, dans son infinie bonté, leur pardonnera bien quelques égarements.

C'est que depuis deux mois déjà, Juliette appartient elle aussi à l'organisation Bucéphale. Sœur cadette d'un ancien animateur des Équipes catholiques, ce jeune professeur de français a renoué avec Léon un peu par hasard. Muni de son *ausweis* nocturne d'agent d'assurances, Hiégel était venu sonder à domicile l'état d'esprit de Pierre Lamarre. Si l'entretien s'est révélé négatif avec le frère, il n'en a pas été de même avec la sœur. Les jeunes gens se sont revus une fois, deux fois, réveillant cette attirance ancienne qu'ils croyaient dissipée au fil des événements.

Apprenant l'existence du réseau, Juliette s'est portée volontaire. À l'issue d'une courte enquête menée par Maurin et Nordmann, le comité directeur a donné son accord.

Juliette (pseudonyme : Némésis) est devenue agent de liaison, la plus proche collaboratrice de Dédale. Et depuis…

– Horribles, c'est vrai, mais éloquentes.

– On va les utiliser ?

– Bien entendu. Ces images valent des centaines de cartouches, lui répond Hiégel d'une voix douce. Comme souvent après l'heure de la fermeture, il est seul avec Juliette dans l'officine de son employeur, les Assurances clermontoises. Insistante, la main de la jeune femme parcourt les cheveux mi-longs de son ami, elle s'insinue par le col entrouvert de la chemise. Léon se laisse faire tandis qu'il achève de ranger les documents dans un dossier marqué « Sinistre incendie Vincennes ». Juliette fléchit les jambes et l'embrasse dans le cou.

L'assureur glisse le dossier parmi les autres, range le tout dans l'armoire basse à rideaux, sur sa droite. Il pivote et prend Juliette dans ses bras. Leurs corps se serrent l'un contre l'autre.

– On va chez toi ? lance la jeune femme d'un ton presque impérieux.

Chez lui, c'est tout près d'ici, à quelques pâtés de maison, et la seule chose qui le tracasse, c'est de savoir s'il saura faire preuve de retenue le moment venu. Juliette enceinte, ce serait la pire des choses par les temps qui courent.

Chapitre 13

Février 1943

La France manque d'essence, réservée aux forces allemandes, aux officiels de Vichy et aux collabos, les nouveaux riches de l'époque.

Que feraient les Français sans le « gazo », qui produit un mélange explosif par combustion de charbon de bois ? Avec sa chaudière fixée sur la galerie des autos et des camions, le gazo est à la carburation traditionnelle ce que le « café national », breuvage officiel insipide, est au café tout court, et la saccharine au sucre.

Après la courte nuit dans une planque bordelaise, une chambre de bonne où Hélène, serrée d'on ne peut plus près, a repoussé avec le sourire les avances de Jerry, le pilote écossais du SOE, c'est donc une camionnette « gazo » qui mène le trio aux environs de Castillon-la-Bataille par des petits chemins caillouteux de campagne connus du seul chauffeur, quadra volubile à l'accent chantant.

– Le voyageur s'arrête ici. On est entrre Libourne, en Girronde, et Bergerrac, en Dordogne. La grand route goudronnée que vous voyez là-bas, c'est la nationale 136. Votrre passeuse – un beau brin de fille, ma foi – vous attend de l'autrre côté de ce petit bois de chênes. Faites attention, ma p'tite dame et vous autrres, de pas vous faire pincer chez cette charrogne de Franco. Parce que c'est pas la joie ses prisons, à celui-là. Y zont des camps tout spéciaux pourr ceux qui quittent la France. Des vrais pourissoirs paraît. Et à Barcelone, c'est la Cárcel Modelo. Une prison modèle, tu parles ! Mes deux beau-frèrrres, c'est des Espagnols. Républicains bien sûr – y en a un qui a perdu un œil à la bataille de l'Èbre. Mais c'est pas tout ça, moi, je repars. Eh, je coupe pas le contact parce qu'avec le gazo, on sait jamais…

Tout brouillard dissipé, il fait beau mais froid. Hélène et ses compagnons descendent de la camionnette, serrent la main du chauffeur et regardent l'engin repartir en direction du carrefour.

À la sortie du bois, une jeune fille de dix-sept ou dix-huit ans les attend, engoncée dans un caban de marine trop grand. Sur ses cheveux bruns, un bonnet en tricot. À ses pieds, de grosses chaussettes de laine et des godillots de randonnée entretenus à la graisse.

– Juste à l'heure, approuve-t-elle avec un sourire rayonnant. Félix, ce grand bavard, il vous a pas trop embêtés, avec ses histoires qui n'en finissent jamais ?

– Nous avons appris des tas de choses, au contraire, réplique Hélène, complice.

– Sur Miranda et les camps de prisonniers de Franco ?

– Et la Cárcel Modelo de Barcelone, et la bataille de l'Èbre, oui.

– C'est vrai qu'ils font peine à voir, ces républicains en exil. Pour passer les Pyrénées en douce, ce sont les meilleurs. Ils connaissent tous les sentiers, tous les chemins. Moi, mon boulot est plus simple. Je vais vous faire franchir la ligne de démarcation.

– C'est loin ?

– Faut juste traverser la Lidoire, un petit cours d'eau de rien du tout. Il y a bien un endroit pas loin où on peut traverser à la nage mais avec ce froid de canard… Du coup, va falloir marcher. J'espère que vous avez de bonnes chaussures.

Sourire désolé d'Hélène qui montre ses escarpins ressemelés, et du professeur dont les richelieus au cuir fendu font pitié. S'il comprenait le français, Jerry regretterait à coup sûr d'avoir troqué ses bottes d'aviateur fourrées contre une paire de chaussures basses moins compromettantes. L'Écossais tente il est vrai surtout de capter l'attention de la jeune passeuse. Las ! celle-ci fait mine de ne rien remarquer. On lui devine des parents attentionnés. Peut-être même un fiancé pour la faire valser aux prochains feux de la Saint-Jean. Mais il est loin, l'été, avec cet hiver qui n'en finit pas.

– Attention aux barbelés, ajoute la jeune fille. Il y a beaucoup de clôtures par ici. Vous vous déchireriez les vêtements.

Un bois, un champ, une prairie. Tiens, un verger. À éviter soigneusement : trop fréquenté.

« Barbelés sur votre droite », « barbelés sur votre gauche », prévient de temps à autre la jeune passeuse. Le quatuor parvient enfin au bord de la Lidoire. Un arbre abattu en travers et dépouillé de ses grosses branches permet de traverser à pieds secs. Les patrouilles allemandes n'ont pas encore repéré ce point de passage, mais il vit probablement ses dernières heures. L'ennemi n'a jamais plaisanté et, désormais, il ne plaisante plus du tout.

– Attention, ça glisse, prévient la passeuse.

Comme pour lui donner raison, le professeur Swierczewski, citadin de Varsovie qui n'a guère le pied campagnard, manque de tomber à l'eau. Originaire des Highlands où la vie est rude, la nature inhospitalière et les habitants taillés dans le roc, Jerry semble beaucoup plus à l'aise. Hélène, elle, se souvient de l'époque où elle pratiquait assidûment le nautisme, le ski et l'alpinisme avec Henry La Granière quand ils étaient jeunes mariés, avant la naissance de Petit Paul.

La rivière franchie, la marche reprend. La passeuse – elle prétend s'appeler Martine – file bon train, puis enfin son pas se ralentit.

D'un geste, elle désigne une haie de peupliers.

– Nous sommes arrivés.

– Comment, s'étonne Swierczewski, la ligne est déjà franchie ?

Grand sourire de Martine.

– Ça fait déjà un bon moment ! On aurait pu aller plus vite, mais j'ai préféré jouer la sécurité. Voilà les consignes : vous allez marcher cinq cents mètres en ligne droite ; là, vous trouverez un petit chemin vicinal. Dans…

Elle examine son bracelet-montre.

– Dans vingt-cinq minutes, une demi-heure maximum, vous verrez arriver une camionnette gazo gris foncé. Dessus, il y a marqué « Castagna & Fils, pain, charcuterie et conserves à domicile ».

– Et c'est vraiment le cas ?

– Avant-guerre, oui. Depuis, les Castagna bricolent avec ce qu'ils parviennent à récolter par-ci, par-là.

Et plus sérieusement :

– Faites signe au conducteur. Un type d'une trentaine d'années, mal embouché et mal rasé. Pas un poil sur le caillou, par contre, un œil qui dit zut à l'autre. Il porte une veste en velours côtelé noir. Dites-lui : « Monsieur, nous cherchons la gare du Fleix, est-ce que c'est loin d'ici ? »

– Et que répondra-t-il ?

– Il vous demandera si vous n'êtes pas amis des Bouchard de la ferme Saint-Martin.

– Les Bouchard de la ferme Saint-Martin, c'est noté.

– Vous direz : « Nous ne connaissons personne dans la région, nous venons de Lyon. » Surtout, vous lui montrerez ceci…

De la poche en biais de son caban, la jeune fille sort un galet où les deux lettres G et H, gravées, s'entrelacent.

– Grimpez tous les trois à l'arrière de la camionnette. Eugène vous déposera un kilomètre avant Bergerac. Scindez-vous en deux groupes. Le vieux monsieur seul – pardon, mais ça fait plus rassurant, un vieux monsieur. Et vous autres ensemble puisque celui-ci…

Du doigt, elle désigne Jerry qui biche, se sentant l'objet de l'attention générale.

– … ne parle pas le français. Demandez la rue du Marché, tout le monde la connaît.

– La rue du Marché ?

– Vous voudriez quand même pas qu'ils l'appellent la rue de la Résistance ! Impossible de la rater : elle va du monument aux morts de 1870 au monument aux morts de la Grande Guerre. Marchez jusqu'à l'église Notre-Dame. Avec sa flèche en pierre, elle se voit de loin. Surtout pas l'église Saint-Jacques de la place Pélissière, qui est beaucoup plus bas dans la vieille ville, plus belle et plus ancienne. Son clocheton en ardoises est très reconnaissable. Si vous l'apercevez, c'est que vous n'êtes pas à la bonne église.

– Pas de clocheton en ardoises, d'accord, récapitule Hélène. Et après ?

– À gauche de Notre-Dame, quand on se met face à l'horloge du clocher, il y a une ruelle. Et plus loin, la place Gambetta. Vous me suivez toujours ?

– Parfaitement… la rue du Marché, l'église Notre-Dame, l'horloge, la ruelle à gauche, la place Gambetta.

– Bon. Sur la place Gambetta, il y a le café Riche, qui donne d'ailleurs dans la ruelle dont je vous ai parlé. C'est le lieu de rendez-vous des rugbymen.

L'Écossais du SOE, excellent demi de mêlée dans le civil, ébauche un sourire béat mais faute de pouvoir s'exprimer, force lui est de laisser la passeuse détailler la suite du programme.

– Prenez une table, commandez des Viandox… aujourd'hui, c'est un jour sans. J'aurais bien dit du chocolat à la tasse, mais sa vente est interdite depuis le début de l'année.

– Peu importe la boisson : Viandox, et après ?

– Posez la pierre, la même, sur votre table. Une dame d'une quarantaine d'années avec un manteau vert pomme et de grosses lunettes fera mine de s'y intéresser. Elle vous demandera où vous l'avez trouvée.

– Vous répondrez : « Sainte-Foy-la-Grande. J'étais là-bas en vacances en 1939 avec mon mari. »

Hélène réprime un rictus. Les vacances 1939 avec Henry, les dernières avant la guerre et la défaite, c'était en Bretagne, à Carantec…

– Ça ne va pas, madame ?

– Au contraire. J'admire la perfection de votre système. Rien n'est laissé au hasard.

– Jusqu'ici, ça marche plutôt bien. Bon, elle vous demandera : « Comment il s'appelle votre mari ? » et vous lui répondrez : « Jules Mangenot. »

– Mangenot ?

– C'est ça. À partir de là, la dame au manteau vert va prendre en charge ces deux messieurs puisque vous, vous n'êtes pas du voyage, je crois ?

– En effet, acquiesce Hélène.

– Vous sortirez tous les quatre ensemble du café Riche. En cours de route, la dame vous désignera un autre café – il n'est pas loin du tout. Là, vous quitterez vos amis. Gardez la pierre sur vous, entrez dans le bistrot et répétez le même manège : un Viandox, la pierre sur la table, les vacances 1939, mais à Creysse, cette fois. Votre interlocutrice sera un peu plus âgée avec un grand chignon et des cheveux grisonnants. Elle a un accent, mais aucun danger, c'est une Alsacienne. Il y en a beaucoup qui se sont repliés par ici depuis 1940. Tous très patriotes. C'est drôle parce qu'entre eux, ils parlent quelque chose qui ressemble à l'allemand. Les Boches, ils les appellent des « Schwows ». Remettez-lui la pierre. Elle vous expliquera la marche à suivre.

– Je repasserai la ligne de démarcation avec vous ?

– Non, avec une autre personne et à un autre endroit. Après, ça ne me regarde plus.

– Nos routes se séparent donc ici, mademoiselle ?

– Pour l'instant, mais nous marchons tous dans la même direction. Les vert-de-gris, ils sont pas éternels.

– Comment vous remercier ?

Nouveau sourire de la passeuse. Carnassier, cette fois :

– En leur faisant le plus de mal possible ! Ces sauvages ont tué mon oncle.

Hélène ouvre la bouche, puis se ravise…

Chapitre 14

Mars 1943

Grand et décharné, le père supérieur s'inquiète. Sa voix est rauque. Son œil valide braqué sur Vincent.

– Avez-vous lu *Capitaine Conan* ?

– Je préfère le Goncourt de l'année précédente. Malraux… *La Condition humaine*.

– La condition humaine, mais elle est insoutenable mon fils ! Et moi, j'ai été ce capitaine Conan. J'ai pris plaisir à tuer. J'ai enfoncé mon coutelas dans la chair vivante de mes frères humains. J'ai vu leur sang couler.

– C'était la guerre, mon père. La Grande Guerre. Et vous, vous étiez officier…

– Nous ressemblions tous à des bêtes. Oui, des bêtes, nous que Dieu a façonnés à son image.

Nul ne connaît la guerre plus intimement que le supérieur général de la maison mère parisienne des Frères prieurs de Sainte-Marie Immaculée. Frais émoulu de Saint-Cyr, Étienne Lochard commandait une unité de nettoyeurs de tranchées. Il a connu ces tueries sans merci où les hommes, le visage couvert de suie, s'entr'égorgeaient à l'arme blanche pour un mètre de terre, deux jours de permission ou une médaille militaire. Il en porte encore les stigmates : un œil et un doigt en moins, une longue balafre sur la joue gauche.

L'armistice signé un certain 11 novembre 1918, le capitaine Lochard jette son uniforme aux orties. L'espoir de frère Étienne : trouver la paix dans le silence et la prière, loin de la folie meurtrière des humains.

En 1940, cependant, le nouveau conflit mondial l'oblige à quitter sa retraite. Les Monuments publics demandent des bras pour mettre en lieu sûr les vitraux des cathédrales françaises, menacés de destruction par les bombes nazies. Autorisé par les dirigeants de son ordre à titre exceptionnel, frère Étienne se porte volontaire. Mais les *Frontkämpfer* allemands d'hier sont devenus pilotes de Stukas ou chefs de char et la guerre, cette *Blitzkrieg* qui ne tarde pas à le rattraper.

À Rouen, les cadres des pétroles Jupiter sabotent les installations. Les couvercles des réservoirs sautent. Une fumée épaisse envahit la vallée de la Seine. « Épargnez la cathédrale », supplie le moine à genoux. Pour une fois, Dieu l'écoute…

De retour au couvent, frère Étienne se plonge à nouveau dans la prière. Mais la guerre ressemble à une pieuvre ; elle l'a rattrapé, elle ne le lâchera plus. Le nazisme ne se contente pas de tuer, il dégrade, il déporte, détruit et cette retraite loin du monde des hommes que le moine sollicitait comme une grâce est désormais impossible. Havre des juifs pourchassés et des aviateurs alliés en cavale, le couvent des Frères prieurs se transforme peu après en centre de dépôt clandestin pour les archives du réseau Bucéphale.

À l'époque héroïque de l'organisation, Léon glissait ses documents compromettants au milieu de ses dossiers professionnels. Précaution supplémentaire, il usait d'un système de classement connu de lui seul à partir de termes techniques de l'assurance. Comme son bureau fermait à clef, le risque restait minime. Puis le volume de cette documentation s'accroissant de façon exponentielle, l'affaire est allée de complication en complication. C'est d'abord Noroit qui entrepose les archives chez Ménard, son ancien briscard-chef des dragons portés, celui qu'il défendait si brillamment au Palais de justice peu avant sa rencontre décisive avec Hélène La Granière. Mais, habité par un officier de police très vichyssois, l'immeuble de Ménard ne présente pas toutes les garanties exigées par Maurin et Nordmann, coresponsables de la sécurité du réseau. Et c'est une fois encore le père Maillard qui trouve la solution : la maison mère des Frères prieurs, dont le frère intendant est un de ses anciens camarades du grand séminaire.

Convaincre le frère intendant n'a rien que de très facile. Comme Léon, c'est un Alsacien. Et mieux, le religieux va mettre sur pied une première rencontre entre Léon, Vincent et le père Lochard. Ainsi l'immeuble des Frères prieurs devient-il la mémoire de Bucéphale. Léon s'y rend très régulièrement. Vincent moins, mais, signe du destin, c'est aujourd'hui le cas.

L'avocat ne dédaigne pas les rencontres avec le père Lochard. Lochard qui a trouvé la solution au dilemme de Plantel. L'homme d'Église a recueilli le témoignage du cambrioleur-résistant, avec promesse solennelle de le rendre public après guerre, si le double jeu au sein de la bande à Gautremont virait au drame.

– Mon fils, accepteriez-vous de rencontrer un homme qui n'a jamais tué de ses propres mains, qui n'a même jamais tenu une arme mais qui peut, j'ai été officier, faire mille fois pire ? lance le religieux à l'issue d'un long moment de silence partagé.

– Tout nouveau contact nous est précieux, mon père.

D'un pas lent, Lochard se dirige vers la porte, l'ouvre, désigne un escalier en colimaçon.

– Nous descendons à la salle de réserve, explique-t-il.

La salle de réserve de la bibliothèque, c'est le trésor caché de l'ordre. Un antre rempli de manuscrits séculaires entassés sur des rayonnages poussiéreux. Éminence grise du cardinal de Richelieu, le père Joseph du Tremblay y noua, dit-on, les fils de nombreuses intrigues. Mais les Frères prieurs n'ont hérité du lieu, de ses mystères et de ses incunables que beaucoup plus tard.

Lochard tourne le commutateur électrique, faisant naître une lueur jaunâtre.

– Frère Richard, intime-t-il, autoritaire, allez me chercher Antoine…

Un israélite, a d'abord pensé Noroit. Pour eux, quelle meilleure adresse que la maison mère des Frères prieurs ? Mais le jeune homme qui fait irruption sur les pas du frère Richard ne ressemble en rien aux malheureux que Vincent croise dans les corridors à chacune de ses visites. Cheveux bouclés, yeux sombres et teint mat trahissent leur propriétaire : un Méditerranéen, espagnol probablement.

– Antoine, vous l'avez deviné, ne s'appelle pas Antoine mais Antonio, confirme le père Lochard.

– Mon fils, ajoute-t-il, il a beaucoup de choses à vous raconter.

L'inconnu sourit un peu tristement. On sent le fils de la bonne bourgeoisie madrilène... non, de l'aristocratie plutôt.

– *Padre* Lochard m'a dit de vous faire confiance comme à lui-même, *señor*. Je ne vous cacherai donc rien, attaque l'inconnu dont le français est impeccable mais l'accent très marqué. Je tairai mon nom de famille. Sachez quand même qu'il est très connu chez nous. Mon oncle a été l'un des artisans du *pronunciamiento* de juillet 1936. Officier de carrière, il fait aujourd'hui partie de l'entourage direct du général Franco. Mon père, diplomate et démocrate, a pris le parti inverse. Moi aussi. J'étais étudiant en dernière année de mathématiques supérieures à l'université de Madrid, celle-là même que les combats de la guerre civile ont en partie détruite.

« Je demande le privilège de servir dans l'armée républicaine ; on me le refuse... trop précieux pour mourir, paraît-il. Je me retrouve à l'état-major comme spécialiste des questions de logistique : approvisionnement des combattants en armes, en munitions et en nourriture. Des plans méticuleux qui, compte tenu du désordre régnant, ne servaient à rien.

« Inutile de refaire l'histoire de la république, soupire le jeune homme. À mon corps défendant, je suis mêlé aux négociation secrètes de la dernière heure entre le général Casado et les émissaires franquistes. Son quartier général est installé dans une demeure domaniale délabrée de Barajas, près de Madrid – admirable métaphore pour la vieille Espagne en voie de disparition. Comme je parle aussi l'anglais couramment, on me bombarde interprète pour une discussion entre Casado et l'officier de liaison britannique. Il est question d'arrêter les chefs communistes. La clémence de Franco serait à ce prix. Le sang espagnol n'a que trop coulé. Même les anarchistes sont d'accord, paraît-il…

– Tout cela était malheureusement assez exact, l'interrompt Noroit, qui n'ignore pas grand-chose de la fin sans gloire de la République espagnole.

Antonio se cabre.

– Peut-être, mais il y a la manière. Tout juste si le capitaine anglais ne distribuait pas ses ordres ; j'étais écœuré. Partout les franquistes avançaient. Je ne les ai pas attendus.

Le jeune homme se penche, baissant le ton comme s'il craignait encore quelque oreille indiscrète.

– La Catalogne, puis la frontière. J'erre aux alentours de Perpignan sans un centime en poche quand vos gendarmes m'arrêtent. D'abord, on m'interne à Argelès-sur-Mer, où je retrouve beaucoup de mes camarades républicains. Anarchistes, communistes et POUMistes se rejettent mutuellement la responsabilité de la victoire de Franco. Je transite par Gurs et, pour finir, j'échoue à Rieucros, en Lozère. J'y fête mon anniversaire. Le surlendemain, le commandant du camp me fait convoquer…

À nouveau hésitant, Antonio se tourne vers le père Lochard. D'un hochement de tête, celui-ci l'encourage à continuer. Docile, l'Espagnol s'exécute :

– Le commandant me laisse en tête-à-tête avec un officier de votre Service de renseignements. On cherche des mathématiciens pour une mission secrète, il n'a pas le droit de me dire laquelle. Je peux seulement savoir que cette mission ultra-confidentielle entre dans le cadre de la lutte contre l'Allemagne nazie.

– Et vous acceptez ?

– Hitler est mon ennemi autant que Franco. Plus même, à

l'heure actuelle, puisque sans défaite d'Hitler, pas de renversement de Franco possible. Et même si l'accueil de la France n'a pas été très… chaleureux – j'ai encore dans les narines l'odeur de vos camps –, je me sens tout de même proche des Français.

– Ces camps n'étaient pas les miens, vous savez. Donc, vous dites oui…

– Et me voilà à cinquante kilomètres au nord-est de Paris, au château des Vignolles, une vieille bâtisse du XIXe siècle. Nom de code : « PC Bruno. »

– Inconnu au bataillon…

– C'était tout ce qu'il y a de plus secret. À l'exception du père Lochard, vous êtes la première personne à qui j'en parle. Nous vivions dans ce bâtiment, au fond d'un parc clôturé. Interdiction de se rendre à l'extérieur ou de parler à des civils. Interdiction de parler aux militaires aussi. Interdiction de tout.

– Nous ?

– Des officiers français plus cinq de mes compatriotes, tous républicains, tous matheux comme moi. Après l'écrasement de la Pologne, un capitaine britannique s'est installé sur place. Une fois ou deux, il a laissé des documents *top secret* à portée de mes yeux.

– Autrement dit, vous avez appris des choses que vous n'aviez pas à apprendre…

Le grand sourire d'Antonio fait ressortir cette fossette sur la joue qui donne au jeune homme l'air encore plus gamin.

– C'est très utile d'être polyglotte. Je tends l'oreille, je capte quelques phrases au vol, j'épluche les papiers qui traînent. En bon mathématicien, j'additionne ensuite deux et deux. Et naturellement, ça me donne quatre.

– C'est-à-dire ?

– Un secret qui me pèse très fort sur les épaules car le sort de la guerre pourrait peut-être bien en dépendre…

Vincent avale sa salive. Ce fardeau si lourd, tient-il vraiment à le partager ? Mais déjà, Antonio reprend le fil de ses révélations :

– Pour crypter les communications de la Wehrmacht et de la Kriegsmarine, les Allemands ont adapté un système de codage commercial des années vingt, Énigma. On dirait une machine à écrire, sauf que celle-ci est munie de tambours interchangeables et réglables… Connaissez-vous quelque chose aux problèmes de codage-décodage ?

L'avocat se voit contraint d'avouer son ignorance.

– Disons qu'en tant qu'officier de réserve, j'ai quelques vagues notions. Pas assez, hélas. Notre organisation est trop inexpérimentée pour disposer d'un service de chiffrement ; nous rédigeons nos rapports en clair et nos messages sont cryptés de manière rudimentaire.

– Essayons de simplifier. Grâce à ces tambours et à des clefs de chiffrement régulièrement changées par mesure de sécurité, n'importe quel texte tapé en clair sur la machine Énigma en sort modifié de A à Z et parfaitement incompréhensible. Un ensemble de lettres dans un ordre d'apparence aléatoire qu'on peut recopier et transmettre sans danger.

– Mais pas si arbitraire que ça.

– Pas arbitraire du tout. Celui qui dispose des clefs de chiffrement et d'une machine analogue au détail près – nombre et disposition des tambours, par exemple – peut récupérer le texte sous sa forme d'origine. C'est le cas de l'armée allemande. Les messages radio moulinés au préalable par une unité Énigma repassent en bout de ligne par une machine similaire puis ressortent en clair. Rapide et efficace. Au PC Bruno, nous recevions certains messages allemands interceptés par les services français d'écoute. À nous de les décrypter.

– Mais comment pouviez-vous faire ?

– Juste avant la défaite française, nous étions parvenus à quelques résultats palpables. Le secret est là.

– Vous voulez dire que…

– Que les Alliés disposent à l'heure actuelle de moyens techniques et mathématiques permettant de décrypter une partie des messages Énigma.

– Vous en êtes certain ?

Antonio hausse les épaules.

– À 99,99 % ! Mais au moment de la débâcle, le PC Bruno a été dissous. On m'a planqué sous une fausse identité. Par un mauvais concours de circonstances, je perds une première fois le contact. Fin octobre dernier, je finis par reprendre langue. On doit me faire passer clandestinement en Angleterre. Et puis les événements d'Alger… le débarquement américain… l'invasion de la zone non occupée par la Wehrmacht. Personne au rendez-vous fixé. Me voilà seul à nouveau. Un prêtre espagnol me fait rencontrer le père Lochard. Lui me parle de vous, et de fil en aiguille…

Le ton de sa voix se fait presque suppliant :

– Vous êtes mon seul espoir de traverser la Manche. Je dois aller en Angleterre au plus vite.

– Je comprends…

– Ne vous fiez pas aux apparences, elles sont aussi trompeuses que d'habitude – et c'est un spécialiste du calcul de probabilités qui vous l'assure ! Il ne s'agit pas de sauver ma peau, mais c'est en Angleterre que je serai vraiment utile à notre cause commune. Si le déchiffrement d'Énigma se poursuit comme je l'espère, on a besoin de moi là-bas. Qu'un républicain espagnol contribue efficacement à la défaite des puissances de l'Axe, ce ne serait que justice après tout.

Col de manteau relevé, Noroit marche sur l'avenue, remâchant son entretien avec le père Lochard et Antonio. Des gouttes de pluie maculent son feutre gris perle, qui s'assombrit à vue d'œil. L'avocat se sent tout petit. L'énorme secret dont il se trouve désormais détenteur par l'injuste hasard du calendrier (pourquoi lui aujourd'hui et pas Léon ?) pèse déjà un poids insupportable. La tête lui tourne. Que les Allemands viennent à être informés de l'ampleur des connaissances alliées sur leur machine à crypter, et les conséquences de cette révélation seraient dramatiques. Irrémédiables peut-être. Alors, la peur le saisit. Pas celle de mourir, non. Celle, plutôt, de devenir l'homme qui, pris, torturé, brisé, anéanti, pourrait livrer un jour à Berlin cette pièce capitale du grand puzzle de la guerre mondiale : Londres peut lire une partie des messages les plus confidentiels du IIIe Reich.

Le père Lochard, Antonio et Noroit ont déjà tranché un point essentiel. Par mesure de sécurité, Léon doit connaître le moins de détails possible sur Énigma, son déchiffrement et le rôle exact d'Antonio. Bien sûr, on le mettra au courant de l'existence du républicain espagnol, en insistant même sur l'urgence de faire passer le jeune homme à Londres. Mais sans aller plus loin dans les explications. À quoi bon faire partager inutilement à l'assureur un fardeau déjà si lourd pour eux trois ? Hiégel en sait déjà assez long sur les activités de Bucéphale en général et du père Lochard en particulier. Cet aspect ultra-secret du travail de l'organisation lui sera au moins épargné…

En principe, la mesure de prudence devrait s'étendre à Hélène. Mais cloisonnement oblige, cette dernière ne connaît pas l'identité du père Lochard (pseudonyme : Héphaïstos), comme elle ignore les références de la maison des Frères prieurs (nom de code : Atlantide). Faut-il la mettre au courant ? Non si l'on se réfère aux règles de la clandestinité. Mais que pèsent ces règles quand on brûle d'envie de tout partager ?

Le doute assaille Vincent. Il a pris soin de cacher au jeune Espagnol la précarité des contacts de l'organisation Bucéphale avec le service secret du général de Gaulle. Longtemps au point mort après la fin tragique de Glumert en juillet dernier, ceux-ci prennent enfin tournure. Un rendez-vous est prévu la semaine prochaine, à un échelon élevé cette fois. S'il a bien lieu, quel meilleur moyen de mettre sur pied l'exfiltration d'Antonio vers l'Angleterre ? Certain de la valeur du jeune républicain d'Espagne sur le marché du renseignement, Noroit estime que son arrivée en Grande-Bretagne doit profiter aux Français d'abord. Une monnaie d'échange avec les Britanniques dans ce donnant-donnant interallié de Londres et d'Alger d'où proviennent, source d'inquiétude supplémentaire, une foule de rumeurs. La rivalité franco-française entre les deux généraux, de Gaulle et Giraud, serait à son comble…

Chapitre 15

Mars 1943

L'agent de liaison, une jeune fille rondelette, souriante sous son fichu bleu roi, est venue les prendre à l'endroit convenu. Elle les a baladés entre rues et avenues avant de s'arrêter devant cet immeuble en pierre de taille du 7e arrondissement.

– Suivez-moi, dit-elle d'une voix haut perchée.

Hélène et Vincent lui emboîtent le pas. Le trio traverse une première cour pavée. Sous le porche, l'agent de liaison tourne à gauche avant de pousser une porte vitrée marquée de la lettre « B ». Au troisième étage, elle tambourine sur un rythme convenu à une autre porte, en bois cette fois, celle d'un appartement dont la plaque de cuivre au nom des occupants a été retirée. Une deuxième femme un peu plus âgée, vingt-six ou vingt-huit ans, ouvre. Le temps qu'Hélène remarque son rouge à lèvres très vif et l'étonnante mobilité de ses yeux marron, et elle leur a déjà fait signe d'entrer. Ses jambes sont superbes, son allure très décontractée.

L'appartement est vaste, cossu, meublé dans le style années vingt. Dans le hall, une écharpe de soie blanche immaculée tranche sur le bleu marine et le gris sombre des deux manteaux d'homme qui pendent aux courbes biscornues de la patère en bronze. Le salon dégage une fine odeur de tabac anglais. Deux hommes se lèvent pour les accueillir. Le premier, blond déjà dégarni, le regard clair, le teint pâle, s'incline avec la souplesse un peu raide des gens bien nés. Il se présente :

– Antoine.

Sourde, nette, tranchante, la voix trahit l'homme de détails précis, coutumier des rapports de forces.

– Hervé, assure tout aussi hypocritement le second, mince et très brun, les yeux pétillants de malice. Et là, stupéfaction de Noroit devant cette voix familière qui le renvoie à son propre passé. Ce morceau de vif-argent bourré de charme et de séduction, il vient de le reconnaître, et pour cause : « Hervé » n'est autre que le journaliste Pierre Brossolette.

Au temps du Comité de vigilance des intellectuels antifascistes, le futur dirigeant de l'organisation Bucéphale a croisé ce redoutable bretteur de la plume et du verbe, figure de proue des socialistes hostile à toute reculade supplémentaire devant Hitler, Mussolini ou Franco.

Hervé a-t-il identifié son interlocuteur d'aujourd'hui ? Non de toute évidence. C'est vrai qu'au contraire de celui du journaliste, le physique de Noroit a bien changé depuis ce temps où il n'était qu'un pion beaucoup plus modeste, insignifiant presque, sur l'échiquier antifasciste. Encore qu'à y regarder de plus près, on s'aperçoive que Brossolette a soigneusement contrefait son visage en coupe-vent...

« Où est donc passée cette mèche blanche si caractéristique au-dessus du front ? Mais non, que je suis bête, elle est teinte en noir, ses cheveux sont coupés en brosse... il porte une moustache, des lunettes... le front paraît soucieux... c'est sa voix si chaleureuse qui le trahit, quand on l'a entendue une fois, impossible de l'oublier », songe l'avocat, bien embêté tout de même de tomber une nouvelle fois par hasard sur un secret important.

On serre poliment les mains, et chacun s'assoit tandis que l'hôtesse et l'agent de liaison, toutes deux militantes de l'Organisation civile et militaire, le mouvement de résistance le plus important ici en zone Nord hormis la galaxie communiste, s'éclipsent vers la cuisine où elles pourront discuter librement de leurs propres affaires.

Côté Bucéphale, Hélène a déjà pris l'initiative des présentations.

– Je suis Pénélope, et mon camarade s'appelle Hélios.

– On est porté sur l'Antiquité, chez vous ! raille Brossolette.

Noroit résiste à la tentation de lui rétorquer que son interlocuteur l'est plus encore. Au concours d'entrée à l'École normale supérieure de la rue d'Ulm, Brossolette avait en effet choisi l'épreuve de version grecque. Plus tard, pour l'agrégation, on le vit jeter son dévolu sur l'histoire romaine. Autant de détails que Vincent a appris de la bouche même de son propre père, inconditionnel de cet intellectuel surdoué. On ne devait pas entendre une mouche voler à l'instant où monsieur le professeur en retraite Noroit, fier partisan du Front popu, savourait la chronique quotidienne de politique étrangère de son ancien étudiant sur les ondes nationales du Radio-journal de France.

Derrière ses lunettes à verres blancs, Brossolette semble guetter quelque réminiscence sur le visage de Vincent. L'aurait-il reconnu, cette fois ? C'est toujours non. On dirait plutôt qu'il cherche, ne trouve pas et en est vaguement irrité.

Hélène aussi est irritée. La jeune femme n'apprécie guère l'humour acide d'Hervé, qui fait de lui-même son pire ennemi :

– On est surtout porté sur l'action pratique. Vous savez comment Aristide, votre camarade du BCRA, a trouvé la mort voilà déjà six mois. Il se trouve que j'ai assisté à son arrestation. Trente petites secondes de retard m'ont sauvé la mise. Par chance encore, je suis parvenue à m'enfuir.

Au souvenir de sa première rencontre avec Sophie, désormais l'une des meilleures informatrices de l'organisation Bucéphale, un bref sourire illumine son visage. Mais s'ils l'ont remarqué, Passy comme Brossolette, sous le charme, n'en soufflent mot et la laissent poursuivre :

– Ceux qui ont pris Aristide appartiennent à la police franco-allemande de l'avenue des Ternes, dite aussi PEFA ou bande à Gautremont, une filiale locale de l'Abwehr composée de voyous et de repris de justice. Ces hommes agissaient en l'occurrence sur la foi de renseignements assez précis. Nous l'avons appris par une source on ne peut plus fiable.

« Plantel, qu'Hélène ne connaît que sous son nom de code d'Électrion et qui nous renseigne sur Gautremont. Brossolette, l'ancien élève de mon père que tout le monde connaît à Paris mais qui ne me reconnaît même pas… Ce soi-disant Antoine, dont je sais très bien qu'il se fait appeler Passy et porte un autre nom… Hélène que j'aime, qui m'aime mais refuse de mêler les sentiments et le travail ! Notre guerre est une guerre de fous », songe Noroit.

Sa compagne s'explique, un peu accusatrice :

– À Paris, on parle beaucoup, les Boches en profitent. La mission Aristide faisait l'objet de bavardages continuels au sein des mouvements de résistance…

– Vous voulez dire… tente de l'interrompre Passy.

– Que l'Abwehr et la bande à Gautremont en savaient beaucoup sur son compte. Sans doute escomptaient-ils le retourner. Si le malheureux n'avait pas mis fin à ses jours, on se serait probablement servi de lui pour infiltrer votre service. Ces gens-là savent y faire.

Les deux responsables au sommet du BCRA (Passy *alias* « Antoine », *alias* « Arquebuse », de son vrai nom André Dewavrin, polytechnicien promotion 1932-1933 et ancien professeur adjoint de fortifications à l'école militaire de Saint-Cyr, en est le chef, et Brossolette, donc, pseudos « Hervé » ou « Brumaire », le numéro deux et le véritable cerveau politique du service secret gaulliste) échangent un regard de connivence. Leur service secret l'a échappé belle.

Belle aussi cette résistante qu'admirateurs l'un comme l'autre du sexe féminin, ils considèrent à présent avec d'autres yeux. Déjà intéressante dans le cadre de la mission Arquebuse-Brumaire de séparation entre les activités de renseignement proprement dites et l'action au sein des mouvements de résistance et de réorganisation générale des réseaux, cette rencontre avec les représentants de Bucéphale tient désormais plus que ses promesses. Et Passy se remémore, mi-figue, mi-raisin, ce jour où, peu avant son départ de Londres, le général de Gaulle s'est soudain penché vers lui pour lui dire :

– Dewavrin, il existe en France une organisation clandestine baptisée Bucéphale que dirige, entre autres, une jeune veuve de guerre, Hélène La Granière. Cette organisation fait de l'excellent travail sans possibilité de nous en faire parvenir les fruits. Comme d'habitude, les Anglais promettent monts et merveilles pour mettre la main sur cette précieuse source de renseignements.

– Mais le BCRA a déjà tenté de contacter l'organisation Bucéphale, s'est défendu Passy.

– En vain, a poursuivi le général, et je n'ignore pas que nous avons perdu un homme dans l'affaire. Eh bien, puisque vous vous rendez à Paris pour y rejoindre votre ami Brossolette-Brumaire, mon cher... Arquebuse, mettez donc votre mission à profit pour rencontrer cette dame La Granière et ses amis.

« Pendant que vous y serez, ramenez-les ici dès que possible ; voilà de braves gens dont je tiens à faire la connaissance, a conclu, patelin, le chef de la France libre.

Passy en est resté pantois. Le général en savait donc plus que lui, le patron de ses services secrets. De quoi se sentir atteint dans son amour-propre professionnel.

– Cela fait déjà un certain temps que vous souhaitiez nous rencontrer, toussote Brossolette. Un geste dégagé indique qu'il cherche à relancer une conversation qu'il a fait dévier par son goût maladif des mots d'esprit. Ces plaisanteries plus ou moins bien à propos, l'ex-élève préféré du professeur Noroit se les reproche quelquefois, mais c'est plus fort que lui, il n'en rate jamais une. Tant pis, on ne se refait pas...

Son regard noir, presque charbonneux sous les sourcils fournis, scrute à nouveau Vincent sans discerner, là encore, ce que ce visage en principe inconnu lui rappelle de vaguement familier – chez les Noroit, l'air de famille n'a jamais été très prononcé, et le temps du Comité des intellectuels antifascistes est déjà loin. Comme attirés par un aimant, les yeux de Brossolette reviennent d'ailleurs très vite se poser sur Hélène :

– Vous disposeriez, dit-on, d'une filière d'introduction personnelle auprès de De Gaulle. Du diable si j'y comprends quelque chose. Le général est très à cheval sur les principes et, pour le coup, c'est lui qui nous a donné l'ordre de brûler les étapes. Tant mieux, d'ailleurs, j'en conviens, après l'affreuse expérience d'Aristide et ce que vous venez de nous révéler à ce sujet…

– Tant mieux, oui, reprend Noroit. Dans le doute, il se garde de donner la moindre indication sur les rapports d'Hélène avec le professeur Swierczewski. Ce jeu de cache-cache permanent a quelque chose de démoralisant, mais comment agir autrement ? Ici, c'est la sécurité qui prime.

– Nous ne sommes pas fâchés que ce jour soit enfin venu, insiste l'avocat. Avant le « biais » que vous évoquez et qui s'est enfin révélé productif, nous en avions essayé deux autres. Par l'entremise d'un membre de notre organisation, ancien militant d'extrême gauche, Pénélope a pu mener une discussion approfondie avec un représentant du parti communiste. Mais son délégué, un certain Léon, semblait surtout désireux d'absorber notre organisation au sein du Front national. Nous n'avons pas donné suite. Un de nos camarades et moi-même entretenons de notre côté des relations épisodiques avec un officier du SOE anglais, le major Gibson. Malheureusement, celles-ci paraissent à sens unique. Nous avons fourni quantité de renseignements à Gibson, Pénélope a assuré le passage en Espagne d'un pilote écossais du SOE, mais lui ne nous a jamais donné le contact que nous espérions avec le BCRA. Sont-ils tous aussi excentriques, à l'Intelligence Service ? Parce que celui-là…

– Nous n'ignorons ni l'appétit des communistes, ni l'usage qu'ils font de cet attrape-tout de Front national, glisse Passy d'un air entendu. Un de nos meilleurs chefs de réseau dont vous me permettrez de garder l'identité secrète entretient des liens réguliers avec Léon. La question est, disons, d'ordre politique beaucoup plus que technique et vous avez eu tout à fait raison de rester prudent. Dans votre cas, mieux valait garder vos distances.

« La décision n'a pas été facile à prendre, se souvient Vincent. Hélène était pour maintenir les liens au cas où, Théodore la suivait comme toujours tandis qu'Émile et moi étions contre. »

– Nous avons aussi entendu parler du style très… personnel du major Gibson, surenchérit Brossolette. À notre demande expresse, ses chefs, lui ont d'ailleurs conseillé de faire preuve d'une moindre… effervescence.

– Je confirme, conclut Passy.

Rien de plus vrai : dans la nuit du 26 au 27 février, le chef du BCRA a été parachuté en compagnie d'un capitaine de la section RF du Corps des ouvriers serruriers, Forest Frederick Edward Yeo-Thomas. Francophone et francophile, cet ancien dirigeant de la maison parisienne de haute couture Molyneux assure une mission parallèle à celle des deux gaullistes. Celle-ci comporte un contrôle plus strict des activités débridées de Gibson. À Orchard Court, on aime bien McNeill, mais on s'en méfie. Précieux mais difficile à manier, l'amateur de courses hippiques est du bois dont on fait les héros… et quelquefois les traîtres tant ils se plaisent à manipuler les uns et les autres.

– Effervescent, je ne vous le fais pas dire, reprend Vincent. Et sympathique avec ça ! Gravite autour de lui une petite bande de jeunes hurluberlus qui font profession de détester les Boches, d'adorer le jazz et l'Amérique. Ils ont des cheveux longs gominés, des pantalons trop larges et des vestes à carreaux trop étroites. Entre eux, ils s'appellent les « zazous ». Je n'ai qu'une confiance relative en Gibson. Mes camarades et moi avons donc décidé de tenir cet adepte des envolées musicales syncopées à l'écart de notre dernier contact en date…

L'avocat cherche ses mots. C'est le destin qui a tranché. Hélène et Vincent s'étant chargés d'assurer la rencontre avec les deux responsables du BCRA, la jeune femme ne pouvait plus ignorer l'existence d'Antonio. Quelques heures avant, Hélios a donc informé Pénélope de son entretien avec le mathématicien espagnol et de l'enjeu considérable que celui-ci représente. Enjeu dont les chefs du BCRA, captivés, apprécient désormais toute l'importance.

– Mais c'est de l'or en barre, votre type ! s'emballe Brossolette, délaissant son ironie coutumière.

– Voulez-vous nous excuser un petit instant ?

Sans attendre la réponse, Passy se lève, prend son adjoint par l'épaule, l'entraîne vers la fenêtre pour une messe basse dont Noroit, doté par la nature d'une ouïe extraordinairement fine, parvient à capter quelques échos révélateurs :

– Doit-on mettre Rex dans le coup ?

– Rex veut accaparer trop de choses. Cette affaire-là n'est pas de son ressort, c'est du renseignement. Ça concerne uniquement le BCRA et les Anglais.

– Et Manuel ?

– Donnons-nous le temps d'accorder nos violons. On le mettra au courant, mais pas tout de suite. À Londres seulement…

Au sein du mouvement gaulliste, les rivalités battent leur plein. Pressentant quelque querelle de chefs compréhensible des seuls initiés, l'avocat s'en trouve démoralisé. Comme si on avait que ça à penser, ici, sur le terrain…

Passy et Brossolette reviennent vers leurs interlocuteurs.

– Pardon de cet aparté un peu discourtois, mais vous avez mis le doigt sur quelque chose de très important, explique le chef du BCRA. Voilà qui nous oblige à réviser légèrement nos plans. La qualité des rapports transmis par la voie, je dirais « bêta-Monge », a attiré notre attention sur votre réseau – nous utilisons systématiquement ce vocable pour distinguer les structures de renseignement des mouvements, plus généralistes et moins spécialisés. C'est du bon travail. À preuve, ce que vous venez de nous raconter. Tout à l'heure, nous allons aborder de façon succincte les modalités de notre action commune, mais cela ne sera pas suffisant. Pour traiter de tels problèmes avec le recul nécessaire, nous suggérons – c'est d'ailleurs le vœu du général de Gaulle lui-même – qu'un représentant qualifié de votre réseau…

Se tournant soudain vers Hélène, il se ravise :

– … et mieux, vous deux, puisque nous nous connaissons désormais, vous fassiez le voyage de Londres. Est-ce possible ? Êtes-vous d'accord ?

Pour s'être concertés à l'avance sur cette question prévisible, Pénélope et Hélios acquiescent aussitôt. Noroit croit bon d'ajouter maladroitement :

– Ce serait l'occasion de faire le point ensemble sur les rumeurs qui courent à propos de Giraud et de De Gaulle. Ici, à la base, on ne comprend pas pourquoi les deux généraux ne parviennent pas à s'entendre. Pourquoi diable restent-ils chacun de leur côté ?

Au seul nom de Giraud, Brossolette a bondi sur son fauteuil. Et s'il garde mieux son calme, Passy ne cache pas son agacement.

« J'aurais mieux fait de tenir ma langue », réalise Noroit, atterré par ce qu'il pressent, là encore, de leurs divisions.

– Giraud, pas question ! tranche Brossolette.

Déjà, d'autres résistants et non des moindres comme le colonel Touny, patron de cette même Organisation civile et militaire qui fournit le lieu de la rencontre d'aujourd'hui, lui ont fait part de leur préoccupation devant « la guerre des deux généraux ». Mais Passy, plus diplomate, tue dans l'œuf l'exorde anti-giraudiste prêt à se déverser.

– N'entrons pas dans cette histoire compliquée, nous n'en avons pas le temps. Il y a bien un problème, Hélios, et vous le comprendrez mieux lors de votre voyage à Londres. Car vous irez, j'espère.

– C'est entendu.

– Et vous aussi, Pénélope ?

– Nous n'en avons pas encore discuté, mais je pense que oui…

– Voilà une affaire réglée, conclut, satisfait, le chef du BCRA, qui garde toujours en mémoire le vœu pressant du général : Hélène La Granière et ses amis dès que possible dans la capitale britannique.

– J'ai une deuxième question à vous poser, poursuit-il. Compte tenu de l'importance de votre nouvelle recrue, nous voilà contraints de faire d'elle une priorité absolue. En cas d'accord de votre part, vous deviez être du prochain voyage. Acceptez-vous de différer un peu ce départ et de céder provisoirement la place à votre ami espagnol ? La vacation suivante, je vous le promets, sera réservée exclusivement à Bucéphale. On me considère généralement comme un homme qui tient ses promesses.

Nouveau coup d'œil rapide entre Hélène et Vincent, nouvelle réponse positive :

– Sans hésiter, oui.

Tandis que Passy, en bon polytechnicien, passe au point suivant : la réorganisation des réseaux et la place de Bucéphale dans cet ensemble, Noroit, la tête ailleurs, n'écoute que d'une oreille distraite. Hélène et lui feront donc ensemble le voyage de Londres.

Chapitre 16

Avril 1943

On approche les 2 heures du matin. À la tombée de la nuit, l'air s'est chargé d'humidité. Depuis, tout le monde claque des dents.

– Pas vu la pluie depuis trois jours, la lune est claire, les nuages très léger et le terrain, quasi sec, lâche de sa belle voix grave le responsable des opérations aériennes, un garçon maigre comme un clou aux longs cheveux bruns ébouriffés. J'ai éprouvé moi-même la résistance du sol. Bien assez ferme pour y poser un Lysander. Le Hudson, je ne dis pas, huit tonnes de charge sur les roues principales ! Mais un des Lysander, si. Il leur faut à peine deux cents mètres pour atterrir, et à vide, ils pèsent même pas deux tonnes…

– On fera aller, on fait toujours aller, ajoute-t-il, rassurant. Mes gars et moi nous n'avons jamais connu d'échec. Ce soir ça va marcher au quart de poil comme d'habitude. Les pilotes anglais sont vraiment des as…

Blériot, c'est son nom de guerre, hommage au pionnier de l'aviation française, porte, comme les trois autres membres de son équipe, l'habituelle canadienne en toile renforcée de cuir dont il a relevé le col fourré aux formes arrondies. Un pantalon en flanelle sombre un peu usé, une écharpe écossaise et un béret bleu marine complètent sa tenue de travail.

Employé puis directeur adjoint d'un atelier de mécanique de précision, le résistant appartenait avant-guerre, comme des milliers de jeunes gens de son âge, à un club d'aviation populaire. En septembre 1939, titulaire d'une vingtaine d'heures de vol, on le mobilise logiquement dans l'armée de l'air. Au camp d'Avord, dans le Cher, un adjudant rescapé de la Grande Guerre initie la nouvelle recrue aux mystères de la navigation aérienne à bord d'un bombardier Farman 220 démodé avec sa cabine « cage à poules », sa voilure haute à haubans, ses quatre moteurs en tandem et son rayon d'action réduit. Début 1940, l'appareil est officiellement déclassé. Faute d'autres modèles disponibles, on continue néanmoins à s'en servir pour les opérations nocturnes. Vient la campagne de France. Les mécanos font des prodiges. On vole avec des bouts de ficelle, on s'en tire par miracle. Début juin, l'escadrille touche enfin des LeO 541, beaucoup plus modernes et aptes au bombardement de jour. Mais c'est déjà trop tard. En ces heures tragiques, Blériot aura appris son futur métier d'expert en affaires aériennes et conçu une amertume sans bornes à l'égard de chefs incapables de mener la guerre qu'il fallait.

En 1942, le jeune homme établit enfin le contact avec la Résistance. Il veut rejoindre les Forces aériennes françaises libres. On lui propose cet autre poste de combat, plus exposé encore. Il finit par accepter.

Blériot baisse les yeux. Ses chaussures à tige montante sont maculées de terre brunâtre. Il les brossera tout à l'heure à la ferme du père Froissart, qui fait office de base arrière des opérations aériennes pour toute la région.

Rude paysan décoré sur le front à deux reprises : en 1916 puis en 1918, Froissart, longtemps maréchaliste, s'est jeté dans la Résistance dès l'invasion de la zone nono. Depuis, ce grand gaillard aux joues bleuies met les bouchées aussi doubles que le canon de son fusil de chasse qu'on sait infaillible. À défaut de pouvoir redevenir le « tueur de Fritz » qu'il fut autrefois, c'est un traqueur de gibier sans égal dans la région. La mère Froissart soigne les candidats au départ comme des coqs en pâte et, avant le grand voyage aérien, les passagers en route pour le monde libre peuvent toujours se chauffer au coin de l'immense cheminée de la ferme.

Assurer la réception ou l'envoi en Angleterre des agents, quel boulot de tâcheron ! En six mois, Blériot et ses hommes ont répertorié une trentaine de terrains possibles. Le lieu doit être distant de plusieurs kilomètres des bases allemandes, bien sûr, mais aussi de la Milice dite « française », de plus en plus présente aux côtés ou plutôt derrière l'occupant, ainsi que des postes de police et de gendarmerie. Et mieux, éloigné de toute habitation non sympathisante où les bruits de moteur nocturnes ne manqueraient pas d'attirer l'attention.

Que d'heures passées à noter avec soin la nature du sol : prairie, terrain labouré, terrain hersé, terrain ensemencé, hauteur de l'herbe, densité des cailloux… Combien d'autres à enregistrer le type de cultures qu'on y pratique d'ordinaire : blé, orge, avoine, luzerne, betterave, seigle, trèfle. Perle des perles, le terrain plat, uni, dur à l'extrême, suffisamment long pour supporter le bimoteur Lockheed Hudson, un bombardier léger capable d'emporter dix personnes assises à même le plancher, dos appuyé aux structures métalliques du fuselage.

Ce pullman des opérations aériennes clandestines nécessite tout de même un rectangle d'un kilomètre et demi sur huit cents mètres. Souvent, on doit se contenter de son petit frère le Lysander, un monomoteur de reconnaissance et de sauvetage en mer, merveille de maniabilité que la Royal Air Force a allégé et modifié pour l'occasion. Deux, voire trois résistants peuvent loger sans le moindre confort dans l'arrière de l'habitacle, à la place d'un mitrailleur inutile dans ces opérations d'atterrissage et de décollage nocturnes plus proches de la partie de poker que du combat aérien codifié et normalisé.

L'oreille aux aguets, Blériot consulte son bracelet-montre. Le Lysander est en retard. Accident au décollage en Angleterre, en cours de route ou mise en pièces par la Flak, la redoutable DCA allemande ? Le responsable des opérations aériennes est, par force, un peu menteur. Pas question d'inquiéter ses « clients » par l'exposé des nombreux pépins possibles : le bruit de moteur trop lointain qui indique l'erreur de navigation du pilote ou, inversement, le balisage défaillant de l'équipe de réception française ; le terrain impraticable pour cause d'intempérie ; les trahisons ; les tirs ennemis. Encore moins de leur avouer que voilà quelques heures, il était sur le point de décréter la zone « inupro », inutilisable provisoirement. Dans la Résistance, on ne se dit jamais tout, et c'est sans doute mieux comme ça.

Il aime bien les clients de ce soir, Blériot. On ne voit pas souvent de femmes dans ce genre d'affaire, et celle-là est si belle. Le gars qui l'accompagne suscite la sympathie avec ses épaules larges, son nez cassé et son regard franc. Amants, lui a soufflé d'emblée son sixième sens, mais aucun geste de tendresse n'est venu confirmer cette intuition. Ça ne change rien au problème. Car son problème à lui, Blériot, c'est ce quelque chose qui s'entête à clocher. Pas d'avion, pas d'envol, et maintenant, le doute qui le saisit.

Un casse-tête, ce boulot des opérations aériennes. Croit-on avoir déniché le terrain d'atterrissage idéal ? Voilà que, telle une balafre, un sentier imprévu le coupe en deux, ou un coteau, un fossé, un chemin creux, une haie, un arbre, une grosse pierre, un bosquet, un monticule, un remblai ; que l'herbe y est trop haute, que la pente est mal orientée, l'axe d'atterrissage face aux vents dominants dans la région, le sol trop caillouteux ou trop sableux au contraire. Barbelés, clôtures, cheminées d'usine, fils électriques, hangars, châteaux d'eau, éoliennes, maisons, granges, constructions de toute sorte, les obstacles dressés par l'homme s'ajoutent aux obstacles naturels pour rendre inaccessibles les lieux les plus prometteurs. On cherche l'isolement, mais quelquefois, c'est lui qui complique la tâche : personnel trop peu nombreux ou trop peu sûr, voitures indisponibles, pénurie de carburant, gare trop éloignée.

Blériot se souvient des longues nuits de veille seul dans sa chambre à classer les terrains en terrains de parachutage, terrains Lysander, terrains Hudson ; à reporter leur position sur des cartes à quadrillage Lambert ; à indiquer les latitudes et les longitudes, l'orientation géographique, les distances en mètres sur le terrain par rapport à un point sur la carte, la hauteur des obstacles ; à désigner les superficies ; à définir les horaires ; à transmettre le résultat à l'opérateur radio de son service. Le BCRA et les Anglais s'occupent de la suite, la RAF photographiant de jour les terrains pour une ultime vérification. C'est au terme de ce long processus qu'un terrain obtient, ou non, l'homologation.

On voit tellement de choses dans les opérations aériennes...

Et on en entend tellement d'autres. Soudain, l'ouïe exercée du résistant lui permet de distinguer loin, très loin encore, un bruit de moteur. Ses muscles se relâchent. Un avion qui vole à cette heure-ci, c'est sûrement le bon. D'ailleurs, Blériot ne tarde pas à identifier le bruit caractéristique du Lysander.

– Le voilà, confirme-t-il à Vincent et à Hélène, qui commençaient à désespérer. Emmitouflée dans son manteau, un fichu bleu marine et gris sur la tête, la jeune femme se retient pour ne pas s'appuyer sur son compagnon. Le lieu et l'heure ne se prêtent il est vrai guère aux épanchements.

– Préviens les gars, lance Blériot à son adjoint Nestor, un costaud au long visage barré d'une épaisse moustache poivre et sel qui s'éloigne dans la nuit. Munis de lampes électriques à pile et placés en ligne droite à cent mètres de distance l'un de l'autre, cinq hommes du « comité de réception » vont, au signal, baliser la piste. Le Lysander tourne au-dessus d'eux, préparant son approche.

Blériot incline la tête vers Hélène et Vincent, sort une lampe de sa poche de canadienne. Le responsable des opérations aériennes en fait jaillir un éclair, puis deux, puis trois. Au troisième éclair, les hommes du comité de réception allument les leurs presque simultanément, dans la direction d'où provient le bruit du moteur d'avion. Pour aider le pilote à mieux distinguer la piste d'atterrissage.

Le Lysander perd de l'altitude, tourne une fois encore pour se présenter dans l'axe du terrain. Grosse ombre pataude avec son aile haute maintenue par deux entretoises, son réservoir supplémentaire collé sous le fuselage et ses roues carénées, il a tout de l'insecte annoncé par l'homme des opérations aériennes. Un scarabée géant qui vrombit, touche le sol avec un léger rebond puis roule le long de la piste improvisée avant de s'immobiliser, moteur tournant.

On leur a assez dit d'aller le plus vite possible. Sans attendre le signal de Blériot, les deux dirigeants de l'organisation Bucéphale courent vers l'appareil. La verrière du Lysander ouverte, une silhouette vêtue d'un pardessus dégringole les barreaux de l'échelle de bord latérale gauche, qui mène vers le sol.

– *Hurry up ! Hurry up ! Fraançais,* l'encourage le pilote dont Hélène a reconnu immédiatement l'inimitable accent. C'est Jerry ! À peine en Angleterre, le petit Écossais des Highlands, fidèle au poste de pilotage, aura donc repris du service juste à temps pour convoyer son ex-protectrice. Voilà qui promet de joyeuses retrouvailles...

Au pied de l'appareil, Blériot et deux de ses camarades réceptionnent le sac de courrier – vingt-cinq ou trente kilos – que le deuxième passager du Lysander leur lance avant de s'engager à son tour sur l'échelle.

– Bonsoir, laisse simplement tomber le premier arrivant dont on distingue à peine le visage aux traits anguleux. Hélène lui répond d'un sourire. Une silhouette de femme dans la nuit, peut-être est-ce la dernière image que l'homme conservera de son voyage à Londres. Et retour car ici, en France occupée, la mort le guette à tout moment.

– Courrier ! rappelle Blériot.

Noroit empoigne le lourd sac « Départ » contenant, entre autres, les rapports de son propre réseau au BCRA. Dans l'intervalle, le deuxième passager, petit mais corpulent, a posé le pied au sol, cédant sa place sur l'échelle à Hélène. La jeune femme grimpe prestement vers la carlingue, déjà encombrée d'un canot pneumatique gonflable, d'une combinaison fourrée et d'un parachute plié. Vincent lui emboîte le pas.

Pénélope enjambe le rebord de la carlingue, se hisse et se laisse tomber à l'intérieur, cognant violemment son genou droit sur la tôle de l'appareil – ça fera un beau bleu. Elle se redresse enfin pour tendre une, ou plutôt deux mains secourables à Hélios.

– Le sac d'abord, lâche l'avocat, essoufflé.

La mère de Petit Paul attrape le lourd bagage qu'elle jette au sol tandis que son compagnon saute dans la cabine.

– La verrière ! hurle Vincent pour couvrir le vacarme du moteur.

– Hein ?

– Le toit en Plexiglas, il faut le refermer !

Déjà, le Lysander roule sur l'herbe du terrain numéro 45, dont les inégalités le forcent à osciller, secouant ses passagers et son Écossais de pilote.

– Mission accomplie, une de plus, souffle Blériot, petite silhouette loin, très loin au bout de la piste.

Une bosse, un creux, une autre bosse. Les roues de l'appareil quittent le sol…

L'avion fonce dans la nuit. Hélène, assoupie, laisse reposer sa tête sur l'épaule de Vincent. Au gré des mouvements du Lysander, les cheveux de la jeune femme viennent caresser la joue de Noroit qui la contemple, merveilleusement belle, chaque fois qu'un rayon de lune vient éclairer ses traits paisibles empreints d'une confiance presque enfantine. Dans cet appareil ballotté par les courants d'air, les deux résistants sont mille fois plus en sécurité qu'à Paris, où l'étau se resserre chaque jour un peu plus sur l'organisation Bucéphale. Pas tout à fait deux ans d'existence, cela tient déjà du miracle…

Notre résistance, c'est avant tout une question de résistance physique et nerveuse, songe l'avocat. J'ai la chance de disposer d'une constitution robuste. Mais si c'était le contraire… qu'aurais-je fait en 1940 ? J'aurais craqué comme tant d'autres, peut-être. Et aujourd'hui, avec toute cette pression sur les épaules ? Et demain ? L'héroïsme n'existe pas. Ce qui compte, c'est la solidité. Heureusement, Léon, Théo, Yvonne et Émile, auxquels Hélène et lui ont confié les rênes de l'organisation avant ce départ pour l'Angleterre, en sont pourvus. Quoi qu'il arrive, ils feront ce qu'il faut.

Cramponné à son manche à balai dans la cabine de pilotage, Jerry jure comme un Écossais mal embouché. Un trou d'air vient encore de secouer son Lysander. Et bientôt, ce sera pire, la DCA côtière, avec ses sirènes d'alerte, ses projecteurs trouant l'obscurité complice et ses canons de 88. Ils tirent bien, ces salopards de Huns. L'homme des Highlands en sait quelque chose : deux fois abattu en vingt-deux missions pour l'escadrille spéciale des Corps des ouvriers serruriers ! Marrant de retrouver comme passagère cette Française qui l'a convoyé sans coup férir de Paris jusqu'à Bergerac. Joli visage, très belles jambes mais la fille, il le sent, est en main avec ce grand type carré, là, derrière. Au moment où le couple de résistants grimpait dans le Lysander, Jerry avait déjà tout deviné. Pour ce genre de choses, il a l'instinct… Comme pour la chasse au canard sauvage. Pas de pire terrain d'atterrissage que ses bonnes vieilles hautes terres d'Écosse, avec leurs torrents minuscules qui courent traîtreusement sous la bruyère ; leurs rocs jaillissant du sol en oblique ; leurs tourbières ; leur brume épaisse. Pas de plus beau pays aussi : un paradis. Ah, les petites rivières à truites…

– *The Hell !*

Nouvelle secousse. Tiré de sa rêverie au moment où il tenait au bout de sa canne un poisson aux écailles magnifiques, l'irascible Écossais laisse échapper une bordée de jurons supplémentaires. À l'arrière, Hélène ouvre les yeux, les écarquille. Elle aperçoit Vincent penché sur elle. Sourire lumineux :

– J'ai dormi longtemps ?

– Pas très.

– J'ai froid, réchauffe-moi.

Avec une douceur infinie, Vincent enveloppe de son bras droit l'épaule de sa compagne. Ce simple contact les électrise. Leurs visages se frôlent, leurs lèvres se joignent. Un long, très long baiser qui fait bouillonner leur sang.

À l'avant, Jerry a entonné une vieille chanson écossaise qui parle de gloire et de combats à la claymore, la longue épée des guerriers des hautes terres.

Ce soir, il se sent invincible. Il aime bien les amoureux, Jerry…

Au même instant à Paris, d'autres se livrent à des jeux sexuels dénués de sentimentalité. Tunique et chemise d'uniforme dégrafées, pantalon et slip retirés, jambes nues, sexe à demi raide à l'air et bouche pâteuse des multiples coupes de champagne déjà ingurgitées, Ulrich Kraus est entouré d'un essaim de quatre filles encore plus déshabillées que lui. Deux sont fines, assez jolies, très maquillées. Une troisième, vulgaire à souhait, exhibe une poitrine énorme et un fessier en proportion. La dernière a le style garçon. Garçonnet plutôt, compte tenu de son jeune âge, formes presque androgynes, seins plats et cheveux courts.

– Les Cheyennes baisent mieux que les grizzlis ; baise-moi, beau capitaine ! hurle la plus forte des quatre de sa voix grasse et provocante.

– Woo ! Woo ! les Cheyennes attaquent ! les Cheyennes sont montés comme des grizzlis ! les Cheyennes font jouir toutes les nanas ! reprennent les trois autres en chœur.

Pour ses ébats de ce soir, le capitaine a jeté son dévolu sur le « *tepee* », une fausse tente de Peaux-Rouges garnie de tapisseries multicolores rayées, de colliers de plumes d'aigle, d'arcs en bois sculpté, de carquois, de costumes en daim à franges, de masques aux peintures de guerre criardes et d'olisbos supposés provenir en droite ligne de tribus indiennes d'Amérique.

Au Kama-sutra, le bordel de luxe de l'avenue de Saxe, chaque salon particulier est décoré d'une manière différente. Ainsi les clients, officiers allemands, collaborateurs ou membres du gratin financier et industriel dans leur grande majorité, peuvent-ils assouvir leurs fantasmes les plus secrets. Kraus s'imagine déjà en grand manitou chevauchant les innombrables femelles de son harem. En matière de Far West, le capitaine ne possède, il est vrai, que des notions très vagues, mélange de son imaginaire érotico-exotique personnel et de quelques « indienneries » de Karl May, le romancier d'aventures favori du Führer. Et ce qui compte, après tout, c'est le plaisir. Depuis que Marinette s'est découvert on ne sait pourquoi des pudeurs inattendues, Ulrich éprouve un puissant besoin de compensation. Mais la résistance de la jeune femme fléchit déjà. Quelques bijoux supplémentaires et une nouvelle garde-robe suffiront peut-être à la vaincre…

Le manque d'ardeur de Marinette a beaucoup à voir avec celui d'Ulrich. Depuis un mois, l'officier, en proie à de graves soucis, éprouve des difficultés croissantes à trouver le chemin de l'érection. D'où cette visite nocturne au Kama-sutra, maison close grand chic dont la réputation n'est plus à faire. C'est Gautremont qui lui en a fourni l'adresse.

Gautremont, le voici justement qui pousse sans ménagement la porte du *tepee.*

– Tirez-vous, les filles, j'ai à parler au capitaine.

Rigolardes, les putes s'éparpillent, laissant voir ici un sein, là une cuisse, là une jarretelle, là une croupe bien cambrée ou au contraire, un fessier énorme. Elles disparaissent. Des plumes d'aigle mal attachées volent un peu partout dans la pièce. Les deux hommes restent face à face, Kraus assis, gêné, et Gautremont debout, sûr de lui.

– Pourquoi me dérangez-vous à cette heure, K 48 ? lance l'officier du ton mal assuré d'un homme avant tout soucieux de sauver la face.

– Parce que je n'ai pas pu vous trouver plus tôt, pardi ! réplique l'intrus qui, depuis peu, s'octroie des familiarités. Il y a une bonne raison à ce changement d'attitude. Et cette raison, Kraus ne l'ignore pas puisqu'elle fait partie d'un problème très personnel dont ses récentes pannes sexuelles avec Marinette sont, en quelque sorte, une conséquence.

Le capitaine a beau reboutonner le col de sa tunique dans l'espoir de se donner une contenance, il reste toujours aussi grotesque, bas du corps dénudé et jambes blanchâtres presque dépourvues de poils. Dans le plus simple appareil, la race supérieure n'a pas l'air si supérieure que ça... Conscient du ridicule, Kraus hésite à enfiler son slip et son pantalon avant de réaliser qu'à ce jeu, il s'humilierait encore plus.

– Que se passe-t-il de si urgent ? lui demande-t-il d'un ton rogue.

Gautremont sourit, découvrant ses dents d'animal de proie.

– Une bonne nouvelle, très bonne. Pour le réseau Bucéphale, nous tenons enfin un fil.

Kraus sursaute, laisse échapper un rot, rougit légèrement.

– Comment cela, un fil ? Expliquez-vous, Gautremont.

– Je devrais plutôt dire une car il s'agit d'une femme. Une de leurs informatrices que mes hommes ont chopée. La salope travaille au Comité d'organisation de l'aéronautique. Elle sort régulièrement des doubles de documents ou des notes de services recopiées de sa main. Mes gars l'ont un peu secouée.

– A-t-elle parlé ?

– Elle nous a donné les coordonnées de sa boîte aux lettres, la description de celle qui l'a recrutée – très belle femme paraît-il, très élégante. Il y a un autre type, aussi, genre titi parisien. Employé municipal ou quelque chose comme ça. C'est lui qui a établi le contact. Lisette le connaît de vue parce que son mari et elle appartenaient avant guerre à l'aile de gauche de la SFIO, section du 13e arrondissement, et le type aussi. Son nom, elle l'ignore, mais le prénom, c'est Émile. Et juif, par-dessus le marché...

Vaguement dégrisé, Kraus ricane.

– Un juif, tiens ! C'est encore mieux.

– Sauf si les gens du SD l'apprennent ! Alors, mon cher Ulrich, il va falloir faire vite.

Kraus s'étouffe, manque de crier que l'espionnage reste un métier de seigneurs ; que K 48 n'est qu'un de ses agents ; qu'il n'a pas le droit d'appeler comme ça, par son prénom, un officier de la Wehrmacht. Mais peut-on vraiment prétendre à des égards dignes d'un officier du grand Reich millénaire quand on est assis, comme lui, le sexe tout flasque pendant entre les cuisses, sur un lit de maison close couvert de colliers de plumes d'aigle et de sous-vêtements féminins ?

Pas du Karl May, ça, de l'Ulrich Kraus paumé, amoureux fou de sa Marinette et crevant de trouille à l'idée que ses chefs le rappellent à Berlin. Les types de la III-f, la section de contre-espionnage de l'Abwehr, l'ont déjà interrogé plusieurs fois, s'étonnant qu'un officier de son acabit, héritier des meilleures traditions militaires prussiennes, puisse posséder un frère aîné comme le sien.

Un frère… une honte, oui ! Car après Stalingrad, Hermann Kraus, l'héroïque combattant de la Wehrmacht, a jeté sa croix de fer aux orties. Prisonnier des Russes, l'ancien commandant des fusiliers de la 14e Panzer participe régulièrement à leurs émissions de propagande radiophonique. Sans cacher son identité ni ses responsabilités anciennes, il dénonce le Führer comme un fou furieux, appelle le peuple allemand à se débarrasser au plus tôt de la clique fasciste-nazie.

Un traître dans la famille Kraus… c'est la malédiction pour elle et une épée de Damoclès sur la tête de chacun de ses membres. Ulrich en particulier.

Les doigts pris d'un tremblement nerveux, le capitaine fixe son interlocuteur. Gautremont sait. Pas question, donc, de se brouiller avec lui. Kraus a compris qu'il doit marquer des points au plus vite sur le terrain de la répression. N'importe quoi, des imprimeries clandestines, des filières d'évasion. Des réseaux entiers, si possible, comme cette organisation Bucéphale qui nargue le service depuis trop longtemps. Le temps presse ; ce salaud de K 48 a bien raison.

– Vite, mais comment ?

– J'ai ma petite idée là-dessus. La fille est devenue très docile. On va la remettre en liberté, mais avant, on va lui mijoter un petit message au poil… elle a des renseignements de premier choix, elle doit rencontrer ses chefs rapidement… un responsable au moins… elle lui fixe un rendez-vous.

– Et on l'arrête ?

– On le prend plutôt en filature, et on remonte jusqu'à la tête du réseau. Cette belle femme, je tiens à la connaître. J'aime les belles femmes… comme vous, Ulrich.

Sur le fauteuil décoré de tapisseries indiennes, Kraus, mortifié, aperçoit son pantalon d'uniforme.

Dans le couloir, une fille nue s'éloigne à pas feutrés. Sophie, dite Ludmilla, n'a pas la moindre intention que le Boche et son copain français, ce sale type aux yeux glacés, comprennent qu'elle a entendu leur conversation.

Hélène avait raison : se faire embaucher au Kama-sutra, c'était vraiment une sacrée bonne idée.

CHAPITRE 17

Avril 1943

Le jeune homme en civil au complet veston croisé vient de se présenter comme le lieutenant Gobelin, du BCRA.

– Et voici le captain Mortimer, de l'armée britannique, ajoute-t-il. Nous sommes chargés de vous convoyer.

Le Français paraît bien petit en comparaison du colosse anglais aux épaisses moustaches et à l'uniforme impeccable qui s'incline légèrement, mais sans un mot, en signe de bienvenue.

– Avez-vous déjeuné convenablement ? s'enquiert Gobelin, toujours aussi jovial.

– Mais oui ! Ces gens sont charmants, répond Hélène.

– Les Giles ? Épatants. Henry a fait les Dardanelles en 1915 dans les Lancashire Fusiliers, et la bataille de la Somme comme sous-officier. Ann appartient à une famille de militaires. Ils ont un fils qui lutte contre les Japonais en Birmanie. Alors chaque voyageur qui passe est un peu leur enfant…

Le français de Mortimer semble se limiter à quelques grognements. L'officier n'en hoche pas moins la tête d'un air convaincu. Il a ses raisons. Propriétaires d'une auberge de campagne nichée à deux pas du terrain d'atterrissage de la Royal Air Force, les Giles, homme et femme de confiance des services spéciaux de Sa Majesté, ont réceptionné les deux arrivants du petit matin à grand renfort de thé brûlant, de biscuits, d'œufs pochés et de sourires amicaux.

Gobelin, un faux nom évidemment, pratique le couple depuis six mois. Il connaît l'œil exercé du couple d'aubergistes. Ann et Henry Giles ont le chic pour repérer l'infime détail qui, échappant aux « anges gardiens » du BCRA ou du SOE, trahirait raide comme balle son résistant de retour d'Angleterre. Et chaque fois que l'avion redécolle, il faudrait être aveugle pour ne pas remarquer leur regard qui se voile. Ces hommes souvent jeunes qui repartent au combat clandestin sur le continent occupé les font irrésistiblement penser à Peter. Ils l'ont su par l'indiscrétion peut-être volontaire de Mortimer, leur fils a été versé dans les Chindits, l'unité de commandos de jungle du commandant Wingate qui mène la vie si dure aux Japonais…

– Notre chauffeur militaire distingue très bien sa droite de sa gauche, plaisante Gobelin, qui entraîne déjà le couple en direction d'une grosse Hotchkiss noire. Tandis que le captain Mortimer, impénétrable, s'installe à l'avant, le lieutenant invite Hélène et Vincent à prendre place avec lui sur la banquette arrière.

Par cette matinée brumeuse, la campagne anglaise respire un petit air de liberté. Si ce n'étaient les camions militaires croisés de temps à autre, on pourrait se croire en route pour on ne sait quel pique-nique.

– Nous allons directement au BCRA ? s'enquiert Hélène.

Gobelin lève les yeux au toit capitonné de la Hotchkiss.

– C'est bien plus compliqué. Personne ne débarque en Angleterre sans un petit stage préalable à Patriotic School…

– Une école ? s'étonne la jeune femme dont le regard découvre dans le rétroviseur intérieur celui, lourd et méfiant, de Mortimer. De quoi réveiller instantanément son instinct toujours vif de clandestine : le captain n'est venu ni en simple voisin ni même en chaperon débonnaire.

– Royal Victoria Patriotic School à Wandsworth, explique Gobelin. Avant la guerre, c'était une école réservée aux fils d'officiers. Les Anglais l'ont transformée en centre de triage pour les arrivants étrangers. On y mange bien, il y a même des petits gâteaux avec le thé…

– Mais ?

– Patriotic School est placée sous le contrôle des services de sécurité britanniques. Cela veut dire que vous y serez internés tous les deux…

– Comment cela, internés ?

– Séparément. Ici, on ne mélange pas les hommes et les femmes…

– Ce n'est pas une question de bienséance mais une question de principe. Nous serions donc suspects ?

– Grands dieux non ! Mais vous serez tout de même interrogés, c'est la règle, par des officiers d'*Intelligence.* Les Anglais prennent leurs précautions. Ils ont déjà intercepté des agents nazis qui tentaient de s'infiltrer en se faisant passer pour résistants. Ils vont vous poser des tas de questions sur vous-même, vos activités, vos camarades de réseau, vos contacts avec d'autres groupes clandestins, vos fréquentations, votre famille.

Sursaut indigné d'Hélène.

– Mais ça ne les regarde pas ! Je veux bien répondre à toutes les questions de la terre devant des Français, pas devant des étrangers, même alliés.

Gobelin soupire. Quel métier ! Ça fait bien vingt fois qu'il a déjà rencontré une réaction analogue, vingt fois qu'il a fallu mettre les points sur les « i ».

– Que voulez-vous que je vous dise ? C'est comme ça que ça se fait, pas moyen d'y couper. Un examen de passage dont, j'en suis sûr, vous vous tirerez très bien tous les deux…

En quête de soutien, il se tourne vers Vincent, muré, lui, dans un silence éloquent.

– Leurs spécialistes parlent un français excellent. Ils sont amicaux mais aussi très bien renseignés, poursuit Gobelin un ton au-dessus. Je vous conseille de jouer le jeu sans chercher à finasser. Tout le monde y gagnera du temps. Duke Street vous attend ; on a besoin de vous dès que possible au BCRA.

– En d'autres termes, c'est un ordre, observe Vincent en même temps qu'il repère, juste devant lui, l'oreille de Mortimer aux aguets.

– Non… enfin, oui. Les Anglais sont très portés sur la chose juridique. Ils vous feront signer un papier disant que vous avez pris connaissance du règlement intérieur de Patriotic School et que vous êtes d'accord. Signez, sinon tout deviendra compliqué. Croyez-moi, ils peuvent se montrer extrêmement embêtants.

– Bureaucrates de tous les pays…

– Comme vous dites !

La Hotchkiss croise un petit convoi de véhicules militaires arborant, cette fois, la bannière étoilée. Bizarre, cette petite voiture kaki aux allures de crapaud. C'est vrai qu'ils commencent à être là, les Américains.

Passy laisse échapper un soupir où perce l'agacement.

– Patriotic School, toujours la même histoire. Mais n'en faisons pas une montagne.

– Une colline quand même, réplique Hélène, acide.

Elle garde un souvenir mitigé des dizaines de questions polies, mais de plus en plus incisives. Ses parents ? Sa famille ? Ses amis ? Ses relations à Vichy ? Ses contacts dans la Résistance ? Ses camarades de réseau ? La technique du clou qu'on enfonce coup de marteau après coup de marteau. Et l'impression mi-rassurante, mi-inquiétante de se trouver face à de véritables professionnels.

Le contre-espionnage est art de patience et de minutie. Ils notaient tout. La moindre affirmation de la résistante a été vérifiée à grand renfort de fiches bristol. À sa tranche rosâtre ornée du placard publicitaire fond noir des « Lits Dupont pour malades, 10, rue Hautefeuille, Danton 05-61 », elle a reconnu, parmi les autres, l'annuaire officiel des abonnés au téléphone.

Qu'une femme occupe des responsabilités à la tête d'un réseau tourmentait visiblement les *gentlemen* fureteurs de l'Intelligence Service. Ils ont passé sa vie au crible, demandé une foule de précisions sur ses parents, sur Henry, sur Petit

Paul. Bien entendu, la résistante n'a pas soufflé mot du CSAR. Les affaires intérieures françaises passées, ça ne regarde décidément pas les Anglais. Leur demande-t-on s'ils votent conservateur ou travailliste, eux ?

Sourire plein de flegme de Passy.

– Nous travaillons dans des conditions difficiles ici… je ne parle pas des risques physiques mais de risques, disons politiques.

– Comment cela ? demande Vincent.

Au tour de Brossolette, présenté en l'occurrence sous son pseudonyme BCRA de « commandant Bourgat », de prendre la parole, qu'il a facile et imagée.

– Je ne vais pas vous raconter ma vie, mais bon, sachez que j'ai commencé dans la Résistance intérieure. Le coup que vous venez d'encaisser en pleine poire à l'arrivée à Londres m'est familier. Là-bas…

Son doigt désigne la direction approximative de la France.

– … on voit les choses d'une certaine manière, et ici…

Sa main se pose sur la table encombrée de dossiers.

– … On réalise à quel point c'est différent.

– Bourgat a raison, rien ne vaut la présence sur le terrain, insiste Passy. Ma mission en zone Nord m'en a donné une conscience beaucoup plus vive.

– Mouvementée ?

– Un peu, mais c'est votre lot quotidien à vous, les résistants de l'intérieur.

Voulant en avoir le cœur net, Noroit se tourne brusquement vers le numéro deux du BCRA :

– Par hasard, commandant Bourgat, votre vrai nom ne serait-il pas Brossolette ? risque-t-il.

– On se connaît ?

– Vous avez suivi les cours de mon père à Normale sup : le professeur Noroit…

– Noroit, mince ! Un type formidable, votre père. Sa mort m'a fait beaucoup de peine. Heureusement, il n'aura pas vu le désastre. Mais vous, votre tête me dit quelque chose, et pas seulement l'air de famille.

– On s'est croisé avant guerre, j'étais grouillot au Comité de vigilance des intellectuels antifascistes. Lors de notre rencontre à Paris, je vous ai remis tout de suite. Votre physique est assez particulier pour qu'on le garde en mémoire…

– Qu'est-ce qu'il a mon physique, vous ne me trouvez pas beau ?

Clignant de l'œil façon Gavroche, Bourgat finit quand même par admettre dans un grand éclat de rire :

– Comme ça, nos grands secrets sont des secrets de polichinelle ! Bon d'accord, je suis bien Brossolette.

Passy, lui, n'a pas l'air de trouver ça si drôle.

– Voyez, Pierre : la preuve est faite.

Et à Noroit :

– Notre ami est trop aisément reconnaissable pour qu'on le laisse à nouveau se rendre en France occupée. Mais lui insiste, il insiste…

Se reprenant soudain :

– Je m'écarte du sujet. Nous parlions, n'est-ce pas, de l'abîme entre la France et ici. Je ne vous en donnerai qu'un seul exemple. En février, quand Vichy a instauré le service du travail obligatoire en Allemagne, les mouvements de résistance étaient naturellement aux cent coups. Nos services ont réceptionné message radio sur message radio demandant de parachuter des armes pour armer les jeunes réfractaires, de l'argent pour les cacher et les nourrir.

– Malheureusement, poursuit-il avec un sourire triste, on nous prêtait beaucoup plus de moyens que nous n'en possédions. Du coup, beaucoup de résistants sont persuadés que le BCRA les a laissé tomber. Naturellement, les communistes en profitent.

– Et les Anglais ? demande Hélène.

– Nous dépendons d'eux. Pas un message radio pour la France occupée dont ils n'aient connaissance, pas un parachutage, pas une opération aérienne qui ne soit soumise à leur bon vouloir. Ils savent tout ou presque…

– Et ils veulent en savoir plus encore !

– Inévitablement… J'espère d'ailleurs que vous ne leur avez pas tout dit ?

La jeune femme se cabre.

– Ça alors, non ! Ils sont très polis, mais la pudeur la plus élémentaire leur échappe.

– Vous voulez dire qu'ils vous ont proposé la bot… pardon, qu'ils vous ont demandé de travailler pour eux ? intervient Brossolette.

– Et avec insistance ! L'efficacité par-ci, la sécurité par-là… l'argent, les contacts radio, les filières d'évasion.

Elle se tourne vers Noroit.

– Bien entendu, nous avons refusé. Nous voulons travailler avec de Gaulle et personne d'autre.

– Avec des Français, en tout cas, nuance l'avocat.

– Bon, bon, conclut Passy que cette réponse plus circonspecte n'enchante pas.

Le chef du BCRA échange un regard avec Brossolette et avec le troisième homme, le commandant Manuel *alias* Maxwell, un chauve d'allure très réservée qui essuie méticuleusement ses lunettes. L'homme n'a pourtant pas froid aux yeux. Manuel a bien failli ne jamais revenir de sa récente mission en zone Sud désormais occupée. À court d'essence, le Lysander où il avait pris place s'est posé en catastrophe sur un petit aéroport de Cornouailles, tout au bord d'une falaise. La vie de l'agent français n'a tenu qu'à la virtuosité du pilote, vieille connaissance de Jerry l'Écossais.

La brouille Passy-Manuel fait beaucoup jaser ici, au 10 Duke Street. Disgracié au profit de Brossolette, Maxwell vient en outre d'aggraver son cas en se déclarant favorable aux thèses de Jean Moulin, lequel pousse à la constitution du Comité national de la Résistance incluant les partis politiques d'avant-guerre et pas seulement les mouvements clandestins.

Ignorante des querelles internes du BCRA, Hélène continue à s'en prendre aux services anglais.

– Prenez le captain Mortimer : nous n'avons pas été dupes une seconde. Est-ce cela que vous appelez dépendre des Britanniques ?

– Dépendre des Britanniques, reprend Brossolette au bond, ça veut dire qu'avec eux, c'est un donnant-donnant perpétuel. On croit combattre l'Allemand, et on se retrouve marchand de tapis, c'est comme ça ! Dans ce cadre, vous nous avez donné un sacré coup de main, avec votre mathématicien espagnol. Le MI 6 est si content de l'avoir récupéré qu'il nous laisse un peu la bride sur le cou.

– Le MI 6 ?

– On dit aussi Secret Intelligence Service. Qui n'a d'ailleurs pas d'existence officielle… c'est bien commode ! précise Passy, rêveur.

Manuel, lui, sort enfin de son mutisme :

– À propos de cet Espagnol, qui dans votre réseau est au courant de son existence ?

– Le religieux qui nous l'a présenté, répond Noroit.

– Et c'est tout ?

– Non… les autres membres du comité directeur de notre organisation sont tous informés, ajoute l'avocat. Pieux mensonge : ni Nordmann, ni Hiégel, ni Maurin et encore moins Yvonne Détais ne savent, mais son sixième sens lui a dicté cette réponse. Opportune à en juger par la réaction des trois dirigeants du BCRA qui, visiblement contrariés, froncent les sourcils dans un beau mouvement d'ensemble.

« Ils voulaient nous mettre sous le boisseau en Angleterre », réalise l'avocat.

Un bref coup d'œil sur sa voisine lui apprend qu'Hélène est parvenue à une conclusion analogue. La jeune femme prend d'ailleurs aussitôt l'initiative :

– Messieurs, je lis parfaitement dans votre jeu. Vous espériez nous garder ici sous prétexte d'impératifs de sécurité. Eh bien, pas question ! Nos camarades du comité directeur nous attendent. Faute de nouvelles de notre part, c'est convenu, ils mettront toute l'organisation en sommeil. Plus de Bucéphale, plus de renseignements.

– Des nouvelles ? Sous quelle forme ?

– Des messages à la BBC, et ne comptez pas sur nous pour vous dire lesquels à l'avance !

– Ne vous énervez pas, plaide Passy.

– Mais je suis très calme. Quand rencontrons-nous le général de Gaulle ?

Le chef du BCRA pianote sur son paquet de cigarettes blondes.

– Le général est averti de votre arrivée. Il tient à vous recevoir en personne, mais un peu plus tard. Nous avons beaucoup de problèmes à résoudre avec Giraud.

– Avec ou contre lui ?

La question de Vincent jette un froid. À Duke Street, on bataille sur tous les fronts. Contre Giraud, qui perd du terrain en Afrique du Nord mais ne cède toujours pas. Contre Moulin aussi, dont les projets provoquent l'ire de Brossolette, furieux qu'on veuille redonner vie aux « sépulcres blanchis » des partis politiques d'antan.

L'ancien normalien hausse les épaules.

– Les deux à la fois, je serai franc ! La concurrence existe. Depuis la dissolution de l'armée d'armistice, il y a cent mille militaires de carrière dans la nature. Un sacré enjeu ! Les giraudistes de l'Organisation de résistance de l'armée, l'ORA, voudraient bien mettre le grappin sur cette masse de manœuvre. Et nous, nous voulons qu'ils viennent encadrer l'Armée secrète, qui procède directement de la Résistance intérieure et de la France combattante. C'est beaucoup plus juste au plan historique et politique.

– Secrète, l'adjectif convient à merveille parce que sur le terrain, nous ne l'avons jamais rencontrée ! persifle Hélène.

– L'AS existe bien, madame, même si elle commence à peine à se mettre en place. L'installer en zone Nord, c'était, je ne vous le cache pas, l'un des principaux objectifs de notre mission à Paris. Je ne vous cache pas non plus qu'à cet égard, nous avons beaucoup progressé. Mais le chemin est rude. Bâtir l'unité entre la France combattante et la France qui veut combattre (subtile nuance de khâgneux : la France combattante, c'est le nom officiel du gaullisme depuis l'été 1942 ; la « France qui veut combattre » désigne probablement les partisans de Giraud, l'ORA et d'autres courants de résistance non gaullistes), ressemble si j'ose dire aux douze travaux d'Hercule. Tiens, mais j'y pense !

Brossolette se tourne à nouveau vers Vincent :

– Le nom de votre réseau, vos pseudonymes tirés de l'Antiquité grecque… c'est votre père, hein ?

– Pas lui, mais Henri Bergson. « La mythologie romaine est pauvre… »

– « Celle des Grecs est surabondante » !

– Et pour votre gouverne, « Bucephalus » n'est pas seulement le nom du cheval du grand Alexandre, mais aussi le nom générique d'une famille de serpents colubriformes de la famille des Dendrophidés. *Bucephalus capensis* présente la particularité de changer de coloration plusieurs fois dans son existence. Joli, non ?

– Là, vous m'en bouchez un coin, monsieur le naturaliste, rigole Brossolette. N'oubliez pas qu'Alexandre avait acheté Bucéphale seize talents d'or à Philonicus et qu'une ville a porté son nom. Mais bon, trêve d'érudition. (Il pousse un soupir.) C'est loin, mon vieux, la rue d'Ulm ! Soyons concrets. Le père de Gaulle, vous le verrez, promis. Et nous aussi, vous allez nous voir parce qu'en attendant qu'il soit disponible, on a prévu plusieurs séances de travail ensemble.

Comme un gamin facétieux, Brossolette pose un doigt sur ses lèvres.

– Et pas de bêtises, hein ! *Motus* et bouche cousue. À part nous et le général… et les Anglais, personne n'est au courant de votre arrivée ici, à Londres. J'ai horreur de jouer les pions, vous pensez bien, mais malheureusement, j'y suis obligé. Incognito absolu, interdiction de fréquenter des Français, interdiction de sortir sans autorisation : voilà les consignes.

– Comme des gamins ?

– De véritables clandestins, disons. On vous a dégoté deux chambres dans un petit hôtel à l'écart. Nourriture anglaise mais correcte, discrétion garantie, sécurité parfaite. Allez vous reposer, vous en avez besoin. On se voit demain.

Le sommier grince bien un peu, mais c'est si bon. Londres, capitale de la liberté… Et pas de liberté sans amour. Alors, merde pour les mânes de la reine Victoria, gardienne en son temps de tous les puritanismes. George V est un homme de son temps. Il ne porte sûrement pas les mêmes œillères que sa sinistre arrière-grand-mère. Si oui, tant pis pour lui.

Hélène gémit ; Vincent halète. Pour une fois, les deux amants ont tout leur temps sur ce lit étroit mais confortable. Oubliée l'heure qui passe. Baisers, longues caresses, et maintenant, étreinte. Bouche contre bouche, poitrine contre poitrine, cuisses contre cuisses, sexe dans sexe, sueurs mélangées, Hélène et Vincent, le plaisir les emporte.

– Je t'aime ! crie la jeune femme.

– *The building is on fire,* lance de l'extérieur une voix beaucoup plus neutre teintée d'un fort accent cockney, l'anglais des faubourgs londoniens.

Eux qui font l'amour et l'hôtel qui part en fumée ! Il ne manquait plus que ça.

– *Come in,* lâche Vincent, déconfit. En même temps, modeste concession à la pruderie britannique, l'avocat recouvre leurs deux corps nus d'un drap.

Depuis le terrible *Blitz* de 1940, la sécurité civile est l'apanage des Londoniennes. Casque à large bord en forme de soupière de l'armée anglaise, combinaison de pompier trop grande et hache à la main, une jeune fille d'une vingtaine d'années au visage constellé de taches de rousseur fait irruption dans la chambre. Pas plus surprise que ça d'y trouver deux personnes au lieu d'une parce que ces Français, hein, on les connaît.

– La *fire* a pris *underground,* explique-t-elle d'un ton toujours aussi posé. Nous devons évacouer le building.

Pas la moindre allusion à l'attitude des deux hôtes d'honneur du troisième, laquelle ne laisse pourtant planer aucun doute sur la nature de leurs rapports.

– Mais… nous ne sommes pas habillés, balbutie Vincent en anglais.

– *Keep quiet,* sir, je vais tourner la dos. Pardon ma mauvais français.

Pendant que la jeune secouriste s'exécute, visage tourné vers le papier peint du mur ; Hélène et Vincent bondissent du lit nus comme des vers. Ils se jettent sur leurs vêtements qui jonchent le sol tout autour et les enfilent à la diable.

– Flûte, j'ai déchiré la couture de mon pantalon, râle Vincent en français.

– Tu es beaucoup plus doué pour retirer les vêtements des autres que pour mettre les tiens, constate Hélène, sarcastique. Et moi, j'ai oublié mon soutien-gorge ! Tant pis…

– *Hurry up please* ! répond en écho la jeune fille.

Du couloir, une forte odeur de brûlé leur parvient, en effet. Des cris aussi, mais pas le moindre hurlement de panique, hôtes et personnel de l'établissement faisant montre du proverbial sang-froid britannique.

Vêtus vaille que vaille, jupe, pantalon, chemise et chemisier mais ni veste ni chaussures, Hélène et Vincent emboîtent le pas à la secouriste.

– Bombardement ? s'enquiert Hélène, plus douée dans la langue de Shakespeare qu'elle ne se l'imaginait, pendant que la jeune fille, toujours aussi calme, les guide vers une fenêtre d'évacuation.

– Simple incident technique madame, répond la secouriste en anglais. Une cigarette mal éteinte. Ça fait longtemps que les Huns ne s'aventurent plus par ici. On leur a quand même mis une sacrée dérouillée, si je puis me permettre. L'échelle des pompiers est en place. La fenêtre à main gauche, vous la voyez ?

– Parfaitement.

– Alors descendez, s'il vous plaît, tous les deux.

– Et vous, mademoiselle ?

– Moi, j'attends que tout le monde soit dehors. C'est mon boulot.

Pendant qu'Hélène se faufile à grand renfort de contorsions dans l'étroite fenêtre à guillotine, la secouriste commente, très sérieuse :

– Désolée du dérangement. Pour la suite de votre séjour à Londres, je vous conseille le *Bœuf qui rue*, à Picadilly. Très bon restaurant français. J'y ai dîné une fois.

– Après la guerre, conclut-elle, j'aimerais bien visiter Paris…

– C'est gentil, dit Hélène qui lui fait face, le pied à l'extérieur sur le premier barreau de l'échelle. Je serais ravie de vous servir de guide.

– Ah j'oubliais ! Ne filez pas à la française… une voiture viendra vous prendre devant la porte. Bonne soirée, madame.

– Bonne soirée, mademoiselle. À plus tard, à Paris…

CHAPITRE 18

Avril 1943

Chef du protocole pour l'occasion, Passy délivre à voix basse son ultime conseil :

– Le général va vous recevoir dans un instant. Ne le retenez pas trop longtemps. Avec Churchill, c'est l'homme le plus occupé d'Angleterre…

– Promis.

Vincent vérifie son nœud de cravate ; Hélène le drapé de sa jupe gris bleuté et la tenue de ses bas sombres. Avec leurs vêtements neufs fournis par le BCRA en remplacement de ceux qui ont disparu dans les flammes de l'hôtel, ils ont un faux air de couple endimanché.

– Le costume, le tailleur, les chaussures et le reste sont trop anglais pour être portés en France. Il faudra les rendre avant votre départ, a précisé Gobelin. Dommage, ça vous allait plutôt bien…

Dans cette affaire d'incendie, le seul gagnant, c'est Brossolette. Coutumier des paris à la mode de la rue d'Ulm, le numéro deux du service secret gaulliste avait gagé dix livres sterling que les arrivants du réseau Bucéphale partageaient plus que des sentiments patriotiques. Sans donner de motif à son geste, sécurité oblige, il a offert une tournée générale à ses camarades de Duke Street. Plus discrètement, un flacon d'excellent whisky a été apporté de sa part à Hélène et à Vincent. Ceux-ci l'ont dégusté la veille en tête-à-tête dans leur nouvelle résidence conspirative. De cet immeuble tranquille de Mayfair, il ne leur a fallu ce matin qu'un court trajet à pied pour gagner le 4 Carlton Gardens. Devant les grilles de la grande maison en pierres blanches qui abrite le quartier général de la France combattante, ils ont croisé Maurice Schumann. Vincent a reconnu le porte-parole gaulliste sur les ondes de la BBC à son air distrait et à ses épaisses lunettes. Quand l'avocat entrait en 6e au lycée Henri-IV, Schumann s'apprêtait déjà à en sortir pour devenir chef des reportages à l'agence Havas et éditorialiste pour diverses publications catholiques.

À peine Pénélope et Hélios ont-ils patienté une dizaine de minutes à l'angle du deuxième étage de l'immeuble, qu'un tout jeune planton ouvre enfin la porte.

– Entrez, dit une voix un peu rogue.

Vincent s'efface pour laisser passer sa compagne, visiblement plus sûre d'elle.

Face à eux assis à son bureau en acajou recouvert d'une plaque de verre, un homme en uniforme kaki au nez trop long, aux bras immenses. Il porte une petite moustache. À sa droite, la cheminée toute blanche où il a posé à l'envers son képi orné des deux étoiles de général de brigade. Juste derrière lui, une grande carte de France. D'autres encore, de chaque côté. En retrait sur un petit meuble à la gauche du général, l'un des deux combinés téléphoniques dont l'homme n'use, dit-on, qu'avec parcimonie. Le second poste en Bakélite trône sur le bureau, à côté du sous-main, du stylo à encre et du porte-buvard. Si la haute pièce d'angle aux lustres en cristal de dimensions impressionnantes, aux moulures de plâtre carrées, aux lourds rideaux de velours dégage une très faible odeur de tabac, le cendrier, lui, est vierge de toute cendre.

Majestueux mais malhabile, de Gaulle se lève, déployant son immense carcasse. D'un geste plein de courtoisie, il désigne deux des quatre fauteuils réservés aux visiteurs, ceux qui lui font immédiatement face.

– Asseyez-vous, madame. Et vous aussi, monsieur.

Intimidé, le couple prend place tandis que le chef de la France combattante se rassoit et les regarde, muet. D'apparence, l'homme qui symbolise la Résistance aux yeux, ou plutôt aux oreilles, de millions de Français occupés n'affectionne guère les contacts humains. On dirait presque que c'est lui le plus mal à l'aise des trois. Il toussote.

– Madame, je suis bien heureux de faire votre connaissance. Notre ami commun le professeur Swierczewski m'a beaucoup parlé de vous. Il donne des cours de piano à votre fils, je crois.

– C'est surtout un grand résistant polonais, général.

De Gaulle esquisse un sourire nostalgique.

– Je conserve d'excellents souvenirs de Varsovie. Le professeur Swierczewski m'a parlé de la Résistance polonaise. Elle est très unitaire, très structurée : un véritable État clandestin. J'aimerais qu'il en fût de même de la Résistance française. Nous y travaillons, d'ailleurs, et je crois le résultat proche. Nous avons un homme remarquable là-bas, le délégué du Comité national français (Jean Moulin, mais le nom ne franchit évidemment pas ses lèvres). Je ne peux pas vous en dire plus… Après la victoire, tout le monde saura.

– La victoire, elle n'est peut-être pas pour demain, hasarde Noroit.

L'œil sévère du général se pose sur son interlocuteur.

– Mais elle est déjà acquise ! Hitler a perdu. Le seul problème, c'est la manière dont les choses se passeront au moment de la Libération. Jour et nuit, je m'escrime avec les Anglais, les Américains…

Avec Giraud aussi, songe Vincent mais naturellement, pas question de polémiquer avec le chef de la France combattante sur ce sujet sensible auquel l'avocat ne comprend d'ailleurs goutte. La seule chose certaine, c'est qu'aucun accord n'est intervenu entre les deux généraux, que le seul nom de Giraud donne des boutons à Brossolette, agace Passy et que ces divisions sont éminemment regrettables. Pendant qu'on ferraille à fleuret démoucheté au nom de l'unité entre Alger, encore giraudiste, et Londres, toujours gaulliste, les camarades du réseau risquent de se faire prendre à tout moment.

– Les Anglais et les Américains, continue de Gaulle, parce qu'ils n'arrêtent pas de semer des obstacles sur notre chemin. Churchill est un grand homme, assurément. Mais l'Angleterre a perdu la main au profit des États-Unis. Roosevelt, lui, n'a pas la moindre confiance en nous. Jusqu'au débarquement en Afrique du Nord, la Maison-Blanche a maintenu des liens étroits avec Vichy. Et maintenant, les Américains envisagent de mettre la France sous administration militaire après la Libération ! Roosevelt croit que nous sommes un pays fini. Il a cru en Pétain, mais Pétain est mort en 1925, quand il a accepté de remplacer Lyautey au Maroc… Pétain lui-même ne sait pas qu'il est mort. La vieillesse, voyez-vous… Son idée de ménager la chèvre et le chou : une illusion ! Depuis le débarquement en Afrique du Nord et le sabordage de notre flotte à Toulon, Vichy ne détient plus aucune carte… Sans carte, impossible de jouer, et qui ne joue pas disparaît.

– Au moment de l'armistice, la flotte a tout de même joué un rôle utile en poussant Hitler à limiter ses exigences – les Allemands craignaient tellement qu'elle ne joigne ses forces à celles de la Royal Navy. Si nos navires s'étaient risqués à rallier Alger après le débarquement allié, les nazis auraient fait payer pareil geste très cher à la population, objecte à nouveau Noroit. Nous parlions de la Pologne, la France aurait connu le même sort qu'elle.

Regard glacial de De Gaulle. Le général n'apprécie ni les contestataires trop hardis ni les civils, fussent-ils résistants émérites, qui tentent d'envahir son domaine réservé, la grande stratégie. Il ne tarde d'ailleurs pas à montrer son agacement.

– C'est ce que prétendent les gens de Vichy et ils ont tort, comme toujours, depuis le début ! Plus de flotte, plus d'Afrique du Nord, plus d'armée : aux yeux des Allemands, la France du maréchal ne vaut plus rien… Un pays à pressurer, à piller, à vider de ses hommes, à détruire… Vous en savez quelque chose : il n'y a qu'à lire les rapports de votre réseau…

Le monologue s'interrompt, laissant Noroit perplexe. De Gaulle parle bien, c'est vrai, mais perdu dans ses pensées, il n'écoute guère. Pas un mot sur la Résistance intérieure, encore moins sur les risques encourus par les clandestins en France occupée. Seules comptent ses préoccupations à lui.

Sous son apparence paradoxale d'homme qui semble converser avec lui-même, Hélène, séduite, sent au contraire l'étoffe du grand patron. Rien de comparable avec Charles Maurras, vieux penseur de l'Action française inapte – il l'a prouvé le 6 février 1934 – à l'action. Rien à voir non plus avec Deloncle, le père de la Cagoule, florentin de Paris perdu dans le théâtre d'ombres de ses propres complots. Encore moins avec Pétain, brisé, fripé, usé, maniaque et capricieux comme un vieillard. Un chef de guerre sûr de lui, dominateur et clairvoyant ; un homme d'État… C'est peu dire que cela lui plaît.

– Si Pétain avait rejoint l'Afrique du Nord en novembre 1942, bien des choses auraient changé, peut-être, poursuit le général. Les Français d'Algérie ont toujours eu un faible pour lui. Les Américains aussi l'ont toujours ménagé ; c'est un personnage selon leur cœur. Roosevelt croit la France finie. Et puis, à Washington, il y a des Français qui jouent un rôle indigne auprès du gouvernement américain. Ils le montent sans arrêt contre nous… Et les services secrets, bien sûr ! Ça grenouille de tous les côtés. Les Anglais qui n'ont plus de livres sterling, et maintenant les Américains, qui ont peu de cervelle mais beaucoup de dollars… Je me demande comment Passy fait pour supporter ces gens de l'Intelligence Service ! Ils nous ont joué des tours de cochon, vous savez.

Interrompant enfin sa diatribe, il se tourne vers Hélène :

– Passy vous a-t-il bien reçu, madame, au moins ?

Elle sourit.

– Tout à fait bien. C'est un homme très courtois. Brossolette me paraît aussi fort sympathique.

– Brossolette… Brossolette… oui, grogne le général dans sa moustache.

Trop de liberté d'esprit, trop d'indiscipline et même d'impertinence : l'ancien élève du professeur Noroit n'est plus en odeur de sainteté à Carlton Gardens. L'étoile montante, c'est Moulin, l'homme dont le chef de la France combattante a besoin à ce point de son combat. Préparer la Libération, c'est mener envers et contre tous la lutte pour le pouvoir.

– Votre fils a quel âge ? demande-t-il.

– Sept ans, mon général.

– Un bon petit Français, j'en suis sûr. Pour votre mari, le professeur Swierczewski m'a appris… Au moins cet homme courageux n'aura pas connu Vichy et sa veulerie. Vous comptez retourner en France ? m'assure Passy.

– Nos camarades nous attendent là-bas, la lutte n'est pas finie, répond Vincent.

De Gaulle lui jette un regard un peu étonné.

– Tâchez quand même de ne pas vous faire pincer !

– Nous faisons tout pour, mon général !

– Oui, oui, mais dans ce métier, on finit toujours par se faire pincer. Alors soyez prudent.

Il se tourne vers Hélène.

– Vous aussi, madame, soyez prudente. Après la guerre, la France aura grand besoin des Françaises.

Sur cette note plutôt déconcertante, le général se lève. L'entrevue est terminée.

L'homme le plus occupé d'Angleterre avec Churchill…

Chapitre 19

Avril 1943

« Principaux matériels de la DCA allemande (Fliegerabwehrkanonen, en abrégé Flak).

« La Flak lourde est équipée de 88 modèles 18, 36 et 37. Plafond pratique : 8 000 m. Cadence de tir 15 à 20 coups minute. Poids du projectile, 9,135 kg. Vie du tube, de 3 000 à 4 000 coups. Pour le 88 modèle 41, le plafond pratique monte à 11 200 mètres, cadence de tir inchangée, poids du projectile 9,3 kg, vie du tube ramenée à 1 000 coups. Les 105 modèles 38 et 39 ont un plafond pratique de 94 000 mètres. Poids du projectile, 15,06 kg. Cadence de tir 10 à 15 coups minute. Vie du tube, 2 500 à 3 000 coups. Les 128 modèles 40 ont un plafond pratique de 10 600 mètres. Cadence de tir 8 à 10 coups minute. Projectile de 25,9 kg. Vie du tube 1 500 coups.

« La Flak moyenne et légère est équipée de canons de 20 modèle 38 ou 39. Plafond pratique 1 200 mètres. Cadence de tir 180 coups minute. Poids du projectile inconnu. Les 37 modèle 36 ont un plafond pratique de 1 800 mètres et une cadence de tir de 80 coups à la minute. Les 40 Bofors aussi portent à 1 200 mètres, cadence de tir : 120 coups minute. Les 50 ont une portée pratique de 2 900 mètres et une cadence de tir de 130 coups. Les mitrailleuses de 7,92 mm modèles 34 et 42 tirent jusqu'à 450 mètres.

« Les projecteurs de 60 cm modèle 1935 ont une portée de 2 700 à 4 500 mètres. Les projecteurs de 110 centimètres ont une portée de 6 à 8 000 mètres. Les 150 cm modèles 34 et 37 ont une portée de 9 000 mètres et les projecteurs de 200 cm ont une portée de 12 800 à 15 500 mètres. »

– La suite au prochain numéro, tranche Hiégel, qui remise d'un geste sec les feuillets manuscrits à l'intérieur d'un dossier cartonné. Londres peut attendre, nous pas. Avec cette fille qui trahit, on a d'autres chats à fouetter.

– Dommage qu'on l'ait su aussi tard, se lamente Théodore. Mais comme Hélios et Pénélope sont toujours en Angleterre, l'information a mis du temps à remonter. La boîte aux lettres de madame Hélène, je n'ai pu la relever que mercredi.

Tendu, Nordmann le reprend :

– Madame Hélène, je te jure, ça fait mère maquerelle. Appelle-la Hélène tout court.

Maurin rosit.

– C'est plus fort que moi… on change pas d'habitude comme de chemise !

– Peu importe, tranche Hiégel. Le problème, c'est Lisette Gilmont. Pléione a parlé. Pire, elle s'est mise au service des Boches et nous, sans les imprudences de langage de Gautremont au Kama-sutra, sans l'agent de Pénélope, on fonçait tête baissée dans le piège. Le malheureux prétexte que nous avons inventé pour retarder le rendez-vous ne va pas tenir le coup bien longtemps. Conclusion : il faut agir. Et là, je te suis, Théo, le temps presse.

– Agir, mais dans quel sens ? questionne Nordmann, mis en alerte par le ton sourd de Léon.

L'agent d'assurances le fixe bien en face :

– Nous n'avons pas le choix, Émile. Cette fille a assez fait de mal comme ça. Finissons-en.

Nordmann déglutit. Par réflexe, il porte la main à sa poche intérieure. La trahison de Lisette l'a contraint à plonger, ainsi qu'Yvonne, dans une clandestinité totale à laquelle ni l'un ni l'autre n'étaient préparés. Il porte toujours sur lui un pistolet chargé. C'est contraire à toutes les consignes de prudence, sans doute, mais pour un juif, l'arrestation, même de routine, revêtirait une signification plus tragique encore que pour ses camarades du réseau.

Depuis son entrée dans l'organisation Bucéphale, l'employé municipal ne cesse de pester contre ses ex-camarades du PSOP qui, pris de panique, se sont débarrassé en catastrophe de son précieux matériel militaire en septembre 1939, au moment de la déclaration de guerre. Fusils et grenades à la Seine ! Tout ce qu'il est parvenu à préserver, c'est un lot de cinq pistolets espagnols Astra. Ajoutés aux fournitures personnelles de Théodore – des petits Bayard 6.35 de la police française, des Browning 7.65, trois Mauser du même calibre –, récupérées on ne sait où et aussi pas mal d'armes italiennes puisées dans l'arsenal de l'ex-Cagoule, ils constituent l'arsenal de l'organisation. En attendant le jour J, Théodore et Émile l'ont disséminé par prudence dans trois caches différentes, la plus importante chez un cheminot en région parisienne, une autre à Lyon dans la cave d'un pasteur protestant et la troisième dans le chai d'un petit viticulteur du Bordelais.

Prêt à vendre chèrement sa peau, le clandestin n'a, en revanche, pas la moindre envie de trouer celle de Lisette. Mais Pléione, c'est vrai, a trahi. Chienne de vie, tiens…

– Émile, tu rêves ? s'inquiète Hiégel.

– Je cauchemarde, plutôt… Est-ce que tu ne serais pas en train de me dire que nous devons exécuter Lisette ?

– Bien sûr que si. Tu vois une autre solution ? Les morts ne parlent pas. Pléione a flanché, tant pis pour elle.

– Merde, on est pas des assassins !

– Qui te parle d'assassinat ? La Résistance ne peut pas s'offrir le luxe de la justice ; elle doit penser avant tout à sa propre sécurité.

– Ouais, mais tuer Lisette, pas question. Pas moi, en tout cas.

Hiégel se tourne vers Théo, l'autre responsable de la sécurité de l'organisation.

– Et toi, tu t'en charges ?

Maurin jette à son camarade un regard un peu perdu.

– Tuer une femme, non, impossible ! Un homme oui, je l'ai déjà fait. Mais une femme, je n'oserais même plus me regarder dans une glace.

– Une traîtresse, Théo…

– Une femme quand même. Non, non, je refuse.

– C'est ton dernier mot ?

– Mon dernier mot.

En son âme et conscience, Yvonne partage l'avis de Léon. Mais elle ne se voit pas prônant l'élimination de Lisette, l'ancienne petite amie d'Émile, d'où son silence ambivalent.

Hiégel hausse les épaules.

– Puisque personne ne veut faire le sale boulot, c'est moi qui vais m'en charger.

Blanc comme un linge, il range les derniers papiers qui traînent sur la table dans sa serviette, se lève, décroche son veston aux coudes renforcés par des pièces de cuir, l'enfile.

– La réunion est terminée. Parlez de la pluie et du beau temps si ça vous amuse, moi je pars colmater les brèches. On fera le bilan plus tard.

Interdits, Maurin, Yvonne et Nordmann le regardent claquer la porte.

En uniforme de lieutenant, Gobelin affecte d'être absorbé dans la contemplation des moulures inégales du plafond. Cela lui est familier, un excellent moyen de se donner le temps de la réflexion.

– Prenez cela pour un compliment et surtout pas comme une critique, mais votre réseau nous pose des problèmes…

– Tant que ça ? s'amuse Hélène.

– Des problèmes positifs, si je puis dire, reprend Gobelin. Vous ne faites rien comme les autres et ça vous réussit plutôt bien.

L'homme du BCRA compte sur ses doigts à la façon d'un maître d'école, métier qu'il n'a pourtant jamais exercé. En septembre 1939, Alain Montrouve – son véritable patronyme – entamait une quatrième année dans la fonction publique en qualité de secrétaire administratif à la préfecture de Dijon. Sergent-chef dans l'artillerie, il embarque sans grand enthousiasme l'année suivante pour la Norvège. Français et Anglais entendent « couper la route du fer » à Hitler. Malheureusement, l'expédition de Narvik débouche sur un fiasco. Quatre bataillons français rescapés échouent par la grâce des ordres et des contrordres outre-Manche, au camp de Trentham Park. Déjà entré en dissidence, de Gaulle obtient de leur chef, un camarade de promotion de Saint-Cyr, l'autorisation de leur parler.

Montrouve n'a ni femme ni enfants. Ses parents, deux bonnets de nuit à cheval sur la morale, sont restés là-bas, dans sa Bourgogne natale. Si l'aventure s'appelle de Gaulle, va pour le Grand Charles. Le soir même, Montrouve fait le mur. En route pour Londres, l'artilleur de Dijon bénéficie de la généreuse hospitalité d'une jeune postière britannique et s'attarde, le temps de lier connaissance. La chose faite dans ses moindres détails, il débarque à Saint Stephen's House, où la France libre embryonnaire tente de s'organiser.

Montez au troisième et demandez le capitaine Dewavrin, c'est le seul officier présent, lui suggère le planton, un fusilier-marin. Faute de mieux, Montrouve s'exécute.

– Connaissez-vous quelque chose aux services secrets ? demande le futur colonel Passy, qui reçoit cette nouvelle recrue dans une pièce minuscule à peine aménagée.

– Rien du tout, réplique Montrouve, décontenancé.

– Il se trouve que le général de Gaulle m'a nommé la semaine dernière chef du 2e Bureau de son état-major. Votre lieu de travail sera la pièce d'à côté. Vous ne risquez pas de vous tromper : nous n'en avons que deux en tout.

Montrouve prend du galon – sous-lieutenant – et change de nom. Comme ses camarades Duclos, *alias* Saint-Jacques ou Beresnikoff, *alias* Corvisart, comme son chef Passy, il se donne un pseudonyme en piochant une station au hasard dans le plan du métro parisien. Gobelins avec un « s » devient Gobelin tout court. Voilà comment on se transforme en officier du renseignement sans l'avoir voulu et comment, finalement, on s'en trouve plutôt bien.

– Je m'explique, poursuit Montrouve. Un, nous avons toutes les peines du monde à persuader les grands mouvements de résistance des deux zones de ne pas mélanger leur activité politique ou propagandiste avec leur activité paramilitaire. Et deux, nous avons plus de mal encore à les convaincre de séparer le travail de renseignement, qui est très spécifique, de l'œuvre de constitution de groupes armés. Or d'instinct, Bucéphale s'est engagé sur la bonne voie…

– N'exagérons rien ; nous ne sommes sûrement pas uniques dans le genre ! proteste Noroit.

Gobelin hoche une tête qui, depuis leur première rencontre, ne revient guère à ses interlocuteurs. Le lieutenant a en lui un je-ne-sais-quoi qui ne leur inspire pas confiance. Mais tout à ses préoccupations personnelles, il ne perçoit pas cette hostilité latente.

– Bien sûr. Mais jusque-là, les réseaux spécialisés de renseignement fonctionnaient à notre initiative, soit qu'ils aient été créés directement par des officiers de la France libre en mission, soit que les mouvements de résistance aient accédé à notre demande en dégageant quelques-uns de leurs animateurs pour créer une structure *ad hoc*.

– Le problème s'est seulement posé au moment de la chute de l'imprimeur clandestin qui confectionnait nos tracts, constate Vincent. À ce moment nous avons décidé.

Il prend Hélène à témoin.

– L'idée venait de Pénélope… nous avons donc décidé de placer notre action dans un cadre militaire. Et de fil en aiguille…

– Vous vous êtes transformé en réseau de très grande valeur. Même les Anglais en conviennent.

– Sans doute est-ce pour cela que les amis de votre ami le captain Mortimer ont tenté de nous débaucher, lance Hélène, ironique.

Gobelin sourit.

– Mortimer n'est pas mon ami, vous savez.

– Votre chaperon, alors !

Le sourire du lieutenant s'élargit au point de ressembler à celui d'un adolescent. L'homme jeune est aussi un don juan aux innombrables conquêtes féminines.

– Il y a de ça. On vous a expliqué nos conditions de travail. Elles ne sont pas enviables. Rien ne nous avait préparés à de tels exercices de trapèze volant. Chaque jour, il faut composer avec Sa Gracieuse Majesté. Mais rendons à César… en matière de services secrets, les Anglais sont des maîtres. S'ils vous ont fait les yeux doux, c'est qu'ils avaient leurs raisons. Les mêmes que les nôtres, d'ailleurs.

– C'est-à-dire ?

– Merci de m'avoir tendu la perche.

Montrouve pointe un doigt démonstratif vers le couple qui lui fait face.

– L'autre particularité de votre réseau, c'est son éclectisme.

– Fruit du hasard, je vous l'assure, complète Hélène. Deux copains d'enfance qui n'avaient pas du tout les mêmes opinions politiques mais n'en conservaient pas moins le sens de l'amitié.

– Dont un ancien militant du PSOP, paraît-il.

– Ça vous choque ? le coupe Noroit d'un ton sec.

Le lieutenant se penche vers ses deux interlocuteurs, déclenchant un mouvement intempestif de sa mèche de cheveux blonds et longs :

– Pas le moins du monde… toutes les bonnes volontés sont bienvenues.

L'officier du BCRA fait allusion à « Scarlet », un pivertiste recruté en 1941, et parachuté en France pour prendre contact avec les milieux syndicalistes et l'extrême gauche. Malheureusement, Londres a perdu sa trace depuis.

Il esquisse un geste dégagé.

– Mais où en étais-je… Ah oui, l'éclectisme. Hélios, vous êtes un ancien du Comité de vigilance des intellectuels antifascistes. Ça, ça colle plus ou moins avec Pivert. La gauche, en gros. Mais vous, Pénélope…

– Moi ?

– Hem ! vos idées seraient plutôt à l'opposé. Côté Cagoule, plutôt…

La jeune femme ne tient plus en place sur son siège.

– Qui vous a raconté ça ?

– Notre ancien chef du contre-espionnage a laissé son fichier, des dizaines de milliers de documents personnels qui nous permettent de savoir à qui on a affaire.

– Et j'y figure ? Félicitations ! la Gestapo, elle, n'a pas encore fait le lien.

– Je n'y suis pour rien, se défend Gobelin.

En l'occurrence, non. Mais le lieutenant a livré en son temps beaucoup d'informations à Roger Wybot, le chef disgracié du contre-espionnage au BCRA, pour constituer sa banque de données où les résistants sont classés par ordre alphabétique, par région, par département et par ordre décroissant de fidélité personnelle au général de Gaulle, tandis qu'un mica gris signale les cas douteux, agents ennemis potentiels ou agents doubles au service des Anglais, ce qui ne vaut pas beaucoup mieux dans l'optique du service.

– Jouons franc jeu, coupe Vincent, que ce glissement de la libre discussion à l'interrogatoire de police commence à énerver. Pénélope et son mari, dont vous savez à coup sûr qu'il est mort et comment…

Gobelin acquiesce.

– … ont joué avant-guerre un rôle important dans les milieux de la Cagoule civile ou militaire. Pénélope connaît personnellement le commandant Loustaunau-Lacau et le colonel Groussard. Autant de détails à rajouter à votre fichu fichier s'ils n'y figurent pas déjà ! Pour le reste, je ne vois pas l'intérêt de cette inquisition.

– Comme vous y allez ! objecte Montrouve, sur la défensive à nouveau. D'accord, nous faisons de la politique au BCRA. Mais pas celle que vous imaginez. Ce qui compte, c'est la France d'après la Libération. Je ne trahis aucun secret : avant la guerre, Passy, capitaine du génie, était professeur de fortifications à Saint-Cyr et Manuel, représentant pour l'Europe d'une firme textile américaine. Seul Brossolette était connu pour son activité militante. Moi, je n'en avais aucune.

– Et alors ?

– Figurez-vous que certains, à Londres, se sont acharnés à faire à Duke Street la réputation d'un véritable nid de cagoulards. Il existe par exemple un certain monsieur, scientifique de formation, qui se baladait dans tout Londres en présentant Passy comme l'Élément 93. C'est un terme de chimie… la classification périodique des éléments par le Russe Mendeleïev. On n'en compte, paraît-il, que quatre-vingt-douze en réalité. Insinuation habile, remarquez. Beaucoup de braves gens se sont imaginé que le colonel avait été l'abonné numéro 93 de la Cagoule. Passy cagoulard, vous parlez d'un délire.

À tout hasard Montrouve scrute Hélène attentivement, au cas où une réaction quelconque échapperait à la jeune femme. En trois ans de travail côte à côte, le lieutenant n'est jamais parvenu, quoi qu'il en dise, à se faire une religion sur l'appartenance passée ou non de son chef aux cercles conspiratifs d'extrême droite. Et une fois encore, il va rester sur sa faim. Pas un muscle n'a en effet bougé dans le visage de Pénélope.

« Elle est très forte, ou alors c'est que Passy n'a vraiment jamais eu le moindre rapport avec la Cagoule, conclut le Bourguignon. Et puis zut ! dans tous les cas, elle est très forte. Belle aussi, mais de ce côté-là, c'est sans espoir. » Ça l'aurait changé des Anglaises, dont il faut se méfier par principe car elles peuvent toujours appartenir à l'Intelligence Service, et des Françaises aux mœurs libres, dont Gobelin, très immodeste en matière de rapports sexuels, estime avoir déjà fait le tour.

Pour lui, cette guerre n'est pas une mauvaise affaire, elle permet à un ex-fonctionnaire modèle d'échapper sans dangers inutiles à une existence routinière. Gobelin n'est pas, mais alors pas du tout du bois dont on fait les héros. Parvenu à éviter jusque-là comme la peste toute mission en France occupée, le jeune homme entend continuer dans cette veine prudente. Tous ses chefs – Manuel, Passy et Brossolette – ont tenu à courir les mêmes risques que leurs subordonnés sur le terrain ou que les résistants de l'intérieur. Ce sont des fous. Des fous, oui. Montrouve, lui, est un sage.

Et Moulin, tiens, un préfet de carrière qui a rang de ministre et préfère jouer les clandestins. D'après le dossier que Gobelin a consulté la veille, le délégué du Comité national français sait, il est vrai, à merveille s'adapter à ce mode de vie assez particulier. Existence militante, excitante, trépidante mais trop dangereuse Car les Boches veillent. Quand parviennent à Londres les nouvelles de plus en plus fréquentes des réseaux démantelés, des résistants arrêtés, torturés, mutilés, fusillés, Montrouve frissonne. Il sort, c'est son boulot, un dossier, raye un sigle, un pseudonyme, rectifie un organigramme et se dit que le métier d'agent sur le terrain n'est décidément pas fait pour lui. Mieux vaut finasser avec le captain Mortimer et ses semblables, accueillir les nouveaux arrivants, raccompagner à l'avion ou au bateau les candidats au martyre, libeller des rapports de sa plume élégante de secrétaire administratif puis chercher l'âme sœur dans les night-clubs favoris des auxiliaires féminines. Elles ont du savoir-faire, les veuves de guerre anglaises. Sans compter quelques jolies Américaines pas très dessalées qui commencent à arriver.

– Bien, reprend-il d'un ton patient. Votre réseau, donc…

En bras de chemise et bretelles, Gautremont allume sa cigarette. Une anglaise, comme d'habitude ; les prises de guerre ont toujours meilleur goût.

– Qu'est-ce qui s'est passé ? hurle-t-il, soufflant rageusement la fumée au visage de Gu.

Mal dans ses chaussures en box-calf marron clair, le truand tangue d'un pied sur l'autre tel un gamin grondé par son instituteur.

– C'est pas d'not' faute, patron. On a suivi vos consignes à la lettre mais ces types-là sont des as dans leur genre.

– Des as, répète !

– Un vrai travail de professionnel, patron. La nana, on la lâchait pas d'une semelle. Elle est rentrée dans son immeuble. On l'a suivie jusqu'au palier. Elle s'est enfermée à double tour dans l'appart. Nous, on est redescendus dans la rue se mettre en planque. De la bagnole, on voyait ses fenêtres. À onze heures et quart, la lumière s'est éteinte.

– Et vous vous êtes endormis, comme des bœufs que vous êtes ?

– Pas endormis, assure Gu. Deux flics sont passés. Ils ont demandé ce qu'on foutait là. « Police allemande, dégagez », qu'on a répondu en montrant nos cartes. Les poulets, ces cons, se sont mis au garde-à-vous. Ils ont enfourché leurs bicyclettes avant de débarrasser le plancher. Selon moi…

– Parce que tu raisonnes, Gu, maintenant ! Et qu'est-ce qui s'est passé selon toi ?

– Ben, j'crois que c'est à ce moment-là que les types ont dû se faufiler dans l'immeuble de la fille. De toute la nuit, j'vous jure, on a pas fermé l'œil.

Gautremont tape du poing sur la plaque en verre qui recouvre son bureau.

– Gros malin ! Comment ils sont ressortis, alors, tes mecs ?

Gu interrompt sa danse de Saint-Guy pour fixer compulsivement l'extrémité arrondie de ses chaussures.

– Pas la moindre idée, patron. Au matin, le Nantais est allé prendre son café au bistrot et moi, j'suis resté en planque. Après, on a fait l'inverse. Bref, pas une seconde sans guetter. C'est vers midi que j'ai commencé à m'inquiéter. J'suis grimpé là-haut, et comme j'ai un double des clefs, j'ai ouvert. La fille était morte, allongée par terre.

– Morte comment ?

– Étranglée, patron.

Songeur, Gautremont se carre dans son fauteuil, inhale une nouvelle bouffée, puis une autre.

– Mais quelle bande de tarés ! On tenait une piste et maintenant, on n'a plus rien. Si Paulo le Moko était là encore, mais j'ai eu la mauvaise idée de l'envoyer à Marseille. Fais-moi penser à le rappeler *fissa*.

– Oui, patron, glapit Gu, pressé de se racheter.

Gautremont renverse le haut de son corps sur le dossier du fauteuil en cuir.

– C'est peut-être toi qui as raison, après tout. Ils sont forstiches, ces mecs.

– Et moi, ajoute-t-il après réflexion, je vais me les payer comme ils se sont payé cette pauvre conne.

Gu garde le silence. Avant qu'elle passe aux aveux, c'est vrai qu'il a fallu la travailler au corps, la fille. D'abord, elle a tenu. Puis d'un seul coup, elle s'est effondrée. Sauf qu'elle n'avait pas tout dit, loin de là. Sauf que Gautremont, comme à son habitude, s'était mis dans l'idée qu'avec le temps et beaucoup de diplomatie, on lui ferait tout sortir. Sauf que le temps, ben on l'a pas eu.

Chapitre 20

Avril 1943

Agenouillé, Hiégel n'espère plus l'absolution. C'est auprès du père Lochard qu'il a choisi d'aller à confesse. Le supérieur du couvent des Frères prieurs peut seul comprendre les motifs qui l'ont poussé lui, un chrétien, un catholique, à s'octroyer le droit de faire justice pour la survie de tous ses camarades de réseau.

– Mon fils, dit Lochard, les voies du Seigneur sont impénétrables. Il a cru bon de tolérer l'hitlérisme et son cortège d'inhumanité, Vichy et son effondrement moral mais, en même temps, il a cru bon de préserver la Grande-Bretagne de l'invasion ; il a cru bon qu'une voix se lève à Londres pour incarner la France ; il a cru bon de faire survivre l'Union soviétique athée dont les dirigeants traquent les prêtres, les enferment dans des camps et les massacrent mais dont l'armée résiste à la Wehrmacht ; il a cru bon que l'Amérique reste debout après Pearl Harbor, qu'elle tienne tête aux Japonais, qu'elle entre en guerre contre l'Axe ; il a cru bon que le débarquement allié en Afrique du Nord réussisse ; qu'une nouvelle armée française se forme là-bas pour sauver notre honneur et voler à notre secours.

– Mais pourquoi nous impose-t-il cette boucherie sans visage ? Pourquoi faire de moi un assassin ?

– Si je connaissais la réponse, mon fils, je serais Dieu lui-même. Qui a tué par l'épée périra par l'épée, mais moi qui Le sers aujourd'hui, je portais hier l'uniforme, et j'assassinais mes semblables comme vous avez tué cette malheureuse.

– En avais-je le droit, mon père ? Je n'ai agi que pour notre sécurité à tous.

– L'épreuve est terrible, je sais, mais il faut garder la foi. La France survivra. En tant que prêtre, je ne peux que réprouver votre acte. En tant qu'ancien officier, je le comprends car cette guerre n'a plus rien d'humain. Priez, mon fils.

– Vous ne pouvez m'absoudre ? mon père.

La voix du religieux se fait plaintive.

– Pas un meurtre. Seul Lui le peut ! Chaque nuit, mon fils, je revois en cauchemar les visages de ceux que j'ai tués voilà vingt-cinq ans, leurs yeux pleins de frayeur ; j'entends leurs cris de douleur ; je vois leur sang couler. Lui seul peut pardonner. Je prie, priez mon fils, priez…

Hiégel baisse la tête. S'il survit, il portera des années durant la croix du meurtre de Lisette Gilmont.

L'œil égrillard, Émile Nordmann se retourne pour admirer la silhouette et les jambes passées à la teinture de la jolie voyageuse aux cheveux châtains qui vient de dégringoler de l'autobus, juste derrière lui. Son regard insistant la suit et balaye la rue – c'est le vrai but de tout ce manège – pour vérifier que personne ne l'a suivi.

Tandis que l'inconnue s'éloigne à grands pas, le résistant, rasséréné, remonte le col de sa veste. Depuis six mois, les membres du réseau Bucéphale évitent, c'est la consigne, d'emprunter le métro, où les contrôles s'intensifient. Le bus et la marche à pied sont plus sûrs. Peu avant son départ pour Londres, Hélène s'est même acheté une bicyclette. Flics de Vichy et soldats allemands admirent les jambes qu'elle leur offre en spectacle et en oublient de lui demander ses papiers. Quant aux documents du réseau, Pénélope les roule à l'intérieur du cadre de ce vélo d'un beau bleu ciel, juste sous la selle.

Devant l'église de la Madeleine, Yvonne est là, fidèle au poste. Deux jours qu'ils ne se sont pas vus, le temps de s'habituer à leurs nouvelles conditions d'existence intégralement clandestines. Un ami du père d'Émile lui a procuré une chambre de bonne au dixième étage d'un immeuble voisin de la place de la République construit, comme l'atteste le papier à en-tête affiché sur le tableau de la loge de concierge, par la coopérative ouvrière L'Avenir du prolétariat. Le couple pourra s'y abriter sans confort – la pièce est minuscule – mais dans une sécurité relative. Ça changera Yvonne de la piaule de son ancienne collègue de travail où elle s'est planquée jusque-là. L'endroit était sympathique, bien situé, mais sa malheureuse hôtesse crevait littéralement de peur. Un jour ou l'autre, elle aurait craqué.

Dès qu'il s'approche, Émile comprend qu'il se passe quelque chose. Yvonne est inhabituellement pâle, elle qui d'ordinaire arbore un teint plutôt rubicond de fille bien en chair, bien dans sa peau, sexuellement rigolarde et sentimentalement attachante. Et là oui, on dirait presque qu'elle va tomber dans les pommes.

– Qu'est-ce qu'il y a ? demande d'une voix sourde l'employé municipal en cavale.

– Il l'a tuée !

– Quoi ?

– Léon... Il a tué Lisette ! Il est parvenu à se faufiler dans l'immeuble par une sortie de derrière que les types de Gautremont n'avaient pas repérée. Et là, avec son écharpe ...

Elle fait le geste de donner un coup sec avec les deux mains. Émile pâlit à son tour.

– Mais il est dingue, ce mec ! Lisette, on n'avait pas le droit de la tuer comme ça... il fallait attendre Hélène et Vincent, je ne sais pas, moi !

Yvonne attrape la main de son amant, elle la serre. La sienne aussi est glacée. Avec Lisette, c'est tout un pan de leur passé commun qui s'évanouit dans un arrière-goût d'échec. Quand on se battait pour aider les copains du POUM, c'était comme si on importait en France un peu de leur soleil d'Espagne mais aujourd'hui, la vie clandestine semble revêtir la froideur de la mort. Tuer ceux qui ont faibli pour ne pas être tué : c'est simple. Et si Léon avait raison ?

Désemparé, Émile prend Yvonne par l'épaule et la serre contre lui.

Gautremont se verse une petite rasade de cognac. Le mercenaire de l'Abwehr boit avec modération, et toujours d'excellents alcools. Mais là, son instinct le lui souffle : l'assassinat de cette fille, cette Gilmont, a quelque chose de beaucoup plus inquiétant qu'une blessure d'amour-propre. Du coup, il mesure la dose un peu moins chichement.

Impossible de faire confiance aux Allemands, ni même à ses propres hommes. Que faire de types qui ne pensent qu'à leurs « primes de rendement » : deux cent cinquante francs par tête de réfractaire au travail obligatoire, le STO, arrêté ; quatre cents francs pour un juif ; variable selon l'importance pour un résistant. Des abrutis qui ne se rendent même pas compte qu'avec leur fixe de six mille balles mensuels, ils sont déjà largement au-dessus du tarif habituel des auxiliaires français officiels de la police allemande.

La solitude, Gautremont en crève et au contraire de ses ennemis de la Résistance, pas la moindre chaleur humaine pour l'atténuer. Rien qu'une femme et des enfants qu'il tient soigneusement à l'écart de ses activités. Léonie Dambris sait que l'homme de sa vie travaille avec les Allemands mais uniquement, croit-elle, dans le domaine commercial, son métier de base…

Gautremont ricane. Quatre ans au service de l'Abwehr lui ont ôté toute espèce d'illusion. Pas plus tard qu'hier, il a personnellement mené une rafle histoire de se dégourdir un peu les jambes. L'appartement visé abritait deux couples de médecins juifs, leurs enfants et leur viatique : quelques billets, quelques napoléons en or, quelques bijoux, quelques vêtements. Affaire facile sur dénonciation d'une voisine.

Tandis que ses hommes poussaient sans ménagement les israélites dans l'escalier, la délatrice, une quadragénaire au visage bouffi, l'a tiré par la manche. Elle voulait lui parler en privé.

– Monsieur, vous avez vu : elle a un manteau de fourrure, cette youpine ! Un peu usagé, mais j'ai été couturière, je saurai bien le rapetasser.

– Est-ce que je pourrais l'avoir ? a-t-elle ajouté, l'air gourmand.

Gautremont n'est pas spécialement antisémite, il est contre l'être humain en général quel qu'en soit le pays, quelles qu'en soient les croyances, quelle qu'en soit la religion. La femme voulait le manteau ? Va pour le manteau. On le lui a donné. Courbée en deux, elle l'a remercié obséquieusement.

Aigreur à l'estomac. Il se gratte le menton. Ça ne va vraiment pas, cette histoire Gilmont…

Chapitre 21

Mai 1943

Le mal du pays, déjà.

– Il me tarde de revenir en France, lâche Hélène, nue à califourchon sur une chaise dans la chambre londonienne qu'elle partage avec Vincent. Ça fait trop longtemps que nous sommes ici à subir les cours en clandestinité de ce Gobelin, un bellâtre pontifiant qui n'a jamais mis les pieds en France occupée ! Moi je dis : un lâche…

– Tu exagères ! Il faut bien que quelqu'un reste à Londres pour veiller sur les dossiers. Quant à la lâcheté, n'oublie pas comment la propagande de Vichy présente de Gaulle : « le général Micro », un déserteur, un planqué…

Haut-le-corps d'Hélène dont le doigt, pointé sur Vincent allongé en chien de fusil sur le lit, s'agite frénétiquement :

– Tes réserves sur le général… pas au point de reprendre ces saletés à ton compte, tout de même ?

– Bien sûr que non, proteste l'avocat.

Se redressant, nu lui aussi, il s'assoit sur le bord du sommier.

– L'homme est grand, cela ne fait aucun doute. Mais, excuse-moi cette comparaison de rugbyman, il a tendance à jouer perso. On croirait que la France entière procède de lui seul, que nous, la Résistance intérieure, nous comptons pour du beurre. On dirait que les Français eux-mêmes…

– Les antigaullistes de Londres racontent que le général aurait l'âme d'un dictateur. Pourquoi pas un deuxième Hitler tant qu'ils y sont ? D'autres, qu'il se prendrait pour

Jeanne d'Arc. Sans compter ceux qui confondent le BCRA et la Gestapo ! Qu'en savent-ils de la Gestapo ? La Résistance a besoin d'un chef, et ce chef, c'est de Gaulle. Tu vois d'autres candidats ?

Ce n'est pas la première fois que le couple discute du général, pas la première fois non plus qu'Hélène et Vincent campent sur deux positions bien différentes.

Séduite lors de leur entrevue par le charisme froid mais puissant qui émane de l'exilé, son envergure, ses certitudes, Pénélope estime qu'à présent, il faut se ranger sans réticence sous sa bannière à croix de Lorraine. Un choix irréversible tant de Gaulle lui apparaît désormais comme l'homme du destin.

Vincent demeure plus réservé. Il préférerait quelques garanties. De Gaulle se réclame de la république, mais celle-ci ne peut être qu'un régime démocratique représentatif. En aucun cas le *leadership* sans contrepoids d'un personnage, fût-il d'exception. Sans compter cette querelle avec Giraud, toujours en suspens…

L'avocat apprécie beaucoup Brossolette, drôle et chaleureux ; moins Passy, trop distant, ou Manuel. N'empêche qu'un esprit de chapelle lui semble régner au sein du BCRA. C'est déplaisant, c'est même inquiétant.

Une fois à Paris, conclut-il, on avisera avec Théodore, Léon, Yvonne et Émile. Car las de la vie de troglodytes qu'ils mènent ici, Vincent et Hélène s'accordent sur ce point : l'un comme l'autre brûlent de regagner la France.

– Petit Paul te manque ? devine l'avocat.

– Oui, souffle la jeune mère qui, abandonnant sa chaise, vient s'asseoir à ses côtés et se blottir dans ses bras.

– C'est bête, remarque-t-elle. Peut-être sommes-nous en train de vivre les jours les plus heureux de notre vie, mais il y a aussi cette impression de tourner en rond comme des ours dans notre cage dorée. Ça me déprime, et pourtant, je suis avec toi, je suis bien, nous respirons, nous faisons l'amour.

Il lui caresse doucement les cheveux.

– Mon père me racontait la même chose de la Grande Guerre. Pendant des jours, ils rêvaient de leur prochaine permission à l'arrière mais passé les premières heures de retrouvailles, ils se sentaient étrangers à ce monde trop tranquille. Peut-être avons-nous tout simplement besoin de remonter en ligne, nous aussi.

– Peut-être. Mais je parlais de faire l'amour. On pourrait recommencer…

Elle l'embrasse sur le front puis sur les lèvres.

Dès l'annonce de la mort prématurée de Lisette Gilmont, Kraus s'était effondré. Mais la vie réserve bien des surprises et maintenant, il reprend espoir. À défaut d'apporter bientôt à ses chefs la tête de Bucéphale, il va leur fournir sur un plateau celle d'un officier allemand félon.

Comme toujours, c'est Gautremont qui lui a apporté « l'affaire » sur un plateau… un capitaine de la Wehrmacht qui fréquente le Kama-sutra pour s'y procurer de la drogue. Camé jusqu'au dernier degré, cet officier du génie militaire s'est déclaré prêt à vendre – très cher – quelques cartes classées secret. Elles mettent en évidence l'emplacement de *blockhaus* en construction du mur de l'Atlantique. La confidence n'est pas tombée dans l'oreille d'une sourde mais dans celle de la sous-maîtresse du bordel de luxe, elle-même informatrice du chef de la PEFA.

Kraus voulait procéder immédiatement à l'arrestation du traître. Gautremont, souriant, lui a suggéré une autre technique… et profité de l'occasion pour passer du vouvoiement au tutoiement.

– Quelle preuve fournir ? La parole d'une sous-maîtresse contre celle d'un aristocrate prussien ! Il y a mieux, crois-moi. Un de mes hommes va accrocher le type en se faisant passer pour un résistant. Toi, tu vas contacter la III-f en leur demandant de mettre un de leurs meilleurs officiers de contre-espionnage sur le coup. Tu connais le salon oriental ?

Kraus a hoché piteusement la tête : les murs couverts de Chinoises dans diverses postures sexuelles à deux, à trois ou à quatre en compagnie de jeunes amants aux yeux bridés et même d'un dragon crachant le feu et muni d'un sexe énorme, le salon oriental est l'un des lieux les plus prisés du Kama-sutra. Le capitaine s'y était déjà rendu à plusieurs reprises, et pas seul...

– Sais-tu qu'il est sonorisé ?

Kraus a rougi comme une pivoine. Sonorisé, le salon oriental ! Mais alors Gautremont...

– L'ancien patron avait fait poser des micros, a repris le truand avec un bon sourire de maître chanteur. De temps à autre, il se repassait les bandes enregistrées, et ça lui donnait du cœur à l'ouvrage. La nouvelle direction a continué à toutes fins utiles. Tu n'ignores pas que madame Suzanne est une de mes excellentes amies. Elle va se faire un plaisir de mettre le salon et son équipement à ma disposition.

L'œillade qu'il a décochée à Kraus était lourde de sous-entendus.

– Ce ne sera pas la première fois, n'est-ce pas... Bref, toi et ton collègue de la III-f vous vous n'aurez qu'à vous installer dans la pièce à côté, là où il y a le magnétophone. Mon gars fera semblant de négocier, il demandera tout un tas de précisions et von Hasberger, c'est le nom du traître, se démasquera lui-même.

Voilà pourquoi Kraus et le lieutenant Remer, le jeune qui monte à la III-f, la section de contre-espionnage de l'Abwehr, sont assis, sérieux comme deux papes, devant le magnétophone mouchard du Kama-sutra en compagnie de Gautremont, beaucoup plus détendu. Maître du jeu, il tient non seulement Hasberger mais aussi Ulrich Kraus qui, pris dans ses rets, ne pourra jamais plus s'en dégager. Et avec un peu de chance, Remer lui-même.

– Puisque nous sommes d'accord sur le prix, mon capitaine, reste à examiner les conditions de la livraison, lance la voix ferme de Plantel. Revenu d'urgence de Marseille à la demande de Gautremont, le gangster résistant a décidé, en l'absence de Noroit, de saisir au vol l'offre du chef de la PEFA. Piéger un officier chleuh tout en gagnant définitivement la confiance de Gautremont, quoi de plus séduisant ? D'autant que sa discussion exploratoire avec Hasberger lui aura permis de glaner au passage quelques renseignements non négligeables…

– Les conditions, comment cela ? demande Hasberger, dont l'excellent français se charge d'un accent germanique assez fort.

– Les plans que vous venez de me montrer, il faudrait que je puisse les garder quelques jours, le temps d'en tirer des copies.

– Non, cher monsieur. Vous avez l'argent, j'ai les documents. Nous faisons l'échange tout de suite et après, nous ne nous connaissons plus.

– Mais on va s'apercevoir que les plans manquent à l'appel. La Gestapo vous demandera des comptes…

– Si je devais craindre quelque chose, je le craindrais plutôt de la Feldgendarmerie ou de l'Abwehr. Mais il se trouve que je ne crains rien du tout.

– Ah non ?

– Rien du tout parce que dès mon retour, je mettrai le feu à mon bureau. Il y a une très belle cheminée et un feu de bois… J'appellerai au secours, mais trop tard, vous comprenez ? Alors les plans, dommage, très dommage. Tant pis pour les plans !

Hasberger n'aura pas le temps d'en dire plus. Pistolet Luger au poing, Remer et Kraus font irruption dans le salon oriental. Les deux compères jubilent : Remer parce qu'il vient de réussir un coup d'éclat qui lui vaudra certainement du galon, et Kraus parce qu'à l'origine de l'arrestation du traître, il échappe provisoirement aux soupçons qui pèsent sur lui depuis le passage d'Hermann aux Soviétiques.

La veille, Gobelin a dragué dans un dancing une jeune WACS, une auxiliaire féminine de l'échelon précurseur de l'US Air Force en Grande-Bretagne, qui l'a changé agréablement des WAAF, les homologues anglaises de cette plantureuse Texane. Satisfait de ses prouesses nocturnes, voilà le lieutenant d'excellente humeur.

– Récapitulons, dit-il. Un, vous avez signé votre engagement dans la France combattante, ce dont je me félicite. Déjà gaullistes de fait, vous devenez gaullistes officiels. Je vous rappelle qu'aux termes du décret 366 du 25 juillet dernier, il faudra désormais classer les membres de votre réseau selon leur degré d'activisme. O pour les Français combattants en territoire non libéré n'ayant qu'une activité de résistance occasionnelle. P 1 pour ceux qui ont une activité continue de Résistance mais exercent toujours leur profession – c'est votre cas à vous, Hélios. P 2, enfin, le cas échéant pour ceux qui travaillent exclusivement pour la Résistance, les clandestins intégraux si vous préférez. Pour l'instant, il n'y en a pas chez vous mais ne vous inquiétez pas, ça viendra vite…

Deux, nous avons aussi réglé les questions d'argent : l'allocation du réseau Bucéphale vous parviendra désormais chaque mois par les voies que nous avons définies ensemble.

Trois, la formation aux techniques radio et au chiffrage que vous avez reçue est certes sommaire, mais suffisante dans la mesure où vous allez repartir, Hélios, en compagnie d'un opérateur compétent, Eson. Les conditions du retour ne vous posent pas de problème ?

– Pas spécialement, répond Vincent. Pour diviser les risques en deux, je serai transporté en avion avec Eson, tandis que Pénélope rentrera, elle, le même jour, mais par voie maritime.

– Un poste radio dédié spécifiquement à un réseau, c'est rarissime, vous savez, explique le lieutenant. D'habitude, plusieurs réseaux passent leurs messages à une centrale unique qui nous les transmet. Je ne vois pas ce que vous avez pu faire à Passy et aux Anglais pour qu'ils acceptent de vous détacher Eson et son émetteur…

Le planqué de Duke Street ne ment pas ; il ignore tout des tractations franco-anglaises qui viennent de déboucher sur cette solution technique. Le décryptage partiel de la machine à crypter allemande Énigma est plus que top secret, c'est secret total, secret absolu. De Gaulle ne savait rien jusqu'à ce que Passy et Brossolette, mis au courant par Bucéphale, lui rapportent cette information capitale. Mais dans la France combattante, personne d'autre n'est au courant. Pas même Manuel dont la discrétion est pourtant légendaire et que les deux autres chefs du BCRA, sécurité et rivalités obligent, se sont fait un plaisir de maintenir à l'écart.

Plus que secret... Mortimer et ses supérieurs auraient bien voulu mettre Vincent et Hélène sous clef jusqu'à la fin de la guerre, mais puisque les autres dirigeants de leur réseau sont paraît-il au courant, le bon sens a prévalu. Les deux amants ont tout de même dû jurer qu'ils mettraient eux-mêmes fin à leurs jours plutôt que de prendre le risque de parler. Chacun d'entre eux, c'est prévu, se munira de plusieurs capsules de cyanure prêtes à l'emploi. Les dents n'en ont pas moins grincé très fort chez Stewart Menzies, *alias* « C », le chef du Secret Intelligence Service, et son adjoint le machiavélique Oncle Claude Dansey, maître d'œuvre de tous les coups tordus destinés à intoxiquer les dirigeants du IIIe Reich. Dieu, que la guerre secrète serait jolie s'il n'y avait pas ces Français arrogants comme de Gaulle, hypocrites comme Passy, caustiques comme Brossolette et incontrôlables comme les dirigeants de ce damné réseau Bucéphale !

Faute de les tenir dans la main, au moins s'efforcera-t-on de savoir ce qu'ils mijotent. Les Anglais contrôlent tout le trafic radio entre la France occupée et leur pays ; ils connaissent tous les messages échangés entre la Résistance et la France combattante comme ils possèdent la maîtrise des opérations aériennes et maritimes avec le continent. En accord avec le BCRA, ils ont décidé d'imposer à Bucéphale des conditions de sécurité draconiennes. Celles que Montrouve, jonglant sans se troubler avec la mort des autres, expose maintenant à Hélène et Vincent :

– Merci à vous d'avoir fait enregistrer vos camarades de réseau auprès de la France combattante. Tous ceux que vous nous avez signalés disposent maintenant d'un numéro matricule. Ils s'en fichent comme d'une guigne, j'imagine, mais en cas de malheur, ils ne finiront pas oubliés et ignorés. Même sans uniforme, ce sont désormais les combattants d'une armée. J'en viens maintenant à une dernière mesure que nous suggérons.

Muets, Pénélope et Hélios le laissent poursuivre.

– De temps à autre, il est bon de changer tous les pseudonymes d'un réseau. Ça évite les habitudes, les automatismes de langage toujours dangereux. Surtout, ça désoriente l'ennemi qui met du temps à s'y retrouver.

– Qu'en penses-tu ? demande Hélène en se tournant vers Vincent.

L'avocat la regarde, impassible.

– On verra sur place.

– C'est aussi mon avis.

Dans son sous-main, plusieurs feuilles de papier blanc attendaient déjà une liste exhaustive de nouveaux pseudos : désappointé, Montrouve fait contre mauvaise fortune bon cœur.

– Pensez-y sérieusement. Passy a insisté : il tient tout spécialement à la bonne marche de Bucéphale. Si vous pouviez me remettre cette liste demain, quand je passerai vous chercher, ce serait bien. Vous avez noté l'heure ?

– Tout est noté, lieutenant. À demain, laisse simplement tomber Hélène…

Ils n'auraient jamais dû mais au diable la sécurité, au diable Passy, Brossolette, Manuel, Gobelin, Mortimer ! Au diable le BCRA, l'Intelligence Service, la guerre ! Pour leur dernière soirée londonienne en tête-à-tête, Hélène La Granière et Vincent Noroit font la « planque » buissonnière. Profitant du départ inopiné de leur ange gardien britannique, convoqué d'urgence par ses chefs, les deux Français ont quitté leur chambre en catimini. Au fond du couloir, le planton, un gamin, ronflait en somnolant. Hélène a entraîné son compagnon. Sans bruit, les amants ont ouvert la fenêtre à guillotine qui donne sur la cour. Le sol un mètre cinquante plus bas à peine... beaucoup moins difficile que de se faufiler dans la cabine d'un Lysander. Ils ont gagné par l'intérieur la porte de l'immeuble. La rue était vide. Main dans la main, ils ont détalé.

– Salut les amoureux, leur a lancé – en français – une prostituée qui arpentait l'avenue voisine à la recherche d'un client. Interdit, le couple a pilé net face à elle. Encore jeune et presque jolie, son visage est couvert d'une épaisse couche de fard.

– Française ? a demandé Hélène.

– Ça s'entend pas ? J'suis de Levallois, ma vieille. Et vous aussi, tous les deux, ça s'entend ! Z'êtes avec de Gaulle ?

– Oui, a avoué Vincent, las des précautions inutiles.

La fille a rit.

– Tu m'as l'air dans de bonnes mains, beau gosse... Sinon, je t'aurais volontiers fait la chose *gratis*. Pour les gars de De Gaulle, c'est gratis de toute façon. On est patriotes, nous les putes françaises de Londres ! Et toi, ma belle, garde-le en vie ton mec. Après la guerre, vous ferez des mômes ensemble. C'est pas ce con impuissant d'Hitler ou ce vieux gâteux de Pétain qui vont nous pourrir la vie, quand même...

– J'ai déjà un petit garçon.

– Merde, comme moi ! S'appelle comment ?

– Paul.

– Moi, c'est John parce que je l'ai eu avec un *British* qui s'est fait la cerise.

Ils ont parlé un instant dans la nuit. De tout, de rien, de la vie, d'une certaine fille qui, à Paris, ouvrait ses cuisses aux Allemands et renseignait la Résistance. La péripatéticienne française de Londres s'appelait Marie. C'est elle qui leur a indiqué le chemin du *Boeuf qui rue*. Ils viennent d'en sortir et là, cinq cents mètres plus bas, cette enseigne lumineuse :

– *Au Sire de Framboisy*, cabaret français. On peut encore y trouver du bon vin, rigole Vincent.

– Comment tu sais ça, toi ?

– Secret. Tout est secret, ici.

– Et ça aussi ?

Elle l'embrasse. Ils rient de plus belle, et bras dessus, bras dessous, poussent la porte de l'établissement.

À l'intérieur, les uniformes pullulent au milieu de la fumée des cigarettes. Des aviateurs, des marins, des fantassins, des parachutistes SAS, des commandos, tous jeunes, tous membres des Forces françaises combattantes. Quelques-uns arborent des moustaches en forme de guidon de vélo à la mode britannique ; d'autres des colliers de barbe ; les derniers, plus nombreux, un visage entièrement glabre.

– Ho ! ho ! mais on dirait que voici de nouvelles bobines ! s'écrie un aviateur, plus intéressé toutefois par celle d'Hélène que par celle de Vincent.

– Français ? s'enquiert-il.

– On ne peut rien vous cacher, répond la jeune femme, souriante. Vous qui connaissez l'endroit, lieutenant, qu'est-ce qu'ils ont de bon à boire, ici ?

– Plus d'eau de Vichy : on l'a toute fichue dans le caniveau ! Il leur reste quelques bouteilles de bourgogne. Je vous en offre une.

L'aviateur se tourne vers le barman, français aussi, bien sûr.

– Jules, sors une boutanche de ton bourgogne pour la petite dame et le monsieur. Tu mettras ça sur mon compte.

– De passage à Londres ? demande un sous-officier de paras.

– Oui, mais nous repartons bientôt.

– N'en dites pas plus, j'ai pigé. Eh bien merde, ça fait plaisir ! Les gens de la Résistance, on en entend beaucoup parler mais moi, j'en avais jamais vu. À croire qu'on nous les cache…

– Et qui vous dit que nous faisons partie de la Résistance ?

– Mon petit doigt, et il se trompe pas souvent, parole de chasseur parachutiste, trente-sept sauts, deux citations, une médaille militaire dans les corps francs, une *Military Cross*.

Dans le fond de la salle, un jeune enseigne de vaisseau s'est installé au piano. Vincent remplit les verres et commence la distribution.

– Eh ! Hitler, tu viens boire un coup, c'est gratuit ! crie l'aviateur.

Le béret vert passé dans une patte d'épaule de son blouson kaki, un sergent-chef tout râblé des commandos de marine bondit comme un diable jaillissant d'une péniche de débarquement.

– Hittler avec deux « t », mademoiselle, précise-t-il, pas comme l'autre ! J'suis de Colmar.

– Quand même, un nom pareil, tu pourrais changer !

– Il a raison, tu pourrais changer, Hittler, quand même !

Le petit sergent-chef bombe le torse, qu'il a très large :

– C'est pas à moi de changer de nom, pourquoi je changerais de nom ? C'est à lui !

Éclat de rire général. Hélène songe à la mine de l'officier de sécurité anglais quand il se rendra compte que ses protégés lui ont faussé compagnie.

– Passons aux choses sérieuses, lance le para. À quoi on trinque ?

– Aux jolies femmes, réplique Hittler avec deux « t ». Z'êtes de Paris ?

– On ne peut rien vous cacher, répète la résistante.

– À Paris, alors, surenchérit l'aviateur. Paris sans les Boches !

– Sans alcool pour l'instant, plaisante Vincent. Mais celui-là, au moins, ils ne l'auront pas !

Le bourgogne londonien a décidément meilleur goût que la piquette que servent les bistrotiers parisiens.

– Merde aux Boches et vive de Gaulle ! beugle un fusilier marin chauve, barbu et déjà un peu ivre.

L'assistance reprend en chœur. Le pianiste joue les premières mesures de *Tout va très bien, madame la marquise.* Ses voisins fredonnent l'air, marquant le rythme avec leurs doigts ; quelques-uns chantent à mi-voix. Prêts à sauter sur la moindre chose qui peut leur rappeler le pays, un verre de vin, les paroles d'une ritournelle, les affiches d'avant-guerre placardées au mur, ces exilés ont quelque chose d'attendrissant. Mais la France qu'ils imaginent dans la nuit londonienne n'a rien à voir avec la France qui vit et qui souffre sous la botte de l'occupant. Elle est beaucoup plus belle. Une France comme dans les rêves.

Rêver ? Ce n'est pas si mal. Vincent et Hélène se laissent porter. Pour leur payer le coup, les gars se battraient presque.

– Mademoiselle, dit un deuxième aviateur (ça ne lui vient pas à l'idée que cette jeune femme pourrait être veuve de guerre, mère d'un enfant et codirigeante d'une organisation clandestine détentrice d'un des plus grands secrets alliés), je parie que vous avez une belle voix.

– Ma foi, je reste plutôt douée en solfège ; l'éducation des bonnes sœurs a du bon…

– Vive les bonnes sœurs ! Vous chantez avec nous, alors ?

– Où ça ?

– À côté du piano. L'artiste, c'est mon frangin.

– Va pour le frère et le piano.

Hélène attrape Vincent par la main, gagne avec lui le fond de la salle. Une dizaine de soldats des trois armes entourent le musicien. Les airs se succèdent… *Avoir un bon copain… Avec les pompon, avec les pompiers… La Java bleue.*

Le pianiste attaque la *Marche lorraine.* La voix d'Hélène mène le chant.

« En passant par la Lorraine
Avec mes sabots
En passant par la Lorraine
Avec mes sabots
Rencontrai trois capitaines
Avec mes sabots dondaine
Oh ! Oh ! Oh !
Avec mes sabots. »

Au deuxième couplet, le ton monte. Elle est loin, la Lorraine dont le gaullisme a emprunté la croix pour s'en faire un symbole. Loin, le pays natal – un, deux, trois ans que ces soldats ne l'ont pas vu, à l'exception de deux évadés d'Espagne débarqués voici quinze jours *via* l'Afrique du Nord.

« Rencontrai trois capitaines
Avec mes sabots
Rencontrai trois capitaines
Avec mes sabots
Ils m'ont appelé vilaine
Avec mes sabots dondaine
Oh ! Oh ! Oh !
Avec mes sabots... »

La main d'Hélène presse celle de Vincent. Autour d'eux, des yeux s'embuent. C'est comme si l'on n'était plus dans ce cabaret londonien mais loin, très loin dans une France parfaite avec ses mères, ses sœurs, ses fiancées, ses clochers d'église, ses bistrots du coin, ses champs de blé, ses rivières, ses boulevards, ses ruelles, ses toits de tuile ou d'ardoise.

Le petit sergent-chef des bérets verts chante aussi faux qu'une casserole mais il y met du cœur. Une petite larme coule sur sa joue. Le para, qui vient de Grenoble, a cessé de rouler des mécaniques. L'aviateur, un Normand, rêve à la fille des concierges, avec ses airs prometteurs et ses longs cheveux bruns. Brestois, le marin a la nostalgie des méandres de la rue de Siam où il traînait tout gosse, au milieu des cafés pas trop bien famés et des femmes de mauvaise vie.

« Un bouquet de marjolaine
Un bouquet de marjolaine
Je l'ai planté sur la plaine
Je l'ai planté sur la plaine... »

Les mains de l'enseigne de vaisseau courent sur les touches de son instrument. Les voix grimpent au plafond. Le béret vert n'est plus seul à se laisser aller ; d'autres larmes coulent sur d'autres joues. Avant que la France redevienne un pays libre, beaucoup de ces jeunes gens seront tombés. Mais là, pleins d'espoir, ils chantent.

« S'il fleurit, je serai reine
Avec mes sabots
S'il fleurit, je serai reine

Avec mes sabots
S'il y meurt j'y perds ma peine
Avec mes sabots dondaine... »

Chapitre 22

Mai 1943

Étiquettes, billets, pièces de monnaie, marques diverses, papiers en tout genre, factures, notes de teinturerie : rien n'échappe aux yeux marron foncé de Melanie Boughton. Un radar monté sur pattes, cette quadra revêche à la limite de l'obésité. Suffoquée par l'imprudence criminelle d'Hélène, Mrs Boughton a commencé par lui brandir sous le nez une coupure de dix francs usagée.

– Ce numérooo de téléphone, hein, c'est un aide-mémôôire ?

– Quel numéro ? s'étonne la résistante.

– Ne faaââites pas l'innocent. Celui-ci, bien soûr ! Regardêêz…

Boudiné et accusateur, le doigt de l'Anglaise désigne un coin du papier-monnaie. C'est pourtant vrai qu'elle y trône en évidence, cette série de trois lettres majuscules, les premières du central téléphonique Provence, et de quatre chiffres griffonnée par on ne sait quelle main. Dangereuse pour Hélène car susceptible d'attirer l'attention d'un policier français ou allemand lors d'un de ces contrôles qui se multiplient. Dangereuse pour le détenteur de la ligne téléphonique aussi puisqu'en cas d'arrestation de Pénélope, le malheureux se trouverait mis en cause dans les activités du réseau Bucéphale.

On ne badine pas avec la sécurité. D'un air pincé, Mrs Boughton remplace immédiatement le billet fautif par une coupure vierge de tout signe distinctif qu'elle tire de sa pochette en cuir noir.

– Oune vrââi, insiste-t-elle.

La précision s'impose à l'heure où les services spéciaux de Sa Majesté commencent à inonder le marché hexagonal de faux billets destinés à financer certaines opérations de résistance et à ruiner un peu plus la confiance des Français dans Vichy.

Sous-lieutenant à la section française du SOE, Melanie Boughton porte l'uniforme aussi mal que possible mais aux yeux de ses supérieurs du Corps des ouvriers serruriers, c'est bien son seul défaut. Épouse d'un mécanicien de la Royal Air Force, Melanie enseignait jusqu'en 1939 la langue de Molière dans un lycée de Northampton, sa ville natale, à quelque cent vingt kilomètres au nord de Londres. La guerre lui a révélé sa vraie nature de femme sans tendresse, sans état d'âme et sans confiance aucune dans le genre humain. La perfection incarnée en matière de services secrets.

– Dans le poche de votree vêêste, j'âi trouvé céci, laisse-t-elle maintenant tomber d'une voix lourde de reproches.

« Céci » n'est rien d'autre que le dessin crayonné par Petit Paul sur un morceau de papier cartonné qu'Hélène conserve toujours sur elle. Le garçonnet a hérité des dons artistiques de son père : son chevalier combattant l'affreux dragon a l'air d'un vrai preux et son dragon d'une véritable bête féroce. Même sans détails superflus, Paul sait que sa mère affronte certains méchants dont il a deviné depuis belle lurette la tenue vert-de-gris.

Il en a connu des péripéties, ce dessin d'enfant ! Après l'avoir examiné d'un air soupçonneux, retourné dans tous les sens, scruté à contre-jour et même à la lueur d'une lampe, l'inquisiteur moustachu de Patriotic School le lui avait finalement rendu, attitude scandaleusement laxiste dont Melanie Boughton *alias* Mrs Security, son sobriquet au SOE, n'a aucune intention de se rendre coupable.

– C'est très dangeroo (passable en début de mot, l'accent de l'ancien professeur de français se dégrade toujours un peu en fin), assure Mrs Boughton. Si les Allemands vous prennent avêêc, ils peuvent vous faire le chantââge. Oun enfantt, ils savent ce que ça représent' pour oune fêmm…

Pas pour Mrs Security, dont le couple n'a jamais porté de fruits, mais la remarque, techniquement censée, procède d'une longue expérience. Les nazis possèdent l'art et la manière de détecter le point faible de leurs victimes, et chez une mère, ils le savent, chacun de ses enfants est son talon d'Achille.

– Redonnez-le-moi, exige Hélène d'une voix si forte que Melanie Boughton, interloquée, s'exécute sans attendre.

– Puis-je m'habiller, maintenant ? demande la résistante, pensive. Le temps que Mrs Security passe ses vêtements au crible, elle a dû rester en culotte et en soutien-gorge, et il commence à faire froid.

– Je désaprooove le dessin, mais vous pouvêêz, concède Boughton, soudain diplomate.

Soyez très attentive avec cette femme-là car c'est quelqu'un de très important pour nous, lui a ordonné le captain Mortimer, mais ne la prenez surtout jamais à rebrousse-poil. En principe, le capitaine n'a aucune instruction à lui donner car il appartient au Secret Intelligence Service, bras clandestin du Foreign Office, et non au SOE qui dépend d'un autre ministère, celui de la Guerre économique. Mais dans le cas précis, c'est lui qui mène, côté anglais, l'ensemble des opérations concernant le réseau Bucéphale. Discipline d'abord : Melanie a obtempéré.

Hélène enfile sa jupe, ses bas, un pull-over de laine et une veste imperméable. Tout a été taillé spécialement pour elle à la mode française par une petite main qualifiée, ancienne de la maison Molyneux. L'atelier de confection du Corps des ouvriers serruriers ne travaille que sur des matières premières *made in France*. Même les tissus proviennent de Paris.

On a fourni à la résistante un authentique chapeau signé Caroline Reboux, la modiste des célébrités. Avec son ruban jaune vif, le galurin est affreusement voyant ; Hélène pourra y cacher les messages qu'elle sera amenée à transporter. L'expérience et la lecture attentive d'Edgar Allan Poe ont en effet démontré aux spécialistes britanniques que plus un objet saute aux yeux, moins on pense à l'examiner de près. Un nazi soupçonneux fera fouiller une belle femme par une « souris grise », les auxiliaires féminines de la Wehrmacht. Rarement pensera-t-il en revanche à lui ordonner de désosser sur place un chapeau aussi coûteux.

Hélène est enfin prête. Justement, on frappe à la porte.

– Vous pouvez entrer, sir, dit Melanie Boughton d'une voix morne.

Un homme en pantalon et pull-over bleu foncé pénètre dans la pièce. Dans sa main, une casquette de lieutenant de vaisseau de la Royal Navy. Il est grand, mince, très beau. Et surprise, parle français sans la moindre trace d'accent.

– Bonsoir madame. Je ne pensais pas que ma passagère serait aussi jolie. Je suis le lieutenant de vaisseau Le Kvern.

– Le Kvern, mais alors, vous êtes…

– Un compatriote, oui, mais attention, je parle breton couramment.

– Et l'anglais ?

– Je ne m'en tire pas mal… Mon stage de six mois juste avant guerre dans un chantier naval près de Plymouth.

– Mais pourquoi la Royal Navy et pas les Forces navales françaises libres ?

Le lieutenant de vaisseau sourit.

– C'est une longue histoire. Disons que j'ai commencé à travailler très tôt avec les Anglais pour les opérations maritimes « spéciales » et que depuis, je n'ai pas arrêté. La France combattante est d'accord, rassurez-vous… simple échange de services entre Alliés. Et les Alliés, justement, tiennent beaucoup à vous. Mes chefs m'ont demandé de vous ramener en France en prenant le maximum de précautions.

– Très flattée. Et ça se traduit comment, cette sollicitude ?

– Dans l'immédiat, par le fait que je passe vous prendre directement. D'ordinaire, je reste avec mon équipage.

Coup d'œil à son bracelet-montre.

– Deux heures et demie avant l'appareillage. C'est le moment où je prépare l'ultime *briefing* avec mon second, qui se trouve aussi être mon officier navigateur. Un rôle que je ne lui envie pas : le navigateur passe sa vie penché sur les cartes de la Manche ; il connaît chaque baie, chaque île, chaque îlot, chaque récif de la côte bretonne. Et les courants, bien sûr, ces satanés courants ! Bref, c'est un homme qui dort mal la nuit, qui va de cauchemar en cauchemar à la pensée d'une erreur de navigation, d'un obstacle imprévu, que sais-je encore. Dans une heure, il va réunir nos hommes, il discutera avec eux des derniers rapports de renseignement disponibles, des photos de la zone où nous allons « travailler », du trafic maritime allemand à prévoir… Mais je vous embête avec tous ces détails !

– Pas du tout.

– Si, si ! De toute façon, on n'a pas le temps de causer. Allez venez, je vous emmène. J'ai une bagnole de rêve, un vrai bolide. Vous allez m'en dire des nouvelles…

Le dos tourné au pilote, Vincent Noroit contemple le ciel à travers la vitre du cockpit. Face à lui, Eson, sérieux, concentré. Blond, les cheveux mi-longs, les doigts fins et élégants, le jeune homme de vingt-cinq ans se recroqueville, comme son compagnon, contre la paroi métallique de la cabine arrière du Lysander. Pour deux adultes mâles de taille respectable plus un sac de courrier bourré à craquer, deux parachutes, un émetteur-récepteur radio flambant neuf et sa batterie, la place est plutôt chiche. Et dire qu'ils en ont pour plusieurs heures à rester immobiles, transis dans cet habitacle étroit ! Rien que d'y penser, des armées de fourmis courent déjà le long de leurs jambes repliées…

Première mission en France occupée : pour Eson, l'heure de vérité a sonné. De son vrai nom Luc Desroches, l'opérateur radio du BCRA appartient à une famille connue de la bourgeoisie lyonnaise. Son père ayant milité jeune à l'Action française, le mouvement monarchiste maurassien, avant de se rapprocher du colonel de La Rocque, conservateur et légaliste, Luc, étudiant en lettres, s'est d'abord cru anar, puis communiste. L'esprit de contradiction possède toutefois ses limites. Imperméable à la dialectique marxiste-léniniste, Desroches fils s'est découvert progressivement quelques affinités inattendues avec Desroches père. Sans adhérer formellement aux jeunesses du Parti social français, le dernier avatar politique de La Rocque, il s'est employé à faire un bout de chemin avec elles. Bout de chemin au sens propre, Eson ayant appris de certains cadres PSF de la SNCF les rudiments de la conduite des locomotives. Obsédés par le risque d'une paralysie générale de la France en cas de grève des cheminots, les fidèles de La Rocque prenaient ainsi ce qu'ils nommaient des « précautions ». Manière de voir peu susceptible de leur attirer les sympathies de la gauche et, de fait, les rapports avec cette dernière étaient tout sauf excellents...

En juin 1940, la défaite divise comme jamais la famille Desroches. L'immense appartement de la rue Sainte-Catherine va même connaître quelques mémorables prises de bec entre le père, certain qu'en ces heures terribles on doit une confiance aveugle au maréchal Pétain, et le fils, déjà tenté par la « dissidence » gaulliste. Réfugiée dans la chambre conjugale, maman, elle, prie avec ferveur pour le salut de la France.

– Tu partirais en Angleterre, toi ? Tu irais chez ce de Gaulle ? ironise Marie-Sylvie, la sœur de Luc. La jeune fille n'imagine même pas que son frère, réservé, gracile et peu amateur de coups de poing – à l'école primaire catholique, ses camarades l'ont surnommé Lucette en raison de son manque de pugnacité en cour de récréation –, pourrait passer à l'acte.

En apparence, les faits donnent raison à cette langue de vipère. Casé dans l'entreprise familiale de tissus d'ameublement, Desroches le jeune semble s'être définitivement soumis à l'ordre maréchaliste. Rien n'est pourtant plus trompeur que l'eau dormante. Un camarade de l'université met Luc en rapport avec le journaliste catholique Stanislas Fumet, dont le bureau de la rue de Constantine n'abrite pas seulement le secrétariat des Éditions du Livre français. Au premier étage du numéro 12 siège en effet l'Amitié chrétienne où cathos et protestants, discrètement soutenus par leurs hiérarchies respectives, s'unissent pour venir en aide aux « personnes déplacées ». Luc Desroches y fait la connaissance du père Chaillet, un des piliers de la Résistance lyonnaise.

– Vous êtes plus utile ici qu'à Londres, tranche le père Chaillet, balayant d'un revers de manche de soutane les réticences de sa nouvelle recrue.

Moyennant quelques judicieuses ponctions dans le trésor familial, voici Desroches, *alias* Crésus, financier d'un réseau de solidarité qui abrite et protège des enfants israélites, ainsi que des réfugiés autrichiens, hollandais, polonais ou tchèques.

Versée par quelque divin mystère dans l'art de la contrefaçon, sœur Lucie, surveillante générale et professeur de catéchisme d'une pension de jeunes filles, fabrique des faux papiers à tour de presse. Par l'entremise d'une employé au bureau des documents de la préfecture, Luc aide la religieuse à authentifier ces cartes d'identité bidon. L'astuce la plus courante consiste à faire de réfugiés pas toujours francophones des Alsaciens. Un peu paresseux, les gendarmes répugnent en effet toujours à interroger nos compatriotes de Colmar ou de Strasbourg dont l'accent marqué rend souvent les réponses inaudibles. Quant aux gamins juifs, on leur demande d'observer le mutisme le plus total et de laisser parler leurs parents.

Perfectionnant le système, Luc persuade son père d'ouvrir une succursale de l'entreprise familiale à Annecy. À trente kilomètres de la frontière suisse et trois heures de chemin de fer de Lyon, cette cité constitue une base d'opération excellente. Sous divers prétextes professionnels, Luc s'y rend fréquemment. Et bien entendu, les quatre employés, deux hommes et deux femmes, qu'il a embauchés appartiennent tous au réseau.

Le buffet de la gare d'Annecy donne sur la rue. À intervalles plus ou moins réguliers, le gendarme de garde éprouve le besoin de se dégourdir les jambes ou de fumer une cigarette. C'est le moment que choisissent les réfugiés en transit et leurs guides pour quitter en catimini la station ferroviaire et s'égayer en ville. On peut aussi choisir le moment où le contrôleur du poste principal ferme sa guérite entre deux trains. Autre méthode : longer individuellement la voie jusqu'au moment où elle croise une des artères de la cité.

La succursale annécienne des établissements Desroches sert ensuite d'abri nocturne pour les réfugiés. Au matin, ces malheureux et leurs accompagnateurs – Luc assez souvent – prennent l'autobus, descendent avant le poste de contrôle de Cruseilles, entre Annecy et Saint-Julien. Une ferme amie leur ouvre ses portes. Elle en a deux, en effet : celle de derrière mène à travers les champs qui bordent le mont Salève. Une fois au sommet, la Suisse n'est plus qu'à deux kilomètres. Reste à franchir les fils de fer barbelés, épreuve surmontable quand des complices dûment avertis fournissent escabeaux, échelles, tenailles et cisailles.

Plusieurs arrestations viennent toutefois entamer coup sur coup la fiabilité du réseau. Imprudences ? Infiltration policière ? Traîtrise ? Convoqué pour interrogatoire au commissariat, Luc sent le filet se resserrer autour de lui.

Le grand choc survient en novembre 1942. Les premières unités de la Wehrmacht pénètrent nuitamment dans Lyon sans rencontrer de résistance. Rue Sainte-Catherine, le désarroi est plus grand que jamais. Au bord de la dépression, le *pater familias* voit ses certitudes s'effondrer : le maréchal peut-il avoir tort ? Maman fond en larmes, sa tactique habituelle face à l'adversité. De son côté, Marie-Sylvie peste contre la traîtrise des Américains, ces salauds qui nous prennent « notre Afrique du Nord ». Et de dénoncer la trahison conjointe des giraudistes et des gaullistes (bien que féroces rivaux, tous se valent à ses yeux) qui ont livré Alger, Oran et Casablanca aux « enjuivés » d'outre-Atlantique.

Elle a ses raisons, Marie-Sylvie. Dans quinze jours, ne doit-elle pas épouser un ingénieur chimiste ami des Desroches et militant actif du PPF, le parti collaborationniste de Jacques Doriot ? Celles de son frère sont rigoureusement inverses ! Convaincu que l'irruption allemande à la frontière suisse marque la fin de son activité, Luc décide d'emprunter une filière amie de passage clandestin vers l'Espagne. Maman aussi sait cacher son jeu. La veille du départ, elle remet à son fils un solide pécule.

– Je sais depuis longtemps ce que tu fais, et je t'approuve. En Espagne, les gens sont pauvres. Cet argent pourra peut-être servir à acheter quelques consciences. C'est immoral… comme la guerre.

Outre-Pyrénées, les billets maternels vont, de fait, éviter au jeune Lyonnais le séjour en camp d'internement. C'est vrai que depuis le débarquement allié en Afrique du Nord, les autorités franquistes, hier inflexibles, se montrent plus coulantes envers les Français résistants. À Madrid, l'ambassade d'Angleterre lui ouvre les bras. Passage à Londres, transit par Patriotic School, vaines tentatives de recrutement par les services secrets anglais. Au bout de ce parcours du futur combattant, Duke Street et le BCRA. Volontaire pour retourner immédiatement en France, Eson suit une formation radio accélérée. On l'affecte à Bucéphale en qualité d'opérateur dédié. Voilà comment ce fils de bonne famille se retrouve aujourd'hui dans un habitacle d'avion face à son chef de réseau.

Sur la piste, le Lysander roule sans se presser en direction de son point de départ.

« *January… February… March… April… May… June… July… August… September… October… November… December.* » Mais quelle est donc cette voix féminine qui égrène les mois de l'année anglaise dans les oreilles de Noroit ? Ah oui, ça y est ! Le casque d'écoute qui enserre la tête de l'avocat le relie du même coup au pilote, ce bon vieux Highlander de Jerry, par le réseau d'intercommunication entre l'appareil et la base. La voix de femme qui vient de tirer Vincent de sa torpeur – il rêvassait à Hélène – n'a donc rien de céleste. C'est simplement celle d'une téléphoniste auxiliaire de la Royal Air Force.

– *H for Henry... H for Henry speaking,* répond l'organe plus grave de Jerry l'Écossais. *I heard you loud and clear.*

« Fort et clair », ça veut dire que tout roule, y compris le Lysander qui fait demi-tour puis s'immobilise pour son point fixe. Le moteur Bristol Mercury rugit : neuf cylindres en étoile développent les quelque 870 chevaux qui donnent à l'appareil une vitesse maximale de trois cent soixante kilomètres à l'heure.

– C'est pour bientôt, glisse Noroit à Desroches.

L'avion démarre, prend de la vitesse, s'arrache du sol, projetant l'un contre l'autre ses deux passagers arrière. Il vire sur l'aile dans l'obscurité qui tombe sur la campagne anglaise et tandis que les premières minutes s'écoulent, paisibles et un peu irréelles, Vincent et Luc songent avec un rien de nostalgie aux œufs brouillés et au thé bien chaud que la brave Mrs Giles, tout sourire, leur a servi juste avant l'embarquement.

Destination France, destination danger. Déjà, c'est la Manche qu'on devine sous ce ciel nocturne à la crête blanche des vagues.

H for Henry... H for Henry, good luck to you, good luck... lance une dernière fois la voix féminine.

La téléphoniste est comme la vieille Angleterre : loin derrière.

Sur le terrain d'aviation, le captain Mortimer, dont le véritable nom est bien entendu tout autre, examine sa montre-bracelet en or, cadeau de sa comtesse de mère. Regagnant le bâtiment qui fait office de minitour de contrôle, il décroche un combiné téléphonique, lâche quelques phrases laconiques puis repose l'engin sur son socle.

L'opération Drum Major I est en marche.

Si longtemps qu'elle n'avait pas humé l'air marin. C'était avec Henry et Petit Paul à Carantec en juillet 1939, une autre époque, un autre monde ! N'empêche que cette balade en mer a comme un arrière-goût de grandes vacances. Dès l'appareillage, Hélène s'est d'ailleurs ingéniée à braver les consignes de sécurité.

– On étouffe, là-dessous ; laissez-moi monter sur le pont !

Elle voulait voir la mer, admirer l'écume des vagues, sentir une fois encore les embruns sur son visage. Jusqu'à ce que les côtes anglaises disparaissent, Le Kvern et son navigateur, l'enseigne de vaisseau Meredith, ont tenu bon. Mais par la suite, leur sens de la discipline s'est émoussé. Complices et sans doute un peu amoureux de leur passagère, les deux amis n'ont pas cru devoir s'opposer plus longtemps aux demandes réitérées d'une rebelle promise sous peu à l'existence ingrate et périlleuse des clandestins. Quand ils s'allient avec la beauté, courage et mépris du danger méritent quelques passe-droits, foi d'officiers de marine…

En guise de précaution, le Français de la Royal Navy s'est contenté de prodiguer à sa passagère quelques conseils de professionnel des opérations spéciales :

– Mon second et moi allons vous laisser seule. Déshabillez-vous, rangez tout votre attirail, chapeau compris, dans la valise que cette bonne Mrs Security a préparée pour vous, et cessez d'être une femme si c'est possible. Une femme à bord, c'est rare : votre jupe vous trahirait au premier coup d'œil. Revenez-moi en matelot… Oubliez ce duffle-coat : ça fait anglais et pas du tout marin-pêcheur. Passez ce pantalon. Enfilez aussi ce caban ; il est un peu trop grand mais de loin, ça devrait aller. Roulez vos cheveux, cachez-les sous un bonnet en laine. Mettez aussi ces grosses bottes en caoutchouc. On joue à cache-cache avec la Kriegsmarine, vous comprenez. Les Boches scrutent à la jumelle le moindre rafiot de pêche. En cas de doute, c'est l'abordage. S'il y a danger, je vous préviendrai. Au premier coup de sifflet, soyez gentille : entrez immédiatement vous planquer dans la cabine, à côté de l'homme de barre.

– *With the helmsman, yes,* a approuvé Meredith, qui parle mal le français mais le comprend mieux. Voué aux choses de la mer depuis sa plus tendre enfance, ce natif de Portsmouth en avait assez de la routine de la Navy. Son flirt assez poussé avec une jeune secrétaire de l'Amirauté, fille d'un contre-amiral, lui a permis d'apprendre au hasard d'une conversation l'existence d'une certaine flottille non répertoriée dans les annuaires officiels. Rattachée administrativement à la division du renseignement naval de l'Amirauté, la Naval Intelligence Division, cette unité hors série œuvrait pour le compte des services spéciaux. Une vie de corsaire : son rêve de gamin ! Le temps de faire acte de candidature ; de rencontrer plusieurs gradés de la Navy et quelques civils aux vêtements couleur de muraille ; de passer avec brio les tests d'aptitude maritime, physique et intellectuelle ; de recevoir un entraînement intensif dans une base au nom passe-partout, Point Zero, et notre homme sautait à bord à pieds joints. Le Kvern l'a reçu à bras ouverts, et depuis, chaque jour que Neptune fait Meredith se régale à vivre en marge des règles établies, des conventions, des hiérarchies. Une guerre privée, en somme, mais pas sans risques.

Pénélope a pris un évident plaisir à se déguiser. Vieille habitude : gamine, déjà, tous ses anniversaires prenaient la forme de minibals costumés où elle brillait, tantôt Belle au bois dormant, tantôt Blanche-Neige, tantôt Gretel, tantôt Alice au pays des merveilles. Et même Peau d'âne, une fois.

– Que dites-vous de ça ? N'ai-je pas l'air d'un vrai petit mousse ?

– Ils sont moins gironds… oh, excusez-moi !

La jeune résistante a éclaté de rire. Elle se sent si bien là, sur le pont du *Saint-Guénolé.* C'est qu'il file ses quatorze nœuds en vitesse de croisière, ce vrai faux chalutier construit par un spécialiste britannique de la navigation de plaisance sur la base des consignes éclairées de Le Kvern. Élève architecte de marine à Lorient avant la guerre, le lieutenant français a supervisé tout le processus, de sa conception au lancement semi-clandestin du navire.

Pour échapper à l'œil des connaisseurs, nombreux en Angleterre, donc aux possibles indiscrétions, le *Saint-Guénolé* est en effet sorti du chantier naval sans sa timonerie, ses mâts, ses bastingages. Et naturellement, sous un nom parfaitement bidon. C'est après, à Point Zero, la base de la flottille des opérations maritimes secrètes voisine de Dartmouth, qu'on a procédé à l'assemblage de cette merveille de technologie « spéciale ».

Réussite totale. Au-dessus de la ligne de flottaison, le *Saint-Guénolé* ressemble à un de ces petits chalutiers fréquents en Bretagne dans les zones côtières de pêche diurne. Mais dessous se cachent deux puissants moteurs de 500 chevaux qui peuvent propulser jusqu'à vingt nœuds sa coque aux formes spécialement conçues. L'ensemble a tout de même tendance à abattre un peu sur tribord, ce qui contraint l'équipage à une vigilance accrue. On fonctionne par bordées, un officier, un matelot et un mécano de service à tout moment. Quant à l'homme de barre, son temps de quart n'excède jamais une demi-heure. Plus ce serait dangereux en raison de la fatigue.

La mer commence à grossir. Le *Saint-Guénolé* n'en cingle pas moins vers son lieu de rendez-vous clandestin. Dans la petite cabine de pilotage sur le pont, le coffre-fort de Le Kvern abrite les ordres de missions qu'Emmet Donaldson, l'officier de liaison de Palace Street, à Westminster, quartier général de la section Opérations navales secrètes, lui a remis en mains propres tout à l'heure. Certains de ces documents frappés de tous les tampons officiels possibles et imaginables sont vrais. Pour mieux brouiller les cartes en cas d'abordage par un navire de la Kriegsmarine, d'autres sont en revanche parfaitement bidon. Un peu d'intox ne fait jamais de mal. En temps de guerre, la vérité ne doit-elle pas s'abriter « derrière un rempart de mensonges », comme aime à le répéter Winston Churchill, seul maître à bord du navire Angleterre ?

Chapitre 23

Mai 1943

Nuit trop claire ! peste Jerry l'Écossais. À l'arrière, ses deux passagers distinguent une voie ferrée puis ce long serpentin qui brille sous la lune. La Seine ? La Loire plutôt. Le plan de vol passe entre Rennes et Laval, puis à l'est d'Angers. On ira du val d'Anjou au val de Touraine en suivant le cours du fleuve. Pas de meilleur repère pour le pilote du Lysander Mk III « missions spéciales » qui, équipé sous le fuselage de son réservoir à long rayon d'action en forme de torpille, vrombit, solitaire, au cœur de la nuit. Trois cents kilomètres à l'heure en vitesse de croisière.

– Ces toits qu'on distingue en bas, c'est Saumur ? demande Luc Desroches, la voix nouée ; c'est son premier voyage en avion.

– Seul Dieu et notre pilote le savent, mais je ne pense pas qu'on soit déjà rendus à hauteur de Tours ou d'Amboise. Alors Saumur, oui, probablement, répond Vincent.

– Excellent vin.

– Excellents vins dans toute la région ! Le pays de la douceur de vivre… mais avec les Boches, je ne pense pas qu'il le soit resté.

– Vous les haïssez ?

– Les nazis, surtout. Mais après la guerre, quand ils seront vaincus, tout sera différent. Sous une forme ou sous une autre, la réconciliation est inévitable…

Noroit laisse sa phrase en suspens puis, songeur, l'achève comme s'il se parlait à lui-même :

– N'empêche qu'avec une maximum de bonne volonté, je ne parviens même pas à la concevoir, cette réconciliation ! Et puis zut ! laissons faire l'Histoire. Elle se montre toujours plus imaginative que nous.

Un peu nerveux, Desroches sourit et regarde sa montre dont les aiguilles luisent faiblement dans l'habitacle.

– En théorie, ça ne devrait plus être très long, remarque-t-il.

– En théorie, non. Mais la guerre que nous menons est contraire à toutes les théories, alors…

Le Kvern prend un plaisir évident à évoquer les anecdotes du passé.

– Le lieu de rendez-vous : un café près du port. Au moment précis où j'arrive devant la porte, quelqu'un me saisit le bras. Un type me crie : « Bouge pas ! » Le canon de son pistolet me regarde bien en face. Filer ? Impossible. Je lève les bras. L'inconnu qui m'a mis en joue pousse un nouveau cri, en allemand cette fois. Trois Boches en uniforme se pointent, des Feldgendarmes. Je me retourne vers le gars et je lui crache au visage :

– Vous n'avez pas honte de faire le sale boulot des Chleuhs, vous, un Français ?

Là, surprise, le type hausse les épaules. Il me dit : « Je ne suis pas français : je suis un nationaliste breton. » Le pire, c'est que c'était vrai.

– Ils sont si nombreux à travailler avec les Boches ? s'étonne Hélène.

Le Kvern lève les yeux au ciel :

– Pensez donc ! Une malheureuse poignée de traîtres alors que la Résistance bretonne est une des plus fortes de tout le pays… Dix ou douze tarés dont la moitié a été entraînée outre-Rhin par les services spéciaux nazis… Bref, me voilà entre les pattes de ses employeurs allemands. Les Chleuhs m'interrogent. Bien entendu, je ne dis rien. Ils me frappent, même résultat. Après, ils me conduisent à la prison. Les coups, ça ne me fait pas peur, ça finit toujours à un moment ou à un autre… Ce qui m'inquiète, ce sont les documents que ces messieurs pourraient trouver à mon domicile.

– Beaucoup ?

– Je ne me rappelais même plus s'il m'en restait ou si je m'étais déjà débarrassé du tout. C'était le début, et moi j'étais un apprenti résistant tout au plus.

– Un apprenti résistant qui passe une mauvaise nuit, j'imagine.

Grand sourire du lieutenant.

– Je n'en dors pas, bien sûr. Mais sur les coups des onze heures et demie du soir, une voix s'élève. En breton, elle hurle : « Ils ont tout retourné dans ton appartement ! Ils sont repartis bredouille, la voisine m'a prévenue ! » Ma sacrée bonne femme de mère s'était carrément plantée devant la prison ; c'est elle qui gueulait comme ça à tous les vents. Les détenus se marrent, les gardiens aussi. L'hilarité devient générale. Chacun demande à l'autre s'il sait à qui s'adresse le message de cette inconnue. À toi ? Non. À toi, peut-être, ou alors à lui ? Tout le monde patauge, sauf moi qui jubile. Un détachement allemand est logé dans la prison, mais aucune inquiétude : ce sont des territoriaux du Wurtemberg pas bretonnants pour un rond. Ils n'y comprennent évidemment goutte.

– Mais le traître comprenait le breton, lui !

– Faut croire qu'il était ailleurs ! Le lendemain, nouvel interrogatoire. Je nie tout en bloc. Les Chleuhs me frappent, je continue à nier. Ils finissent par me relâcher faute de preuves – pour eux aussi, c'était le début. Bon, ça sentait tout de même le roussi. Je commence à prendre des contacts avec des marins-pêcheurs pour passer en Angleterre. Et là-dessus, tenez-vous bien…

– À cause du roulis ? Tranquillisez-vous, monsieur le marin, je me cramponne au bastingage. Et voyez, mon autre main avec la tasse de votre excellent thé chaud ne tremble pas.

– Pas à cause du roulis, à cause des toilettes ! Ces documents qui n'étaient plus chez moi, un copain de notre petit groupe les avait récupérés. Affolé par la perquisition à mon domicile, le pauvre décide de les brûler.

– Excellente réaction, approuve Hélène.

– Le hic, poursuit Le Kvern, c'est qu'il s'y prend comme un manche, le gars Désiré ! Il bourre la cuvette des W-C de son immeuble avec mes paperasses. Et hop, il y met le feu ! Résultat : l'émail se fendille, craque, les toilettes sont hors d'usage, un voisin à l'odorat fin crie à l'incendie et les papiers, eux, demeurent quasi intacts. Le pauvre a dû les enterrer dans un terrain vague.

La jeune femme rit.

– Où ils sont encore, probablement !

– Pourris jusqu'à la moelle parce que ce vieux Désiré, tête de linotte, n'a même pas pris la précaution de les mettre dans une boîte en fer-blanc.

Si Le Kvern se montre si prolixe sur ses mésaventures bretonnes passées, c'est pour mieux masquer le reste. Lié aux services secrets britanniques par un pacte de silence, l'officier de marine se gardera bien de révéler les conditions exactes de son recrutement par la Royal Navy. Interrogé à Patriotic School à l'issue de sa fuite hors de France, débriefé, blanchi, repéré surtout en raison de ses connaissances maritimes, Le Kvern se trouve un beau soir face à un personnage fantasque et maniéré, Ian Lancaster Fleming, le numéro deux de la Naval Intelligence Division.

Fils d'un député conservateur ami personnel de Winston Churchill, le nouveau venu s'est essayé sans grand succès à la diplomatie, au journalisme puis à la banque et à la finance. À la trentaine tout juste passée, il a trouvé sa véritable inspiration dans les affaires secrètes.

Éminence grise de la NID, Ian Fleming en est aussi le principal pourvoyeur d'idées. Le *Very Special Admiral Godfrey,* grand maître du renseignement naval, ne jure en effet que par cet excentrique.

Féru comme Meredith de récits de pirates et de corsaires,

le commander Fleming ne limite pas ses visées à la seule Europe, trop petite pour son imagination fertile. Ancien élève d'Eton et du Royal Military College de Sandhurst, où il n'a d'ailleurs effectué qu'un an de scolarité, cet anglo-mondialiste rêve de navires commandos sillonnant les mers du globe à la recherche de proies ennemies, allemandes, italiennes ou japonaises (surtout japonaises, car l'homme déteste les « Jaunes ») à aborder par surprise.

Sa longue discussion avec Le Kvern dans un club privé londonien va se dérouler sans accroc majeur.

– Que diriez-vous de travailler avec nous, la Royal Navy ? demande soudain Fleming en rajustant d'un geste machinal le nœud papillon gris perle qu'il porte sur une chemise crème. Sa veste en tweed marron et son pantalon de même teinte n'ont rien qui puisse évoquer un officier de marine, ce qui renforce le caractère insolite de sa question.

– Mon vœu est de rejoindre les Forces navales françaises libres, répond Le Kvern.

Le commander hoche la tête d'un air compréhensif.

– C'est légitime. Mais chez de Gaulle, vous n'aurez jamais un travail comme celui que je vous propose.

– C'est-à-dire ?

Fleming commande de nouveaux scotchs. Le serveur s'incline, remue les braises de la cheminée puis sort du petit salon particulier sur la pointe de ses chaussures noires impeccablement cirées, laissant les deux hommes face-à-face.

Quand le serveur revient avec les verres d'alcool, puis s'efface à nouveau, l'ancien de Sandhurst est lancé dans la description d'une unité navale irrégulière assurant les liaisons clandestines entre la côte sud de l'Angleterre et la Bretagne. Séduit, Le Kvern l'écoute attentivement. Fleming en proie à l'enthousiasme n'a rien de l'Anglais snob et glacial des premiers instants. C'est un autre homme.

– Appelez-moi Ian, mon cher Daniel.

De fil en aiguille, on passe aux confidences. Le Kvern relate son équipée bretonne, sa fiancée laissée au pays et qui lui a juré fidélité avant le départ. Tiendra-t-elle parole ? Lui-même a déjà donné quelques sérieux coups de canif dans le contrat.

Dans le même genre intimiste, Fleming confie au jeune Français ses projets pour l'après-guerre :

– J'écrirai des romans d'espionnage. J'ai en tête un personnage extraordinaire, ancien d'Oxford naturellement. Très distingué, très cultivé, très séducteur.

– Quel nom allez-vous lui donner ?

– Je ne sais pas encore. Il faudrait quelque chose qui claque comme le vent.

– Ou un pseudonyme codé... 007, par exemple.

– C'est une idée, mais pourquoi 007 ?

– Souvenir de pensionnat : c'était le numéro de mon lit au dortoir ! Nous étions quatre cents « penscos ».

– Très drôle. 007, j'y penserai.

Vers minuit, Le Kvern rend les armes. Le lendemain, le Breton signe un engagement dans la Royal Navy pour la durée de la guerre, ainsi que l'acte du secret officiel qui lui lie les mains et la bouche.

Voilà pourquoi, la sachant chatouilleuse sur le chapitre de l'indépendance nationale, il a menti à Hélène. L'accord avec les Forces navales françaises combattantes dont il s'est prévalu auprès d'elle n'existe pas. C'est même le contraire : les Britanniques se réservent le contrôle des liaisons radio, des opérations aériennes ou maritimes, bref de tous les modes de relation avec la France occupée, tandis que les gaullistes luttent pied à pied pour conquérir leur part d'autonomie. Ce soir ne fait pas exception : initiées par le BCRA, les opérations Drum Major I et Drum Major II sont l'apanage des seuls Anglais.

– Oh merde ! laisse soudain échapper Le Kvern. Son œil exercé vient d'apercevoir au loin la lueur presque imperceptible d'un phare. C'est bon et mauvais signe à la fois. Bon parce qu'en fournissant un relèvement de compas supplémentaire, cette lumière facilite la tâche du navigateur ; mauvais parce que les phares de la côte bretonne, généralement éteints, ne s'allument qu'en cas de déplacement d'un convoi allemand.

– Jim, regardez la lumière du phare : y a du Boche dans le secteur, s'écrie, en anglais, l'officier à l'adresse de Meredith.

Assez pour décommander l'opération Drum Major II ? Sans doute pas puisque Le Kvern décoche à Hélène un sourire rassurant.

– Bill, mettez les moteurs en mode silencieux s'il vous plaît, se contente de demander le lieutenant de vaisseau au chef mécanicien du *Saint-Guénolé.*

Ça y est, Jerry vient enfin de capter l'émission du S-Phone, le téléphone portatif de Blériot. Une prouesse technique, cet appareil équipé d'accumulateurs, sept kilos pas plus, que son opérateur au sol, muni, lui, d'un casque à deux écouteurs insonorisés et d'un micro de bouche, se fixe sur la poitrine. Le S-Phone permet des conversations en phonie entre un aéronef ou un bateau et un poste au sol. Très difficiles à intercepter par la radiogoniométrie, le repérage allemand par les ondes, les liaisons S-Phone possèdent une portée air-sol utile de soixante à quatre-vingts kilomètres – cinq fois moins en cas de liaison maritime. L'antenne sol de l'engin se déploie en deux branches verticales. Un excellent moyen de guider les avions vers leur objectif. Amateur de bonne musique et de mauvais calembours, Blériot vient de ranger dans les *pick-up,* les ramassages aériens nocturnes, sa rubrique toute personnelle des « après-midi d'un S-Phone ».

À lui le privilège d'amorcer la conversation sur son micro de bouche :

– From Stanley to Leonard, I repeat : from Stanley to Leonard. Do you hear me ?

– From Leonard to Stanley, I repeat : from Leonard to Stanley, I hear you loud and clear, répond l'Écossais dont l'intercom répercute instantanément la conversation aux oreilles de ses deux passagers.

Blériot étrenne le nouveau joujou fourni par les services britanniques ; il n'en revient pas. Ça marche, ça fait même mieux que marcher : on entend les voix presque aussi distinctement que dans un vrai téléphone.

– *From Stanley to Leonard. Everything is all right. Wait a minute, please,* réplique-t-il, tout content.

– *I do.*

See the red lights ?

– *I do.*

Au sol, trois balises rouges en triangle viennent de s'allumer.

– *Now, see the white light ?*

– *I do.*

Juste à l'avant de la balise de pointe, une lumière blanche commence de fait à émettre un signal en morse.

« C puis Y et B », traduit mentalement Noroit.

Les mains sur le manche à balai, Jerry respire. La configuration lueur blanche, placée en aval du vent, et balise rouge quinze mètres en arrière permet d'apprécier les distances et de connaître les conditions météo de l'atterrissage. L'opération reste repérable par un avion de reconnaissance allemand, mais à l'avenir, assurent les services techniques, le S-Phone devrait permettre de se dispenser de ces signaux lumineux compromettants. L'Écossais en accepte volontiers l'augure.

Tout en faisant virer sur l'aile son Lysander, Jerry poursuit le dialogue avec Blériot.

– *Two passengers, is that correct ?* s'enquiert l'opérateur français au sol.

– *Correct. Passenger « Carribean », passenger « Yellow Bird » with their transceiver.*

L'avion achève son premier cercle. Tout en perdant de la hauteur, il en entame un second et vient perpendiculairement à la base du triangle. En bas, des lumières illuminent la piste d'atterrissage, une belle étendue herbeuse. Quelques instants s'écoulent encore avant que le Lysander touche le sol et, moteur régime baissé, roule en cahotant vers le feu de pointe du triangle.

– *Landed !* lance Jerry dans l'intercom.

L'appareil s'immobilise en face du comité de réception, cinq hommes, dont Blériot en canadienne, et une femme en fichu et imperméable. Vincent ouvre la verrière en Plexiglas.

– À vous l'honneur, dit-il à Desroches qui déploie sa longue silhouette puis, se ravisant, se baisse pour empoigner la valise à trois compartiments qui abrite son émetteur-récepteur, un A MK II de neuf kilos sans compter le poids de la batterie. Bagage en main, le Lyonnais s'engage sur l'échelle de descente fixe, à gauche du fuselage. Ployant sous son sac de courrier, Noroit lui emboîte le pas.

Au sol, leurs vis-à-vis en partance, deux messieurs en pardessus et feutre, se précipitent vers l'avion sans perdre une seconde, saluant furtivement Luc et Noroit. Ils escaladent l'échelle, jettent leurs propres sacs de courrier dans la cabine, s'engouffrent à l'intérieur puis ferment la verrière du Lysander.

D'un « V » de la victoire, Blériot donne à Jerry le signal du départ. Le pouce dressé en bout de bras, l'Écossais fait signe qu'il a compris le message.

– Suivez-moi, lance la jeune inconnue au fichu tandis que l'avion fait demi-tour.

Noroit et Desroches s'exécutent. Elle les conduit vers une charrette à foin.

– On va installer la valise. Vous, grimpez à l'avant.

Le temps que les deux hommes passent à l'acte, le Lysander a déjà décollé. La dame au fichu avise le conducteur de la charrette.

– Dédé, tu sais où tu dois aller…

– Hon ! répond laconiquement l'homme.

L'inconnue se retourne vers les deux membres du réseau Bucéphale, leur offrant la vision fugitive de ses yeux bleus et d'une mèche blonde.

– Bienvenue en France. Voici le programme : on vous conduit d'abord à une ferme amie, à huit kilomètres d'ici ; ensuite, un repas, quelques heures de repos et, demain matin, on vous conduit séparément au train.

La charrette roule sur un chemin de terre ; elle traverse une route goudronnée.

À dix miles marins de la côte, le *Saint-Guénolé* a changé de cap pour contrer au mieux le courant de la marée. Plus un mot dans la cabine : l'œil rivé à leurs jumelles, Le Kvern et Meredith scrutent l'obscurité. Régulièrement, le préposé au maniement du sondeur décline le nombre de brasses qui séparent le chalutier du fond marin. Toujours déguisée, Hélène se sent déjà fin prête. À sa main, la précieuse valise de Mrs Security qui contient ses effets féminins. À son doigt la bague dont les techniciens anglais ont transformé le chaton en réservoir de poison à effet instantané. Le Secret Intelligence Service n'a laissé repartir Vincent et sa compagne en France qu'à cette condition expresse : le suicide plutôt que la capture.

– *Pinpoint,* siffle Meredith entre ses dents. Immédiatement après, un des matelots jette l'ancre.

– Notre point de rendez-vous, traduit Le Kvern à voix basse. On va mettre à l'eau la baleinière de récif. C'est un canot amphidrome.

– Amphi quoi ?

– Un terme de marine, pardon. Ça veut dire que ses deux extrémités sont rigoureusement identiques. La proue c'est la poupe et réciproquement, ce qui permet à l'embarcation de changer de route sans avoir à virer de bord. Il suffit que les deux rameurs fassent pivoter leur banc de nage, déplacent leurs avirons et leurs dames de nage en sens inverse. L'aviron de direction, le gouvernail si vous voulez, se place à volonté d'un côté ou de l'autre. Pour les allers-retours entre le *Saint-Guénolé* et la terre ferme, c'est très pratique.

– Un canoë, vous voulez dire ! Quand j'étais gamine, ou plutôt garçon manqué, j'ai lu d'un trait *Le Dernier des Mohicans.* Je garde encore en tête cette scène où Hurry Harry, je crois, vogue à travers le lac sur son embarcation… amphidrome en écorce de bouleau !

Le Dernier des Mohicans, quel merveilleux souvenir d'enfance. Le Kvern sourit, complice.

– La baleinière va vous conduire à terre, explique-t-il. Mais attention : le coin grouille de Chleuhs et nous nous trouvons en plein dans le champ de tir de leurs batteries côtières.

– À ce point ?

– La France est là, à quelques centaines de mètres à peine. Certaines nuits, j'ai déjà vu des soldats chleuhs allumer leur cigarette. Et je ne vous parle pas des phares de voiture !

Trois matelots ont mis péniblement la baleinière à l'eau – pas facile avec un courant de marée proche des cinq nœuds. À l'aide d'une longue gaffe, un quatrième la maintient à l'écart. Un autre a déjà arrimé l'échelle de corde au bastingage du chalutier spécial. À bord de la petite embarcation Meredith enroule autour de sa taille la ceinture à six cartouchières qui supporte les accus au cadmium-nickel de son S-Phone. Il ne lui restera plus qu'à ajuster l'ensemble casque-microphone.

– C'est l'heure de nous quitter, madame, annonce Le Kvern. Je dois rester à bord du *Saint-Guénolé* : les servitudes du métier. Mon second prend le commandement de la baleinière. Je resterai en liaison avec lui grâce à l'appareil radio.

Mais brusquement, voilà que le lieutenant français, si sûr de lui jusque-là, semble se troubler.

– Je…

– Oui ? demande Hélène.

– Rien… ou plutôt si : chapeau pour le boulot que vous faites, madame.

– Le vôtre n'est pas moins dangereux, lieutenant. J'ai eu grand plaisir à voyager avec vous. Et en ces temps de malheur, c'est rare, le plaisir. Essayez de survivre. Promis ?

– Juré.

L'officier s'incline.

– *Let's go*, lâche Meredith d'une voix sourde. Muni des diverses pièces de son S-Phone, il ressemble à une araignée un peu monstrueuse.

Un marin descend la valise d'Hélène puis, tenant l'échelle de corde, aide la jeune résistante à accoster la baleinière. En bas, un des deux hommes d'équipage lui tend une main secourable. Meredith empoigne l'aviron de direction.

– *One, two, three, four, five,* compte-t-il.

La baleinière commence sa délicate navigation. Tandis que le *Saint-Guénolé* s'estompe, silhouette irréelle avec son mât en balsa, la côte bretonne commence, elle, à se préciser…

L'omelette – un vrai luxe ici, en France occupée – avait presque le goût d'autrefois. Près de la cheminée qui crépite, Luc s'est assoupi. Vincent, lui, rêve encore, mais le sommeil le guette déjà.

À des centaines de kilomètres de là, l'opération Drum Major II bat son plein dans une nuit fraîche et humide. Coutumier des marées locales, Meredith a magnifiquement géré le passage au compas vers la plage. Presque aucun ressac. La baleinière, ses trois hommes d'équipage et sa passagère viennent de toucher le sable. Un des marins saute à terre et immobilise l'embarcation. Un autre empoigne le bagage d'Hélène.

Des silhouettes s'approchent. Amis ? Ennemis ? Amis, bien sûr : deux pêcheurs et… un gendarme en uniforme. Meredith les connaît, il leur fait un grand signe de la main avant de lâcher quelques mots brefs dans le micro de bouche du S-Phone.

– Bonsoir monsieur… Oh pardon, c'est une dame, dit le gendarme à Hélène qui, toujours vêtue en matelot, pose une botte puis une autre sur le sable.

– Bonsoir, répond la jeune femme. Ça fait du bien de retrouver la France. Pouvez-vous vous charger de mon bagage ?

Mentalement, Hélène récapitule la suite des opérations. On me conduit dans un endroit sûr ; là-bas, je change à nouveau de sexe, je mets mes vêtements de marin dans un sac et je deviens Lucie Delamarre comme l'indiquent mes faux papiers. La suite, on me l'indiquera après.

Et toujours cette question lancinante : que vais-je trouver en arrivant à Paris ?

Chapitre 24

Mai 1943

Noroit abaisse le col de son pardessus avant de donner ses consignes à Desroches.

– Attendez-moi dehors : on ne sait jamais. Jouez l'amoureux transi qui guette l'élue de son cœur. Bien entendu, profitez-en pour guetter autour de vous. En cas de contrôle, n'oubliez pas que vos faux papiers sont en béton. Mais bon, vous avez l'habitude. Si je ne suis pas de retour dans un quart d'heure, filez sans remords – vous connaissez le point de chute. Ça marche ?

– Comme sur des roulettes, patron.

– Arrêtez de m'appeler patron à tout bout de champ, ça m'agace.

– Promis, chef.

– Eson, ce n'est pas un jeu ! Si ça se trouve, je ne sortirai pas libre de l'hôtel. Ou pas en très bon état…

L'opérateur radio rougit.

– Mes excuses… après tous ces mois en Angleterre, je roupille.

– C'est la même chose pour moi qui n'ai quitté la France que quelques jours ! Sur ce, j'y vais. À tout à l'heure j'espère…

Laissant Desroches, abrité de la pluie sous l'auvent à rayures rouges et blanches, patienter, le dirigeant du réseau Bucéphale s'engouffre dans la porte à tourniquet.

– Bonsoir monsieur, lui lance un employé en jaquette à gros boutons argentés.

– Bonsoir.

Rien de suspect. Vincent traverse le hall de l'établissement. Freiner le pas, contrôler son allure. Renouer, en bref, avec les vieux réflexes comme il l'a déjà fait pendant son voyage ferroviaire de retour dans la capitale. Routine pesante mais pas insupportable : *Homo clandestinus* reste décidément une espèce tenace.

L'avocat croise deux officiers allemands au bras de jeunes femmes en manteau de fourrure et robe de soirée. La plus grande, une blonde décolorée, empeste littéralement le parfum. L'autre, une brune superbe, est toute jeune.

– C'est chouette, la Gaîté-Montparnasse. Un endroit formid : on s'y amuse comme des enfants, jubile la blonde, tout excitée.

Les Allemands, un capitaine d'infanterie et un commandant de panzers engoncés dans leurs uniformes impeccables et leurs longues capotes, restent de marbre.

La poche de poitrine du tankiste est ornée d'une croix de fer de première classe. La manche gauche du fantassin pend, elle, à demi-vide. Presque trois ans qu'une Wehrmacht heureuse et sûre d'elle chargeait blindés au clair l'armée française. Comme on se sentait jeune et fort, en ce temps-là, comme on croyait en Hitler, sa destinée bénie des dieux germains, sa bonne étoile ! Depuis, les revers succèdent aux catastrophes. Le temps travaille contre l'Allemagne. Sur le front russe, sept cents jours de combats inhumains n'ont pas permis d'arracher la décision. En Tunisie, cent vingt-cinq mille bons soldats de la Wehrmacht et cent quinze mille de leurs homologues italiens viennent tout juste de rendre leurs armes à la coalition armée britannique-US Army-armée française d'Afrique reconstituée. Car les Français s'y mettent, maintenant.

Trêve de pessimisme… allons nous amuser ! C'est Paris ici, la capitale des plaisirs. On mange et on boit bien, on fait l'amour de même. En route pour la Gaîté-Montparnasse, les officiers allemands et leurs maîtresses françaises disparaissent du champ visuel de Vincent. De son auvent, Desroches regarde le quatuor sortir à l'abri d'un grand parapluie noir que déploie le chasseur, empressé. Le commandant de panzers lui tend un pourboire. L'homme s'incline et empoche la monnaie. Écœuré, Desroches crache sur le sol gorgé d'eau.

Noroit, lui, continue à s'avancer. Rien d'inquiétant, toujours ? Descendre les trois marches, gagner les toilettes. Par chance, les commodités sont vides. Assise à sa table devant une soucoupe bourrée de pièces de monnaie, la dame pipi regarde, impassible, le nouveau venu.

– Le neveu d'Étienne est très malade. Je viens vous porter de ses nouvelles, lui dit Vincent.

– Vraiment ? répond la dame, qui cligne de l'œil.

Plongeant la main dans son tiroir, elle en extrait une enveloppe bleu-gris. Noroit l'empoche.

– Merci, dit l'avocat, qui s'éloigne en direction des urinoirs.

Enfermé au verrou dans une des cabines de W-C, il décachette l'enveloppe. À l'intérieur, ce mot au crayon de la main d'Émile :

« Lisette nous a vendus. Elle est morte. Ne rentre pas à ton appartement. Ne va pas à ton cabinet non plus. Débrouille-toi pour coucher où tu peux. Je t'expliquerai tout au rendez-vous de repêchage : je continue à m'y rendre régulièrement. L'heure et la procédure d'approche, tu les connais. Télémaque se charge de prévenir Pénélope. Surtout, ne cherche pas à entrer en contact avec elle, on renouera les fils plus tard. C'est dur, je sais. Fais attention à toi. Tout ira bien. »

Étouffant un juron, Noroit relit le message. Méthodiquement, il déchire ensuite la lettre en tout petits morceaux, puis l'enveloppe, et jette le tout dans la cuvette. Il tire la chasse une fois, puis deux, pour plus de sécurité.

En sortant de la cabine, l'avocat croise un troisième officier allemand. Chassé-croisé insolite comme la guerre secrète en produit tous les jours : les deux hommes se saluent d'un rapide mouvement de tête. Même geste, mais en plus chaleureux, avec la dame pipi. Se voient-ils pour la dernière fois ? C'est probable : la boîte aux lettres des W-C de l'hôtel n'a été prévue que pour un usage unique.

– Alors ? s'enquiert Desroches à la sortie.

– Alors on ne plaisante plus. Tout va mal. Pour l'émetteur, on verra après. Et pour nous ce soir, j'ai une idée.

L'immeuble de Gaétan Levallier n'a pas varié d'un pouce : même porte cochère facile à pousser le soir, mêmes boîtes à lettres métalliques contre le mur de l'entrée, mêmes escaliers ornés d'un papier peint hideux. Tendu, Noroit enfonce la sonnette.

– Qui est-ce ? grasseye une voix d'homme.

– C'est moi, Onpeluche, moi, Vincent.

– Vincent, mais qu'est-ce que…

Crissement d'une chaînette qu'on manie, bruit de serrure. La porte s'ouvre sur Levallier en pyjama, pantoufles et robe de chambre d'un gris délavé. Sur sa table, à côté de la photo de son fils, de sa femme morte en 1937 et de lui-même en uniforme bleu horizon, une bouteille de vin déjà bien entamée et un verre. Ses yeux zébrés de filaments rouges glissent sur Desroches.

– Ah, tu n'es pas seul ? Bon, vous n'allez pas poireauter comme ça sur le paillasson. Entrez.

À l'invitation du veuf, les deux visiteurs se débarrassent de leurs manteaux mouillés, s'assoient et finissent la bouteille de vin. Le rouge est sans finesse, mais il réchauffe le corps.

– Ton copain, là, il vient de Londres ? grogne Levallier.

– Moi aussi, je viens de Londres. J'en arrive juste…

– Ah, je vois… Tu sais, je n'ai pas changé d'avis sur de Gaulle.

– Et sur Pétain ?

Levallier sursaute comme un enfant pris en faute.

– Le maréchal est trop vieux, mal conseillé, mal entouré. Ton de Gaulle et ce Giraud qui ne vaut pas mieux que lui se bouffent le nez. Personne ne pense à la France.

– Il y a eu trahison dans notre réseau, les Boches m'ont identifié. Je n'ai pas d'endroit où coucher ce soir, et lui…

Noroit désigne Desroches.

– Lui non plus.

De sa main valide, Levallier fait un signe conciliant.

– Il ne sera pas dit que Gaétan Levallier a refusé l'hospitalité au fils de son camarade de Verdun. Encore moins qu'il a eu peur d'aider des gens pourchassés par les Boches. Toi et ton copain vous pouvez dormir ici. Les suivantes aussi si ça vous dit.

Soulagé, Noroit se remémore l'avertissement d'Émile : ne pas entrer en contact direct avec Hélène avant d'avoir pu faire le point. Quant à Desroches, il songe à son A MK II laissé en dépôt pour une nuit chez un sympathisant. L'émetteur-récepteur, s'avise-t-il, serait nettement plus en sécurité ici. Rien de moins compromettant que l'appartement d'un antigaulliste, ancien combattant et maréchaliste patenté de surcroît, pour abriter le matériel du BCRA.

Luciani ne cherche même plus à masquer sa colère.

– Ça fait des jours qu'on est en planque ; ce con d'avocat ne pointera jamais son nez.

– Qu'est-ce que tu en sais ? objecte Plantel, rien que pour contrarier le truand alors qu'en son for intérieur, il espère bien que Gu a raison.

En bras de chemise bleu ciel, bretelles rayées et pantalon trop large pour lui, Luciani allume sa énième Gauloise de la journée. L'appartement de Noroit empeste la fumée et les reliefs de repas, comme d'ailleurs son cabinet d'homme de loi. Depuis les aveux de Lisette, l'un et l'autre ont été investis par la bande à Gautremont. Lits, armoires, étagères, les truands ont tout retourné. Sans parler de la moquette et du linoléum de la cuisine arrachés, des matelas, du pouf, des fauteuils éventrés. Mais rien, chou blanc.

Gu achève son verre de rouge. Faire ce boulot de flic, lui, un vieux de la vieille, quelle dérision ! Son arme, un revolver anglais Webley calibre 38, est posée sur la table. Plus discret, Paulo le Moko garde toujours sur lui son parabellum et contre sa cheville, sous la chaussette droite, sa lame glissée dans un fourreau très léger. Le Nantais, quant à lui, arbore un holster de gangster américain d'où émerge, imposante, la crosse d'un colt 45.

– C'est vrai qu'on se fait chier, dit-il en mâchonnant une tranche de saucisson. Si on se tapait un petit quatre-vingt et un ?

– Je préfère les cartes, tu sais bien, objecte Gu.

Le Nantais ricane.

– Ouais, mais on n'est que trois à poireauter dans cette cagna. Pour les cartes, faudrait un mort.

– Un mort, ah ! ah ! ah !

Tout le monde rigole, même Plantel…

D'un geste familier, Ernestine, la vieille concierge à l'accent méridional, agrippe la résistante par le bras :

– Madame Hélène, venez, j'ai des nouvelles pour vous.

Interloquée, Pénélope suit la bignole dans sa loge minuscule. L'endroit sent le pipi. Deux chats trônent sur le lit. La concierge les chasse. Eux miaulent leur mécontentement. Sous le matelas, un paquet d'enveloppes qu'Ernestine tend à Hélène.

– J'ai reçu la visite de monsieur Théo l'autre jour. Il essaye de changer de tête en mettant des vraies lunettes à la place de son monocle, mais je l'ai reconnu tout de suite.

Jusqu'au retour d'Angleterre, Maurin devait se rendre tous les jours à la même heure au lieu convenu, un café-brasserie voisin de la station de métro Muette, consommer son café national puis s'évanouir dans la nature quinze minutes plus tard. Mais là, personne, l'ancien cagoulard n'était pas au rendez-vous. D'où le ton inquiet d'Hélène.

– Qu'est-ce qu'il vous a dit ?

– Que ça allait mal.

– Qu'est-ce qui allait mal ?

– Vos histoires de résistance, madame Hélène. Il avait beau tourner autour du pot, chercher ses mots, j'ai bien compris, va. J'ai pigé que les Allemands allaient peut-être pointer leur sale museau chez vous et comme vous étiez… en voyage, j'ai mis de côté votre courrier. Monsieur Théo avait vraiment l'air inquiet, c'est pourtant pas un nerveux de nature.

– Et les Allemands, ils sont venus ou non ?

– Personne, mais ça va peut-être pas tarder. Vous feriez mieux de filer, madame Hélène.

– Pas avant d'avoir fait un saut à l'appartement.

La bignole hausse les épaules. Hélène glisse le paquet d'enveloppes dans la poche de sa gabardine, pose son bagage dans la loge, traverse la cour pavée, pousse les grilles en fer forgé de la porte et, négligeant l'ascenseur, grimpe les escaliers quatre à quatre. Une fois sur place, elle file au salon, ouvre le secrétaire en chêne verni, enfourne dans son sac à main quelques papiers personnels, des photos d'identité, une liasse de billets. Sur le guéridon, elle rafle une photo d'Henry La Granière ; sur le piano, un cliché de Petit Paul. Est-ce tout ? Non. Il faut protéger l'enfant, retirer ou détruire toute image de lui.

Coup d'œil à l'extérieur à travers les persiennes. La cour est toujours aussi vide. Hélène fouille la chambre de Petit Paul, la sienne également. Papiers et photos dans les bras, elle se dirige vers le salon. Les allumettes sont là, sur le manteau de la cheminée. La résistante entasse les documents puis y met le feu. Elle arrache un à un les tiroirs du secrétaire, les renverse sur la table, les trie. Nouvelle brassée de papiers, nouvelles flammes dans l'âtre.

Hélène se rue dans sa chambre. Rien dans la table de nuit mais, elle s'en souvient à présent, il y a ce carnet dans l'entrée avec l'adresse de sa sœur et d'un certain nombre d'autres proches sans lien avec le réseau Bucéphale.

Au feu, le carnet d'adresses. Au feu, les partitions de piano qui, on ne sait jamais, portent peut-être quelque part le nom du professeur Swierczewski. Au feu, cet autre carnet d'adresses avec les coordonnées personnelles d'amis d'autrefois liés à la Cagoule militaire et dont la plupart sont aujourd'hui à Vichy. Pas facile de faire en quelques instants le ménage d'une vie entière.

Trois quarts d'heure plus tard, Hélène La Granière *alias* Pénélope quitte à jamais son appartement sans laisser, du moins l'espère-t-elle, le moindre indice derrière elle. Elle n'emporte que deux lettres manuscrites et deux photos d'Henry, une en civil, l'autre en uniforme, et cinq ou six clichés de Petit Paul.

Ernestine l'attend dans la loge.

– Je vous laisse les clefs de l'appartement. Là-haut, j'ai fait le vide autant que j'ai pu. J'ai brûlé pas mal de choses dans la cheminée. N'hésitez pas à passer l'inspection et à détruire tout ce qui vous paraîtra compromettant. Mon bagage, vous pouvez le garder pour l'instant ? Il ne contient que des vêtements.

– Bien sûr, madame Hélène. Si on me pose des questions, je dirai que c'est à une voisine.

– Merci, Ernestine. Ce n'est peut-être pas moi qui viendrai récupérer la valise. Dans ce cas, on vous dira qu'on vient de la part de Marie-Madeleine. Entendu ?

– Marie-Madeleine, d'accord. Mais… vous savez où aller ?

Hélène pense à Vincent. À l'heure actuelle, son appartement est peut-être devenu une souricière. Le cabinet aussi. Pas question de revoir son amant avant le rendez-vous prévu.

– Je trouverai bien un hôtel.

– Mais la police les surveille tous ! se récrie la concierge. J'ai mieux à vous proposer si vous me laissez cinq minutes.

D'une écriture appliquée, Ernestine rédige un mot, le plie en quatre dans une enveloppe. Sur l'enveloppe, elle écrit une adresse.

– C'est chez ma fille. Vous pouvez compter sur elle comme sur moi. Je lui ai mis tout ce qu'il faut dans la lettre.

– Comment vous remercier ?

– En évitant de vous faire prendre, j'aimerais bien qu'on se revoie… après, réplique la concierge qui écrase une larme.

Aussi émue, Hélène entrouvre la porte de la loge.

– Hem… madame Hélène, dit encore Ernestine.

– Oui ?

– Je suis bien contente de ce que vous faites. Quand je voyais ces hommes qui montaient chez vous… pas monsieur Théo bien sûr, mais les trois autres, surtout le grand, très beau ! Pardonnez-moi, mais je m'imaginais des choses, des choses et ça ne me plaisait pas du tout ! À cause de monsieur Henry, vous comprenez ?

Hélène rit, se penche vers la concierge, la serre contre elle et l'embrasse.

– S'il était vivant, il serait avec nous, Ernestine. Et votre gendre aussi, il serait avec nous. On va les mettre à la porte les Boches !

– Dieu vous entende, madame Hélène.

Levallier ronfle dans son lit. Noroit, plus discret, dort sur un fauteuil, les pieds posés sur un guéridon. Desroches est allongé sur le canapé.

Au fond de sa planque, Maurin s'en veut d'avoir manqué la patronne deux fois de suite, la première au café-brasserie du métro Muette et la seconde chez elle, où il est arrivé cinq minutes trop tard, la faute à un contrôle de police inopiné où ses sauf-conduits habituels – ruban rouge de la Légion d'honneur et médaille militaire – n'ont pas opéré aussi bien que d'habitude. Sa prothèse devient difficile à supporter le soir ; Théo l'a carrément retirée. L'œil de verre trempe dans un verre avec un peu de savon. Sans monocle et sans lunettes, il fixe le plafond.

Dans sa chambre sans fenêtre du petit appartement de la fille d'Ernestine, Hélène épluche son paquet de lettres à la pâle lueur d'une lampe de chevet. Deux factures, une publicité pour des vêtements, un mot de sa sœur à propos des études de Petit Paul. Cet étrange billet manuscrit, surtout :

« Chère amie,

Aucune excuse : je suis un goujat de ne pas vous avoir donné de nouvelles depuis si longtemps. Croyez bien que ce n'est pas sans raison que je le fais aujourd'hui. C'est pourquoi je vous demande de m'appeler au plus vite à Littré 29-25. D'ici là, je vous prie, soyez extrêmement prudente. Il y a des gens qui ne vous veulent pas de bien, et d'autres qu'il vous serait utile, je crois, de rencontrer.

Vôtre

Pierre Doriancourt. »

Doriancourt était en son temps un homme de la Cagoule, un des plus excités. On l'a vu ensuite à Vichy, plus pétainiste que Pétain, plus antigaulliste que les Allemands eux-mêmes, plus antisémite que le commissaire aux affaires juives, plus arriviste que tous les autres réunis. Son mot sonne comme un avertissement. Que lui veut-il au juste à la veuve de son ami La Granière ?

On verra plus tard. En attendant, il faut dormir…

Chapitre 25

Mai 1943

Yvonne Détais se frotte les yeux.

– Votre carte de la SNCF est fausse, mademoiselle.

– Comment ça, fausse ?

À pleurer de rage. Des milliers de kilomètres en chemin de fer l'ont conditionnée au point que dix minutes tout rond avant l'entrée en gare, elle a pris l'habitude de se réveiller. Mais hier soir, la fatigue aidant, endormie, l'agent de liaison numéro 1 du réseau Bucéphale a manqué pour la première fois l'arrêt de Libourne. Adieu la nuit chez Pierre Bartème *alias* Achéloos, sa femme, Marcelle et leurs trois fils où Yvonne se sent si bien en famille, elle qui n'a jamais pu avoir d'enfants.

Le premier train du lendemain ne partait qu'à 6 heures. La jeune femme s'est donc résignée à passer la nuit dans la salle d'attente de la gare de Bordeaux au milieu des familles en transit et des voyageurs épuisés par les trajets de plus en plus interminables sur des chemins de fer de plus en plus lents.

Pas tout à fait au milieu, quand même, puisqu'en clandestine avertie, Yvonne avait pris la précaution de s'installer seule à l'écart près de la sortie.

D'une malchance, l'autre, deux contrôleurs viennent de la tirer de ses rêves. Et une troisième puisque, mégarde ou routine, Yvonne réveillée en sursaut, leur a tendu non pas sa carte d'identité administrative de citoyenne lambda, qui n'aurait sûrement pas attiré leur attention, mais sa carte professionnelle numérotée de cheminote qui lui donne le droit de circuler librement dans l'enceinte du chemin de fer et ses installations annexes.

Les employés auraient tout aussi bien pu se contenter d'un examen sans conviction et proposer à leur collègue une boisson chaude dans leur bureau, mais l'un des deux, le grand à moustache, s'est mis à examiner la carte contrefaite comme si sa vie en dépendait, la retournant dans tous les sens, scrutant la photo, plaçant la carte à contre-jour. Le document fabriqué par Émile Nordmann sur les indications d'un membre de la SNCF n'a pas résisté à un examen aussi minutieux, et maintenant, c'est le voile tout entier qui se déchire.

– Fausse ! Cent pour cent fausse ! Un truc à vous faire avoir de sacrés ennuis, mademoiselle, répète l'homme.

C'est cuit. Perdue pour perdue, Démodice décide de jouer à quitte ou double.

– Cuirassé coulé ! Je n'ai rien à voir avec la SNCF. J'appartiens à la Résistance. Alors, réfléchissez bien à ce que vous allez faire. Vous pouvez bien entendu me signaler à vos chefs, mais dans ce cas, le dossier ira directement à la Gestapo. Vous voyez ce que ça veut dire ?

Les deux hommes se concertent. Non, ils ne voient pas...

– Les Allemands vont donneront peut-être une prime de zèle. Mais ce fric sale, vous n'aurez pas l'occasion d'en profiter longtemps parce que mes copains sauront vous trouver où que vous soyez.

Cette fois, ils ont compris, nos contrôleurs. Silence gêné. D'un regard circulaire, le petit s'assure que personne n'a entendu cette conversation compromettante.

– Moi, j'ai rien vu ! glisse-t-il à son acolyte.

– Comment ça, rien vu ? Mais si ! c'est une fausse carte !

– J'ai rien vu, Louis, j'te dis !

Les mains du petit gros tremblotent. La perspective de se trouver face à des résistants assoiffés de sang semblables aux bandits du maquis dépeints par la propagande vichyssoise lui flanque à l'évidence une trouille encore plus bleue que sa casquette. Et comme la peur est communicative, son collègue commence à fléchir lui aussi.

– Quand même, on peut pas. C'est une fausse carte.

– Mais les ennuis, ils seront vrais, insiste Yvonne. Pas facile de ressusciter une fois qu'on est mort.

Les deux contrôleurs se regardent, hésitants.

– On pourrait faire, je sais pas, un rapport pas nominal.

– Non, pas de rapport. Le mieux, c'est de laisser couler. Tu trouves pas qu'il fait froid ici, Louis ? L'inspection est finie, on rentre au bercail.

– Sage décision, approuve Yvonne tandis que les deux cheminots s'éloignent.

Elle consulte sa montre. Ils l'ont privée d'une bonne heure de sommeil, ces pauvres types. Tous ces retards en série. Pourvu qu'Achéloos et sa femme ne se fassent pas de mouron.

Luciani a trop bu et, comme d'habitude dans ces cas-là, brandit son revolver, prêt à faire feu à la moindre remarque jugée insultante.

De son côté, Plantel ne décolère pas. Féru de solitude, la compagnie forcée de ses deux acolytes l'insupporte. Aussi loin qu'on remonte dans le temps, le Quimpérois s'est toujours senti seul. Des femmes, oui beaucoup, mais jamais « la » femme. Sauf une, mais si lui l'aimait, celle-là n'en voulait qu'à son argent et d'y songer ça l'agace encore plus. Solitaire sera sa destinée, à lui de se faire une raison.

– Joli, ton flingue, remarque-t-il soudain d'un ton doucereux. Tu me le fais voir ?

Un gros rire stupide parcourt le visage de Gu.

– Prise de guerre… Je l'ai chopé sur un terroriste qui doit être au cimetière, à l'heure actuelle. J'aime pas les terroristes, ajoute-t-il d'un ton agressif. C'est tous des lâches et des faux-culs. Tiens, attrape !

Il lance le Webley à la face de Paulo le Moko qui s'en saisit à la volée, l'examine, l'arme, puis met le Corse en joue, l'œil mauvais.

– Et si j'en étais un, de terroriste, ça te ferait un drôle d'effet, hein ?

Luciani et le Nantais se figent sur place. Déconcertés, ils le regardent. Cinq secondes, dix secondes, vingt secondes : la scène semble durer une éternité. Finalement, Plantel pose le colt sur la table.

– Je vannais, explique-t-il dans un gros rire bonhomme.

Gu et le Nantais explosent à leur tour. Une vraie quinte. Paulo un terroriste ? C'était dingue, et dire qu'un instant ils ont failli le croire…

– Tu nous as drôlement fait marcher, vieux, se marre le Nantais, soulagé. Chapeau : tu devrais faire du cinoche…

– Je viens d'en faire, justement !

– Ah ouais, du cinoche, laisse tomber Luciani d'une voix pâteuse. J'adore ça, moi, l'cinoche !

– Allez, les gars, on s'en jette encore un.

Il avale son verre cul sec. Le Nantais fait de même. Plantel, lui, se contente d'une petite gorgée, réprimant un puissant fou rire intérieur. Il a bien fait d'obéir à son instinct : jamais ces deux-là ne soupçonneront, à l'avenir, fût-ce une fraction de seconde, que leur complice de la PEFA pourrait avoir partie liée avec la Résistance.

Chapitre 26

Mai 1943

Émile et Vincent se croisent en s'ignorant à 14 h 30 précises rue Bichat, du côté de l'entrée principale de l'hôpital Saint-Louis. Chacun en profite pour vérifier une première fois que l'autre n'est l'objet d'aucune filature. Commence alors la procédure de sécurité, un ballet réglé à la seconde près. Vincent poursuit son chemin à une allure plus lente, en direction du carrefour de la rue Bichat et de la rue de la Grange-aux-Belles, pas loin du canal Saint-Martin. Pendant ce temps, Émile fait mine de s'engouffrer dans l'établissement de soins.

Le brusque demi-tour du monsieur-qui-s'est-trompé-d'adresse ramène l'employé municipal rue Bichat. Tous sens en éveil, il oblique sur la droite et longe le haut mur de Saint-Louis où des mains anonymes ont à demi arraché la rangée d'affiches des services officiels dénonçant « le marché noir, crime contre la communauté ». Une observation prolongée lui apprend que personne ne colle aux basques de l'avocat. Pas un quidam à l'horizon, même remontant du canal.

Dans l'intervalle, Vincent a déjà tourné le coin et pris la rue de la Grange-aux-Belles dans le sens de la montée. À sa droite, une porte annexe de l'hôpital. Il s'y engage d'un pas décidé et se retrouve face à la chapelle qu'il contourne, par la droite toujours. Deux cents mètres plus bas, Émile le suit à la trace rue de la Grange-aux-Belles. Le voici à son tour dans l'enceinte de Saint-Louis. Il longe une rangée d'arbres, croise deux patients, une infirmière. Nouveau virage sur la droite. Émile s'engouffre sous un porche. Nouvelle rangée d'arbres. Cette fois, le résistant croise deux médecins qui, tout à leur conversation, ne lui prêtent pas la moindre attention. Un visiteur dans un établissement hospitalier, quoi de plus banal ? L'après-midi, surtout.

Tours et détours de sécurité à travers les jardins, les cours et les galeries du plus vieil hôpital de Paris. Ils conduisent finalement Vincent au quadrilatère Saint-Louis, le cœur historique de la maison de soins. Il en fait le tour par la droite. Émile, lui, prend par la gauche. Chacun des deux résistants s'emploie à observer si l'autre n'est pas filé. Ils se rencontrent enfin et, négligeant les bancs de pierre, marchent côte à côte en parlant à voix basse, loin des oreilles indiscrètes.

– J'ai eu ton message, dit Vincent.

– Heureusement : Gautremont a installé une équipe dans ton appartement et une autre dans ton cabinet.

– Et Hélène ?

– Avertie par Théo. Elle a trouvé une planque tranquille.

– Moi aussi pour l'instant, mais ça fait un peu juste avec Eson, l'opérateur radio que nous avons ramené de Londres.

Normann a une moue compréhensive.

– Yvonne est en tournée dans le Sud-Ouest, explique-t-il. Mais à son retour, il faudra aviser. Le problème, c'est le fric.

– De l'argent, nous allons en avoir très bientôt, et pas mal.

– Mince alors ! C'est quoi le prix à payer ? Va falloir que je me mette à croire en Dieu ?

Rire de Noroit.

– Je n'oserais jamais t'imposer un sacrifice pareil. Contente-toi de croire…

Regard circulaire sur le voisinage le plus proche, un couple de petits vieux plus intéressé par les fleurs que par la messe basse des clandestins.

– À quoi ?

– Au BCRA. Demain, j'ai rendez-vous avec un type qui va me remettre un premier versement. D'autres suivront pour stabiliser notre infrastructure, comme ils disent là-bas. Ensuite, un budget mensuel.

– Dis donc, ça veut dire qu'ils tiennent à nous ? s'étonne Nordmann, une pointe d'inquiétude dans la voix.

– Faut croire. Le prof de piano du fils d'Hélène y est d'ailleurs pour beaucoup. C'était vraiment un ami personnel de De Gaulle, tu sais.

Noroit se retient d'ajouter que l'arrivée à Londres d'Antonio, le mathématicien espagnol, a compté au moins autant dans ce traitement de faveur.

– Bref, nous voilà tous clandestins sauf Léon dont Lisette ignorait l'existence. Celle d'Hélène aussi, en principe. Mais Théo et moi avons quand même préféré lui demander d'évacuer son appartement.

– À cause de moi ?

Le ton de Noroit vient de monter brusquement d'un cran. Nordmann fixe son camarade droit dans les yeux.

– Imagine que tu aies laissé, je ne sais pas, moi… une trace quelconque qui puisse mener jusqu'à elle. Ou le contraire, elle qui aurait laissé quelque chose de compromettant chez toi.

Émile se gratte la tête.

– Ça te choque, ce que je dis ?

Noroit respire un grand coup avant de répondre, apaisé.

– Non, ça me donne à réfléchir. Sur elle, sur moi, sur nous.

Et changeant à nouveau de ton :

– Est-ce que Gautremont s'est fendu de types en planque chez elle aussi ?

– Sa concierge veille au grain ; il semble que non. N'empêche qu'il vaut mieux qu'elle attende avant de réintégrer ses pénates, si elle doit le faire.

– Il faut qu'on discute de tout ça.

– C'est prévu. Réunion du comité directeur demain 18 heures au cabinet d'assurances de Léon. Exceptionnellement, l'endroit sera vide, paraît-il. Dans le cas contraire, il y a un rendez-vous de repêchage.

Nordmann se penche vers Noroit et lui glisse quelques mots à l'oreille. De quoi dérider l'avocat.

– Espérons que le cabinet sera bien vide, alors.
– Espérons. Sur ce, je file. Sors par l'entrée principale, moi je repasse par la chapelle. Salut.

Rien de plus anodin d'apparence qu'une salle de *dispatching*. Sur l'épaisse planche de pin verni soutenue par deux tréteaux, un combiné téléphonique, un déroulant, un micro. À côté, une allonge hérissée de boutons dont chacun correspond à une gare de la région. Au mur, un haut-parleur. Au-dessus de la planche de pin, un cadre. Le graphique des déplacements ferroviaires prévus pour la journée en remplit à lui tout seul l'intérieur. Mais dans la région du Sud-Ouest, les sabotages, de plus en plus nombreux – qu'ils soient le fait de cheminots résistants ou de maquisards –, remplissent d'autres graphiques, ceux des forces d'occupation. Car sous la forme des « banofs », les représentants locaux de la Direction centrale des transports de la Wehrmacht, l'Allemagne est présente jusqu'ici, le centre nerveux de la gare de Bordeaux-Saint-Jean.

Les cheminots d'outre-Rhin, pourtant, ne peuvent avoir l'œil sur tout. Volontiers laxistes en l'absence de leurs chefs, ces banofs (sobriquet créé par déformation du mot allemand *bahnhof*, qui signifie gare tout simplement) se contentent le plus souvent de vérifications de routine destinées à dégager leur responsabilité au cas où…

Machine rudimentaire à adapter la théorie à la réalité, le déroulant se trouve au cœur même du système ferroviaire. Au fur et à mesure que le haut-parleur débite les informations en provenance des diverses gares de la région, l'employé responsable y trace, règle, équerre et crayon à la main, la courbe réelle des transports en cours d'opération, les TCO. Mais sabotages, erreurs d'aiguillage, incidents impromptus de toute sorte aidant, cette courbe diffère toujours du graphique installé le matin. L'écart est quelquefois minime. Certains jours, ce mercredi par exemple, il s'aggrave de façon notable.

Le responsable français du jour au *dispatching* de Bordeaux-Saint-Jean s'appelle Lucien Deslandes. Et comble du comble, Yvonne Détais a dû, à la demande pressante de son camarade de Libourne, Pierre Bartème, effectuer le trajet en sens inverse de la veille pour venir rencontrer ce nouveau venu. Le déplacement vaut la peine, il est vrai, puisque Deslandes, contacté tout récemment par Achéloos, s'est déclaré prêt à fournir les nombreux renseignements en sa possession.

– On peut entrer ? demande Yvonne, heureuse de constater que le cheminot est seul, sans son ange gardien allemand.

– On peut si on a une bonne raison.

– Si la raison s'appelle Bartème et qu'il vous fait dire « Vivement les vacances », ça va ?

– Ça va au poil, répond dans un grand sourire Deslandes, un grand brun aux épaules carrées dans sa combinaison de travail bleue.

– Alors, c'est vous ? ajoute-t-il.

– Eh oui ! Une femme dans ce boulot, ça surprend, je sais, mais vous allez voir que c'est pas si bête.

Le regard d'Yvonne balaie une deuxième fois la salle :

– Votre banof n'est pas là ?

– Hans ? Il est allé boire sa bière. On ne le verra pas avant (Deslandes regarde l'horloge murale face à lui) une bonne demi-heure. Réglé comme du papier à musique, Hans, et pas méchant du tout. Avant cette saloperie d'Hitler, il votait socialiste. Des fois qu'il nous surprenne, ayez l'air embarrassé et dites que vous êtes ma cousine.

– Il croira ce gros mensonge ?

Deslandes rigole.

– Il en croira rien et ça lui donnera l'idée que vous seriez… autre chose que ma cousine. Quelqu'un de plus proche, voyez ! Selon lui, les Français ne pensent qu'à ça.

– Et selon vous ?

– Y en quelques-uns qui pensent surtout à mettre les frisés à la porte. Pierre m'a parlé de votre histoire et elle me plaît bien.

« Train T 1346, un wagon de moins que prévu, départ dans huit minutes », grésille une voix anonyme dans le haut-parleur.

Deslandes consulte à nouveau l'horloge. Un crayon à la main, il trace un petit trait sur le déroulant, puis reprend la conversation.

– Oui, elle me plaît bien. On est quelques copains à vouloir faire quelque chose de plus sérieux que nos petites tricheries de tous les jours. On désorganise les convois, cinq minutes par-ci, dix minutes par-là. Ça fait le désespoir de Hans et des autres banofs, mais ça suffit plus. Les Alliés pilonnent les installations ferroviaires. Je ne dis pas que c'est mal, mais comme les pilotes ne descendent pas assez bas, les Américains surtout, c'est les cheminots qui dégustent en premier. On habite tous à côté des gares avec nos familles, vous comprenez. Le rail, c'est notre vie.

– Vous voudriez que les bombardements cessent ?

– Oui, parce qu'avec la Résistance, on est capables de faire le boulot tout seuls. Ça épargnerait des vies innocentes et ça couperait du même coup l'herbe sous le pied de la propagande de Vichy. Chaque mort civile les sert.

– S'il n'y a que du sabotage et plus de bombardements, on vous rendra tous coupables. Vous connaissez les nazis : représailles collectives.

« Train S 2042 à quai… Train T 1346, départ dans cinq minutes », insiste le haut-parleur.

Deslandes secoue la tête.

– D'accord, mais les cheminots seront seuls à trinquer, pas les civils.

– À propos de cheminots, reprend Yvonne, j'ai couché hier soir dans la salle d'attente de la gare. Deux contrôleurs m'ont agrafée.

Elle raconte ; Deslandes se marre, tout en prêtant une oreille attentive au nouveau message : « Train S 1985, trois wagons de plus. Train T 1346 prêt à partir. »

– Ces deux abrutis, assure-t-il, vont recevoir un petit averto de ma façon. Ça leur flanquera une nouvelle dose de trouille… comme la piqûre de rappel chez le toubib.

Et plus sérieux :

– Naturellement, vous savez ce que c'est qu'un PE ?

– « Petit entretien » : un établissement qui s'occupe du matériel de la SNCF.

Elle a répondu à la question test. Du coup, le cheminot considère sa visiteuse avec des yeux différents.

– Eh bien, j'ai pas mal de copains là-dedans dans toute la région Sud-Ouest. Ça peut faire une belle source de renseignements pour vous.

– Et ici, à Bordeaux ?

– Ici, j'en sais déjà pas mal à cause de mon emploi au *dispatching*. Surtout, je peux vous fournir à l'avance les programmes mensuels AWI établis par les Chleuhs pour la région.

Au tour de la résistante de se sentir bluffée.

– Mince ! les transports économiques…

– Eh oui, ma belle. Les copies avec les lieux d'origine, le numéro d'ordre, la nature de la marchandise, le degré d'urgence et j'en passe. Ça vous intéresse ?

« Le train T 1346 va partir », crache le haut-parleur.

– Un peu, oui, répond Hélène.

– Dans ce cas, en voiture Simone… j'espère que c'est pas votre vrai prénom !

Le cheminot sort de la poche intérieure de sa combinaison une enveloppe de papier kraft pliée et froissée qu'il tend à Démodice.

– Pour ce mois-ci, mais il est déjà presque terminé. Revenez me voir vers le 30, j'aurai l'AWI de juin. D'accord ?

– D'accord ! Après ma mésaventure de la nuit dernière, j'avais pas très envie de revenir à Bordeaux, mais je vois que j'aurais eu tort. Dites-moi…

Elle se penche vers Deslandes.

– Puisque vous êtes avec nous, vous voilà membre des Forces françaises combattantes.

– Combattant, moi ? Je rends juste service…

– Un service qui pourrait vous coûter la vie. En tant que soldat, vous allez recevoir un numéro matricule. Et en tant que clandestin, un pseudonyme que je vous communiquerai à ma prochaine visite à Bordeaux, ou par l'intermédiaire de Bartème. Ça va toujours ?

– Plus que jamais. J'ai parlé de tout ça à ma femme, elle est d'accord. Me voir affublé d'un nom de théâtre, ça va l'amuser. Mais c'est pas du théâtre, je sais.

Yvonne jette un coup d'œil en direction de la porte.

– On a parlé d'une demi-heure, rappelle-t-elle. Votre banof a beau être inoffensif, je préfère quand même l'éviter.

Deslandes approuve, mais quand Yvonne s'apprête à partir, il la rappelle, tout timide.

– Hem, madame...

– Oui ?

– Maintenant qu'on est dans la même loco, ça vous dérange qu'on se tutoie ?

Yvonne sourit.

– Ça me dérange pas, mon poteau. Ça me fait plaisir, au contraire !

Le père Lochard se frotte les mains.

– Le déménagement des archives est terminé, annonce-t-il. Frère Albert les a transportées avec la voiture à gazogène dans notre couvent de Seine-et-Oise.

– Pas de nom par pitié, mon père, réplique Hiégel. Ni de personne ni de lieu.

– Et pourquoi donc ? J'ai pleine confiance en vous, Léon.

– Chacun d'entre nous est faillible.

Lochard baisse les yeux.

– C'est vous qui avez raison ; belle leçon d'humilité. En tout cas, je me sens mieux à présent. Pour notre ordre comme pour votre réseau.

– Le vôtre aussi, mon père.

– Je suis si peu de ce siècle, mon fils. Si les Allemands remontaient jusqu'à moi et fouillaient notre maison, ils ne trouveraient rien. La piste s'arrêterait là. On ne gagne rien à mélanger le spirituel et le temporel.

– C'est ce que nous faisons pourtant l'un et l'autre chaque jour.

– En ces temps effroyables, seule notre conscience doit dicter nos actes ; Dieu les jugera plus tard. Ce qui comptait avant toute chose, c'était de soustraire ces archives à la curiosité des nazis. C'est chose faite. Les ayant sauvegardées et en même temps, sauvegardé les intérêts de l'ordre, je me sens plus tranquille.

– Allez en paix, Léon.

Hiégel hoche la tête, salue puis quitte la pièce. Cette histoire de frère Albert et de couvent en Seine-et-Oise, il aurait tout de même préféré l'ignorer.

Chapitre 27

Mai 1943

Ascenseur en panne. Hélène La Granière emprunte le premier escalier sur sa droite, ses marches sont recouvertes d'un tissu rouge maintenu par des barres métalliques. Parvenue au cinquième, elle reprend son souffle, profite de l'occasion pour jeter un rapide coup d'œil vers le bas. Personne sur ses demi-talons à empeigne en amande usés par trop d'heures de marche. Rassurée, la jeune femme redescend d'un étage, cherche les noms, trouve le bon, presse le bouton de la sonnerie.

Doriancourt en personne vient lui ouvrir la porte. Le fume-cigarette à la main, la moustache fine, petite, il porte une veste d'intérieur bordeaux et un foulard en soie. Par téléphone, Hélène et lui sont convenus à mots couverts que l'ancien cagoulard serait seul, sans visiteur, sans domestique. Sans son épouse surtout. Heureusement, Katarine court les magasins de mode en compagnie de sa grande amie Josée Laval, plus versée dans la haute couture que dans la basse politique, apanage de son chef de gouvernement de père. La fille du maquignon auvergnat est une bien dangereuse fréquentation…

C'est dire si Hélène a multiplié les précautions avant de se jeter, peut-être, dans la gueule du loup. En cas de trahison, Émile, pistolet dans la poche d'une capote militaire teinte en marron, barbe postiche et paire de lunettes à verres blancs, guette la sortie de sa camarade de réseau dans la brasserie, un peu plus bas dans la rue. L'ancien fidèle de Marceau Pivert s'est proposé pour ce rôle de préférence à Maurin, trop connu de Doriancourt depuis les années CSAR.

– Merci d'être venue, ça n'a pas dû être facile pour vous, fait remarquer d'entrée de jeu l'ex-cagoulard en s'inclinant devant sa visiteuse.

– Et pourquoi donc ?

Doriancourt lui sourit avec cet air un peu fat qui le rendait autrefois si impopulaire dans son propre milieu de petits industriels droitiers, d'officiers animés par l'horreur du rouge et de conspirateurs extrémistes.

– Disons, précise-t-il avec la même assurance, que je possède quelques lueurs sur vos activités en cours. J'ai quelques amis haut placés dans la police ; ils viennent de m'apprendre que les Allemands s'intéressaient à vous… Mais ne restez pas comme cela dans l'entrée, Hélène, passons dans mon cabinet de travail, nous y serons plus tranquilles.

Précédant son interlocuteur dans le long couloir qui conduit vers son antre, Hélène, aux aguets, constate les changements intervenus dans l'appartement depuis avril 1941, date de sa dernière visite. Ils sont spectaculaires. Des toiles de maîtres et des gravures peuplent à présent les murs. Quant au standing du mobilier des Doriancourt, déjà appréciable avant la guerre, il a grimpé de cinq ou six degrés. Tables, fauteuils, commodes, étagères, tentures même, tout respire l'ancien, le rare, l'authentique ; tout pue la combine, les affaires douteuses, la malhonnêteté. Biens volés à des familles juives et rachetés à vil prix ? Dans les milieux en cour à Vichy, la pratique est courante. De quoi renforcer la méfiance de Pénélope mais en temps de guerre, on ne laisse pas passer une chance d'obtenir des renseignements de première main.

En tout cas, le cabinet de travail n'a pas changé, amoncellement indescriptible de livres, de papiers, de classeurs, de notes, de dossiers et même, curiosité pour l'époque, de photostats qu'on n'appelle pas encore des photocopies. Doriancourt fut en son temps l'élève préféré du docteur Martin, le chef du service de renseignements du CSAR.

Depuis, leurs routes ont quelque peu divergé. Incapable de supporter l'ordre établi fût-ce par ses propres amis, Martin n'a pas tardé à ruer dans les brancards vichyssois, ce qui lui vaut d'être interné en Ardèche, aux côtés du commandant Loustaunau-Lacau.

Plus arriviste que Martin, Doriancourt a mis à profit l'amitié déjà ancienne de son épouse avec Josée Laval pour multiplier ses relations dans les allées du pouvoir. Les carnets de commandes de son entreprise de lingerie à bon marché sont pleins ; ses bénéfices ne cessent de croître. Reste d'antigermanisme ou signe de prudence, Doriancourt évite toutefois de commercer de façon directe avec l'occupant. Il laisse ces tractations délicates à des intermédiaires rémunérés au prorata de leur silence.

Désignant le seul fauteuil libre de tout document, le fabricant de lingerie prie Hélène d'y prendre place. Tandis que la jeune femme s'installe, il débarrasse sa chaise d'une pile de livres qu'il pose à même le sol recouvert d'un tapis d'Extrême-Orient aux couleurs passées. Doriancourt a vécu en Indochine et garde la nostalgie de l'Asie. Des femmes asiatiques surtout.

– Ainsi les Allemands s'intéressent à moi ? attaque Hélène.

Doriancourt pose ses mains sur la plaque de verre qui recouvre son bureau, une porte sculptée ramenée d'Inde et montée sur tréteaux.

– Certains Allemands en tout cas. Le capitaine Kraus, de l'Abwehr. Kraus est principalement renseigné par son homme de main Gautremont, une figure du milieu, paraît-il.

Geste dégagé pour marquer qu'il ne fréquente pas ces gens-là.

– Ils travaillaient sous les ordres du major Brandl, poursuit l'ex-cagoulard, mais celui-ci a quitté la France les poches pleines l'été dernier… On parle de deux milliards de francs, rien que ça ! Kraus a pris le relais.

– Édifiant. Et que me veulent-ils, ces messieurs ?

Doriancourt se penche vers son interlocutrice.

– Mais vous le savez bien, voyons. Vos activités…

Impassible, Hélène questionne :

– Lesquelles ?

– Vous êtes gaulliste, là ! Ils l'ignoraient jusqu'à une date très récente… et moi aussi d'ailleurs.

– Vous, un élève du docteur Martin ? ironise Pénélope, convaincue que jouer les innocentes ne sert plus à rien.

– Même moi ! L'Abwehr a demandé une enquête à ses contacts dans la police française. Les hommes de la Grande Maison se sont présentés à votre domicile ; vous n'y étiez pas. Ils ont perquisitionné ; des documents avaient été brûlés dans la cheminée. Ils ont cuisiné votre concierge ; elle n'a pas pipé mot. C'est toujours Ernestine ?

– Toujours.

– Je vois. Sachant mes relations passées avec Henry, un des flics m'a averti.

La jeune femme s'étonne.

– Elles n'étaient pourtant pas à la connaissance du premier inspecteur de quartier venu, ces relations…

Nouveau sourire supérieur de Doriancourt.

– Celui dont je vous parle n'est pas un policier ordinaire, c'est un flic politique. Un flic républicain devrais-je dire ! Un ancien adjoint du commissaire Mondanel… Mondanel, vous situez ?

– Sans difficulté. C'était le directeur de la police judiciaire qui a démantelé le CSAR en 1937. À ma connaissance, les Boches l'ont fait écarter par Laval.

– Excellents renseignements ; ça ne m'étonne pas de vous. Eh bien, cet ancien subordonné de Mondanel était bien informé – et pour cause – sur vous-même, sur Henry, sur moi.

– Il vous fait chanter ?

– Comment le pourrait-il, le malheureux ? Avoir appartenu au CSAR n'a rien d'un mauvais point aujourd'hui. Disons plutôt qu'il a tourné casaque. C'est aujourd'hui un des piliers de la lutte anticommuniste à la préfecture.

« Tiens, se dit Hélène qui connaît son Doriancourt par cœur, il y en a peut-être d'autres qui aimeraient retourner leur veste, mais pas dans le même sens. »

– On ne négocie pas un virage pareil sans rendre service aux uns et aux autres, poursuit l'ex-cagoulard.

– Donc à vous ?

– Donc à moi mais pas uniquement. Faute de vous protéger des Allemands – c'est désormais impossible –, j'ai pensé à protéger votre garçon.

Il a touché le point sensible. Depuis son retour mouvementé de Londres, le sort de Petit Paul tracasse la résistante. Rien de plus facile pour des enquêteurs que de remonter jusqu'à lui en suivant la piste familiale. Doriancourt y a également pensé.

– Les Allemands savent pour Henry mais mon homme à la préfecture est parvenu à leur cacher le reste. Rien sur votre sœur, rien sur Paul. Officiellement, vous êtes veuve sans enfant et sans famille. Domiciles possibles ignorés. Les seules choses vraies dans son rapport – j'ai pris la précaution de le rédiger avec lui –, ce sont votre date de naissance et celle d'Henry, ainsi que la date du décès de vos parents.

Dans le monde de Doriancourt, tout s'achète et tout se paie. Quel a été le prix exigé par son informateur ? Quel prix Doriancourt lui-même exigera-t-il d'Hélène ? L'impunité en cas de victoire alliée, peut-être ? L'homme n'a rien d'un idiot. Dès le débarquement anglo-américain en Afrique du Nord et l'échec allemand à Stalingrad, il a senti le vent tourner. Quelques garanties personnelles côté gaulliste ne seraient pas pour lui déplaire.

– Paul serait donc hors de danger ?

– Tout à fait. C'est un service que je pouvais vous rendre, je l'ai fait avec joie.

Quelles que soient les motivations de Doriancourt, Hélène se sent plus forte, désormais. Cela vaut bien quelques paroles encourageantes.

– Merci Pierre. Je n'oublierai pas.

L'ex-cagoulard lève un doigt, geste professoral qu'il affectionne.

– C'était la moindre des choses, voyons ! Le présent nous oppose peut-être, mais le passé nous unit encore. Pensez à ce vieux Duclos. C'était un de nos hommes les plus résolus au CSAR. Vous savez qu'il est chez de Gaulle, maintenant...

– Ça ne m'étonne pas.

– Toujours aussi difficile de vous étonner, ma chère, mais aujourd'hui, je crois bien que je vais y arriver. Il y a ici une personne qui...

– Nous devions être seuls, vous l'aviez promis ! s'écrie Hélène, furieuse.

Signe apaisant de Doriancourt.

– Ne craignez rien, il ne s'agit pas d'un traquenard. Mais au téléphone, on n'est jamais trop prudent. Vous ne regretterez pas cette rencontre, je m'en porte garant.

– Vous pouvez entrer, dit-il à voix haute.

La porte du cabinet de travail s'ouvre.

Tout de suite, le vieux monsieur a fait bonne impression sur Hélène. Soixante, soixante-cinq ans environ, des cheveux blancs encore vivaces et dans les yeux une lueur résolue. L'homme porte une chemise à col cassé sur un veston noir. À sa main droite, une canne à bout ferré.

– Je vous laisse, glisse Doriancourt, plus entremetteur mondain que jamais. Vous avez sûrement des tas de secrets à vous confier.

Joignant le geste à la parole, l'affairiste se dirige sans attendre vers le couloir peuplé d'œuvres d'art à la provenance suspecte.

L'inconnu, lui, avise Hélène, la trouve un peu jeune mais n'émet aucun commentaire.

– Puis-je m'asseoir ? s'enquiert-il d'une voix encore ferme mais déjà faiblissante.

– Je vous en prie, réplique Hélène, songeuse.

Le vieil homme se carre sans geste inutile à la place du maître de céans.

– Doriancourt... commence Hélène.

– Doriancourt cherche à sauver sa peau et les beaux

meubles qu'il a volés. C'est un opportuniste et, comme tel, peut se révéler utile. Quand il m'a parlé de vous, je n'ai pas hésité une seconde.

– De moi ? s'étonne la jeune femme. Mais je ne l'avais pas vu depuis 1941. Que vous a-t-il donc raconté ?

– La même chose qu'à vous, sans doute. En gonflant son rôle comme d'habitude… votre appartenance à un réseau gaulliste, la police sur vos talons, ses efforts d'ami désintéressé pour vous sauver la mise, celle de votre fils surtout. Quelle belle âme, ce Doriancourt !

« Un qui se fait encore moins d'illusions que moi », songe Hélène. La surprise s'avère plutôt agréable.

– Vous le connaissez de longue date ? demande-t-elle.

– Oui et non. Je l'ai connu autrefois, au temps des réseaux Corvignolles. On parlait beaucoup de votre mari à cette époque. J'étais ce qu'on appelle un honorable correspondant du service de renseignements, le SR. Mon rôle consistait non pas à conspirer, mais à aller au contact des conspirateurs pour savoir ce qu'ils avaient dans le ventre.

Hélène se rembrunit. Lui comprend aussitôt :

– Vous faites fausse route, madame. Le SR comportait encore quelques cerveaux suffisamment lucides pour ne pas succomber à la paranoïa. Pas tous, d'accord… Pendant les grandes grèves de 1936, j'en ai vu passer des rapports délirants du 2e Bureau parlant d'une alliance secrète germano-soviétique pour saboter nos usines d'armement, d'un centre trotskiste de Berlin qui n'a jamais existé que dans les fantasmes de certains, et d'autres fariboles du même tonneau.

– On parlait de cela, en effet, laisse tomber Hélène d'un ton aigre. Cet improbable centre trotskiste au service conjoint d'Hitler et de Staline, c'était, mais oui, elle s'en souvient maintenant, l'idée fixe de Doriancourt. Les cagoulards s'en donnaient à cœur joie, citant des noms, des dates, des lieux, des chiffres, précisions d'autant plus convaincantes qu'elles étaient fantasmatiques. Sans y croire le moins du monde, Henry colportait à plaisir ces rumeurs au sein d'un milieu militaire tétanisé par la crainte d'une insurrection communiste.

– Un bobard de plus pour aggraver la confusion, insiste l'inconnu. Beaucoup en ont perdu de vue le péril immédiat. L'Allemagne réarmait, Hitler et Mussolini soutenaient Franco en Espagne. Dans l'ordre des priorités, c'est le brun qu'il fallait chasser d'abord, pas le rouge.

Hélène aimerait pouvoir crier au vieil homme que c'est lui qui faisait fausse route. Mais le recul que donnent trois années de résistance dicte la bonne réponse : si les Allemands paradent sur les Champs-Élysées, les Soviétiques, eux, restent à quelques bons milliers de verstes de Paris.

– À quoi bon réécrire le passé ? temporise-t-elle. Dites-moi plutôt ce que vous faites maintenant et ce qui vous intéresse chez moi.

L'homme étend ses doigts déformés par l'arthrite. Après trois hivers sans chauffage, les mains des Français sont couvertes d'engelures, d'œdèmes, de crevasses. Rouges à souhait, celles-ci, ne font pas exception. Elles trahissent l'homme dénué de confort matériel. Tout ce que n'est pas Doriancourt et qu'Hélène avait un peu oublié pendant son séjour londonien.

– Pas avant de vous avoir fourni une précision indispensable, explique-t-il. Tout à l'heure, quand je vous ai parlé de mon activité d'honorable correspondant, vous avez traduit : « indicateur de police », n'est-ce pas ?

Un peu embarrassée, Hélène admet que oui. L'homme sourit, se gardant toutefois bien de préciser qu'il fut, à partir du début des années trente, le commis voyageur du SR. Ses activités d'écrivain réputé pour ses ouvrages sur l'ésotérisme, les sociétés secrètes et l'occultisme faisaient alors de Jean-Charles Grambert un agent itinérant facile à déplacer. Comment un chercheur d'un tel acabit aurait-il pu se passer d'une documentation puisée aux meilleures sources ? Ses voyages dans les différents pays d'Europe lui permirent de rencontrer Himmler soi-même. Devant ses officiers traitants français médusés, l'agent B 447 devait décrire à son retour le Reichsführer SS en ces termes : « Himmler se prend réellement pour la réincarnation du roi de

Germanie Henri Ier l'Oiseleur. On pourrait mettre ce délire à profit pour détourner son attention de certains problèmes délicats. Par exemple, les progrès des véritables savants allemands en recherche fondamentale, beaucoup plus inquiétants selon moi. »

L'écrivain à sensation ne craignait pas le paradoxe. Car loin de partager la folie du petit chef nazi à lunettes rondes (et la passion de son propre lectorat, fort nombreux, pour les diverses catégories de sciences occultes), Grambert se voulait un rationaliste pur et dur. Major de promotion de l'École de physique et chimie de la Ville de Paris en son temps, sa formation scientifique était, de fait, au-dessus de tout soupçon.

Après ses deux rencontres avec Himmler, parut en France *L'Allemagne nous prend de vitesse.* Un nouvel ouvrage qui dénonçait les progrès de la fondation nazie Héritage des ancêtres, une des lubies du chef SS en matière de recherches sur l'Ultima Thulé, dernier refuge de la civilisation aryenne. Publié outre-Rhin par un éditeur berlinois bien en cour, le livre retint l'attention d'Heinrich Himmler. Mais le Führer, agacé qu'un Français rappelle avec autant d'insistance le rôle de la Société de Thulé, une association pangermaniste, dans les débuts de son ascension politique, en dédaigna la lecture, attitude ostentatoire qui devait retirer beaucoup de son efficacité à la manœuvre d'intox concoctée par le SR à l'instigation de l'agent B 447.

Grambert sourit.

– Un indic, ajoute-t-il, il y en avait bien un dans ces milieux-là, mais pas moi.

– Et qui donc ?

– Devinez. Il n'est pas loin !

Doriancourt… Hélène en reste bouche bée.

– Nom de code : Anasthase. On le tenait pour des histoires de mœurs – il aime les filles très jeunes. Certains obsédés de la complotite se servaient de lui pour vulgariser leurs propres fantasmes. En échange de l'enterrement de son dossier judiciaire, Anasthase leur livrait des informations internes à la Cagoule ou aux réseaux Corvignolles. Deloncle… Martin… Loustaunau-Lacau… votre mari aussi : il les a tous trahis.

– Le salaud ! crache la jeune femme, hors d'elle.

– Pas si fort, les oreilles ennemies, les siennes en tout cas, peuvent nous entendre. L'amusant, c'est que mes amis au sein du SR le manipulaient également, mais en sens inverse. J'étais chargé de cette tâche.

– Vous ?

– Oui, moi.

– Mais enfin, qui êtes-vous donc ?

L'homme s'incline légèrement vers son interlocutrice.

– Le public me connaît sous mon nom de plume, Jean-Charles Grambert.

Hélène n'en revient pas.

– Grambert, mais c'est vous qui avez écrit *L'Hydre aux neuf têtes !*

B 447 sourit.

– Un message subliminal à l'usage des passionnés d'ésotérisme. Sous prétexte de flatter leurs goûts, il s'agissait de les mettre en garde contre la fascination nazie. C'était le second volet d'une manœuvre conçue au moment de la parution de *L'Allemagne nous prend de vitesse.*

– Les nazis ne doivent pas vous aimer beaucoup ?

– Himmler, si… Quand on a perdu la guerre, j'ai appris qu'il me faisait rechercher. Pour me féliciter ou pour m'envoyer en enfer ? Dans le doute, j'ai préféré disparaître sous un faux nom. Un de plus car naturellement, Grambert n'est qu'un pseudonyme. Et là, je suis devenu un des animateurs des Travaux ruraux.

Hélène secoue la tête dans un geste d'ignorance.

– C'était une couverture mise en place par mon officier traitant, le commandant Paillole. Sous prétexte d'une société bidon de travaux ruraux, le SR reconstitué à Vichy montait un peu partout des réseaux de renseignement anti-Boches.

– Jamais entendu parler…

– Heureusement car, dans le cas contraire, nous n'aurions pas été très malins ! Paillole maintenait secrètement des contacts avec les Anglais. C'est un crack, vous savez.

– On continuait la guerre à notre façon, ajoute Grambert, véhément. Seulement voilà, nous n'étions pas gaullistes.

Le visage d'Hélène se ferme. Pas question pour autant d'interrompre cet interlocuteur en mal de confidences.

– ...Du coup, ça se passait mal avec le BCRA. Londres, hélas, n'a pas compris, ou pas voulu comprendre le double jeu que nous menions. D'autant plus qu'à ce qu'il paraît, Paillole et ses camarades se seraient rangés derrière Giraud dans la querelle des généraux.

Au nom de Giraud, Hélène tique derechef, mais s'enquiert quand même :

– Paillole se trouve à Alger ?

Nouveau sourire de Grambert, triste cette fois.

– Oui, et c'est bien mon problème ! Au moment de l'invasion de la zone nono, Paillole et les autres animateurs de la tendance du SR favorable aux Alliés ont réussi à échapper aux Boches et à gagner l'Afrique du Nord. Toutes les liaisons ont été coupées et me voilà dans la nature. Moi qui vivais sous un faux nom près de Marseille, je suis remonté à Paris demander à mon « vieil ami » Doriancourt de me donner un coup de main. Il ne peut pas me refuser grand-chose, vous comprenez ?

– Parce que vous avez...

– ... son dossier de mœurs en lieu sûr. Il m'a parlé de vous. Je me suis dit que c'était peut-être le moyen de raccrocher enfin avec quelque chose de sérieux. À mon âge, on est pressé, n'est-ce pas. Et sa vieille peau, ma foi, on n'y tient plus tant que ça.

– C'est une offre de services ?

– Une proposition, disons. Giraud, de Gaulle ou un autre, je m'en fiche. Du moment que c'est contre les Boches, je ne demande qu'à reprendre le collier. Et cette fois, madame, fini la littérature. Sans doute pouvez-vous m'apporter beaucoup mais de mon côté, je peux pas mal de choses...

Chapitre 28

Juin 1943

Le grand sergent-chef est doté d'une voix de stentor. Émile blêmit. Tous armés de pistolets-mitrailleurs, les cinq soldats allemands ont stoppé d'autorité l'autobus en plein boulevard Raspail. D'autorité encore, ils font descendre les voyageurs, palpent leurs vêtements et contrôlent leurs documents d'identité.

Comme les autres, Nordmann, une cotte d'ouvrier sous sa capote militaire, fait sagement la queue. De l'extérieur, rien ne distingue le résistant des autres passagers. Quand vient son tour, il exhibe un porte-cartes double, carte d'identité bidon côté pile et photographie pornographique couleur de plusieurs couples nus emmêlés et très occupés côté face.

Bien entendu, c'est le côté face qui surgit le premier, retenant aussitôt l'attention du *feldwebel*. Plongé dans son examen minutieux, l'Allemand prend sans même s'en rendre compte un teint rouge brique.

– Je suis dans la plomberie, explique Émile, qui voit le trouble de son interlocuteur. On m'attend à l'hôtel Lutetia pour une réparation d'urgence.

Histoire de donner plus de crédibilité à sa fausse identité, le clandestin exhibe une trousse de cuir épais garnie d'outils, d'un siphon et de petits éléments de robinetterie. Pinces, clefs, marteau, tournevis, filasse, vieux chiffons et papier journal présentent un avantage supplémentaire ; ils camouflent les documents du réseau Bucéphale cachés au fond de la trousse.

– Plompier, *jawohl*, acquiesce le *feldwebel*. Après un regard indifférent sur la trousse, il continue, plus écarlate encore, à examiner attentivement la face scabreuse du document d'identité.

« Vas-y, rince-toi l'œil, prie silencieusement Nordmann, mais ne me fouille surtout pas. La première balle de mon Astra serait pour toi, je vise assez juste. Mais avec leurs mitraillettes, tes copains ne me louperaient pas. Repose en paix, l'Émile, j'y tiens pas ! »

– Hôtel Lutetia… Hôtel Lutetia… réparation d'urgence, répète le plombier.

Le *feldwebel* connaît forcément l'endroit. Depuis 1940, l'Abwehr a fait de cet établissement de grand standing son quartier général. Et qui dit Abwehr dit Wehrmacht.

– Lutezia ? reprend de fait l'Allemand. Quittant à regret la photo porno des yeux, il rectifie sa position puis allonge le bras : Lutezia, c'est bar là. Vous devez aller à bied parce que l'autubous attendre.

– D'accord.

– *Schnell*, conclut le sergent-chef, soucieux de montrer que rien de ce qui concerne la Wehrmacht ne lui est étranger.

Rengainant prestement son porte-cartes, le résistant décampe sans demander de précision supplémentaire. Le bon vieux truc de la photo de cul a encore marché. Mais le temps manque ; il sera en retard à la réunion du comité directeur.

Marchant sur le boulevard en direction du Lutetia, une crainte lui vient soudain à l'esprit. Et si quelqu'un l'avait pris en filature après l'incident de l'autobus ? Le coin est malsain, truffé de punaises vertes. Pourquoi pas des types en civil ? Il change de trottoir pour s'écarter de l'hôtel et des sentinelles armées qui y montent la garde, traverse le boulevard Saint-Germain puis le square Boucicaut. Le Bon Marché, voilà un bon endroit pour en avoir le cœur net. Nordmann s'engouffre dans le magasin, monte au dernier étage, redescend, jette son dévolu sur un rayon de vêtements pour femmes. Les hommes seuls, et pour cause, y sont rares. À part lui, il n'y a qu'un monsieur très distingué. Pas vraiment suspect de travailler pour les Allemands au surplus, puisqu'il se trouvait déjà là avant l'arrivée du résistant.

Caressant les habits de luxe l'air très absorbé, Émile tourne et retourne dans le rayon, profite des nombreux miroirs disposés un peu partout pour scruter derrière lui, s'assure une fois, deux fois, dix fois qu'il n'est pas filé. Petit coup d'œil par-dessus la rambarde : personne ne fait les cent pas en bas. Satisfait, le résistant reprend l'escalier, dégringole en quatrième vitesse jusqu'au sous-sol, revient au rez-de-chaussée, demande à une jeune fille tirée à quatre épingles quantité de détails sur les parfums en vente, jette un dernier regard dans la glace derrière elle, tourne encore cinq bonnes minutes avec l'air du monsieur un peu perdu puis sort du magasin.

Tant pis pour le retard, il marchera à pied. S'il conduisait des gens malintentionnés vers le comité directeur, ce serait trop grave…

Personne derrière lui, cette fois il en est sûr. Sa bonne humeur revient d'un coup. La chanson de Scotto et de Sellers lui trotte dans la tête.

« Elle avait des semelles en bois qui faisaient clic-clac, clic-clac

Et chaque fois,

J'entendais ce p'tit bruit charmeur

Ça faisait clic-clac, clic-clac au fond d'mon cœur. »

C'est vrai qu'elles sont chouettes, les Parisiennes, même avec leurs semelles en bois, leurs jambes teintes pour cacher l'absence de bas. Chouettes, leurs mille et un trucs pour ne pas se laisser saper le moral. Et l'Allemand de tout à l'heure au bord de l'apoplexie pour quelques couples entremêlés ! Dans la guerre, tout compte. Ils sont en manque, les vert-de-gris ; on finira par les avoir. Ça lui donne même une idée marrante.

La réunion a déjà commencé depuis une bonne demi-heure. Vincent et Hélène viennent de donner à leurs amis les grandes lignes du système de classement conseillé par le BCRA : des indicatifs convenus, mélanges de lettres et de chiffres, dont chacun renvoie à une question précise posée soit par la centrale londonienne, soit par celle du réseau. Chaque agent peut les transporter sur lui comme s'il s'agissait de références de dossiers commerciaux, ce qui réduit d'autant les risques de soupçons éventuels en cas de fouille au hasard par les Allemands ou la police française. Quoi de moins suspect que des indications telles que TC-65, KW-258 ou SDM-839 ?

Le document que Vincent vient de distribuer à ses camarades est nettement plus compromettant. Œuvre là encore du BCRA, ce petit carnet composé de quelques feuillets à peine n'est rien d'autre qu'un récapitulatif des uniformes de la Wehrmacht ou des Waffen SS, de leurs insignes de grade, fanions de commandement et d'état-major depuis l'échelon de l'armée jusqu'à celui du simple escadron. Un tableau synoptique très détaillé des principaux signes tactiques conventionnels et abréviations en vigueur dans les forces armées d'Hitler l'accompagne : « H » additionnel noir pour armée de terre, « M » bleu pour Kriegsmarine, « L » vert pour Luftwaffe, « F » avec un petit drapeau triangulaire pour bataillon de forteresse, « Jg » avec un drapeau carré noir pour chasseurs, « Sich » pour division de sécurité... Tous savent que la possession de ce mini-manuel pour agent de renseignement leur vaudrait automatiquement d'être considérés par les Allemands comme des espions et des ennemis du Reich, passibles à ce titre de la peine de mort.

Un coup de sonnette, deux, trois. Dans l'entrée, Léon reste interdit. Le signal convenu avec Émile, c'étaient trois coups brefs, deux longs, un temps d'arrêt, deux brefs.

– Oufffrez, bolice alleumande ! lâche une voix épaisse.

Faisant demi-tour, l'agent d'assurances Léon se rue dans le bureau où Hélène, Vincent, Yvonne et Théodore attendent sur des chaises disposées en cercle.

– Les Boches ! Ils sont dehors ! crie Hiégel.

C'est l'effervescence. Les documents du BCRA disparaissent dans le grand sac à main d'Hélène. Yvonne rafle le reste. Vincent a ouvert la fenêtre, il évalue les possibilités de fuite. Elles sont minces : trop haut pour sauter dans la cour, trop loin pour atteindre la corniche d'en face. Bien décidé à vendre chèrement sa peau, Théo sort de sa chaussette le petit automatique 6.35 qu'il conserve toujours sur lui malgré les consignes de sécurité réitérées de ses camarades.

– Bolice alleumande, nous allons enfonzer la porte ! insiste la voix à l'extérieur.

L'air farouche, Théo arme son pistolet, le braque vers l'entrée.

– Stop, Théo ! s'exclame Hélène.

– Et vous, ajoute-t-elle, calmez-vous. Vous n'avez donc pas d'oreille ?

Elle éclate de rire. Tous la regardent : serait-elle en train de devenir folle ? Mais la résistante continue à se tordre.

– Ouvre, Léon, mais ouvre, hoquette-t-elle.

– Pas question !

On tambourine à la porte, tandis que la voix répète, comme un disque, « Bolice alleumande, bolice alleumande ».

– Léon, ce ne sont pas les Boches.

– Et qui, alors ?

Hélène se penche, tourne le verrou, ouvre enfin la porte... sur Émile. Émile dont, musicienne émérite, elle avait reconnu la voix sous le faux accent allemand ; Émile tout sourire que Théo, l'air penaud, pistolet à la main, Vincent, Juliette et Yvonne, incrédules, contemplent avant d'éclater de rire à leur tour. Et ils s'esclaffent, ils rigolent, ils se bidonnent les dirigeants du réseau Bucéphale, heureux de retrouver leur copain, heureux qu'il ne lui soit rien arrivé malgré ce retard qui les inquiétait tant voici une minute à peine, quand ils étaient sur le point de dissoudre la réunion et de disparaître. Prêts en bref à lui pardonner une plaisanterie si lourde de dangers pourtant. Les voisins ont peut-être été alertés, le lieu de réunion va être impraticable à l'avenir ?

Tant pis, ils s'en fichent ! À cet instant précis, ils se fichent de tout. Comme autrefois, quand ils étaient gamins, quand rien ou presque n'avait d'importance. Aujourd'hui, la mort est partout, mais ils rient, ils s'en fichent.

Seul Léon est resté de glace.

– Qu'est-ce que tu foutais ? questionne-t-il d'un ton rogue.

– Contrôle d'identité allemand dans l'autobus, répond Émile. J'ai préféré continuer à pied. Pas en ligne droite, naturellement…

– Et ta vanne stupide de tout à l'heure, tu en es fier ?

L'ancien employé de la piscine de la Butte-aux-Cailles plonge des yeux courroucés dans ceux de Hiégel :

– Pas plus que toi d'avoir assassiné Lisette, lâche-t-il d'une voix mauvaise. Pas plus…

Les rires s'éteignent, la tension est revenue.

– On était justement en train de parler de ça, relance Hélène, tranchante. Puisque tu nous donnes l'occasion de conclure, allons-y.

S'asseyant sur sa chaise, elle invite ses camarades à l'imiter. Léon le premier, qui reprend place devant sa table de travail.

– Pour Gilmont, poursuit Pénélope, ils te font la gueule, mais moi, j'approuve. Sans toi, nous serions tous entre les mains de Gautremont, à l'heure qu'il est. On fait la guerre, et dans toute guerre, il y a des sales boulots. Je ne sais pas si j'aurais eu le courage de faire ce que tu as fait…

Noroit entrouvre la bouche, hésite, se tait. Chacun a donné ses arguments, à quoi bon revenir sur le passé ? Avant d'aborder un autre sujet plus actuel, il laisse à Émile, encore debout, le temps de s'installer à califourchon sur une chaise.

– Notre problème principal, à l'heure actuelle, c'est la sécurité, insiste l'avocat. Pendant nos réunions là-bas avec les gens du BCRA, nous avions déjà envisagé cette hypothèse. Je ne pensais évidemment pas qu'elle se présenterait si rapidement…

– Qu'est-ce que tu proposes ? demande Maurin, qui tutoie Noroit mais garde toujours le vouvoiement avec Hélène. Aujourd'hui, le Fregoli du réseau Bucéphale porte monocle et œil de verre. Son infirmité présente l'avantage, bien involontaire, de perturber d'éventuels témoins qui le décriraient soit comme un borgne à monocle, soit comme un binoclard à œil gauche bizarre. Ceux, plus rares, qui l'auraient rencontré le soir ne se souviendraient que du bandeau noir, et feraient probablement l'impasse sur le monocle. Entre deux signes distinctifs, c'est toujours le plus voyant qu'on remarque ; le deuxième passe souvent à l'as.

– D'abord un changement général de pseudonymes. C'est la procédure suggérée par Londres. Impossible de savoir au juste ce que Lisette a révélé à Gautremont. Elle a peut-être beaucoup parlé…

Ses yeux fixent ceux de Léon.

– Peut-être presque pas. Dans le doute, il faut multiplier les mesures de précaution. Brouiller les cartes ne fera peut-être pas de bien, mais pas de mal non plus.

– L'organisation aussi va changer de nom ? s'inquiète Émile, surpris de se découvrir aussi conservateur.

– Ça ne servirait pas à grand-chose, sinon à compliquer nos communications avec Londres, le rassure Hélène. Mais les pseudos, si. Le temps que l'Abwehr repère qui est qui, et on aura au moins gagné du temps. Les Boches ne sont pas si malins que ça. Ils font même, paraît-il, d'énormes confusions.

– Et on va s'appeler comment, alors ? demande Yvonne.

Vincent tourne la tête vers l'agent de liaison numéro un du réseau.

– Si tu n'y vois pas d'inconvénient Démodice, tu pourrais devenir Psyché.

– Ça me dit quelque chose, un vieux truc de l'école. C'était qui déjà, celle-là ?

– À en croire la mythologie, et tu sais que j'aime ça, la mythologie, Psyché était une beauté, dernière des trois filles de sa fratrie. Après bien des aventures, elle a épousé Cupidon, le dieu de l'Amour. La Fontaine prétend qu'elle a eu une fille de Cupidon, Volupté, et Molière lui a consacré une pièce. Pas mal, non ?

Yvonne sourit.

– J'espère qu'il n'y a pas d'allusion, mais va pour Psyché.

Hélène devient Déméter et Hiégel, Chronos. Nordmann s'amuse énormément d'apprendre que Dionysos, son nouveau nom de guerre, correspond au Bacchus romain. Maurin, lui, se transforme sans réticence en Asclépios. Parachevant le tout, Noroit s'autobaptise Philoctète. Aucun changement au contraire pour le père Lochard, dont seuls Léon et Vincent connaissent l'identité véritable et le lieu de résidence. Pas plus pour Duvaleix, qu'Hélène et Yvonne traitent personnellement. Plantel sera désigné désormais comme Oidipous, ou tout simplement Œdipe, Noroit seul continuant à connaître la vérité à son sujet.

Puisque Hélène a fait une première allusion à leurs conversations londoniennes avec les chefs du BCRA, c'est à l'avocat qu'échoit de brosser le tableau de ses contacts avec un représentant du service secret gaulliste à Paris.

– Informé par moi du coup de torchon, il double d'autorité notre allocation mensuelle ...

Philoctète sort une enveloppe de la poche intérieure de sa veste, l'ouvre, en étale le contenu sur le bureau de Léon. Et quel contenu ! Une grosse liasse de billets ! Nordmann roule des yeux étonnés. Hélène elle-même perd son impassibilité. Ironie du sort ou signe du destin ? Après deux années de privations et de bricolages, ce pactole providentiel se met soudain à couler à l'heure même où la survie du réseau Bucéphale est en jeu.

– Ça fait beaucoup d'argent, remarque Juliette.

– Par rapport à nos budgets ridicules d'avant, oui, répond Noroit. Mais par rapport à nos... difficultés actuelles et à celles qui nous attendent à l'avenir, pas vraiment. Émile, Yvonne et moi sommes désormais contraints à une existence totalement clandestine. Agents P2 comme on dit à Londres. Pour survivre, il faut au moins trois mille francs mensuels par tête de pipe.

– Gilmont ne savait rien à notre sujet, objecte Hiégel. Juliette et moi, on peut rester légaux. J'ai pris toutes les précautions indispensables : aujourd'hui mes collègues de travail sont tous ailleurs et le téléphone, regarde…

Son doigt désigne la prise de l'appareil. L'agent d'assurances l'a débranchée. Même quand le combiné est raccroché, la rumeur résistante n'assure-t-elle pas que le téléphone pourrait servir d'instrument d'écoute au service allemand spécialisé en matière d'interception des communications ?

– D'accord pour vous deux. Mais peut-être pas toi, Hélène, ni toi, Théo. En attendant d'y voir plus clair, vous aussi vous devez rester dans la clandestinité. Il y a aussi Eson, notre opérateur radio. Je lui ai trouvé une planque provisoire, mais il faut penser à plus long terme.

– On change d'échelle, si je comprends bien, ajoute Nordmann, qui se souvient d'avoir été excellent élève en arithmétique à l'école.

– C'est tout à fait ça. Du coup, l'argent n'est plus un luxe mais un moyen d'action. Je ne pense pas que tu aies l'intention de fréquenter les restaurants du marché noir.

– Pas sans nécessité, en tout cas.

Noroit commence à compter les billets du BCRA. Dans le silence un peu gêné qui s'ensuit, la sonnerie murale du téléphone (indépendante du branchement de la ligne comme c'est le cas pour les installations à l'époque) prend des allures de trompette de Jéricho. Léger sursaut de Hiégel qui rebranche l'appareil, puis répond d'un ton calme, très professionnel.

– Non, il est sorti… C'est à quel sujet ?

– Je peux lui faire une commission ?

– Demain matin, il sera là en effet… Neuf heures, très bien… De toute façon, je laisse un message écrit sur son bureau… Bonsoir monsieur.

L'assureur raccroche le combiné puis débranche à nouveau le fil du téléphone.

– Un client pour mon collègue, explique-t-il en jetant quelques mots sur une feuille de papier.

Pendant ce temps, Noroit, promu trésorier, a commencé la distribution des billets. Chaque membre du comité directeur empoche sa part.

– Tu as parlé de l'opérateur radio, il a son émetteur-récepteur avec lui ? interroge Émile.

– Pas avec lui, mais en dépôt provisoire. Il faudrait lui trouver un lieu sûr. Pendant qu'Hélène et moi étions à Londres, je suis certain qu'aucun d'entre vous n'a chômé. Eson doit donc se mettre au travail au plus tôt.

Nordmann consulte sa compagne du regard. La jeune femme hoche la tête.

– Yvonne et moi, on a une idée pour le poste. Faudrait que tu nous mettes en contact avec Eson. C'est possible ?

– Bien sûr. On mettra ça au point ensemble tout à l'heure.

Une réunion de tout le comité directeur dans le bureau de Léon, c'était un gros risque même en mettant de côté les dangereuses facéties de Nordmann. Mais l'ordre du jour le justifiait amplement. Hélène et Vincent ont donné les précisions indispensables sur le BCRA, le jeu trouble des services secrets anglais. Et naturellement, livré deux points de vue opposés sur la controverse de Gaulle-Giraud, qui laisse Yvonne et Émile de glace (ces histoires de militaires bardés d'étoiles et de décorations !), intéresse Léon, mais plonge Maurin dans la perplexité. Éduqué dans le respect de l'armée et des galons, Asclépios ne sait quoi penser. Ils ne pourraient pas se mettre d'accord, ces deux généraux-là ?

– Comment est de Gaulle ? s'enquiert Léon.

– Au physique, plutôt bizarre, résume Noroit. Très grand, avec le nez en proportion, une moustache. Gestes maladroits, manières brusques : un timide, peut-être...

Hélène préférerait un portrait plus flatteur mais ne pipe pas mot. Les réserves de Vincent à l'égard du fondateur de la France libre relèvent à ses yeux du débat d'arrière-garde.

– Et pour le reste ? insiste Léon.

C'est encore Noroit qui donne la réponse :

– Extrêmement affirmatif. Il n'aime pas les Anglais et les Américains, encore moins.

– Il n'a pas parlé des Allemands ? s'étonne Yvonne Détais.

– Pratiquement pas. Pour lui, la guerre est déjà gagnée.

– Quoi ! s'étrangle Nordmann. On voit bien qu'il est à Londres, lui.

Hélène se fâche tout rouge.

– D'accord, de Gaulle peut étonner…

Elle avise Noroit avant d'achever sa phrase.

– … mais moi, je l'ai trouvé épatant. Le genre de joueur qui voit toujours une case plus loin que les autres. Nous vivons le nez collé à la vitre mais lui, il a le recul. Un stratège doublé d'un chef d'État. D'accord, il n'a pas le genre élections municipales-comices agricoles mais franchement, je ne le lui reprocherai pas.

– Ce n'est tout de même pas Dieu le Père ? s'inquiète Hiégel, caustique.

– Non. Mais à coup sûr, l'homme du destin.

– Le BCRA nous a fait un excellent accueil, temporise Vincent. Ils tiennent à nous parce que nous leur apportons des renseignements de premier choix, et c'est bien l'essentiel. Alors on va continuer. Ça me fait penser que l'émissaire du BCRA que j'ai rencontré ce matin, celui qui m'a remis les documents que j'ai distribués tout à l'heure, m'a demandé par la même occasion de leur rendre un petit service.

– Un service ? demande Yvonne.

– Quelque chose de nouveau pour nous. Malgré le mauvais état de notre organisation, ou peut-être à cause de lui, j'ai pris sur moi d'accepter.

– Accepter, mais quoi ?

– Il s'agit d'assurer la sécurité d'une réunion. Très importante, m'a-t-on dit. Plus que ça, même…

Chapitre 29

Juin 1943

Eson a deux hantises, le chiffrement et la radiogonio.

– Décrypter, je trouve ça assez simple, finalement, parce qu'on peut toujours vérifier que le message a un sens. Mais si on se trompe dans le cryptage, ils n'y comprendront rien, là-bas, en Angleterre. Alors je m'applique.

– Ça marche comment ? demande Nordmann.

– C'est très technique. Des histoires de groupes de chiffres et de lettres. Chaque opérateur radio dispose de sa grille de codage à lui. Il a également besoin de clefs de cryptage... Des séries de lettres qui ne peuvent servir qu'une fois. Après, on jette et on passe à la suivante. Pour émettre sur fréquence convenue avec Londres et en changer le plus souvent possible, il faut avoir les quartz adéquats. Tel cristal émet sur telle longueur d'ondes et ainsi de suite. On les installe sur le poste émetteur. Les miens sont planqués dans un endroit sûr mais pour envoyer les messages, il faudra qu'on aille les chercher. Ma grille de codage et mes clefs de cryptage aussi, je les ai cachées, mais dans deux endroits différents.

– Une espèce de puzzle, en somme.

– Tout à fait. Vous avez raison.

– On va bosser ensemble, maintenant. Tu crois pas qu'on pourrait se tutoyer ?

Desroches hoche la tête.

– J'aime mieux. Émettre, tu sais, c'est facile, mais ne pas se faire pincer, ça devient plus coton.

– Ta fameuse radiogonio, c'est quoi, au juste ?

– La gonio ? Un système de repérage de l'opérateur par les ondes. Les Allemands de la Funkabwehr, le service spécialisé, sont installés boulevard Suchet, mais ils ont aussi disséminé plusieurs stations à d'autres endroits. Dès qu'un opérateur commence à émettre, chacune de ces stations de repérage situe immédiatement la direction de l'émission par rapport à son propre lieu d'implantation. Les techniciens tracent une première droite. Trois droites permettent de déterminer un triangle assez large autour du lieu d'émission. Boulevard Suchet, les camionnettes, souvent des Peugeot grises bâchées, démarrent. Maintenant qu'ils sont plus près, les Allemands vont pouvoir travailler sur l'onde directe… Je te passe les détails, abrège Desroches.

Émile lui fait signe qu'il est d'accord et laisse son jeune camarade poursuivre :

– Bourrées d'équipements perfectionnés, les camionnettes encerclent la zone suspecte. Si l'émission dure trop longtemps, rien de plus facile pour elles que d'en repérer le point de départ avec exactitude. À Paris, un poste émettant par exemple sur 40 mètres peut être repéré en un quart d'heure par trois camionnettes de la Funkabwehr roulant l'une vers l'autre. C'est d'ailleurs pour ça qu'il ne faut jamais émettre plus de dix minutes sur la même longueur d'ondes.

– C'est suffisant ?

– À condition de changer plusieurs fois de fréquence en cours d'émission : ça complique le boulot des Boches. On installe un quartz sur l'émetteur, puis un autre et ainsi de suite mais, de toute façon, mieux vaut limiter le temps d'émission au strict nécessaire. Autre consigne, ne pas émettre trop souvent du même endroit. L'idéal serait de changer à chaque fois mais l'idéal…

Nordmann hoche la tête.

– Je sais : l'idéal, c'est dans les bureaux à Londres, un monde parfait où personne ne fait jamais de connerie. Et les Allemands, ils se font avoir aussi facilement ?

– Tsst ! les types de la Funkabwehr sont bien plus futés

qu'on croit. Pour repérer ton lieu d'émission, par exemple, ils coupent le courant secteur par secteur. Comme ça, quand ton message s'interrompt à ce moment précis, ils savent dans quel coin tu es. C'est donc beaucoup plus sûr d'émettre sur batterie. J'ai tout le matériel pour ça.

– En somme, on passe du puzzle au cache-cache, mais un cache-cache mortel.

La voix d'Eson devient blanche.

– Tu ne crois pas si bien dire. Mes instructeurs ne m'ont pas caché qu'on faisait rarement une longue carrière comme opérateur radio. Notre seule consolation, c'est de durer plus longtemps que les sous-mariniers boches…

Toutes les chances d'y rester… ce petit gars a le cœur bien accroché, traduit aussitôt Nordmann, ému. Une fois à Londres, est-ce qu'il aurait eu le courage de revenir, lui, comme Eson, comme Vincent, comme Hélène ?

– Trouver des endroits pour émettre, ça ne va pas être facile, remarque-t-il. Dans l'immédiat, je pense à un immeuble que je connais en banlieue. Il a été aux trois quarts détruit par un bombardement américain.

– Il reste encore des habitants ?

– Oui, quelques-uns quand même.

– Dans ce cas, mieux vaut n'émettre qu'une seule fois. On nous a conseillé d'éviter les maisons abandonnées et de préférer les appartements de sympathisants. Hors de Paris si possible parce que plus on est loin de la Funkabwehr, moins on court de risques.

– Des conseils comme ça, ils en ont d'autres ?

– Tu penses bien que oui. Pas de rues trop rectilignes, ça facilite le travail des Boches. En plus des camionnettes, la Funkabwehr envoie des soi-disant badauds circuler à proximité des lieux d'émission. On les repère à leurs vêtements : de longs imperméables la plupart du temps. Sans compter le petit appareil qu'ils portent dans l'oreille comme les sourds. Par un petit fil qui pendouille discrètement, ce truc est relié à un système de détection planqué sous l'imper. Le ou les types s'approchent de la maison émettrice. Et là…

Nordmann écoute son camarade tout en réfléchissant. Soudain, son poing s'abat sur la table.

– Attends, attends. Ton histoire de rues pas rectilignes et de faux badauds, ça me donne une idée. Peut-être bien que j'ai trouvé le genre d'endroit qu'il te faut…

Émile Nordmann, une grosse valise à la main, et Yvonne Détais marchent côte à côte. Ses quartz radio en poche, Luc Desroches suit le couple à une cinquantaine de mètres. Le foulard de soie sur lequel les services techniques du BCRA ont imprimé sa grille de codage personnelle reste, lui, en possession de Vincent Noroit, qui l'a caché Dieu seul sait où, tandis qu'Hélène transportera bientôt, à l'intérieur de son soutien-gorge, les feuillets qui contiennent les clefs de cryptage. Elles se sont donné rendez-vous pour le lendemain avec Yvonne dans un immeuble à double entrée facile d'accès. La concierge est malade et, mieux encore, les toilettes sont localisées entre deux étages. Déméter et Psyché pourront s'y déshabiller rapidement pour faire passer les précieux feuillets d'un sous-vêtement à l'autre. Entrée chacune par une porte différente, elles repartiront par le même chemin.

Si Yvonne y parvient jamais car ici, à la sortie de la gare Saint-Lazare, ça va mal ! Un groupe de gendarmes français contrôle l'identité des voyageurs de grande banlieue. Et pire, les hommes à képi font systématiquement ouvrir les bagages.

Leur demander de regarder ailleurs ? S'ils étaient moins nombreux, peut-être. Mais là, impossible. Quatre Allemands style Gestapo en manteau de cuir surveillent la manœuvre un peu plus loin sur la droite. Aucun pandore ne prendrait un tel risque sous les yeux des flics d'Hitler.

Avec l'émetteur-récepteur dans la valise d'Émile, on court droit à la catastrophe. Encore heureux que Psyché et Dionysos ne sachent rien des longueurs d'ondes, des horaires d'émission définis à Londres ; rien du cryptage-décryptage des messages. C'est d'ailleurs pour ce motif précis que les anciens militants du mouvement de Marceau Pivert se sont, sage précaution, proposés pour transporter l'appareil. En cas de malheur, voudraient-ils parler que les deux résistants en seraient bien incapables. Le drame, très possible à l'heure présente, ce serait que Desroches aussi se fasse pincer... L'Abwehr n'a pas son pareil pour mener un *Funkspiel*, ce jeu compliqué d'intoxication radio de la partie adverse.

Desroches sent ses jambes qui flageolent. Nordmann ne vaut guère mieux. Seule Yvonne a conservé l'intégralité de ses moyens.

– Mais Paul, tu les as perdus, se met-elle à clamer d'une voix stridente trois mètres à peine avant le barrage. Il faut les retrouver. Maman sera furieuse, tu sais !

– Mais je l'emmerde, ta mère ! hurle Émile, qui vient de comprendre et force à dessein sur la vulgarité. C'est elle qui m'emmerde, plutôt ! Elle fait chier, ta mère ! Faut toujours trimbaler ses conneries. Pas étonnant qu'on finisse par les oublier. Eh ben tant pis !

– N'insulte pas maman, tu veux ! Et comment ça, tant pis ? Faut les retrouver... Ils sont peut-être encore dans le train. Viens, allons voir le chef de gare.

Nordmann se compose le visage exaspéré du monsieur en butte aux attaques combinées de son épouse et de sa belle-mère. Les gendarmes rigolent.

– On retourne voir le chef de gare, répète Yvonne de sa voix la plus sèche.

Elle fait demi-tour. Roulant des yeux furibards, Émile la suit sous le regard moqueur des pandores. Impavide, Desroches se plante face aux militaires, sort son porte-cartes, tend ses papiers. Aucun bagage : lui n'a rien à craindre.

– Z'étiez dans les marsouins ? Mon beau-frère aussi, remarque l'adjudant.

– Et nom de Dieu, glisse-t-il à brûle-pourpoint.

– Vive la coloniale ! hurle Desroches, figé dans un garde-à-vous impeccable. Par chance, le jeune Lyonnais connaissait le cri de ralliement des soldats de la colo, et même le refrain de l'hymne de l'infanterie de marine, son ancêtre.

L'adjudant a servi outre-mer. Satisfait, il rend ses papiers au jeune résistant. Eson s'éloigne, perplexe, en direction de la cour du Havre, passe sans coup férir devant les policiers allemands et gagne la sortie. Le voilà tiré d'affaire, mais ses deux compagnons ?

Chapitre 30

Juin 1943

Pas très enthousiasmants, les demi-sels qui crânent et n'assurent jamais.

– En garde à gauche ! Fixez votre adversaire… Le poids du corps sur les deux jambes… Coup de pied bas… Parade ! Arrêt-chassé ! En garde à droite ! Coup de pointe… Parade ! Arrêt-chassé au corps. Et toi, tu te crois où ? Mais qui m'a foutu un manche pareil ? proteste l'entraîneur.

Penaud, le boxeur en collant bleu marine va s'accroupir dans un coin. Plantel lui succède, effectuant à la perfection les mouvements exigés.

Entre ses années pitau et ses années truand, le Breton a acquis une solide technique de la savate, la boxe française qui, par un étrange retournement, donne son sobriquet à la PEFA. Il aime l'ambiance de cette salle du quartier des Halles où chacun laisse son statut social et ses problèmes à l'entrée. Ça lui donne comme une espèce de pureté dont, plongé au cœur d'une double vie exténuante et dangereuse, le gangster résistant ressent chaque jour plus le besoin. Ici, au moins, on sait contre qui on se bat et les coups, sans être toujours loyaux, se distribuent face à face.

Une heure plus tard, son trop-plein d'énergie enfin vidé, la taupe du réseau Bucéphale passe sous une douche brûlante. L'eau ruisselle sur son torse puissant. Plantel s'essuie, se peigne, se rhabille, quitte enfin la salle après quelques vigoureuses poignées de main avec son entraîneur et ses partenaires du jour.

– À mercredi.

Alors qu'il se dirige vers la place du Châtelet, une main se pose sur son épaule. Poings fermés, le truand pivote sur ses jambes à demi fléchies. Ce soir, pourtant, inutile de déployer sa science pugilistique…

Le juif pisse le sang mais après tout, c'est fait pour ça, les juifs. Saigner et cracher au bassinet. Ribouldingue et Vermeulen s'en donnent à cœur joie. Cogner sur un vieil homme sans défense, c'est de bonne guerre. Comme violer une fille : tant qu'on peut se le permettre, on se le permet.

Sauf que le type, un pianiste très connu avant-guerre paraît-il, ne veut pas céder. On a pourtant fait ce qu'il fallait ; on lui a cassé trois dents, arraché cinq ou six ongles, brûlé au briquet une partie du visage. La plante des pieds aussi. Deux doigts cassés… un pianiste, c'était une idée, non ? Mais rien, rien à faire. Il prie son dieu, le vieux ; on dirait qu'il se fout du reste, les mutilations, la douleur, la mort. Croire à ce point en la vie éternelle, c'est pas permis.

Gautremont, qui flaire une nouvelle bavure de ses hommes de main, passe le nez par la porte.

– Vous en êtes où ?

– Une vraie carne, y veut pas parler !

Le chef de la PEFA s'engouffre dans le salon reconverti en salle de torture. Il porte un costume croisé très seyant et des chaussures bicolores qui rendraient ridicule tout autre que lui. En matière vestimentaire, Gautremont sait jusqu'où ne pas aller trop loin.

Il n'en va pas de même dans le domaine politique, son engagement aux côtés des nazis n'autorisant aucun retour en arrière. Trop de résistants saccagés, de pilotes alliés démolis, de réseaux détruits, d'agents gaullistes réduits à l'état de loques.

Furieux de s'être enfermé lui-même dans cette voie dont il commence à pressentir l'issue funeste, l'homme se venge par une débauche de sauvagerie. Pour ses victimes, nulle pitié. L'hôtel particulier de l'avenue des Ternes où l'on passe sans transition de telle pièce cossue et silencieuse à telle autre gorgée de sang et de cris prend quelquefois l'allure d'un asile de déments.

C'est le cas aujourd'hui. Gautremont avise le vieux juif, pendu par les pieds, lui colle quelques baffes à la volée, examine ses réactions, se tourne enfin vers ses deux hommes de main.

– Mais il est quasi mort, bande de brutes ! Dépendez-le vite fait et emmenez-le moi *fissa* au toubib qu'il le remette sur pied.

Se tournant vers le vieux chef d'orchestre :

– Vaudrait sans doute mieux pour toi qu'ils t'achèvent, ces deux salopards, pépé. Mais les affaires, c'est les affaires.

Satisfait de son petit numéro de théâtre, le mercenaire de l'Abwehr quitte le salon en coup de vent. Le juif, c'était juste pour arrondir les fins de mois. Ce qui compte, ce sont les résistants. Kraus a retrouvé sa Marinette, il est content, malléable. Malheureusement, Berlin en veut toujours plus. Faut des résultats, du chiffre.

On dit que la Wehrmacht prépare une grande offensive sur le front de l'Est. Pourvu qu'ils gagnent, les Chleuhs. Pourvu qu'ils crèvent une bonne fois pour toutes ces connards de Popof, leur armée Rouge, leur Politburo, leur camarade Staline, leur Kremlin, leur sainte mère Russie…

Gautremont pense à Élyette, ce joli petit lot qu'il vient de dégoter, entraîneuse dans une boîte de nuit. Elle est belle, elle est jeune, on lui donnerait le bon Dieu sans confession. Et s'il allait la retrouver, Élyette, là tout de suite ?

Chapitre 31

Juin 1943

« Je m'appelle Huguette Lebon-Graznier. Je suis née le 27 avril 1914 à Paris 12e d'Henri, Marie, Jules Pélard, employé de commerce, et d'Antoinette, Geneviève, Berthe Durassard, femme au foyer. J'habite 37, rue Damrémont, à Paris 18e. Je suis veuve de guerre sans enfant. Mon mari, André, Georges, Léon Lebon-Graznier, a été tué le 15 mai 1940. J'ai suivi les cours de l'école Pigier. J'exerce le métier de sténo-dactylo. »

Hélène La Granière stoppe là son examen de passage. Parfaitement réussi au demeurant, puisque la jeune résistante vient de débiter d'un trait, et sans la moindre erreur, sa nouvelle identité.

Huguette Lebon-Graznier n'est pas née en avril 1914 à Paris 12e, mais en mai 1943 à Londres, aux bons soins du BCRA. Huguette Lebon-Graznier : les mêmes initiales qu'Hélène La Granière. Au cas où l'intéressée aurait laissé traîner quelque part un vêtement marqué HLG ou un document signé de même, le procédé mnémotechnique se double ici d'une mesure de précaution. Ainsi Vincent Noroit est-il devenu Victor Nardonne, VN.

La glace renvoie à Hélène l'image d'une jeune femme au regard de feu, aux traits plus creusés qu'ils le furent jamais, aux cheveux longs remontant très haut au-dessus du front. Une mode nouvelle à laquelle peu échappent. C'est la nécessité qui la dicte. En raison des fréquentes coupures d'électricité, les coiffeurs se bornent à crêper les cheveux de leurs clientes, sans complications supplémentaires.

Passons aux faux papiers. La carte d'identité est au-dessus de tout reproche, la photographie très ressemblante, le descriptif physique de sa porteuse en tous points conforme. Impeccables, l'attestation de domicile, le certificat de recensement, la carte de travail, l'attestation d'employeur, les bons textiles, la carte de ravitaillement. Un homme d'âge adulte, Vincent par exemple, doit produire en outre son certificat de démobilisation et le document prouvant qu'il est exempté du travail obligatoire en Allemagne. Éventuellement, un permis de conduire et un *ausweis* comme celui de Léon permettant de circuler la nuit après le couvre-feu, le dimanche et les jours fériés.

Hélène répète régulièrement sa « couverture », habitude très ancienne des services secrets pour être sûre de ne jamais se couper selon Montrouve. Quand Vincent et elle sont ensemble, chacun fait passer ce test à l'autre. Ça finit parfois en partie de fou rire, parfois en baisers passionnés mais il en reste toujours quelque chose. Répétez cent fois un mensonge et il deviendra vérité, assure Goebbels, le maître propagandiste d'Hitler. C'est justice que son enseignement se retourne contre les nazis.

Hélène regarde son bracelet-montre en or, un des derniers cadeaux d'Henry. L'heure a sonné. En route…

Théo Maurin et Émile Nordmann se croisent sans se regarder, poursuivent leur chemin, effectuent chacun dans son sens un tour du pâté de maison pour se retrouver l'un en face de l'autre quelques minutes plus tard. Personne à leurs trousses ; les choses sérieuses peuvent commencer.

« Merlin » les attend trois cents mètres plus bas. Ce jeune homme au visage lisse de premier communiant est l'agent de liaison personnel du grand chef. Tout juste vingt-deux ans et déjà les manières d'un professionnel chevronné de la vie clandestine. Sans parler de ce petit air sûr de soi et un peu agaçant du familier des secrets en tout genre.

– Ça se passe comme prévu ? demande-t-il de sa voix fluette.

– Comme prévu, répètent en chœur les deux résistants. On a posté des gens à nous pas loin de l'entrée de l'immeuble. Les autres sont dans l'appartement.

Satisfait, Merlin hoche la tête.

– Parfait, parfait, marmonne-t-il. Mes types à moi seront bientôt là. Je leur ai donné rendez-vous au carrefour. Ils sont quatre. Sans compter le patron, naturellement. Sur les quatre, un seul appartient à la Résistance. Les autres, pas encore. L'objectif de la réunion : convaincre ceux-là de sauter le pas. La grande nouvelle, c'est qu'on vient de créer ces jours-ci une structure nationale unique. Elle regroupe des délégués de presque tous les mouvements clandestins, communistes inclus, mais aussi plusieurs représentants des partis d'avant-guerre et des syndicats. À l'origine, ça devait s'appeler comité national de la Résistance. Finalement, ce sera Conseil national. De toute façon, les initiales restent les mêmes, CNR.

Émile accueille la nouvelle sans enthousiasme. Théo fait, lui, carrément la grimace.

Merlin note immédiatement ce changement d'attitude. Fin tacticien, il effectue sans attendre un semblant de repli :

– Quand on le dit, ça choque, je sais. Mais nous sommes presque à la mi-1943. La guerre dure depuis trois ans et demi. Il est temps de mettre le maximum de Français dans le coup, vous ne pensez pas ?

– On va quand même pas revenir aux vieilles combines d'avant ? grogne Maurin, qui se souvient d'avoir été cagoulard. Unir la Résistance, d'accord. Remettre les vieux politicards pourris en selle, ça non !

Merlin hausse les épaules.

– Le problème existe, d'accord, mais je crois qu'on peut compter sur de Gaulle pour le résoudre. Et mon patron aussi, on peut compter dessus. Le CNR, c'était son idée. Quel fameux moyen de contrecarrer les dirigeants américains et Giraud, leur poulain !

Nordmann se retient de jeter à la face de son jeune interlocuteur qu'il ne conçoit pas la Résistance comme une course hippique, et que les démêlés de De Gaulle avec son rival ou avec les États-Unis lui importent peu. Mais la voie publique, foyer de danger permanent, constitue bien le pire endroit pour mener ce genre de discussion.

– On verra ça plus tard, assène-t-il. En attendant, si on allait chercher vos types ?

Merlin consulte son bracelet-montre.

– On y va. D'ailleurs, j'en aperçois déjà un. Ils font des efforts, notez. Ils arrivent à l'heure ; c'est déjà un début.

Un quinquagénaire en veste à chevrons et cravate impeccable se présente en effet au carrefour, flanqué d'un homme plus jeune que Merlin présente brièvement à ses deux interlocuteurs du réseau Bucéphale.

– Un ami personnel du patron. Il est avec lui depuis le début.

Pour le jeune agent de liaison, la référence suffit. Maurin et Nordmann ne font aucun commentaire. Ils se contentent de saluer les deux nouveaux venus de la tête. Les trois bientôt, car un monsieur aussi bien mis et respectable que ses prédécesseurs arrive à son tour. Les deux derniers ne se feront pas attendre plus de trois minutes.

– Votre patron ? demande Nordmann à Merlin.

– Il nous rejoint directement là-bas. Je lui ai donné l'adresse.

– D'accord, mais ne traînons pas comme ça en pleine rue. Dispersons-nous en petits groupes.

Émile, Théo, Merlin et l'ami personnel du patron servant chacun de cicerone à un des participants à la réunion, c'est chose vite faite. En route, ils croisent Sophie, la copine prostituée qu'Hélène a mobilisée en qualité de guetteuse ambulante. Aucun des huit hommes ne la connaît. Engoncée dans un long imperméable noir, elle passe donc presque inaperçue. C'est tant mieux, son rôle se bornant à donner l'alerte au moindre déplacement suspect.

Juliette, l'amie de Hiégel, attend les invités du réseau une dizaine de mètres avant l'entrée de l'immeuble. Léon, lui, les guette sous le porche.

– Quatrième droite, sonnez trois coups de suite, laissez s'écouler une seconde puis sonnez deux autres fois, souffle l'agent d'assurances.

Et à Merlin :

– Votre patron est déjà arrivé.

Par groupes de deux, les huit hommes effectuent le trajet indiqué. Spacieux et bien éclairé, l'appartement est celui d'une amie de pensionnat d'Hélène. Maîtresse de maison improvisée, la résistante ouvre la porte, puis conduit les visiteurs au salon. Assis sur un fauteuil, un homme les attend. Petit, brun, les yeux rieurs, sa gorge est zébrée par une longue cicatrice. Émile l'identifie immédiatement. Au temps des transferts d'armes clandestins vers l'Espagne républicaine, il a aperçu une fois ce haut fonctionnaire, directeur de cabinet de Cot, le ministre de l'Air du Front populaire. Pivert avait organisé l'entrevue, sans grand résultat d'ailleurs. Le type s'appelle comment déjà ? Moulin, c'est ça, Jean Moulin. Mais à l'époque, il n'avait pas cette longue marque sur son cou. Et c'est lui le grand patron, alors…

Moulin aussi a reconnu son interlocuteur de 1936. Il semble contrarié. Désappointement d'avoir perdu l'anonymat ou préjugé antipivertiste tenace ?

L'ami du grand patron invite les quatre invités d'honneur à prendre place autour de Moulin.

– On nous avait assuré que la réunion serait protégée, dit l'un, un moustachu un peu bedonnant. Où est donc la garde ?

– Elle arrive, répond Hélène, placide. J'entends qu'elle sonne.

C'est le cas, en effet. Trois coups, une seconde de silence puis deux autres. Quelques instants plus tard, Yvonne Détais fait irruption dans le salon, porteuse d'une valise en cuir bouilli.

– Mais attendez, la garde, ce n'est tout de même pas cette jeune femme…

– Vous n'avez pas confiance en elle ?

– Si, mais…

– Peu importe, tranche Noroit. La garde, c'est vous, c'est nous. Tu peux nous faire une petite démonstration ?

Yvonne a posé la valise sur le tapis. Elle l'ouvre. Le bagage contient une dizaine d'armes de poing, des chargeurs et deux lots de cartouches. Sous l'œil incrédule des quatre messieurs bien mis, Hélène sort un Mas 7.65 à canon long et commence à en indiquer le maniement. Ses autres camarades du réseau puisent dans cet arsenal hétéroclite pour s'emparer qui d'un pistolet, qui d'un revolver. Cliquetis de chargeurs qu'on met en place, bruits secs de culasses qui jouent.

– N'espérez pas m'impressionner, mademoiselle, j'ai fait la Grande Guerre, lance un grand blond à la maigre chevelure séparée en son milieu par une raie.

– C'est une folie, on nous avait promis quelque chose de sérieux, proteste un autre d'une voix aiguë.

Les bouches s'ouvrent, furieuses, indignées. Seul Moulin conserve son calme. On dirait que la scène l'amuse énormément, lui, le grand patron.

– Messieurs, laisse-t-il tomber d'une voix sèche d'homme habitué à se faire obéir, le temps presse. Le problème sécurité est réglé, et à mon avis, bien réglé. Si nous passions plutôt à l'ordre du jour…

Le brouhaha s'apaise vite. Laissant les participants à la réunion deviser entre eux, l'état-major du réseau Bucéphale s'éclipse en compagnie de Merlin.

– Vous y allez fort, tout de même, rigole l'agent de liaison du grand patron.

– Ces gens prétendent faire de la Résistance, qu'ils sachent au moins quels risques nous courons, riposte Hélène. Restez ici Merlin, et toi aussi Yvonne. Nous trois, descendons leurs pistolets aux autres. On va patrouiller à l'extérieur le temps de la réunion.

Elle fixe le jeune homme droit dans les yeux.

– En cas de grabuge, on saura les retarder le temps qu'il faudra, soyez-en certain. Vous connaissez la sortie de secours qui passe à travers la cave. Dès les premiers coups de feu, évacuez tout le monde par-là.

Émerveillé, cette fois, Merlin contemple la jeune femme.

– Espérons qu'on n'en viendra pas à une telle extrémité. Nous n'aurons sans doute pas le temps de nous revoir, alors je vous le dis tout de suite : merci pour tout.

– Et pour la suite, merde… ajoute-t-il.

Chapitre 32

Novembre 1943

L'explication de gravures est en train de tourner à l'affrontement.

– C'est insensé ! Pourquoi l'as-tu laissé faire ça ?

– Le gamin était à bout de nerfs ; il allait craquer. En plus, aucune vacation n'était prévue avant quatre ou cinq jours minimum. Yvonne est encore en tournée dans le Sud-Ouest ; tu sais bien qu'on attend ses renseignements avant d'expédier le prochain message radio.

Avec Maurin, Nordmann est le plus âgé des dirigeants du réseau Bucéphale. Cela lui donne à la rigueur quelques privilèges, mais pas celui de prendre seul une telle décision. Il l'a fait, pourtant, et sans la moindre hésitation.

Circonstances exceptionnelles, rencontre fortuite en pleine rue dans Paris. Luc Desroches tombe sur une amie de sa mère, tout étonnée de le voir ici, lui, le « petit Luc » que tout le monde dit « chez de Gaulle ». Le jeune homme la détrompe, l'assure qu'il s'agirait simplement d'une fugue. Virée amoureuse laisse-t-il entrevoir à la grande indignation de la dame, très à cheval sur ses principes à elle qui se trouvent être aussi ceux de Vichy. Impériale, elle pardonne quand même. C'est qu'il y a urgence… Madame Desroches mère serait très malade. À l'article de la mort peut-être. Luc doit se rendre à Lyon le plus vite possible.

Bouleversé, le jeune homme s'en ouvre à Émile. Lequel tergiverse, et pour finir, se laisse fléchir.

– Si je n'avais pas accepté, il l'aurait fait quand même toute affaire cessante, et ç'aurait été plus dangereux encore. Des imprudences, nous en commettons tous. Tu es bien parti chez tes cousins à la campagne chercher du ravitaillement, un coup à te faire encabaner pour marché noir…

– Ne mélange pas tout, proteste Maurin. Il y avait quand même une décision du comité directeur. Tout le monde crevait la dalle ; un jour ou l'autre, l'un d'entre nous allait se faire pincer pour une livre de carottes ou cent grammes de beurre. On n'en peut plus. Regarde madame Hélène…

Nordmann, qui ne connaît à Maurin qu'une liaison épisodique avec une de ses amies d'avant-guerre, soupçonne Théo d'être secrètement amoureux de la veuve de son ex-patron. Quand Asclépios parle d'Hélène La Granière, on sent trop de respect dans sa voix pour que cela ne cache pas quelque chose.

– Elle ou un autre. Regarde-toi, Théo, tu es maigre comme un clou. Quoi qu'il advienne, pour nous, cet hiver sera le dernier.

Maurin pâlit.

– Tu veux dire qu'on va se faire piquer ?

– Ou qu'au contraire, leur fichu débarquement aura lieu avant les grands froids.

– C'est pas une raison. Ta connerie avec Eson, j'espère qu'elle aura pas de conséquences, mais va savoir. Il est encore à Lyon ?

– J'en sais rien. Lundi prochain, on a rendez-vous tous les deux. En cas de pépin, j'ai retiré l'émetteur de sa planque habituelle. Même torturé à mort, le gamin serait incapable de dire où il se trouve. Il ne connaît pas mon adresse, ni la tienne ni celle des autres. Tu vois, je ne suis quand même pas si dingue…

Maurin reste silencieux. Ce qui pourrit tout, c'est cette guerre qui n'en finit pas et ces Alliés dont on ne voit toujours pas le bout du nez. La Corse vient d'être libérée par les Français seuls. Il y a encore de la vie, donc il y a encore de l'espoir…

Enceinte ou pas ? Hélène s'interroge. Un mois de retard pour ses règles, ça commence à compter. Un enfant de Vincent, un demi-frère ou une demi-sœur pour Petit Paul, ce serait merveilleux s'il n'y avait pas cette lutte clandestine à mener. Et puis flûte, c'est merveilleux de toute façon. Quoi qu'il en coûte, on le gardera, l'enfant.

La jeune femme se remet à espérer. Ce sera un enfant pas comme les autres, l'enfant de la liberté retrouvée parce que le pronostic londonien du général de Gaulle commence bel et bien à devenir réalité. Les Alliés ont pris la Sicile, ils ont débarqué en Italie. Leurs bombardiers lourds pilonnent l'Allemagne. Et les Russes que la propagande collabo décrivait comme finis, ils tiennent drôlement bien le choc ! À Koursk, leurs tanks ont fait reculer ceux d'Hitler et, maintenant, ils avancent en Ukraine. Vive les cocos, bon Dieu, s'ils continuent à tuer des centaines de soldats allemands chaque jour !

Les rapports qui affluent vers la centrale du réseau Bucéphale, reconstituée et renforcée depuis le drame d'avril dernier, le disent noir sur blanc. En France, le moral de la Wehrmacht ne cesse de baisser, et la moyenne d'âge de ses soldats d'augmenter. La trouille de se voir muté sur le front de l'Est grimpe, elle, en flèche.

– Un peu plus long, dit sa voisine au garçon coiffeur, un bellâtre qui ne doit qu'aux relations de son père d'échapper au Service du travail obligatoire en Allemagne.

Le STO, cauchemar des jeunes qu'il pousse par milliers vers le maquis. Mal armés, nourris à la diable, logés dans des masures, les gamins souffrent du froid hivernal mais comme eux, la France ne tremble plus ; elle commence à serrer les dents.

« Un peu plus long… un peu plus court… moins épais… j'aimerais qu'ils frisent… oui, comme ça, avec cette petite raie mutine sur le côté… une mèche, qu'en pensez-vous ? » Futilité sans doute, mais Hélène affectionne ce petit salon de quartier où personne ne la connaît sous son vrai nom. L'occasion de quelques instants de détente au milieu de ces femmes préoccupées un peu d'elles-mêmes et beaucoup de leur famille, de leurs enfants. On parle nourriture, chiffons ; on lance des piques anti-Boches de plus en plus acérées et, si la personne même du maréchal Pétain reste épargnée, ce n'est le cas ni de son administration ni de son gouvernement.

– Paraît que les vert-de-gris s'en sont pris une bonne, ces jours-ci en Russie, lâche une grande bringue, tout en inspectant avec attention ses cheveux filasse dans la glace.

– C'est pas ce que dit *Signal,* objecte une boulotte plus guindée, dont le mari, fonctionnaire des Finances, ne porte pas les Soviétiques dans son cœur.

– *Signal,* c'est que de la propagande, objecte une troisième, couverte de bigoudis. Pour Stalingrad aussi, ils parlaient de grande victoire…

– Tout ça ne nous donne pas à bouffer, les Boches prennent tout pour eux, ajoute la dernière, qui fait l'unanimité. La discussion dévie sur les contrôles de plus en plus tatillons de l'Administration et sur ces salopards de profiteurs de guerre, les beurre-œufs-fromage qui se remplissent les poches pendant que les gens honnêtes ne peuvent plus rien donner à leurs familles.

C'est vrai qu'il faudra le nourrir, se dit Hélène. Sous-alimentée comme je le suis, est-ce que j'aurai assez de lait ? Tandis que ses cheveux sèchent, la résistante s'accorde encore quelques secondes de nostalgie. Avec Petit Paul, comme c'était agréable ! Quand il rentrait le soir entre deux complots pour abattre la république, Henry s'attendrissait. Vincent fera-t-il de même ?

Un enfant, l'idée lui plaît de plus en plus. Elle pose la main sur son ventre…

Marcelle Bartème se tord les doigts. Face à cette douleur qui monte des tréfonds, Yvonne se sent impuissante. Que dire à une femme dont le mari ne reviendra peut-être jamais d'Allemagne et qui reste seule avec ses trois gosses ? Bartème,

Achéloos dans le réseau, a été pris par des miliciens qui se sont empressés d'aller livrer leur victime aux nazis.

Marcelle pleure, se calme. D'une voix blanche, elle reprend son récit.

– Par des copains cheminots, j'avais appris qu'un convoi allait partir pour l'Allemagne. Je me suis dit que mon pauvre Pierre serait probablement dedans. J'ai laissé les gamins à ma voisine pour la journée. Je suis arrivée à Bordeaux par la micheline à midi. Le convoi était prévu pour 13 heures. En attendant, je me rongeais les sangs. Je ne savais plus quoi faire.

« À 12 h 45, les Boches sont arrivés : deux camionnettes civiles encadrées par des véhicules blindés et deux motos avec des mitrailleuses sur le side-car. En hurlant, ils ont fait descendre les hommes, mains enchaînées. Le mien était parmi eux. Certains portaient des traces de coups. Des maquisards, paraît-il, des tout jeunes. Les Boches leur distribuaient des coups de crosse.

« Pierre a levé la tête, il m'a vue. Lui aussi, ils l'avaient passé à tabac. Il a levé ses mains entravées par une paire de menottes. Tous ses ongles étaient arrachés. Il m'a crié : « Je n'ai pas parlé ! » Un gros Boche, furieux, l'a bousculé. « Je n'ai parlé, tu le diras aux gosses », a répété Pierrot.

« Déjà, ils l'entraînaient vers le quai. Un sous-off a beuglé un ordre. Des vert-de-gris nous ont mis en joue avec leurs fusils. Pierrot a disparu…

Yvonne garde le silence. Dès la chute de Bartème, Lucien Deslandes s'est porté volontaire pour le remplacer. « Ami, si tu tombes / Un ami sort de l'ombre à ta place… » En France occupée, on ne connaît pas encore *Le Chant des partisans* mais on sait déjà quelle conduite tenir.

Rue Sainte-Catherine, Eson croyait tomber en plein drame ; sa mère l'a accueilli comme un enfant prodigue. Elle va beaucoup mieux, sa mère. C'est vrai qu'il y a eu une sérieuse alerte, cette maladie si grave qu'elle aurait pu l'emporter. Mais Dieu veillait. Étiennette Desroches a surmonté l'épreuve ; elle en sort renforcée, heureuse de retrouver son fils.

– Tu as maigri, dit-elle en lui caressant les cheveux. Je suis fière que tu travailles contre les Boches, mais quelle imprudence d'être venu. Tout le monde va savoir que tu es de nouveau en France. Les nazis vont te rechercher. Ils ont un type affreux, ici, Klaus Barbier ou Barbie, je ne sais pas exactement. Au mois de juin, on dit qu'il a arrêté beaucoup de chefs de la Résistance à Caluire. Il aime agir rapidement, brutalement, avec de toutes petites équipes d'Allemands et, malheureusement, de Français de la Milice.

Eson relève la tête.

– Mais comment sais-tu tout ça, maman. C'est à la paroisse qu'on te l'a raconté ?

Étiennette Desroches rougit.

– Les gens parlent, tu sais. À voix basse, mais ils parlent.

– Et qu'est-ce qu'ils disent ?

– Que les affaires des Boches ne vont pas trop bien. Même à la paroisse, comme tu dis, il y en a qui commencent à critiquer le maréchal. Ils disent qu'il aurait dû aller en Afrique du Nord mais que c'est trop tard, maintenant. D'autres vont jusqu'à se prétendre gaullistes. On regrette tous ces jeunes de ton âge que le maréchal et surtout cet abominable Laval laissent partir pour l'Allemagne. La relève, tu penses … un procédé de plus pour nous piller. Si je te disais que même ton père…

– Papa ?

– Oui, ton père. Enfin, par petites touches… Même ta sœur si elle ne se croyait pas tenue de répéter tout ce que raconte son mari.

Luc fronce les sourcils.

– Langelier, je l'avais chassé de ma mémoire. Qu'est-ce qu'il devient ?

– Il a suivi aveuglément ce fanatique de Doriot qui ne jure que par la victoire d'Hitler. Il trône à la tribune de tous les meetings. Par respect pour ton père, à peine s'est-il retenu de revêtir l'uniforme de la Milice, cette bande de voyous sans foi ni loi.

Saisie par la honte, Étiennette se garde bien d'avouer que son gendre fait bien pis que cela. C'est un ami personnel, ou plus exactement un complice en affaires, de l'Obersturmführer Barbie. On voit souvent les deux hommes dîner en tête-à-tête au Grillon, aux Glaces, au Balbo ou au Lapin blanc. Mademoiselle Odette, la maîtresse du SS, se joint quelquefois à eux, mais jamais la sœur de Luc. Par principe familial, Marie-Sylvie défend son mari, le père de ses deux enfants. Mais si elle connaît et partage dans une certaine mesure les obsessions politiques de Langelier, cette épouse modèle ignore en revanche tout de ses compromissions avec Barbie. On n'est pas plus naïve… ou plus irresponsable.

Marie-Sylvie, voilà justement qu'elle fait irruption dans le salon, prévenue de l'arrivée inopinée de son frère par la vieille bonne des Desroches.

– Toi ici, mais tu es fou ! s'écrie la jeune femme en étreignant Luc.

Fou ou naïf, c'est peut-être deux traits marquants chez les Desroches. Marie-Sylvie fait entièrement confiance à son mari, le père de famille agit de même envers sa femme sans savoir qu'Étiennette, par ses « amis de la paroisse » comme dit Luc avec une ironie injuste, est entrée en contact avec le réseau du père Chaillet dont elle transporte les journaux à l'insu de sa fille et de son époux. D'où les détails qu'elle connaît sur Barbie et dont la précision a tant surpris le jeune résistant. Fallait-il le mettre au courant de ses propres activités lyonnaises ? Après une hésitation, Étiennette a conclu par la négative. Luc court le risque d'être pris et torturé à tout moment : le rendre détenteur de secrets supplémentaires ne ferait qu'aggraver cette situation déjà terrible pour un gamin de son âge. Comme toutes les mères, madame Desroches ne réalise pas à quel point son fils a grandi en quelques années. L'enfant joueur et l'adolescent rebelle sont déjà loin. Un combattant a pris leur place.

– On te croyait en Angleterre chez ce fou de De Gaulle, reprend Marie-Sylvie. Mais te voilà, tu es rentré. Tu vas rester ?

– Impossible. Je croyais maman très malade, mais ça a l'air d'aller mieux. Faut que je reparte.

Marie-Sylvie manque de s'étouffer.

– Mais elle a bien failli mourir, maman !

– Arrête de dire des bêtises, j'ai la peau dure, proteste Étiennette Desroches. Viens ici.

Marie-Sylvie s'approche, se penche sur sa mère assise sur un des trois fauteuils Empire du salon.

– Qu'y a-t-il ?

– Ce qu'il y a, ma petite fille, c'est que personne ne doit savoir que ton frère est venu.

– Même papa ? répond Marie-Sylvie incrédule.

– Papa, je le mettrai au courant, mais plus tard. Nous n'avons pas le droit de prendre le moindre risque, tu comprends ? Alors, *motus* et bouche cousue. Ton mari…

Marie-Sylvie Langelier se cabre.

– Qu'est-ce que tu lui reproches encore à Philippe ? Tu n'aimes pas ses idées mais c'est un bon mari.

– Je sais tout cela, ma fille, et je n'ai pas la moindre intention de te blesser. N'empêche que Philippe fréquente des gens qui n'ont pas à connaître la présence de Luc. Et je ne parle pas uniquement des Allemands…

Marie-Sylvie ouvre la bouche. Elle voudrait expliquer que Langelier ne rêve que d'une chose, une révolution européenne qui mettrait la France au diapason de l'Allemagne et pas en situation d'infériorité comme aujourd'hui. L'Europe nouvelle ne peut se construire qu'en abattant le bolchevisme. En un mot, régurgiter les discours de son mari auxquels, peu intéressée par la politique, elle ne comprend d'ailleurs pas grand-chose.

Étiennette arrête sa fille.

– Mettre Philippe au courant constituerait un risque inutile et, je te l'ai déjà dit, nous ne devons en courir aucun. Tu comprends ?

– Je ne veux aucun mal à Luc, maman. Philippe sait garder sa langue, mais si tu crois qu'il faut que je me taise, je me tairai.

– Tu ne lui diras rien.

Dans un geste presque enfantin, Marie-Sylvie avance la main.

– Rien, c'est promis.

Elle n'ajoute pas « croix de bois, croix de fer », mais c'est tout comme…

Chapitre 33

Décembre 1943

Barbie et Langelier sont attablés ce midi au café du Moulin à vent devant un cuissot de chevreuil et une bouteille de bourgogne.

Le chef de la section IV du KDS lyonnais ne sait rien faire sans une pincée de provocation. Histoire de montrer qu'un gaillard de sa trempe, un SS, ne craint pas des terroristes dénués de courage, il a fait seul, à pied et en civil, le chemin qui mène de l'École de santé, son lieu de travail à la place Bellecour. C'est un homme de taille moyenne au teint pâle tirant sur le rose. Des cheveux blonds, presque châtains. Malgré son accent guttural, il parle un assez bon français. Une lueur cruelle vient fréquemment animer ses yeux bleu-gris d'ordinaire plutôt mornes. Colérique, Barbie sait faire de ce défaut une arme psychologique efficace. On le craint, on a même très peur de lui.

Langelier, c'est le contraire, une grande carcasse d'un mètre quatre-vingts, des cheveux bruns, une moustache de la même teinte et des joues déjà bleuies par une barbe drue. Soucieux de son apparence, il se rase deux fois par jour. Ses manières sont affectées, son vocabulaire choisi. Entré par son mariage dans une vieille famille lyonnaise, ce fils de contremaître, sujet d'élite pendant ses études d'ingénieur, mène de front engagement au PPF, le parti collabo de Jacques Doriot dont il codirige la fédération du Rhône, et affaires louches à base de pillage des biens juifs. Les deux activités ne sont, il est vrai, nullement contradictoires, le PPF faisant assaut d'antisémitisme avec ses protecteurs hitlériens.

– Tu connais le chef Paul ? s'enquiert Barbie.

– Touvier, le patron du 2e service de la Milice ? Un peu trop excité, à mon goût. C'est un pillard. Il n'a pas comme nous deux…

Langelier regarde Barbie sans rien lire de spécial dans ses yeux.

– … le sens véritable des affaires. Seulement celui de la rapine. Du point de vue politique, c'est une véritable nullité. Il sait remettre les juifs à leur place, d'accord. Mais l'Europe nouvelle et tout ce en quoi nous croyons ne l'intéresse pas.

Le sourire du SS se fait carnassier.

– Excité peut-être, mais énergique, très énergique. J'aime de plus en plus lui confier des missions. Les bolcheviks frappent partout. Et pas seulement nous les Allemands, mais aussi tes amis du PPF. Je suis sûr que tu figures déjà sur leur liste noire.

Langelier lui lance un regard inquiet.

– Tu crois ?

Après le chaud, Barbie opte pour le froid.

– Ce serait logique, mais la logique des communistes, tu sais… Heureusement, tu n'es pas un ancien de leur parti. Les bolcheviks réservent leurs pires coups aux renégats.

– Mais Gueule tordue est encore vivant.

– Je te crois ! Ce gaillard me rend de sacrés services !

– Et beaucoup de communistes ont été condamnés à mort par les tribunaux français, ces temps-ci.

L'Allemand approuve.

– À croire qu'à Vichy aussi, ils ont commencé à comprendre.

– Le maréchal n'est entouré que de mollassons, je me tue à le dire à mes amis.

– Fais attention à ne pas en mourir, quand même. Tu n'aimes pas Touvier, donc ?

– Je m'en méfie, disons.

– Si tu ne l'aimes pas, tant pis. Je mettrai quelqu'un d'autre sur le coup…

Langelier pâlit.

– Quel coup... pas mon beau-frère ? C'était sous le sceau du secret... Pour te rendre service... Tu m'avais promis, Klaus !

Barbie contemple le plafond du restaurant puis redescend sur terre pour avaler une gorgée de bourgogne.

– Il est vraiment parfait... On parlait de quoi, déjà ? Ah oui, de ton beau-frère. Mauvaises fréquentations, ce garçon : les gaullistes ne font que dégager la voie pour les bolcheviks. Mais ce qui est dit reste dit. Il n'y aura pas de scandale, pas de perquisition chez tes beaux-parents. J'agirai, comment dites-vous... en douceur. C'est ça, en douceur.

Intérieurement, le SS matricule 272284 ne peut s'empêcher de ricaner. A-t-il vraiment le choix, l'Obersturmführer Barbie ? Au quartier général parisien du SD et jusqu'à la Prinz Albrecht Strasse, à Berlin, centre nerveux de toute l'organisation SS, certains lui reprochent d'avoir salopé le travail après l'arrestation de Jean Moulin. Le président du Conseil national de la Résistance, délégué personnel de De Gaulle en France occupée, est arrivé en fort mauvais état au siège parisien du SD, avenue Foch, où il a d'ailleurs tenté, en vain, un deuxième suicide.

Depuis, Barbie se trouve sur la sellette, et il le sait. Par peur maladive d'une mutation sur le front russe, il multiplie les opérations brutales contre les juifs, enfants inclus, ou la Résistance. Pris dans ce tourbillon de violence et de sadisme, le SS se fiche bien des problèmes familiaux de Langelier. Quels crétins, ces Français ! La femme du doriotiste n'a pas su tenir sa langue, et le doriotiste lui-même, bêtement confiant dans leur amitié, n'a pas pu s'empêcher de parler. Amitié entre un représentant de la race des seigneurs et le résidu d'une nation déchue, baliverne ! Et puisqu'il ne veut pas de Touvier, l'ami Philippe, tant pis pour lui, tant pis pour les Desroches : on mettra Gueule tordue sur le coup. L'ancien boxeur au visage difforme rue Sainte-Catherine, ce sera du plus bel effet ! Fils d'un employé devenu instituteur, malade du cœur et alcoolique, Barbie déteste les milieux bourgeois. Les rouges ont bien raison de liquider leurs renégats en priorité. Rien de mieux pour la chasse aux bolcheviks qu'un bolchevik repenti.

Sans pouvoir se contenir plus longtemps, il éclate de rire.

– Qu'est-ce qui se passe ? interroge Langelier d'une voix tendue.

– Rien, rien du tout... tu ne finis pas ton cuissot de chevreuil ?

Hélène La Granière pénètre dans la bibliothèque municipale. Elle se dirige vers le guichet où la bibliothécaire, une dame d'une quarantaine d'années au visage en lame de couteau, est en train de remplir une fiche cartonnée. Les deux femmes se saluent.

– J'aimerais jeter encore un coup d'œil à l'*Atlas des colonies* que j'ai consulté la semaine dernière. Vous vous souvenez ?

– Je l'ai rangé dans la réserve. Pouvez-vous m'attendre ici quelques instants ?

– Merci.

La bibliothécaire abandonne son guichet, passe dans une arrière-salle dont elle ferme soigneusement la porte. Pendant ce temps, Hélène fait mine de feuilleter les livres des rayonnages, vérifie du même coup qu'il n'y a personne ni rien de suspect puis, fatiguée, s'assoit sur une chaise.

Quand la dame reparaît, c'est chargée d'un volume aux dimensions impressionnantes qu'elle porte jusqu'à une table isolée. Dans cet emplacement écarté, les lecteurs peuvent consulter les ouvrages de valeur. Invisible de la salle, le lieu se trouve sous le regard direct de la seule personne installée derrière le guichet.

L'atlas date de 1892. Hélène l'ouvre, le feuillette, enfin elle trouve ce qu'elle était venue chercher : une enveloppe de papier kraft sans indication de destinataire. Elle y rédige une adresse, parfaitement fantaisiste, y colle un timbre et enfouit prestement le tout à l'intérieur de son sac à main. Voyant que l'opération est terminée, la bibliothécaire, une ancienne assistante du professeur Noroit rue d'Ulm, cesse d'observer la résistante pour surveiller la salle de lecture.

Hélène sort de sa poche de manteau une feuille de papier, sur laquelle elle griffonne au crayon ces mots peu compromettants : « La semaine prochaine, un autre ami vous demandera de consulter le jurisclasseur édition 1932. » Elle plie le tout en quatre et le coince à l'intérieur de l'atlas. Avant de refermer l'ouvrage, la résistante profite du répit que lui offre l'incontournable pause de sécurité (on ne demande pas un ouvrage aussi volumineux sans s'y plonger quelque temps) pour s'abandonner à ses pensées.

Ses pensées… Un enfant de Vincent : fille ou garçon ? Et comment l'élever alors que l'existence de ses parents ne tiendra, comme aujourd'hui, qu'à un fil ? Mais une fois encore, un grand vent frais vient balayer cet accès de pessimisme. Un enfant, oui, comme un défi aux Boches qui occupent la France et à ces salauds de collaborateurs qui les aident.

Au fur et à mesure que l'espoir change de camp, la lutte entre résistants et vendus à l'Allemagne se durcit. Pour rien au monde, elle ne doit tourner à la guerre civile mais les communistes, eux, semblent chercher délibérément la confrontation. Leur détermination, pour ne pas dire leur fanatisme, en séduit plus d'un.

On a parlé de tout cela à la dernière réunion du comité directeur. Giraud paraît sur la touche ; même Vincent n'a pas jugé bon de prendre sa défense. Et Hélène en est plus que jamais persuadée : seul de Gaulle possède l'envergure suffisante pour tenir la dragée haute aux Alliés et aux communistes simultanément.

La jeune femme consulte sa montre. Le délai de prudence est passé. Laissant l'atlas fermé sur la table, elle remercie la bibliothécaire puis sort.

La rue de décembre est grise, froide, humide. Personne devant, personne derrière. Hélène marche lentement, multipliant arrêts et détours. Certaine de ne pas avoir été prise en filature, elle gagne enfin le lieu de son prochain rendez-vous, le bureau de poste de Ménélas, dans le quartier des ministères.

Hélène choisit sa file d'attente. Quand vient son tour, elle se penche sur la grille qui sépare le postier du service du public.

– Je viens de la part de monsieur Henri, souffle-t-elle.

Le fonctionnaire, un grand maigre à lunettes, cheveux ras et blouse grise, cligne des deux yeux.

– Donnez, dit-il.

La résistante extrait l'enveloppe de son sac à main, la pose sur le guichet. Le postier s'en saisit mais au lieu de la jeter à la volée dans le grand panier réservé au courrier ordinaire, il la range soigneusement dans un petit casier à part. Merveilleuse trouvaille que ce bureau de poste plaque tournante qui permet de faire circuler le courrier du réseau sans éveiller l'attention. Il suffisait de s'assurer la complicité d'au moins deux fonctionnaires aux horaires de travail différents. Quatre d'entre eux se sont portés volontaires, presque trop…

Délestée de son message, Hélène retrouve la rue. Et là d'un coup, elle sent un liquide chaud sur sa cuisse.

Ses règles… une immense tristesse envahit la jeune femme.

Hélène n'aura pas d'enfant de Vincent.

Théo Maurin a de quoi être fier de sa trouvaille.

– Mon copain photographe est d'accord pour nous aider. Au lieu de développer nous-mêmes les pellicules des installations qui intéressent le BCRA avant de les transmettre par le courrier aérien, on les enverrait fixées mais non encore développées.

– Je ne vois pas bien la différence, remarque Yvonne, qui a pratiqué autrefois la photo dans un club populaire d'amateurs.

Théo sourit, l'air futé.

– La différence, c'est que nous allons utiliser un procédé spécial ! Les pellicules ne pourront être développées que par des gens connaissant la formule chimique exacte. Si des vilains curieux tentaient de le faire à leur place, elles se voileraient automatiquement.

Noroit dresse l'oreille.

– Beaucoup de nos problèmes seraient résolus. Et quel temps gagné !

– Pour en avoir le cœur net, ajoute-t-il, prudent, faisons quand même un test. Eson communiquera par radio la formule chimique à Duke Street. Ensuite, on expédiera par Lysander un colis contenant deux pellicules insignifiantes à ouvrir en chambre noire et à développer de manière tout à fait classique.

– Pour quoi faire ?

– Pour vérifier si ce premier colis n'a pas été ouvert en cours de route. Après confirmation radio par Londres, on saura si la filière est sûre. Et là, on pourra commencer à expédier tes pellicules spéciales, Théo.

– On pourrait d'ailleurs systématiser la mesure de précaution, surenchérit Léon. Une pellicule spéciale plus une pellicule-test normale par colis. La sécurité n'a pas de prix. Surtout…

Il se tourne vers Hélène La Granière et Yvonne Détais.

– … surtout avec les renseignements que vous nous faites venir du Nord et de Belgique.

Ils concernent une arme secrète, le V1. Cet avion sans pilote de huit cent cinquante kilos d'explosifs est fabriqué par les sociétés Fieseler et Argus Motorenwerke. La Luftwaffe prépare son lancement sur l'Angleterre à partir de rampes implantées dans le Nord de la France, en Normandie et en Belgique. Hitler comptait en faire tirer cinq mille par mois, mais fin 1943, les Anglais ont bombardé et détruit douze premières rampes de lancement. Depuis, la guerre secrète anti-V1 fait rage, et les services britanniques, à l'affût, comptent avant tout sur les informations collectées par la Résistance.

Pour Bucéphale, le premier signal d'alarme concernant les bombes volantes nazies est venu d'un cheminot à la retraite dans le Nord de la France. Ayant repéré un tunnel gardé par des soldats de la Wehrmacht, le brave homme a remarqué qu'aucun train de ligne régulière n'y circulait. Pourtant des wagons entraient et sortaient de façon continue ! Information transmise à Yvonne Détais par la filière SNCF du réseau.

– Idas et ses amis pourraient peut-être en savoir plus long sur ce tunnel ? suggère aussitôt Yvonne à Hélène.

Idas... c'est-à-dire Jean-Charles Grambert. Dans sa corbeille de jeune marié avec Bucéphale, l'écrivain a en effet apporté ce contact inespéré avec des résistants belges. Et français, puisque le Nord-Pas-de-Calais, sous administration directe de la Wehrmacht depuis la défaite, dépend du commandement militaire allemand de Bruxelles.

Zones sensibles à proximité des côtes anglaises, la Belgique et le Nord sont soumis à une intense surveillance. Il s'y est pourtant développé une organisation qui a pris, l'année dernière, le nom de guerre de Gustave.

C'est le pseudonyme de son chef, Léonard Van Veyrinck. Proche de Grambert depuis les années vingt, ce professeur à la retraite n'a rien d'un novice en matière de renseignement. Et pour cause : pendant la Grande Guerre, il dirigeait déjà sa propre organisation de résistance, L'Aigle à deux têtes. Lié aux services secrets britanniques, L'Aigle leur faisait parvenir de précieuses informations par l'intermédiaire d'Edith Cavell, la directrice de l'école d'infirmières de la rue du Tabellion, à Bruxelles.

Miss Cavell fusillée en 1915 avec le résistant Philippe Baucq, éditeur du journal catholique clandestin *La Libre Belgique,* Van Veyrinck saura trouver d'autres filières. La suite tient presque du miracle. Car, assoupi après l'armistice du 11 novembre 1918, L'Aigle à deux têtes va se reconstituer dès l'invasion nazie de 1940, de nouveaux animateurs, leurs enfants parfois, prenant la place des anciens, et Van Veyrinck, sexagénaire, réintégrant comme si de rien n'était son poste de chef de réseau.

Pour avoir enseigné les mathématiques à l'Université libre de Bruxelles, le vieux professeur possède ses entrées dans les milieux scientifiques. C'est donc très en amont que le réseau Gustave s'est intéressé aux projets nazis de bombes volantes, V1 mais aussi V2, une fusée explosive encore plus inquiétante conçue par la direction de l'artillerie de la Wehrmacht sous la houlette d'un jeune scientifique ambitieux, Wehrner von Braun.

Pour espionner des savants, quoi de plus efficace que d'autres savants ? Renouant avec ses vieux amis de l'Intelligence Service, Van Veyrinck leur fournit des renseignements d'une valeur inestimable sur les armes de représailles allemandes. Mais, capturé, son opérateur radio parle.

Les liaisons avec Londres interrompues, que faire ? Grambert trouve la solution : une coopération entre le réseau Gustave qui récolte les renseignements, les analyse, et le réseau Bucéphale qui les achemine à Londres. La formule ravit le SIS. Elle comble aussi le BCRA, content de monnayer politiquement ses services aux Anglais.

Carte SNCF en poche, Yvonne peut s'introduire dans le Pas-de-Calais, puis le Nord. Du clocher d'une église voisine, elle photographie l'entrée du tunnel suspect avec la complicité du curé. Des cheminots syndicalistes lui promettent alors de surveiller la voie ferrée Boulogne-Saint-Omer. Celle-ci longe un nouveau *bunker* de lancement de fusées V2 destiné à remplacer celui d'Éperlecques, déjà détruit par un bombardement de la RAF.

Dans la traque aux nouvelles armes nazies, l'aide des agents de la SNCF est devenue primordiale. Le talon d'Achille des V1 et des V2, c'est leur poids. Les pièces constitutives des engins de mort sont lourdes. Si lourdes qu'on ne peut les transporter qu'en chemin de fer. Et les convois ont beau être secrets…

La tournée nordiste d'Yvonne s'avère d'autant plus productive que l'ancienne militante du PSOP rencontre enfin le professeur Van Veyrinck à Lille. La jeune femme et le vieux monsieur en profitent pour mettre au point un programme de travail commun sur les V1 et les V2.

Les réseaux s'étendent, leur champ d'activité s'élargit. Les risques aussi. Idiots, parfois.

Luc Desroches n'a pas quitté sa mère depuis plus d'un quart d'heure que des coups violents ébranlent la porte de l'appartement familial de la rue Sainte-Catherine.

– Police allemande, ouvrez !

Étiennette pâlit. Pourvu qu'ils n'aient pas pris son fils ! C'est un instant après, seulement, qu'elle se souviendra des faux papiers qui sont dissimulés dans son armoire à linge. Elle a rangé des photos d'identité, véritables celles-ci, dans une grande enveloppe juste à côté.

Dans l'intervalle, les hommes de Barbie, deux Allemands, deux miliciens et Gueule tordue, le chef du commando, ont défoncé la porte, menacé de leurs armes la bonne qui protestait puis fait irruption dans l'appartement. Se couvrant mutuellement au cas où ils auraient affaire à des résistants armés, ils passent d'une pièce à l'autre, balancent des coups de pieds rageurs et hurlent comme des damnés.

– Que se passe-t-il ? demande Étiennette, drapée dans sa dignité de bourgeoise-innocente-dont-on-saccage-les-biens-sans-raison.

– Votre fils, où est-il ? écume Gueule tordue.

Luc est sauf, Dieu merci ! Et les faux papiers, les photos… il ne faut pas que ces brutes les trouvent.

– Luc n'est pas ici, vous n'avez qu'à vérifier.

La chose est vite faite, et pour cause. Mais Gueule tordue et les siens ont des instructions précises : terroriser les deux femmes, les faire parler avant que le mari ne revienne.

– Vous savez où il se trouve. Dites-le-moi tout de suite, sinon… menace l'ancien communiste, qui braque son pistolet sur Étiennette.

– Monsieur, répond calmement celle-ci, vous aurez été mal renseigné. Je n'ai pas vu Luc depuis des mois ; on dit même qu'il serait passé en Angleterre.

– Tu mens, la vieille ! crie de plus belle le forcené.

– Savez-vous bien à qui vous avez affaire, monsieur ? Je suis épouse Desroches et mon gendre, Philippe Langelier, est le chef, départemental je crois, du PPF.

– On sait tout ça, et ça nous impressionne pas, rétorque Gueule tordue, dont l'arme menace toujours la mère de Luc.

– Fouillez toute la baraque, ajoute-t-il à l'intention des quatre hommes de main. Ceux-ci, naturellement, s'en donnent à cœur joie. Ils arrachent les tiroirs des meubles, les vident sur le sol, empochent menue monnaie, billets de banque et surtout bijoux.

Seul un des miliciens, un tout jeune homme, se tient à l'écart de cette scène de pillage. Étiennette remarque son air dégoûté. Encore un de ces gamins dévoyés par la propagande vichyssoise et que la vie transformera demain en tueur sans scrupule.

Téléphoner à son mari ? À Marie-Sylvie ? À Philippe Langelier ? Elle le voudrait bien, mais un des Allemands a pris la précaution d'arracher les fils. La voilà seule avec la malheureuse bonne face à ces quatre hommes déchaînés qui prennent plaisir à démolir tout ce qui leur tombe sous la main, et à ce gamin muet, qui les suit Schmeisser au poing, d'une pièce à l'autre.

La chambre conjugale, justement. L'Allemand, un grand SS au regard impitoyable, commence à déverser sur le parquet le contenu des tiroirs de la commode. Un petit feu de bois ronronne dans la cheminée. Personne ne fait attention à Étiennette qui, d'un bond, ouvre son armoire à linge, empoigne l'enveloppe aux photos d'identité, la jette au beau milieu du foyer et se plante devant pour empêcher qu'on l'approche. Le plus âgé des miliciens s'y essaie bien, mais d'un maître coup de pied, la mère de Luc le fauche et l'envoie au sol… cinq précieuses secondes de gagnées.

– *Was ?* beugle le grand SS en se retournant. Trop tard : l'enveloppe est en flammes. Furieux, l'homme sort un 9 mm Walther de son étui, met Étiennette en joue, bien décidé à tirer.

Perdue ? Non car d'un bond, le jeune milicien s'interpose entre le pistolet et sa victime potentielle.

– Ne tire pas ! crie-t-il. Cette femme protège son fils, elle ne fait que son devoir de mère…

Le SS lui fait signe de sortir de la ligne de tir, mais le jeune homme, planté, s'y refuse obstinément.

– Qu'est-ce que c'est que ce bordel ? Pas de morts inutiles, ordre du patron, hurle Gueule tordue, qui fait irruption dans la chambre. Le chef du commando se livrait à une perquisition toute personnelle dans le bureau de monsieur Desroches ; le bruit l'a tiré de cette activité lucrative.

– Complize des terrroristtes ! beugle le SS en désignant Étiennette Desroches.

– D'accord, on l'embarque mais on ne lui fait pas de mal, rétorque Gueule tordue, conciliant. Bien que chef du commando désigné par Barbie en personne, l'auxiliaire français du KDS sait qu'il faut toujours parler poliment aux Allemands. Tant pis, le petit crétin de milicien qui se prend pour un chevalier blanc payera l'addition. Depuis quinze jours qu'il est là, il n'a rien fait de sérieux, de toute façon. Pour un peu, il mettrait des gants beurre frais pendant les perquisitions !

– On l'embarque mais on ne lui fait pas de mal, répète Gueule tordue. C'est le patron qui jugera.

CHAPITRE 34

Avril 1944

D'un geste dégagé, l'Hauptsturmführer Wolfgang Wehner, dit WW, trente-cinq ans, quatre citations plus trois blessures de guerre dont une très sérieuse, matricule SS 24351 décroise les jambes. Son pantalon bouffant d'uniforme est impeccablement repassé. Tunique, bottes noires et coupe de cheveux sont à l'avenant : nettes, impeccables, germaniques.

Gaillard d'un mètre soixante-quinze aux épaules larges et au teint buriné, WW a le visage partiellement brûlé, résultat d'un combat féroce livré, et gagné, par sa compagnie d'infanterie motorisée de la division SS Nordland à un bataillon entier de fusiliers russes de la Garde. Quarante-six morts côté nazi, cent vingt-trois côté soviétique : on s'est battu à la grenade, à la baïonnette, au couteau et au pistolet automatique. Les prisonniers russes ? Tous blessés, tous achevés sur place…

Ouvrant son étui en argent frappé de la croix gammée, Wehner offre une cigarette à Kraus, qui l'accepte et tend déjà son briquet. Mais le lieutenant comte von Landsberg décline l'offre avec courtoisie sous le prétexte qu'il a cessé de fumer depuis six mois.

S'il est vexé, WW n'en laisse rien paraître. Il se renfonce dans son fauteuil, tire une longue bouffée de tabac blond, avise enfin les deux officiers qui se trouvent dans son bureau orné d'un portrait d'Hitler, un imperméable jeté sur sa vareuse d'uniforme, et d'un drapeau à croix gammée.

– Les Russes ? Je connais bien, lance-t-il à la cantonade de sa voix puissante d'homme ignorant les nuances. Je les ai combattus en tant que soldat, et gardés dans un camp de concentration en tant qu'officier de la SS. De véritables sous-hommes, mais que pourrait-on attendre d'autre ? En ce moment, j'en suis sûr, il y a quelque chose d'animal qui les travaille. Aux premières heures du printemps, c'est plus fort qu'eux, les Russes tentent de s'évader. Pas l'évasion pensée d'un détenu intelligent, d'un pur Aryen, voire d'un Anglais ou d'un Français. C'est la ruée sauvage d'une bête slave. J'en ai vu, leur pelle de travail à la main, foncer sur nos gardes SS, frapper l'un ou l'autre à l'aveuglette puis s'enfuir en courant. Ces fauves sans cervelle ne faisaient pas cent mètres ; on les éliminait tout de suite à la mitrailleuse. Excellent exercice de tir pour mes hommes, d'ailleurs…

– Cela dépasse l'entendement ; pourquoi agissaient-ils de la sorte ? fait mine de s'étonner Kraus, soucieux avant tout de plaire à Wehner.

– Pur instinct animal sans une once de raison, répond le capitaine SS en ébauchant un sourire qui déforme un peu plus son visage marqué. C'est la glèbe qui les reprend. La terre, voyez-vous, représente leur seul horizon. Seules l'organisation bolchevique et son corollaire, une répression qui ne connaît pas la pitié, se sont montrées capables de faire d'eux autre chose qu'une masse de *moujiks* amorphes. Encadrés, corsetés, terrorisés, alcoolisés, abrutis de propagande, saoulés d'appels au meurtre contre le peuple allemand, ces êtres dégénérés deviennent non pas d'authentiques soldats, bien sûr, mais une sorte de troupeau dont leurs chefs savent assez bien tirer parti. Dix Russes au moins pour faire face à un seul Allemand, mais ils sont des millions et, pour Staline, leur vie n'a aucune valeur. Un homme intéressant, ce Staline, ajoute-t-il rêveur.

Membre de l'Abwehr comme Kraus, le lieutenant comte Helmuth von Landsberg sursaute. Fils d'un des généraux attachés à l'Oberkommando des Heeres, le haut commandement de l'armée de terre, c'est l'héritier d'une longue lignée d'aristocrates prussiens. Le grand patron du renseignement militaire, l'amiral Canaris, lui a confié dès 1940-1941 une première mission. Au nouveau venu de manipuler les nationalistes irlandais et bretons. Mais les résultats, c'est un euphémisme, n'ont même pas effleuré la crête des espérances. En dépit de cet échec, von Landsberg s'est vu confier par la suite une mission analogue dans le milieu des nationalistes maghrébins de Paris. Et cette fois, il a rempli nettement mieux sa mission, procédant à une série impressionnante de recrutement d'agents.

Muté ensuite à sa demande dans une unité combattante de l'Afrika Korps, ce jeune officier de vingt-six ans aux yeux très bleus et aux cheveux tirant sur le roux, sensiblement de la même taille que Wehner mais plus élancé, plus élégant, moins massif en un mot, a échappé de peu à la capitulation de cette unité d'élite, coincée par les Français, les Américains et les Anglais dans la région du cap Bon, en Tunisie. À l'image de Wehner, mais sans son enthousiasme, il a ensuite connu les horreurs du front de l'Est.

Certain de la supériorité du soldat allemand, de la discipline germanique, de la philosophie allemande, de la culture allemande, von Landsberg ne partage pas pour autant le racisme obsessionnel des nazis. Là où WW attribue les succès soviétiques à la seule terreur, le lieutenant de la Wehrmacht voit surtout une preuve supplémentaire du patriotisme instinctif du peuple russe. Et pour lui, tous les patriotes, même slaves, ont droit au respect.

Que dire alors de ces Français qu'on croyait avoir abattus une fois pour toutes et dont certains, et même certaines, se conduisent avec un héroïsme digne des meilleurs fils du Reich ?

– Staline intéressant… mais comment pouvez-vous affirmer une chose pareille ? Le bolchevisme est notre pire ennemi, s'indigne enfin le jeune homme.

Le SS lui lance un regard où la commisération le dispute au mépris et à la haine.

Fils d'un modeste fonctionnaire municipal revenu mutilé de la Grande Guerre, Wolfgang Wehner n'est pas né dans la soie. Il a dû se faire tout seul. Des études de droit financées par de longues heures de travail dans l'étude d'un notaire ; une adhésion précoce au NSDAP ; des raids nocturnes dangereux et meurtriers contre les quartiers communistes de Hambourg, alors ville rouge par excellence, sous la houlette de Reinhard Heydrich, le futur patron du RSHA, l'office supérieur de la sécurité du Reich.

Exécuté en 1942 par deux résistants tchèques, Heydrich ne verra pas son protégé quitter la Russie sous la pression d'officiers supérieurs de la Wehrmacht las non de son peu de combativité – le courage physique ne manque pas au nazi hambourgeois –, mais de son refus obstiné de toute coopération entre la compagnie SS qu'il commandait et le bataillon d'infanterie voisin. Concession peu banale des hitlériens aux militaires, WW s'est retrouvé un temps chef garde-chiourme dans un camp de concentration. Revenu en grâce auprès de ses supérieurs – mais en a-t-il jamais été autrement ? –, ce francophone approximatif n'a pas l'aisance de Landsberg pour la langue de Molière. On l'a quand même envoyé à Paris, muni, sous le sceau du secret, d'instructions très particulières.

– Staline intéressant, mais oui… ce n'est pas mon avis, c'est celui du Führer lui-même !

Wehner redresse son torse puissant avant de rendre plus explicite le fond de sa pensée :

– Vous mélangez tout, mon cher Landsberg, pardon de vous le dire ! Reconnaître la valeur de son adversaire, ce n'est pas capituler devant lui. Je n'hésite pas à le dire : si le bolchevisme ne possédait pas un chef de la classe de Staline, nous serions à Moscou depuis belle lurette. Voilà une réalité dont il faut savoir tenir compte.

– Mais la lutte contre le bolchevisme… reprend le lieutenant.

– … est essentielle, je vous l'accorde. Une lutte à mort qui ne doit pas empêcher de garder la tête froide.

Sentant la tension monter, Kraus tente de la faire retomber. L'officier corrompu craint autant le fanatisme d'un

Wehner que la raideur prussienne d'un Landsberg. Il doit pourtant s'accommoder de l'un comme de l'autre. Landsberg en tant que fils d'une sommité militaire ; WW puisqu'en février dernier, Hitler a retiré au haut commandement des forces armées la tutelle de l'Abwehr pour la confier à Kaltenbrünner, le chef du RSHA. Le renseignement militaire reste autonome. Toujours sous la houlette de Canaris, il mène d'importantes opérations secrètes. Mais l'Abwehr, où l'on tient l'espionnage pour un métier de seigneurs, doit désormais s'accommoder de la présence en son sein d'officiers SS. Entre officiers de tradition et « parvenus nazis », la méfiance est de règle. Et souvent, comme entre Wehner et Landsberg, la haine.

– Le Führer sait mieux que nous ce qui est bon pour l'Allemagne, glisse servilement Kraus à WW, son égal en grade pourtant. Un message que Landsberg décode aussitôt : pas d'histoires avec les SS.

– C'est l'évidence même, s'incline le jeune homme.

Même si ses motifs ne sont pas les mêmes que ceux de son chef hiérarchique, le lieutenant comte a lui aussi de bonnes raisons de ménager les gens du Sicherheitsdienst.

Pour Helmuth von Landsberg, tout a commencé à Berlin lors d'une permission. Coup de téléphone au domicile de ses parents, invitation à dîner puis digestif en tête-à-tête au fumoir avec le lieutenant-colonel Linden, un des membres de l'état-major de Canaris.

– Vous parlez beaucoup, lieutenant, m'a-t-on rapporté. Un cigare ? C'est vrai que vous ne fumez plus.

Landsberg s'est cabré.

– Même moins expérimenté, je suis comme vous, mon colonel, un officier de renseignement.

– Un officier pessimiste qui a confié récemment ses inquiétudes à un de mes amis. Tout irait mal sur le front russe... Ultime chance de l'Allemagne, nous devrions chercher à tout prix un arrangement à l'Ouest avec les Anglo-Américains. C'est votre avis, n'est-ce pas ?

Landsberg est devenu blanc comme un linge. Ces propos, il les avait effectivement tenus en privé chez son propre parrain, un proche du clan familial. Quelques phrases résumant assez bien le fond de sa pensée. S'il voyait en Hitler l'homme de tous les miracles après la défaite éclair de la France, son opinion s'est inversée depuis. Le Führer s'obstine à mener sur deux fronts une guerre ingagnable ; on doit lui forcer la main en jetant les bases d'une paix séparée avec les Alliés à l'Ouest. À partir de ce moment, la Wehrmacht pourrait lancer toutes ses forces sur le front russe et en finir avec l'armée Rouge…

Linden savait donc. Une sueur froide a parcouru l'échine du lieutenant comte.

– Rassurez-vous, Landsberg, personne d'autre que moi et votre interlocuteur… dont j'ai déjà oublié le nom n'est au courant de cette imprudence. Je dis imprudence, pas idiotie car ce que vous avez dit ce soir-là ne manque pas de jugeote. Des gens conspirent contre le Führer…

Le jeune homme s'est dressé d'indignation.

– Des traîtres alors… je ne veux rien avoir avec ce genre de personnes. J'espère pour vous que vous n'en faites pas partie !

Linden caresse son épaisse moustache poivre et sel.

– Ah, jeunesse ! Si c'était le cas, votre devoir serait de me dénoncer immédiatement, et j'espère bien que vous le feriez sans hésiter. Mais nous avons l'habitude de raisonner à partir des faits, et pas de nos sentiments. Ces fous furieux, ces traîtres, existent et sachez qu'à l'Abwehr, nous sommes quelques-uns à vouloir les prendre de vitesse. L'Abwehr est légaliste : il ne s'agit pas de s'en prendre au Führer, grands dieux, mais de l'aider à sauver l'Allemagne du bourbier, de l'anarchie et, en fin de compte, du bolchevisme.

– Malgré lui, c'est ce que vous voulez dire ?

Une bouffée de cigare et le lieutenant-colonel reprend déjà les travaux d'approche en direction de son jeune subordonné :

– Écrasé par ses tâches de chef de guerre, Hitler n'a malheureusement plus le loisir de bâtir la stratégie de rechange dont l'Allemagne a besoin. Seriez-vous d'accord pour contribuer à lui ouvrir les yeux ? Ce serait le meilleur moyen, le seul d'ailleurs, de clouer le bec aux comploteurs d'un côté, aux fanatiques SS de l'autre. Les uns sont aussi nuisibles que les autres et réciproquement. Je sais que vous êtes un homme de devoir et de parole, Landsberg. Un patriote allemand. C'est pourquoi je vous demande ce soir d'accepter une tâche difficile, ingrate et périlleuse.

– Qui serait ?

– Dites plutôt qui ne serait pas incompatible, au contraire, avec la défense de notre pays ! Vous parlez très bien le français ce qui peut, le cas échéant, vous ouvrir certaines portes inaccessibles à d'autres. Si vous acceptez ma proposition, vous serez à Paris dans quinze jours.

Landsberg s'énerve :

– Mais quelle proposition, mon colonel ? Je suis un patriote, vous l'avez dit vous-même. Et à ce titre, je n'accepterai naturellement aucune tâche contraire à l'intérêt national allemand.

Linden sourit, plein d'indulgence.

– Dans l'hypothèse inverse, je ne me serais pas adressé à vous, cher lieutenant. Le SD ne songe qu'à nazifier l'Abwehr, mais il nous reste encore pas mal d'hommes fidèles. Votre mission en France consisterait à infiltrer certains réseaux de résistance plus pour entrer par ce biais en contact avec les services secrets britanniques que pour les détruire.

Von Landsberg s'est frotté les yeux.

– Je comprends de moins en moins...

– C'est pourtant simple, réplique le lieutenant-colonel. Une vieille technique des services de renseignement pour établir le contact en vue d'une future négociation entre États. N'oubliez pas notre vieille bonne devise : « *Der Nachrichtendienst ist ein Herrendienst.* »

Dites-moi oui, et vous serez muté auprès du capitaine Kraus. Ce personnage appartient peut-être à l'Abwehr, mais lui n'a rien d'un seigneur. Frère d'un traître rallié aux communistes après Stalingrad, corrompu, mêlé à toutes sortes de trafics, Kraus est le chef d'un gang de chiens enragés, des truands français traîtres à leur pays qui chassent les résistants… sans morale mais, on doit le reconnaître, pas sans efficacité. En collant au plus près de ces voyous, vous trouverez, j'en suis sûr, ces passerelles que nous cherchons avec les Alliés. Ce sera à votre appréciation. Une fois le contact établi, votre tâche sera achevée. Vous passerez le relais à d'autres et, je vous le promets, vous serez affecté à nouveau dans une unité combattante.

– Sur le front russe ?

– Non, sauf si vous y tenez… Pour vous, j'ai en tête quelque chose de plus digne.

Folie au sein d'une guerre de plus en plus folle elle-même ? Naïveté ? Goût du sacrifice ? De l'héroïsme ? Le fait est que Landsberg a fini par donner son accord. Oui, il irait à Paris dans l'équipe de Kraus ; oui il tenterait d'explorer par tous les moyens possibles les voies d'un contact avec les Anglo-Américains.

Ravi, Linden s'est bien gardé d'avouer à sa nouvelle recrue que la manœuvre de retournement envisagée comprenait la mise à l'écart du Führer et, si besoin, son élimination physique. L'idéalisme du lieutenant comte n'aurait sans doute pas résisté à une telle révélation…

Le destin aime les clins d'œil. À l'heure où Landsberg venait d'accepter la mission dangereuse et ambiguë de Linden, WW s'en voyait confier d'autorité une autre, aussi secrète mais strictement inverse, par ses chefs du SD.

Cette fois, le lieu de la scène n'était pas le fumoir du lieutenant-colonel Linden, mais une maison de sécurité SS perdue au milieu de la campagne bavaroise. Convoqué par un mot laconique, le capitaine avait été introduit dans une pièce assez sombre. Il s'y était retrouvé en face d'Ernst Otto

Freitag, un des adjoints d'Himmler à la direction de l'Ordre noir. Disgracieux, borgne, le visage zébré de cicatrices, Freitag fait plus figure de pirate que de dignitaire du régime. C'est pourtant l'un des chefs SS les plus influents et les plus redoutés. De sa voix rauque, il donne le véritable motif de cette insolite convocation.

– Wehner, j'ai lu vos états de services ; ils sont excellents. La Wehrmacht ne vous aime pas, un bon point supplémentaire. Il y a des gens qui manquent de loyauté envers le Reich…

WW a réprimé un haut-le-cœur.

– Ces traîtres ne méritent que la potence !

– C'est aussi mon avis, réplique le Brigadeführer Freitag d'un ton sinistre. Mais il faut juger toute chose selon son degré d'urgence. Vous avez combattu sur le front de l'Est. Vous savez donc à quel point, là-bas, la tâche se révèle plus dure que nous ne l'avions prévu.

– Très dure, en effet.

– Pire que ça. Contrairement à tous nos plans, l'armée Rouge a tenu le coup. Et maintenant, sa masse nous accable. Faute d'une victoire éclair à l'Est, le cauchemar d'une nouvelle guerre allemande sur deux fronts se profile, comme en 1914-1918. Est-ce que vous vous souvenez de la façon dont l'état-major du Kaiser a tenté de résoudre le problème, Wehner ?

– Hum… en laissant passer Lénine et ses principaux collaborateurs en Russie juste avant la révolution. C'est la fameuse histoire du wagon plombé. Qui n'était pas plombé, d'ailleurs, je crois.

Le Brigadeführer SS a apprécié la réponse.

– Pas plombé du tout, en effet. Le hic, c'est que les hommes du Kaiser étaient un peu tendres pour négocier avec les bolcheviks. Dans un premier temps, leur manœuvre a marché : traité de paix entre les communistes et le Reich à Brest-Litovsk… fin des hostilités à l'Est. Mais dans un deuxième, la subversion rouge est venue gangrener l'Allemagne elle-même. Une erreur que nous ne reproduirons pas.

Le voile s'est déchiré : l'Ordre noir voulait négocier avec les Soviétiques.

– Que nous ne re-pro-dui-rons pas ! a martelé Freitag. L'état-major impérial s'est montré incapable de mettre à profit la paix séparée avec les bolcheviks pour porter le coup fatal à l'Ouest. Ces aristocrates étaient trop imbus de leurs principes réactionnaires pour pénétrer le mental des rouges…

– Mais pas nous !

– Exactement. Depuis les débuts du parti nazi, nous avons appris à connaître les bolcheviks : alliance avec le parti communiste allemand contre la bourgeoisie conservatrice et surtout les sociaux-démocrates, puis pacte germano-soviétique de 1939. L'intérêt de Staline est le même que le nôtre : écraser la réaction. Cela fait, nous réglerons nos comptes avec lui. Vous me suivez, Wehner ?

Contraint et forcé, le capitaine s'est jeté à l'eau :

– Je crois, mon général. L'armée Rouge est épuisée. En gelant les combats avec elle, nous gagnerions le temps suffisant pour remporter la bataille à l'Ouest.

– C'est-à-dire…

– Faire échouer le débarquement anglo-américain, a risqué Wehner.

Le général borgne a grimacé un sourire de satisfaction.

– Rencontrer quelqu'un d'intelligent, c'est formidable ! Mon cher capitaine, personne n'aurait mieux su résumer votre mission. En voici les détails. Dans une quinzaine, vous mettez le cap sur Paris en qualité d'officier SS détaché au sein de l'Abwehr. Là-bas, vous travaillerez avec le capitaine Kraus.

– Je ne le connais pas…

– Et vous ne perdez pas grand-chose. Kraus est le prototype de ces militaires conservateurs pas très malins, vénaux de surcroît, qui s'amollissent en France.

– Mais pourquoi, alors ?

Freitag a posé sur la table sa grosse pogne droite à l'annulaire recouvert d'une gaine de cuir noir.

– Parce que son frère, Hermann, capturé par les Soviétiques à Stalingrad, est passé de leur côté avec armes et bagages.

– Un traître !

– Bien sûr, un traître… mais un traître qui pourrait se révéler utile demain pour prendre langue avec ses maîtres. Hermann Kraus est le chef du Comité des officiers libres contre Hitler, un organisme de propagande bolchevique. Tâchez de savoir si le Kraus de Paris conserve quelques liens familiaux avec lui. De manière générale, ayez barre sur Kraus, faites-le chanter… tout que vous voulez pour qu'il nous mange dans la main. C'est le premier volet de votre mission. Un volet essentiel…

– Et l'autre ?

– L'autre consiste à détruire les réseaux de résistance qui travaillent avec les gaullistes ou les Alliés. Je pense aux réseaux de renseignement, qui sont les plus nuisibles, et pas aux mouvements politiques ou aux journaux clandestins. Ceux-là ne possèdent aucune valeur militaire ; ils ne nous intéressent pas.

– Et les communistes ?

Comme s'il chassait un insecte importun, Freitag a eu un geste de la main bizarre.

– N'y touchez pas. Dans notre optique, seuls les réseaux bourgeois constituent des cibles utiles. En France, ils sont le plus souvent gaullistes ou, dans quelques cas, liés aux anciens services spéciaux. Dans les milieux de l'ex-armée d'armistice dissoute après le débarquement anglo-américain se développe un mouvement politiquement réactionnaire mais militairement inquiétant, l'Organisation de résistance de l'armée. Comme les anciens des services spéciaux, cette ORA est plus ou moins giraudiste mais comme vous le savez, Giraud n'est plus rien ; il a perdu la partie contre de Gaulle.

– Lequel, s'est enhardi Wehner, s'entend plutôt mal avec les Anglais.

– Très mal, capitaine. Si nous pouvons jouer sur cette rivalité, là encore, tant mieux. Beaucoup de réseaux sont proches des deux organisations d'espionnage et de sabotage britanniques, l'Intelligence Service traditionnel et le Special Operations Executive. SIS et SOE ne s'aiment pas tellement, une faille de plus dans le dispositif adverse. Comptez aussi avec l'Office of Strategic Services américain, moins expérimenté que les Britanniques mais actif quand même, surtout dans le Sud du pays. Mais n'entrons pas dans les détails. Ces jours prochains, mes subordonnés du SD vont vous remettre une documentation complète au sujet de tous ces réseaux, leurs structures, leurs effectifs, leurs affiliations, leurs cibles. Étudiez-la à fond. N'hésitez pas à poser toute question que vous jugerez utile. Et surtout, surtout, ne perdez pas Kraus de vue. Les voies du grand Reich sont impénétrables. Demain, qui sait, ce pauvre type et son renégat de frère pourraient devenir deux cartes majeures dans notre jeu de bascule avec les soviets.

L'entretien a pris fin sur cette note énigmatique – quel jeu de bascule, par quelles filières ? Par la suite, WW n'a pas chômé. Entretiens avec des spécialistes du SD pour déterminer les réseaux à attaquer en priorité – cette insaisissable organisation Bucéphale par exemple ; entretiens avec d'autres pour débrouiller l'écheveau compliqué des relations entre renseignement militaire et services secrets SS, un entrelacs de sigles, de structures et de double jeu entre nazis et militaires.

Un trimoteur de transport junker Ju-52 l'a acheminé vers la capitale française muni de ce bagage intellectuel… et de ses propres malles d'effets personnels. Là, il s'est trouvé face au comte von Landsberg…

– L'organisation Bucéphale intéresse beaucoup Wehner. On en parle jusqu'à Berlin. Et ici ?

Kraus toussote, visiblement gêné.

– Il y a presque un an, un de mes hommes a failli l'infiltrer.

– Gautremont, n'est-ce pas ? On dirait que vous ne pouvez rien faire sans lui, mon cher Kraus.

– Heu oui, Gautremont… Une des femmes de l'organisation était entre ses mains ; elle avait commencé à parler.

Malheureusement, nous l'avons trouvée étranglée dans son appartement.

– Étranglée ! Vos hommes manquent de vigilance, mon cher. Et ceux de l'organisation Bucéphale savent prendre les mesures radicales quand elles s'imposent. Que savez-vous au juste de ses chefs ?

Kraus gêné aux entournures, Landsberg prend sur lui de répondre. Pour parer à toute éventualité, le jeune officier s'est muni d'une documentation écrite : quelques notes manuscrites et deux schémas détaillés qui résument le dossier de l'organisation de résistance.

– Bucéphale possède des ramifications – ils disent des filiales – dans toute la France dans les administrations, les chemins de fer, les postes, les ports, les terrains d'aviation, les arsenaux, les poudreries. Quelques complicités dans la police, la gendarmerie. Des groupes d'observateurs aussi, qui espionnent nos installations civiles ou militaires. L'organisation est parvenue à établir un lien opérationnel permanent avec les gaullistes du BCRA, ce qui veut dire que les renseignements qu'elle recueille parviennent à une centrale radio qui les transmet à Londres.

– Non identifiée, bien sûr.

– Hélas ! Des courriers écrits plus détaillés sont probablement expédiés en Angleterre par voie aérienne ou maritime – c'est la procédure d'usage pour les réseaux rattachés au BCRA. D'après nos informations…

Landsberg se tourne vers Kraus.

– Le numéro un de l'organisation Bucéphale s'appellerait Vincent Noroit. Avant de parvenir à prendre la fuite, cet officier de réserve exerçait la profession d'avocat. Son appartement et son cabinet professionnel ont été mis sous surveillance, mais en vain.

Un ratage de plus à son actif : le teint de Kraus vire du rose au rouge pâle. Muet, il laisse son subordonné poursuivre l'explication.

– Politiquement, Noroit *alias* Hélios est un homme de gauche, ex-membre du Comité de vigilance des intellectuels antifascistes avant la guerre. Il y a aussi Émile Nordmann *alias* Iolaos, un militant d'extrême gauche, et sa maîtresse, Yvonne Détais dite Démodice, gauchiste elle aussi. Comme Nordmann, ces deux-là sont en fuite.

– Nordmann, observe WW dans un rictus. Un juif, n'est-ce pas ?

– Il semble, en effet.

– Et c'est tout ?

Landsberg consulte ses notes écrites.

– On a repéré d'autres personnages importants du réseau sans pouvoir les identifier. Des invalides de guerre, peut-être. L'un, il s'agirait de Télémaque, a un œil de verre et porte un monocle. Un autre au pseudonyme inconnu arbore un bandeau noir. Se confond-il avec Dédale, un des autres chefs de l'organisation ? Nous ne le savons pas. Et puis, il y a la mystérieuse Pénélope, une beauté paraît-il…

Wehner tire pensivement sur sa cigarette.

– Je brûle de faire sa connaissance. Mais pour cela, nous devrons nous montrer plus efficaces.

– Dites-moi, ajoute-t-il pris d'une soudaine inspiration, tous ces gens ont l'air d'aimer les pseudonymes grecs. Y a-t-il une raison à cela ?

– Atavisme familial : le père de Noroit était un des hellénistes français les plus connus.

WW plante ses yeux dans ceux de Landsberg.

– Cette organisation nargue le grand Reich depuis trop longtemps ; il faut y mettre fin. Or nous piétinons. Et le réseau anglais ?

Cette fois, Kraus semble plus à l'aise. C'est lui qui répond.

– Il est rattaché au Special Operations Executive, l'organisme de sabotage britannique.

Britannique ! Landsberg, qui n'a pas eu accès à ce dossier-là, ouvre ses oreilles toutes grandes.

– Le SOE, je connais. Mais encore ? lâche Wehner, agacé.

Kraus a préparé son effet ; il pavoise.

– Nous sommes parvenus à loger son chef, un officier anglais francophone qui se fait appeler tantôt Étienne Velmont, tantôt major Paul Gibson. Nous étions sur ses traces depuis deux ans. Comme disent les Français : « Cherchez la femme. » C'est sa maîtresse, une danseuse, qui nous a mis involontairement sur sa piste. On peut l'arrêter à tout moment. Que préconisez-vous ?

– Ce que je préconise ? Mais l'action, mon cher Kraus, et tout de suite. Allons arrêter ce Gibson.

Chapitre 35

Avril 1944

Depuis son voyage éclair à Londres, Percy McNeill *alias* major Paul Gibson, *alias* Étienne Velmont, *alias* Harp, chef du réseau Orchestra, sombre dans la perplexité.

À l'ombre de Westminster, l'officier britannique a non seulement rencontré son chef hiérarchique de la section F du Corps des ouvriers serruriers, Maurice Buckmaster, mais aussi le captain Mortimer, un émissaire du Secret Intelligence Service.

Proche de ses agents et compatissant envers eux, Buckmaster n'a pas caché son inquiétude. Plusieurs arrestations déjà : le réseau Orchestra était gangrené par l'Abwehr. Il convenait de mettre d'urgence ses animateurs à l'abri et de cesser toute opération offensive pendant un certain temps.

Mortimer s'est montré d'un avis opposé, insistant pour que McNeill rejoigne son poste dans des délais inhabituellement brefs.

– J'ai toutes les chances de me faire prendre, a objecté Harp.

Mortimer l'a regardé d'un air étrange.

– Quelques chances, oui. Toutes, c'est exagéré. J'ai d'excellents renseignements sur vous, McNeill. Il se trouve que je parle au nom de Sa Majesté et que notre conversation doit rester strictement secrète. Même le major Buckmaster n'en sera pas informé.

– Mais c'est mon chef hiérarchique…

– Erreur, votre chef hiérarchique, c'est moi, désormais. Un chef qui va vous apprendre quelque chose d'ultra-secret que Buck lui-même ignore.

McNeill a retenu son souffle.

– Quoi de plus secret, major, que la date et le lieu exacts du débarquement allié en Europe ? C'est parce que ce débarquement est imminent et qu'il concerne en premier lieu le réseau Orchestra que je vous demande de rentrer en France.

– Imminent ?

– C'est pour ce mois d'avril. Bien entendu, l'affaire sera précédée de manœuvres de diversion en tout genre pour détourner l'attention des Huns. Le but c'est qu'ils ne regardent pas dans la bonne direction. Orchestra s'étend dans la région du Pas-de-Calais ?

McNeill n'a pu que hocher la tête.

– Le Pas-de-Calais constitue en effet notre point fort. Et c'est là que…

– Eh bien, nous y sommes, a répondu Mortimer. Si le débarquement n'était pas proche ou s'il devait avoir lieu ailleurs, en Norvège, par exemple, voire en Normandie, jamais je n'exigerais ce sacrifice de votre part. Mais là, le temps presse. L'appui d'Orchestra est indispensable. C'est pourquoi vous devez rentrer en France au plus vite.

– Buckmaster s'y oppose.

Mortimer a levé le doigt en l'air.

– J'en fais mon affaire. Rentrez major, le jeu en vaut la chandelle. En quinze jours, les Huns n'auront pas le temps de démanteler Orchestra. Après, il sera trop tard pour eux.

L'homme du SIS a souri.

– Vous nous accueillerez à Paris, McNeill ! Les risques, je les mesure aussi bien que vous. Mieux même, parce que j'en sais plus… des choses qu'il m'est interdit de vous révéler. Ces risques sont réels, mais limités en raison même du *planning* du débarquement. Quand nos soldats et les Américains seront maîtres de Boulogne et de Calais, les Huns auront autre chose à faire que de traquer votre réseau. L'Allemagne n'est pas loin du Nord de la France. Nous allons les frapper au cœur et le coup sera fulgurant. C'est une partie gigantesque à gagner, et vous en serez un des joueurs. Quinze jours, McNeill. Trois semaines au plus, et après, tout sera fini.

Mortimer est revenu à la charge encore et encore, si bien que sous la pression, McNeill a fini par céder. Le lendemain matin, il recevait un appel téléphonique de Buckmaster l'autorisant à retourner en France.

C'était quatre jours auparavant. Depuis, on est tombé de Charybde en Scylla. Par le truchement d'une opération aérienne rondement menée, Harp découvre en effet aujourd'hui une situation pire qu'il ne l'imaginait. Plusieurs membres supplémentaires du réseau sont sous les verrous. D'autres font l'objet d'une surveillance discrète. Et lui-même…

– Chérie, tu aurais l'heure ? demande-t-il à Lucille, son amie danseuse, nue à ses côtés dans leur lit. La veille, ils ont été revoir *Grandison le félon,* un film de propagande anti-anglais dont la bêtise enchante l'homme du SOE.

– Ma montre est par terre avec mes vêtements, mais je dirais qu'on fait l'amour depuis un bon bout de temps et que c'est diablement agréable. Quelque chose te tracasse, mon chou ?

– Non… enfin, oui.

– Grave ?

– Pas tellement. En ce moment, je suis un peu nerveux, c'est tout.

– Nerveux au point d'en devenir impuissant ?

McNeill rit et embrasse sa compagne.

– Ah ça non !

Au même instant, une série de coups vient ébranler la porte d'entrée. Le bois craque, les gonds cèdent, des hommes en armes se ruent à l'intérieur du petit deux-pièces.

Le jeune officier britannique serre Lucille contre lui. S'enfuir ? C'est déjà trop tard. Un pistolet de fort calibre le met en joue.

– Bonjour major Gibson, ou peut-être devrais-je dire monsieur Velmont. Pardon de vous interrompre mais je crois bien qu'il va falloir que vous leviez les bras très, très lentement, lance la voix triomphante de WW.

Émile Nordmann n'en revient pas : ce quadragénaire au visage bourré de tics au beau milieu de la rame de métro, c'est André Malraux, le romancier ! Malraux, que l'ancien militant pivertiste a vu maintes et maintes fois prêcher le soutien à la République espagnole, à la tribune des meetings du Front popu ; Malraux qu'il a rencontré une fois en tête-à-tête pour s'entendre expliquer doctement que les militants du POUM, le parti frère du PSOP outre-Pyrénées, n'étaient pas des gens sérieux.

Malraux, mince ! S'il n'y avait pas ce grand jeune homme qui accompagne l'écrivain et ces deux officiers de la Kriegsmarine assis, Émile tenterait bien de nouer le contact. Un antifasciste de l'envergure de l'ancien chef d'une escadrille de bombardement sur le front d'Espagne ne reste sûrement pas inactif face aux punaises vertes. Mais voilà l'écrivain qui se met à parler de sa voix si caractéristique et, d'un coup, le charme tombe.

– Les Allemands sont fichus, beugle Malraux, la Russie sera leur tombeau.

– Nous ne sommes pas seuls, André, objecte son interlocuteur en balayant la rame d'un regard inquiet.

– Je vois, dit l'écrivain. On ne vous a jamais appris l'acoustique, dans votre école d'agents secrets ?

Le jeune homme secoue négativement la tête.

– De l'endroit où nous nous trouvons, tranche Malraux, impérial, le seul coin où l'on pourrait me comprendre, c'est au fond du wagon, les deux sièges à droite. Or vous avez remarqué… il n'y a personne d'assis. Nous ne risquons absolument pas d'être entendus.

« Tu parles, songe Nordmann, moi j'ai tout capté ! Heureusement que les deux types de la Kriegsmarine ne parlent pas français parce ça tournerait mal pour toi, mon pauvre gars ! »

Il reste assis, silencieux. Recruter Malraux, ce n'était pas une bonne idée. L'homme ne sait pas tenir sa langue, il constitue un danger pour ceux qui l'approchent. Et de quelle école d'agents secrets parle-t-il ainsi à son de trompe dans un wagon de métro ?

Littérature et clandestinité ne sont peut-être pas faites pour s'entendre, après tout…

CHAPITRE 36

Mai 1944

« Rendez-vous mardi 19 heures là où vous savez. Sinon, à l'endroit de repêchage tous les jours à l'heure convenue. »

Ce mot laconique, Vincent Noroit l'a trouvé la veille au fond de sa « boîte aux lettres morte », un petit interstice ménagé dans le creux d'un mur, juste derrière la cuvette des W-C d'un café populaire du quartier de la Bastille aux vitres passées au bleu, mesure de protection contre les risques de bombardement aérien allié. L'endroit réservé aux messages urgents de Plantel.

Pour le mardi, c'était déjà trop tard. L'avocat se présente donc le lendemain seulement au lieu de repêchage, au pied du lion de Belfort. Pour tomber sur un Plantel étonnamment fébrile.

Il pleut, le temps idéal pour une conversation confidentielle en plein air. Pas d'oreille indiscrète à craindre. Les deux hommes marchent côte à côte le long de l'avenue Denfert-Rochereau. C'est le Breton qui ouvre la bouche le premier.

– Y a un truc grave qui se passe. Gautremont et les Boches viennent de choper un officier des services secrets anglais. Il porte un faux nom français, Étienne Velmont, mais il s'appellerait en réalité le major Gibson. Paul Gibson.

Noroit hoche pensivement la tête.

– Donc, ils étaient bien renseignés...

– Pour sûr. Orchestra, c'est le nom de code du réseau de l'Angliche, était infiltré depuis un certain temps. On ne m'a pas dit ni quoi ni qu'est-ce mais il y a pas mal de bastringue avenue des Ternes en ce moment. Deux nouveaux officiers viennent d'arriver de Berlin pour épauler Kraus… mon petit doigt me dit que c'est plutôt pour le surveiller. Il y a un SS, un certain capitaine Wehner, plus un militaire, un aristo, le lieutenant von Landsberg. J'ai pris quelques notes sur ces deux-là. C'est pour vous…

D'un geste quasi imperceptible, Paulo le Moko glisse quelques feuillets pliés en quatre dans la poche en biais du trench-coat de Noroit.

– Et pour Gibson, alors ? insiste l'avocat.

– Gautremont l'a travaillé, comme ils disent ces salauds. Un peu mais pas tant que ça. Quelques coups sur la gueule ou sur le bidon, rien de plus. C'est là que je m'interroge, parce que sans y être vraiment forcé, voilà le Rosbif qui commence à parler, qui largue quelques noms, trois adresses. Gautremont m'a expédié rue d'Amsterdam avec Ribouldingue, Mathieu le Corse et deux Boches. Mon lieutenant…

– Oui, Paul ?

– C'est dégueulasse le boulot que vous me faites faire… Rue d'Amsterdam, y avait deux vieilles dames d'une soixantaine d'années, deux sœurs jumelles, bien sages dans leurs robes bleu pâle. Leur appartement a été saccagé. Les armes et les explosifs étaient au grenier. On a rapporté le tout à Gautremont. Ce fumier pavoisait. Le capitaine SS aussi avait l'air très content.

Ils ont fait venir Gibson. J'en ai pas cru mes yeux ni mes oreilles. Sans se faire prier, l'Anglais a tout de suite identifié les deux jumelles :

– Suzette et Annette Frémant, pseudonymes Julia et Émilie. Elles servent de relais et de boîtes aux lettres. Les messages radio pour Londres sont souvent codés chez elles. Wehner est une brute comme j'en ai rarement vu. Mais là, il s'adressait à Gibson en y mettant les formes. C'est tout juste s'il lui donnait pas du cher collègue. « Vous avez bien regardé au grenier, au moins ? C'est là qu'il y a les armes », a insisté le Rosbif.

« Si on avait regardé ! Mises à poil, insultées, frappées, baignées, les jumelles n'ont pas ouvert la bouche. Suzette est morte asphyxiée. Y avait du dégueulis partout dans la baignoire. L'autre, la pauvre Annette, est devenue folle, ce qui valait mieux pour elle. Ou alors c'est une comédienne extraordinaire, mais j'y crois pas.

La voix de Paulo le Moko se brise soudain.

– Les autres membres de la bande et les Fritz ont ramené trois gamins, des zazous, avec leurs vestes et leurs cheveux trop longs. Il y avait aussi deux filles. Qu'est-ce qu'ils venaient faire là, ces gosses ? Je l'ai appris plus tard. Tous appartenaient à un groupe de fanatiques de jazz, vous savez, la musique des Nègres américains, avec des clarinettes et des cornets à piston. Leurs réunions soi-disant musicales servaient de couverture. Pendant qu'ils écoutaient des disques en se trémoussant dans la pièce principale de leur club, Gibson et ses adjoints faisaient des démonstrations d'armes et d'explosifs dans l'arrière-salle.

– Les a-t-il identifiés ?

– Pareil que les sœurs Frémant. Les filles, des gamines, ont été violées. Comme le vrai vicieux qu'il est, Gu a enfoncé une bouteille dans le cul d'un des jeunes gars. Wehner rigolait. Landsberg était blême. Il a quitté la salle sous je ne sais plus quel prétexte. Comme d'habitude, Kraus s'était déjà défilé. Une âme sensible, Kraus, il préfère ne pas savoir ce que fait Gautremont.

– Et Gibson ?

Plantel ralentit le pas.

– Je l'ai bien examiné. Il y a quelque chose de très bizarre chez ce type. Quand il balance ses propres gars, il me fait penser à un montgolfier en train de lâcher du lest.

– Je ne comprends pas.

– Tout se passe comme si Gibson donnait aux Boches ce qu'ils veulent dans le but de protéger quelque chose d'autre, de plus secret.

– Une diversion ?

– Un truc dans ce genre. Je ne serais pas étonné que ce

mec cherche avant tout à gagner du temps. D'après moi, il sait quelque chose de grave et ne veut pas le cracher.

– Même au prix de la trahison de ses propres amis ?

– Même. Si je vois juste, le Rosbif doit se dire que le jeu en vaut la peine, que c'est pour la bonne cause. Au passage, ça lui permet de préserver sa propre carcasse. Peut-être qu'il y tient... C'est un fils de bonne famille, le gars, ça se sent.

Noroit s'accorde un instant de réflexion. L'instinct de Plantel, il le sait, est très sûr. Façonné par son existence à la dure, Œdipe se trompe rarement sur les gens. S'il dit vrai, Gibson ressemblerait à un joueur d'échecs sacrifiant délibérément quelques pions, la dame au besoin pour sauver le roi. Mais quel roi alors ? Une pièce tellement importante dans le jeu allié qu'elle absoudrait le major du crime de trahison face à une cour martiale ?

Hypothèse effrayante. Elle donne la chair de poule. Que Gibson soit bien détenteur d'un grand secret et demain, après demain, les Allemands, Gautremont surtout, ce surdoué de la manipulation psychologique, comprendront. Et là...

Noroit regarde ses chaussures mouillées s'avancer mécaniquement l'une après l'autre, deux entités indépendantes de son propre organisme. Une pensée pour Pierre Brossolette. Plutôt que de courir le risque de livrer les copains sous la torture, l'homme du BCRA, capturé par les nazis lors d'une nouvelle mission en France et trahi par sa mèche grise dont la coloration n'avait pas résisté à un séjour prolongé en prison, s'est suicidé fin mars. Mais c'était un choix, le sacrifice volontaire d'un chef capable d'assumer ses responsabilités.

Pour Gibson, au contraire, le doute plane : lâcheté ? trahison caractérisée ? mais peut-être aussi ruse de guerre ? Dans ces conditions, a-t-on le droit d'éliminer quelqu'un pour la simple raison qu'il en sait trop long ? Quand l'homme se trouve, comme Gibson, aux mains d'un ennemi aussi implacable que les nazis, même cette horreur-là devient concevable.

– À mon avis, on rendrait service à tout le monde en faisant disparaître l'Angliche. Lui en tout premier lieu, assène d'un coup Plantel, qui va sans le savoir au-devant des méditations de son chef.

Pris en flagrant délit, l'avocat sursaute.

– Tuer Gibson ? Et si tu avais raison, s'il ne trahissait que pour préserver autre chose de plus important ?

– Et alors ? L'éliminer lui épargnerait beaucoup de souffrances inutiles. Ces salauds délieraient la langue d'un mort ! Gibson peut jouer tous les doubles jeux de la terre, il finira par craquer. Dans le cas inverse...

– Comment ça ?

– Je suis pas infaillible, hein ! Si je m'étais gouré et que l'Angliche livre ses camarades de réseau dans l'espoir de sauver sa peau, on peut la trouer sans remords, non ? Je sais que c'est infect, mais faut le faire disparaître de toute façon, le mec. Refroidi, il ne parlera plus...

Noroit hésite encore. Comment était-il, l'Anglais, quand il l'a rencontré pour la première fois avec Émile dans ce café plein de zazous livrés sans vergogne aux Allemands ? Le genre enfant gâté qui craque au moindre coup de chien comme l'a suggéré Hélène, méfiante depuis leur rendez-vous furtif devant la Chope de la Bastille avant l'exfiltration de Jerry l'Écossais et du professeur Swierczewski ? Ou le contraire, un joueur admirable comme l'entrevoit Plantel ?

– C'est une décision que je ne peux pas prendre seul, Paul. Je dois en parler avec les autres.

– D'accord, mais vite. J'ai entendu Kraus, Landsberg et Wehner causer entre eux... oui, un petit système d'écoute personnel à travers la cheminée du bureau de Gautremont. Le capitaine SS exigeait que le Rosbif soit transféré avenue Foch, au siège de la Gestap'. Les deux autres n'étaient pas d'accord, ils disaient que l'Anglais n'avait pas tout craché, qu'on devait encore l'interroger avenue des Ternes. « Gautremont en fait son affaire », a même dit Kraus. Depuis le passage de son frangin chez les cocos, il pète de trouille, Kraus. Il cherche sans arrêt à redorer son blason. Avec Gibson, il flaire le gros coup et voudrait le garder pour lui tout seul. Sûr qu'en cas de succès, Berlin fermerait les yeux sur ses petits trafics. Quant à Landsberg, je ne sais pas trop quoi penser de ce type. Lui aussi cache son jeu… une vraie partie de poker menteur.

– Qu'ont-ils décidé ? demande Noroit, de plus en plus pensif.

– Gautremont cuisine l'Angliche avenue des Ternes jusqu'à après-demain. Ensuite, on l'emmène avenue Foch. L'opération aura lieu le matin vers 11 heures.

– Ils l'ont dit ?

– Pas précisément, mais ils sont assez routiniers dans leur genre. Quand il y a des transferts, c'est toujours à ce moment de la journée.

Noroit réfléchit encore.

– Vers 11 heures. Et comment ça se passe, ces transferts ?

Plantel hausse les épaules.

– Toujours pareil là encore. On conduit le type à l'extérieur. Deux bagnoles attendent, moteurs en route, une pour le transport lui-même et l'autre pour la protection. Ça fait quand même cinq ou six gonzes mobilisés. Dont moi, peut-être…

– C'est embêtant, je ne voudrais pas que tu sois victime d'une bavure. Après-demain matin, si le transfert a bien lieu, est-ce que tu pourrais arborer un signe particulier ?

Les deux hommes se mettent facilement d'accord, puis se quittent. La pluie continue à tomber.

– Paul ? fait Noroit, pris de regret.

Le Breton stoppe net, pivote et se retourne.

– Oui ?

– Fais attention à toi.

– Je vais essayer, répond Paulo le Moko, souriant.

Mais il accélère le pas. Pour la première fois depuis tout ce temps au sein de la bande à Gautremont, la peur lui noue les tripes.

Chapitre 37

Mai 1944

Vêtue d'un manteau informe, Hélène La Granière se serre contre Vincent Noroit. Du coup, leurs pistolets s'entrechoquent, mettant les deux amants au bord du fou rire nerveux.

Là où elle se tient, juste à côté de l'arrêt d'autobus, la résistante fait presque face à l'hôtel particulier de l'avenue des Ternes. Pour mieux jouer la comédie des amoureux attendant un moyen de transport qui n'arrive pas, Vincent tourne, lui, carrément le dos au repaire de la PEFA. Deux Citroën Traction repeintes aux couleurs de la Wehrmacht : les véhicules annoncés par Plantel sont bien au rendez-vous.

– 11 heures juste, ils ne devraient pas tarder, chuchote Vincent entre ses dents.

Le regard d'Hélène balaye la façade de l'hôtel, les deux Citroën dont les moteurs ronflent, puis la rue où elle distingue les autres guetteurs du réseau Bucéphale, Nordmann et Yvonne Détais, en pleine « scène de ménage ».

Planqué un peu plus haut dans l'encoignure d'une porte cochère, le « corps franc » personnel de Maurin bande ses muscles. Pour l'occasion, Asclépios a mobilisé deux de ses camarades de front en 1940. Ces deux anciens membres des Volontaires nationaux, le mouvement du colonel de La Rocque, constituent avec l'homme au monocle l'élément choc de l'action du commando. Ils sont munis de pistolets et de grenades à main, enfouies dans les poches de leurs manteaux. Le plus grand des deux, le sergent-chef Étienne Devrain, a même tenté, sans succès, de se procurer un fusil-mitrailleur 24 × 29.

Un traître, quelques Fritz et peut-être même quelques collabos à éliminer, a expliqué Maurin. Mais sachant l'affaire beaucoup plus complexe, il se sent plutôt mal à l'aise. Entraîner deux vieux copains qui brûlent de rattraper leur retard côté résistance sans leur fournir toutes les explications a quelque chose de déplaisant. Qui veut la fin veut les moyens, bien sûr, mais tout de même.

La fin et les moyens... Il en a beaucoup été question dans la série d'entretiens éclair de la veille entre les membres de la direction du réseau. Tuer de sang-froid quelqu'un qui n'est peut-être ni un traître ni un lâche mais un héros : la perspective n'avait rien de réjouissant. Hélène était pour, Théo, Émile et Yvonne aussi. Vincent s'est abstenu. Bien qu'hostiles à l'action de commando envisagée qui heurte leurs principes chrétiens (sous quelque prétexte que ce soit, on ne s'arroge pas le droit de tuer un innocent présumé), Léon et Juliette se sont portés volontaires pour protéger la retraite de leurs camarades. Privilège qui, après mûre réflexion, leur a été refusé pour raisons de sécurité : pas question d'engager la totalité de l'état-major de Bucéphale. Simples guetteurs, Émile et Yvonne devront d'ailleurs s'éclipser dès le début de l'action. Si l'affaire tournait mal, la direction du réseau pourrait continuer à fonctionner.

L'intervention est imminente. Dans la rue Villebois-Mareuil voisine, une camionnette à gazogène conduite par un autre camarade de Théo attend, moteur déjà allumé. Hélène et Vincent s'enfuiront à pied dans l'autre direction. Un peu plus tôt ce matin, les deux amants se sont donné rendez-vous devant l'église Saint-Ferdinand-des-Ternes dont la façade toute neuve a intéressé la jeune femme. Ensemble, ils ont vérifié leur itinéraire de repli : cent cinquante mètres de course et, rue Pierre-Demours, un immeuble avec sortie par-derrière.

– Les voilà, souffle l'avocat, qui soulève son feutre.

Sous le regard blasé d'un groupe de truands parmi lesquels l'œil exercé de l'avocat repère Plantel, coiffé de la casquette à carreaux convenue, un groupe de soldats de la Wehrmacht quitte en effet l'hôtel. Parfaitement reconnaissable, McNeill marche au milieu des six Allemands, sans menottes, les mains libres. Le major britannique regarde le ciel, mais n'y distingue que de gros nuages gris.

Au signal de Noroit, Maurin et ses deux acolytes ont quitté leur abri. Restant sur le trottoir opposé, ils s'ébranlent, à pas lents d'abord puis plus rapides, en direction des deux Citröen.

– Gaffe au gars à la casquette à carreaux, rappelle le borgne. Mais les Fritz, pas de quartier, on les cartonne. Dès que j'ouvre le feu, balancez vos grenades. Ne loupez pas le type en civil, c'est lui la cible principale…

Plongeant la main dans la poche de son pardessus, Théo en extrait son revolver, l'arme et commence à tirer. Le temps de voir Plantel se jeter à l'abri du porche de l'hôtel, et l'enfer se déchaîne. La grenade d'Étienne déchiquette l'Anglais et deux Allemands.

« Moi qui me croyais plus fin que les autres, je vais crever ici comme un con », réalise l'officier britannique. Une seconde plus tard, il rend son dernier souffle, en maudissant le captain Mortimer qui s'est servi de lui. Dans l'intervalle, Marcel, le copain d'Étienne, a trouvé le moyen d'aggraver les dégâts : deuxième grenade, des éclats partout. Posément, Théo vise la première Citroën. Il tire une fois, deux fois, trois fois. Une balle vient se ficher dans le moteur. Le pneu droit éclate, achevant d'immobiliser le véhicule dont le chauffeur se couche sur son siège.

Plus haut dans l'avenue, Vincent aussi lance une grenade. L'engin explose, mettant la seconde voiture hors d'état de rouler.

– Tirez ! mais tirez bandes de cons ! écume Gautremont, penché à la fenêtre du premier étage. Prudemment repliés, les nervis n'en ont guère le temps. Étienne leur balance en effet un deuxième engin explosif. Réflexe de combattant similaire de la part de Marcel, qui dégoupille tranquillement sa deuxième grenade, la brandit, la lance. Devant l'hôtel, plusieurs cadavres dont celui de Percy McNeill gisent au sol. Mission accomplie, le trio de choc décampe en direction de la rue Villebois-Mareuil. Mais atteint par une balle en pleine jambe, Maurin s'écroule.

– Merde ! crache Marcel. Étienne se baisse pour aider son camarade.

– Je suis cuit, laisse-moi, je vais leur en faire baver… ordonne Théo.

D'autres balles commencent à siffler. À contrecœur, Étienne et Marcel prennent leurs jambes à leur cou, tournent le coin de la rue, sautent sur le marchepied de la camionnette à gazogène qui démarre en direction de l'avenue Niel.

Allongé sur le trottoir, Théodore Maurin effectue une ultime revue de détail. Rien de compromettant sur lui pour ses camarades – ni papiers, ni adresse, ni aide-mémoire écrit. Le résistant met le canon de son revolver dans sa bouche, appuie sur la queue de détente. Un peu de sang gicle.

Sa tête heurte le sol. Il est mort.

CHAPITRE 38

Mai 1944

WW prend le parti d'en ricaner.

– Fin du mystère. Il n'y avait pas deux mutilés, mais un seul. Selon les jours et ses humeurs, ce monsieur Télémaque aujourd'hui décédé portait soit un œil de verre avec monocle, soit un bandeau noir. Conclusion : il n'avait donc rien à voir avec Dédale, qui reste toujours non identifié.

Télémaque aussi, ajoute-t-il, mais pas pour longtemps sans doute. Nous allons demander à la préfecture de police de s'en occuper. Il paraît que l'identité judiciaire fonctionne très bien, ici. L'inventeur des empreintes digitales était français, après tout.

– Mais Gibson nous a claqué entre les doigts, soupire Kraus, accablé.

– La faute à qui ? s'emporte le capitaine SS. Si vous m'aviez écouté, on l'aurait transféré avenue Foch avant que les terroristes aient eu le temps de monter leur coup. Une attaque comme celle de tout à l'heure, ça se prépare. Ces salopards ont bien fait les choses : trois morts et quatre blessés graves chez nous ; deux blessés chez les Français. À l'exception du borgne, tous sont parvenus à prendre la fuite. Bravo !

Kraus baisse la tête. Tout va mal, en effet. Et quelle idée stupide de vouloir garder le major pour lui, avenue des Ternes ! Landsberg garde le silence mais n'en pense pas moins. Lui qui comptait sur Gibson pour tisser, peut-être, des liens avec les services secrets anglais va en être pour ses frais. En insistant pour qu'on laisse le major à demeure, le lieutenant comte s'est, en outre, dangereusement découvert. L'émotion passée, Wehner ne manquera pas de s'interroger sur son attitude. Déjà périlleuse, la mission du jeune officier pourrait s'en trouver affectée.

Les énigmes se bousculent. Des agresseurs trop bien renseignés avec un culot à toute épreuve ; un borgne pas encore identifié mais qui le sera sous peu ; ce couple qu'on a vu s'enfuir à toutes jambes après que l'homme a balancé une grenade…

Cette fois c'est sûr, il va falloir faire un sérieux point.

Au Savoy, l'heure de prendre les commandes a sonné.

– Montrachet comme d'habitude avec les steaks, sir ?

– Mais naturellement, mon bon Luigi, répond le monsieur aux fines lunettes rondes et aux cheveux frisés que les habitués de ce haut lieu londonien surnomment le Professeur. Toujours tiré à quatre épingles, l'homme de soixante-huit ans suscite, selon les gens et le moment, respect, curiosité ou crainte. Il ne laisse personne indifférent.

Le maître d'hôtel s'incline avec onctuosité. Il a ses raisons. Les parents de Luigi, sujet britannique d'origine italienne, ont été placés en résidence surveillée à l'île de Man, en gage de sa fidélité et de sa discrétion. Dommage que ce garçon si dévoué – et pour cause – ne comprenne que des bribes de français car le général de Gaulle vient quelquefois au grill du Savoy avec les membres de son état-major et, à l'occasion, un ou deux résistants de passage. Des Français ensemble à l'étranger, forcément, ça parle. Mais faisons-nous une raison, nul n'est parfait, pas même Luigi…

En face du professeur, le captain Mortimer affiche une mine défaite, plus sombre encore qu'à l'accoutumée. On sent l'homme humilié, ulcéré.

– Allons, Robert, détendez-vous, suggère le Professeur, un pâle sourire au-dessus de sa petite moustache blanche taillée au cordeau. À quoi servirait-il de perdre l'appétit ? ajoute-t-il en désignant les assiettes en porcelaine et les couverts en argent. La viande du Savoy est sans égale.

Pas de figure moins débonnaire ni plus légendaire que Claude Edward Marjoribanks Dansey. Oncle Claude a l'allure d'un Anglais bien tranquille, sans problèmes, sans histoires, sans factures impayées, sans dettes de jeu. C'est pourtant le numéro deux du Secret Intelligence Service. Un homme qui sait tout faire parce qu'il a déjà tout fait : études au collège anglais de Bruges, en Belgique ; classes dans le régiment du colonel Baden-Powell, bientôt fondateur du scoutisme ; premières armes en Afrique australe et à Bornéo ; guerre « non conventionnelle » contre les Boers sud-africains au sein de son unité très spéciale de cavalerie ; période initiatique aux États-Unis pour y fonder et diriger un *country-club* de milliardaires près de New York, glissant par la même occasion du renseignement militaire au renseignement économique et financier.

Marié pendant la Grande Guerre à une jolie divorcée après avoir occupé divers postes en France et en Belgique, Dansey sera à partir de 1917 le mentor des premiers services secrets américains. Services qu'il va couler d'emblée dans ce moule britannique si particulier que la forme en change sans cesse. De retour dans la bonne vieille Angleterre, il réintègre la maison mère. Et là-dessus, en 1934, honte et scandale dans la famille des services secrets de Sa Majesté. Oncle Claude arrache sa tunique de Nessus personnelle, le manteau couleur de muraille des maîtres espions. « Ceux qui savent » assurent qu'ayant puisé un peu trop libéralement dans la caisse du SIS, le rescapé de la guerre des Boers aurait été mis à la retraite d'office. Ruse de guerre, bien entendu. Toujours ami des rois du pétrole, des maîtres de forges, des marchands d'armes, des seigneurs du diamant et même, on ne se refuse rien, de quelques princes du grand écran, Oncle Claude s'exile à Rome d'abord, puis en Suisse. Son idée : marier les intérêts privés à ceux de la Couronne au sein d'un réseau anti-allemand parallèle au SIS, plus souple et moins compromettant. Dès 1936-1937, l'organisation Z, sa créature, se développe dans toute l'Europe. À Prague dans les milieux socialistes ; à Zurich sous le couvert de la compagnie pétrolière Royal Dutch Schell ; à Rome ; à Bâle ; à Vienne jusqu'au rattachement de l'Autriche à l'Allemagne. Z dispose d'un mode spécifique de financement, de son propre code et de ses propres moyens de communication avec Londres. Seul l'enlèvement de deux officiers du SIS piégés – quelle maladresse ! – par les nazis en septembre 1939 à la frontière germano-hollandaise la fera sortir de l'ombre.

Sous ses dehors fragiles, Oncle Claude a le cuir assez épais pour survivre à l'échec. C'est ce vétéran dénué de tout scrupule moral que le grand patron du SIS, l'Écossais Stewart Graham Menzies *alias* C, a chargé d'organiser l'intox systématique des nazis sur tous les grands projets stratégiques alliés. Et en ce mois de mai 1944, quoi de plus important que de jeter un brouillard protecteur d'informations, de contre-informations et de rumeurs toutes plus contradictoires les unes que les autres sur le secret des secrets, le débarquement inter-Alliés ? Un assaut imminent que les nazis, égarés, perdus, désorientés, devront situer n'importe où, Pas-de-Calais, Scandinavie, enfer, paradis ou Walhalla germanique si ça leur chante, mais en aucun cas sur les côtes normandes.

Robert Aleister Shaw, *alias* captain Mortimer, est un homme selon le cœur du lieutenant-colonel Dansey. Pas que Oncle Claude soit homosexuel, comme beaucoup le pensent, car le père fondateur de l'organisation Z n'est ni homo ni hétéro. Oncle Claude n'a aucun goût particulier pour les hommes. Pour les femmes non plus. Oncle Claude n'a de goût que pour ceux et celles qui peuvent servir ses manigances. Poisson à sang froid, seul le résultat compte à ses yeux. Un résultat qu'on ne peut atteindre qu'en alignant des sujets de la valeur technique de Shaw.

Fils et frère de banquier, banquier lui-même, membre du SIS depuis sept ans et ex-pilier de l'organisation Z en Suisse, le captain Mortimer apparaît déjà comme un vieux de la vieille. Garantie supplémentaire, c'est en outre un parent de

Dansey qui croit à sa famille comme il croit à son Angleterre à lui, club impérial très fermé de *gentlemen* liés par un amas de mystères connus d'eux seuls.

Jour après jour, Dansey tire les ficelles de cette manœuvre d'intox antinazie à détentes multiples baptisée « Opération Fortitude » dont Shaw se trouve être partie prenante. Shaw très contrarié ce soir par la nouvelle inattendue de l'exécution de Percy McNeill par la Résistance avenue des Ternes.

Tortueuse, l'idée avait plu d'emblée à Oncle Claude, l'homme de toutes les complications et de tous les cynismes. Sachant le réseau Orchestra notoirement pourri, on renverrait d'autorité son chef à Paris. Bien entendu, McNeill ne tarderait pas à tomber entre les pattes des nazis. Pour peu que ces derniers le fassent parler sous la torture, leur domaine de plus grande compétence, et le malheureux, à bout de force, avouerait un prochain assaut… sur Calais ou Boulogne et non sur les cinq plages normandes sélectionnées par l'état-major inter-Alliés. Harp y perdrait son intégrité physique, son honneur, sa vie peut-être, mais le tour serait joué. Un élément de plus dans le gigantesque puzzle de Fortitude… Jusqu'à l'attaque du repaire de Gautremont, tout s'est passé comme prévu. Premier acte : McNeill tombe. Deuxième acte : pour préserver l'essentiel, il commence par livrer ses adjoints. Mais au troisième acte, le major, recru de douleur, était censé craquer et révéler de bonne foi à ses bourreaux le débarquement bidon dans le Nord de la France. Or, le voilà mort. La prompte réaction de la Résistance française a-t-elle ruiné la pièce toute entière ? Impossible d'en avoir le cœur net. Shaw enrage d'autant plus que le BCRA affirme ne rien savoir de l'affaire sanglante de l'avenue des Ternes. Tenus à l'écart du secret du jour J, les gaullistes manifestent leur humeur par une mauvaise volonté équivalente à la duplicité britannique.

– McNeill n'étant pas bigot, vous ne couriez aucun risque, lui rappelle Oncle Claude, patelin. Vous avez donc bien fait. Croisons les doigts pour que le pauvre type ait bien parlé avant de mourir. Si oui, tant mieux, on fera dire des prières.

Mis sur notre compte, son meurtre accréditera un peu plus les révélations faites aux nazis. Sinon, tant pis, ce sera un coup pour rien.

« Bigot », ce terme est un code pour désigner les initiés, ceux qui connaissent le lieu exact du débarquement en Europe. Le contre-espionnage veille sur ces heureux élus comme sur la prunelle des yeux du roi George. Les autres n'ont pas vraiment d'importance. De simples pions dans un jeu qui les dépasse.

– Un de nos meilleurs coups, tout de même, ressasse Shaw. Depuis l'affaire Prosper, nous n'avions rien monté d'aussi bon.

Prosper, c'était l'année dernière. Le plus gros réseau SOE de France bazardé aux Allemands en juin-août 1943. Un millier de résistants français et trente-cinq officiers britanniques arrêtés. Le tout sur fond de grandes manœuvres d'intoxication des Allemands entre débarquement allié en Sicile et préparation à long terme du débarquement en Europe…

– Dans la partie que nous jouons, on ne gagne pas à tous les coups, observe Oncle Claude, fataliste et sûr de lui. Fortitude va marcher, il le sent. Ce sera son chef-d'œuvre, l'apothéose d'une longue carrière.

Tandis que Luigi apporte les steaks et la bouteille de vin français, le numéro trois de l'Intelligence Service observe pensivement son interlocuteur. Le petit cousin Robert a de l'étoffe. Avec les gaullistes, ce brillant sujet s'y prend à merveille. Pour parfaire son éducation, mettons-le bientôt en contact avec ces Américains balourds de l'Office of Strategic Services. Tous les espoirs lui sont permis.

Un futur chef du SIS, le cousin Shaw, qui sait ? Il faudra en glisser un mot à C la prochaine fois qu'ils se verront en tête-à-tête au White's, le club favori de Stewart Menzies. Quant à McNeill, on lui rendra les honneurs. Ou plutôt non, on fera de lui un traître. Il faut parfois aller jusqu'à sacrifier des jeunes gens de bonne famille. D'un autre côté, le clan McNeill reste puissant.

– Un verre de montrachet, Robert ?

Oncle Claude plonge à nouveau dans ses réflexions. Quand cette guerre si passionnante sera terminée, il faudra tout de même qu'il songe à prendre sa retraite.

Quel mot affreux, la retraite…

Chapitre 39

Juin 1944

Gautremont se réveille avec une belle gueule de bois. La veille, il a assisté à une émission sur le petit réseau de télévision parisien exploité par des techniciens français sous étroit contrôle des forces d'occupation. Et comme les autres participants à cette soirée mémorable, abusé du champagne.

Élyette l'accompagnait. Ils ont vu la chanteuse Paulette Deviers, bijoux de prix et décolleté vertigineux, quitter le bras de son amant, un lieutenant-colonel de la Luftwaffe, pour pénétrer dans le studio. Une petite lampe rouge s'est allumée.

– Le spectacle va commencer, a indiqué en allemand d'abord, en français ensuite, le maître de cérémonie, Edmond Mirande. Gautremont connaît bien cette figure éminente de la collaboration intellectuelle. Candidat malheureux à trois prix Goncourt successifs au milieu des années trente, Mirande attribue la responsabilité de son échec à la main occulte des juifs. En fait, l'écrivain émarge de longue date aux fonds secrets de l'ambassade allemande, et le chansonnier gaulliste Pierre Dac n'a pas tort de faire de lui une de ses cibles de prédilection sur les ondes de la BBC.

Carrés dans leurs fauteuils face au petit écran noir et blanc, les invités ont admiré l'aisance de la diva, apprécié la tessiture unique de sa voix de contralto. Quelques instants plus tard, Paulette Deviers émergeait du studio sous les applaudissements. Insigne privilège, Gautremont et Élyette ont pu échanger quelques mots avec elle.

Comme la guerre semblait loin, hier soir. Plus de poussée française, anglaise et américaine en Italie, d'avancée soviétique à l'Est ; plus de Résistance, plus de terrorisme, plus d'attentats. Rien que la perspective exaltante d'une Europe nouvelle placée sous le signe d'une modernité triomphante. Comment douter que les Allemands, capables de telles prouesses technologiques, puissent construire ces fameuses armes secrètes dont on annonce le prochain déploiement ? Mais ce matin, les toasts à la victoire du IIIe Reich laissent le mercenaire de l'Abwehr dégrisé et perplexe.

Gautremont, la tête lourde, tente de se rassurer. L'inconnue, c'est le débarquement. Que l'assaut anglo-américain à venir échoue, et tout devient possible. Mais qu'il réussisse et les gens trop mouillés avec les Allemands n'auront qu'à préparer leur sortie de scène.

En cas de malheur, il a déjà choisi son point de chute, Madrid. L'ombre au tableau, ce sont Wehner et Landsberg, deux hommes que l'argent n'intéresse pas. Impossible de les tenir comme un vulgaire Ulrich Kraus…

Élyette dort. L'embrassera-t-il sur le front comme il s'émeut tant à le faire ? Le chef de la PEFA a ses points faibles. Élyette lui est sacrée… comme, sur un tout autre plan, sa femme et ses deux filles. Les soucis l'attendent ; il la laisse à son sommeil.

Dambris se lève, enfile sa robe de chambre en fin lainage rayé et passe sans bruit dans la pièce à côté. Sur la table gigogne, un paquet de Players et son briquet en or. Il fiche une blonde entre ses lèvres, l'allume, réfléchit encore. Depuis le meurtre du major anglais, quelque chose ne tourne plus rond.

– Mardreau, t'es là ? questionne à mi-voix le chef de bande, penché sur l'escalier qui conduit à son appartement personnel avec vue sur les toits de Paris.

– Fidèle au poste, patron.

– Alors fais-moi monter du café noir *fissa.*

Quelques minutes plus tard, la femme de chambre apporte le petit déjeuner. La vaisselle est luxueuse, le café brûlant. Dambris avale une gorgée, mais dédaigne les croissants.

Un agent double de la Résistance au sein de son propre groupe, telle est la conclusion à laquelle il a abouti dans la nuit, au fur et à mesure que les vapeurs d'alcool s'évanouissaient. Pour Lisette Gilmont, « ils » ont su très vite, et pour l'Anglais, « ils » connaissaient même l'heure exacte du transfert avenue Foch.

Un traître, mais qui ? Luciani, Vermeulen, le Moko, Mardreau, Ribouldingue, le Nantais, Mathieu le Corse et les autres… les gueules patibulaires des membres de son gang défilent dans ses pensées. Le temps lui manque hélas pour une enquête approfondie sur chacun d'entre eux.

Chacune ? Gautremont songe à sa nouvelle recrue, la Goule, qui transforme les plus courageux en chiffes molles. Gouine, insinuent les uns ; mangeuse d'hommes toujours sur sa faim, prétendent les autres. Quelle importance puisque Adélaïde Lilant, quatre-vingts kilos, face de haine et muscles de béton, venge son existence passée de lutteuse de foire en brisant comme fétu de paille toute volonté masculine ? Pour l'affaire Gilmont, toutefois, on peut l'écarter d'office. À l'époque, elle n'émargeait pas à la PEFA.

Wehner, Landsberg et un agent double quelque part. Pour survivre, il va falloir lutter sur tous les fronts.

Les yeux de Gautremont se plissent. L'idée lui est venue soudain, une très bonne idée…

Le sergent-chef allemand aux mâchoires de bouledogue vérifie chaque document à contre-jour : *ausweis*, carte d'identité, carte professionnelle d'assureur. Tout y passe, même les binocles de Léon, que l'Oberfeldwebel chausse, le temps d'un rapide examen visuel. Les occupants savent que beaucoup de clandestins usent de lunettes à verres neutres et de fausses moustaches pour modifier leur physionomie ; ils prennent leurs précautions en conséquence.

Même minutie pour la serviette de l'agent d'assurances, mais le danger est passé. Une demi-heure plus tôt, la sacoche contenait une brassée d'informations sur les V1. Le projectile volant commence à être monté chez Fieseler à Kassel, dans la Hesse, ou à Cham, en Bavière ; chez Volkswagen à Burg ou Wolfsburg ; chez Opel à Rüsselsheim, près de Francfort. Et même en Meurthe-et-Moselle, à Thil-Villerupt. Pire, les Allemands ont progressé dans la mise au point du V2. Après le bombardement par la RAF de la base de Peenemünde, sur la Baltique, les nazis ont installé une nouvelle usine à deux pas du camp de concentration de Dora. Des kilomètres de tunnels ont été creusés sous le massif boisé du Harz. Trois millions de tonnes de roches extraites par des déportés dont beaucoup sont français. Ils travaillent comme des esclaves, dorment, et souvent meurent, là, sous la terre.

Fruit des investigations de Jean-Charles Grambert et de son ami Van Veyrinck, ces renseignements ont été relus et annotés par des scientifiques belges proches du réseau Gustave. L'envoi comprenait également des documents de première main concernant le BUNA, un caoutchouc synthétique mis au point par le grand trust chimique IG Farben, qui en aurait produit cent dix-huit mille tonnes et des poussières l'année dernière.

Dénuée de certaines matières premières stratégiques, l'Allemagne nazie les fabrique en dépit des bombardements alliés de plus en plus intenses. D'après le réseau Gustave, elle aurait produit plus cinq millions de tonnes d'essence synthétique l'année dernière, dont trois millions et demi par le procédé d'hydrogénation sous haute pression et à haute température, et un million et demi par le procédé Fischer Tropsch, plus récent. De quoi fabriquer essence, gasoil, huiles de chauffe ou de graissage. En 1942 et 1943, toutefois, les huiles synthétiques allemandes auraient moins bien résisté aux grands froids du front de l'Est que les huiles soviétiques augmentées d'un adjuvant américain, le paratone. « Pour l'année à venir, concluait le rapport, le Reich sera contraint de demander aux synthèses 60 % de ses carburants et huiles, le pétrole naturel, roumain notamment, ne contribuant que pour 40 %. » Une annexe rappelait que, cible pour les bombardiers alliés, une seule usine d'essence synthétique fonctionnait en France, à Liévin, dans le Pas-de-Calais sous administration militaire allemande directe.

Grâce à Dieu, le message n'est plus entre les mains de Léon. Dans quelques heures, Eson l'aura crypté et expédié à Londres. Mais on a frôlé le désastre.

Obstiné, l'adjudant-chef poursuit son interrogatoire.

– Léon Hiégel, c'est alsacien, comme nom ?

– Non, lorrain, répond le résistant, qui sait que les nazis considèrent les Alsaciens comme des sujets du Reich, donc soumis à la loi militaire allemande. En fait, je viens de Clermont-Ferrand.

Le sous-off hèle un de ses subordonnés : « Fais-le monter dans le camion », comprend l'agent d'assurances.

Quelle guigne, cette rafle à la sortie de l'immeuble ! Des communistes viennent d'abattre deux soldats allemands. Le quartier est bouclé, les passants fouillés, les suspects embarqués dans un camion militaire. Pour une fois que Léon se rendait vraiment chez un client, c'est à se taper la tête contre les murs.

Les murs, ils sont passés à la chaux dans la pièce où les Allemands entassent leurs victimes d'aujourd'hui.

– Je sortais de chez moi pour descendre les poubelles, geint un monsieur au teint pâle au moment où Léon et son groupe de codétenus font irruption, poussés par les Allemands. Je suis chef de rayon à la Samaritaine, ajoute l'homme.

Mais qui convaincre de son innocence ? Les raflés de ce soir sont seuls.

– Les Chleuhs m'ont pris alors que je tapinais, proteste à son tour une quadragénaire fardée à l'excès.

– Ma femme m'attend, râle un ouvrier en cotte bleu marine. J'avais un boulot à finir, j'ai pas fait attention à l'heure.

Chacun d'étaler son inquiétude d'être coincé ici la nuit, ou pire. Le moindre attentat voit en effet son lot de représailles contre les civils.

– Quelqu'un parle allemand ici ? s'enquiert un bonhomme tout rabougri. Ils peuvent pas nous garder comme ça. Ils ont pas le droit.

– Ils ont tous les droits, réplique une voix anonyme.

Oubliant toute prudence, Léon bondit.

– Les Boches sont chez nous ; ils n'ont aucun droit !

Il prend l'ensemble de l'assistance à partie.

– Vous n'avez pas honte de supplier ? Faisons-nous respecter…

– Comment ? demande l'ouvrier.

– On peut leur casser les oreilles avec *La Marseillaise.*

« Allons enfants de la patrie », entonne Léon… « Le jour de gloire est arrivé », reprennent les autres. La prostituée gueule encore plus faux que les autres.

« Contre nous de la tyrannie
L'étendard sanglant est levé
L'étendard sanglant est levé
Entendez-vous dans nos campagnes… »

À mesure que le chœur s'élève, les voix s'affermissent. C'est une rage trop longtemps contenue qui déferle soudain. Marre des Boches qui tiennent le haut du pavé. Marre de courber l'échine, de raser les murs.

Le vacarme devient assourdissant, mais à la fin des couplets vengeurs, tout le monde se rassoit sagement. Une main se pose alors sur celle de Léon.

– Je peux vous parler, monsieur ?

C'est un homme d'une trentaine d'années, au teint mat, aux yeux francs. Les bords du col ouvert de sa chemise sont rabattus sur les revers de son veston fripé. Il attire le résistant dans un coin.

– J'ai repéré un moyen de sortir d'ici.

Hiégel roule des yeux étonnés.

– Par exemple ! Je voudrais bien savoir lequel.

– Facile.

L'inconnu désigne un panneau dans le mur au fond de la pièce.

– Vous croyez qu'on peut l'ouvrir ? demande Hiégel.

L'homme en fait la démonstration, il arrache le panneau.

– La rue est de ce côté. Si on pouvait déboucher dessus…

D'autres candidats à la fuite ? Passée la vague d'exaltation patriotique, aucun ne se présente. Par solidarité, leurs codétenus acceptent quand même de faire masse devant l'ouverture pratiquée dans le mur.

Derrière le panneau un boyau d'un mètre cinquante de diamètre, pas très propre mais suffisamment large pour que les deux évadés puissent y ramper sans difficulté. Léon et son compagnon débouchent dans une cave. À peine éclairée par un soupirail, et remplie de casiers à bouteilles. Quelques jambons pendent, enveloppés dans du linge.

En grimpant sur ses coudes, ils distinguent les pavés de la rue à la lueur d'un réverbère. La liberté n'est plus très loin, mais où, au juste ? Ils sondent les murs dans l'espoir d'y trouver une nouvelle issue. Mais rien à faire.

– Là, ça sonne creux ! souffle l'inconnu au moment précis où le couple de fuyards allait déclarer forfait.

Couverte de champignons malodorants, la planche de bois vermoulu ne résiste guère à une solide poussée. Les voici dans une seconde cave, plus haute et plus vaste que la première. Un établi, des outils épars ; elle doit servir d'atelier.

– La porte est ouverte ? demande Léon.

– Voyons voir…

L'inconnu pose la main sur la poignée. Il tente en vain de la faire jouer.

– Fermée, chuchote-t-il. Mais je suis serrurier, et ici, les outils ne manquent pas.

Un serrurier, un vrai ! Ça aurait bien fait rire McNeill, l'homme du SOE. Quelques instants plus tard, Léon et son nouvel ami débouchent dans une cour d'immeuble.

– On y est arrivés ! triomphe l'inconnu.

Il suffit de tirer le verrou de la porte cochère du bâtiment, et cette rue qu'ils distinguaient tout à l'heure au travers du soupirail est là, à leur portée.

– Les Boches vont ont laissé vos papiers ? interroge Hiégel.

– Je veux, mon neveu ! répond l'inconnu.

Portant la main à sa poche intérieure il exhibe un portefeuille.

Par chance, Léon aussi a conservé les siens.

– J'habite à trois pas, dit le serrurier. Allons nous planquer chez moi en attendant d'y voir plus clair. Je m'appelle Paul, et vous ?

– Léon.

Les deux hommes se serrent la main.

Adhémar Benoît et Blanchette Lapautre n'ont pas d'enfants. Pas d'amis non plus. On les appelle les Thénardier. Le couple d'indicateurs de police va sur son demi-siècle de réussite, à commencer par l'infiltration des milieux anarchistes proches de la bande à Bonnot... C'était, voyons, en 1912 déjà. Deux décennies plus tard, Adhémar et Blanchette émigraient à Lyon pour faire tomber quelques vedettes du mitan local adeptes, comme feu Bonnot, du braquage de banques à main armée.

Repérés, les Thénardier ne doivent leur salut qu'à une fuite précipitée au Maroc, où ils s'illustrent en extorquant des sommes faramineuses au prince Aage de Danemark, une des figures de proue de la Légion, chef de bataillon au 3e régiment étranger d'infanterie. Mais si le membre de la famille royale, bon prince dans tous les sens du mot, se déclare prêt à passer l'éponge, ses fidèles, eux, l'entendent d'une autre oreille. Passés à tabac par trois légionnaires, deux Allemands et un Luxembourgeois, les Thénardier sont contraints de rembourser. S'envole ainsi leur rêve d'ouvrir un bordel à Casablanca. L'air étant à nouveau devenu malsain, ils filent sous d'autres cieux : Dakar puis la Nouvelle-Calédonie.

Fin août 1939, le couple regagne les berges de la Seine. Quelques jours plus tard, la guerre est déclarée. Nos amis ouvrent alors une officine de détectives privés, Adéblanc Surveillance. Un an et demi plus tard, une filature les met par hasard sur la piste d'Ernst, un des trois fidèles grognards d'Aage de Danemark. « Traître à l'Allemagne », le malheureux hante sous une fausse identité les bars parisiens. Dans ses bagages, *Mes souvenirs de la Légion étrangère*, le livre dédicacé du prince danois. Les Thénardier se feront un plaisir de dénoncer l'homme à la Geheime Feld Polizei, la police secrète de campagne, bras armé de l'Abwehr, basse vengeance qui, par des chemins tortueux, va leur faire rencontrer Dambris une première fois.

Adhémar et Blanchette ont repris contact avec la Grande Maison. Las, en septembre 1942, Vichy éprouve le besoin subit de moraliser la police privée. Qu'on interdise la profession de détective aux juifs, passe encore – baptisés et vaccinés, Adhémar et Blanchette n'appartiennent pas à la « race maudite ». Mais de crainte d'être repéré par d'anciennes victimes, le couple usait illégalement de faux patronymes. La sanction tombe en octobre 1943. Adéblanc Surveillance doit baisser le rideau.

Dambris arrange le coup, mais pose ses conditions. Les Thénardier deviennent sa garde prétorienne secrète. Voilà pourquoi, en cet après-midi maussade, Adhémar et Blanchette se relaient pour filer le train à Paulo le Moko. Et voilà comment leur instinct leur souffle que contrairement à Vermeulen hier, Plantel cache quelque chose. Pourquoi s'est-il retourné trois fois à l'improviste ? Et que vient-il faire au juste, lui le truand aux poches pleines, dans ce quartier prolo de la Bastille ?

Blanchette va se mettre en planque sous un porche voisin. Pendant ce temps, Adhémar change de physionomie, se coiffant d'un chapeau dont il relève astucieusement les bords. Ainsi méconnaissable, il pénètre dans le bistrot crasseux.

Où se trouve donc le Moko ? Aux chiottes à coup sûr. Espérant que les toilettes ne débouchent pas sur la cour intérieure comme c'est quelquefois le cas, Adhémar commande un Viandox. À peine la patronne tend-elle à son nouveau client le breuvage insipide mais fumant que la porte des W-C s'ouvre. Plantel réapparaît, paye sa consommation, puis quitte l'établissement d'un pas vif.

– On peut pisser ? s'enquiert l'indic, certain que Blanchette reprendra la filature sans se faire repérer.

Adhémar s'enferme dans le minuscule lieu d'aisance où flottent des effluves rien moins qu'agréables. Son œil exercé balaie l'endroit. Derrière la chasse ? Rien. Mais les deux pieds sur l'abattant pas très propre, l'indic domine la situation. De là, il repère une fente minuscule dans le mur. Sa main s'y glisse prudemment.

– T'as la courante ou quoi ? gueule un quidam derrière la porte.

– J'arrive, réplique l'indic d'une voix plaintive. Ses doigts se referment sur le message de Paulo le Moko à Vincent Noroit. Il l'enfouit dans la poche de son manteau, tire la chasse pour donner le change.

Du grain à moudre. Gautremont va être content…

CHAPITRE 40

Juin 1944

La rafle de l'autre soir a donné à Léon l'occasion de tisser des liens avec Edmond, son compère d'évasion. Le serrurier est d'accord pour s'engager au sein du réseau Bucéphale où ses compétences seront les bienvenues. Pour mettre au point les modalités de ce recrutement, Hiégel et son poulain ont rendez-vous dans quelques minutes rue de Charonne.

J'aurais peut-être dû consulter les autres, s'inquiète Léon chemin faisant. Et puis zut, pas le temps. Il faut plusieurs jours pour monter une réunion plénière du comité directeur. Résultat, on discute de moins en moins ensemble, et chacun doit prendre ses responsabilités.

Il marche sans forcer l'allure sur le trottoir de droite. En face, Edmond, très agité, lui adresse de grands signes de la main.

Pour aggraver le tout, Edmond traverse la rue et fond littéralement sur le résistant.

– Salut, comment vas-tu ?

– J'irais mieux si tu te montrais plus discret.

Les deux amis se serrent la main.

– J'ai pas l'habitude, balbutie Edmond.

– Pas grave ; on va causer en route, répond Hiégel. Mais les deux hommes n'ont pas fait cent cinquante mètres qu'une Matford, puis une Delahaye pilent juste à leur hauteur ; un commando armé jaillit des deux autos et une véritable armoire à glace ceinture Léon, lui interdisant tout mouvement. Scénario bien rodé : pour l'empêcher d'appeler au secours, un second agresseur glisse un tampon de chiffon dans la bouche du résistant.

Hiégel comprend. Edmond s'appelle Judas et sa poignée de main de tout à l'heure n'était rien d'autre que le baiser de la trahison.

– Que dis-tu de mon petit scénario ? lance Gautremont, triomphant.

Le serrurier n'est qu'un des nombreux traîtres aux gages de l'occupant. Dans l'espoir que les auteurs de l'attentat anti-allemand de l'autre soir se démasqueraient par imprudence ou vantardise, on l'avait mis à guetter au fond de la cellule aux murs blanchis à la chaux. D'où sa découverte providentielle du chemin de la sortie, aménagé par les Allemands eux-mêmes.

Le poisson ferré, Edmond a téléphoné à son traitant allemand. Sous-officier de la Geheime Feld Polizei préposé à la technique simple mais efficace du coup de l'évasion, ce dernier a informé Kraus. La trop grande confiance de Léon aidant, le reste est venu de lui-même. Gautremont peut pavoiser : on tient un dirigeant de l'organisation Bucéphale et, cette fois, on ne le laissera pas filer.

– Direction la maison mère, lance le chef de la Savate.

Plantel est agenouillé, mains attachées, visage en sang. Depuis que les Thénardier ont intercepté son message à Noroit dans les toilettes, Gautremont et ses tortionnaires tentent de lui arracher le lieu et l'heure du prochain rendez-vous convenu avec son chef. En vain. Même la Goule n'est pas parvenue à lui tirer un mot. Las d'effectuer l'aller-retour entre la pièce où on tourmente Paulo le Moko, au quatrième étage de l'hôtel particulier de l'avenue des Ternes, et la salle de bain du deuxième où Hiégel passe des moments atroces, Gautremont s'impatiente. À cause de ces deux crétins bornés, on perd du temps et en matière de lutte contre la Résistance, le temps ça vaut de l'or.

Véritable amas de muscles qui ceinturait Léon tout à l'heure rue de Charonne, Raoul décoche un maître coup de pied dans les parties du Breton. Plantel se tord de douleur mais ne lâche toujours pas mot. Recrue personnelle de la Goule qui l'a connu dans un club d'haltérophilie, Raoul a la puissance mais pas la manière.

– Le dézingue pas, on en a encore besoin ! prévient Adélaïde Lilant. Et toi, charogne, ajoute-t-elle en s'adressant à Plantel, tu parles où il va falloir que je t'écrase les couilles ? Tu sais que j'aime ça, écraser les couilles des mecs ! Après, ils pleurent comme des fillettes, ces durs. Je peux aussi leur briser la colonne vertébrale, c'est marrant de les voir ramper…

Aucune réponse. À quoi bon gaspiller ses maigres forces ? Ils ont déjà passé Plantel à la baignoire et arraché quatre de ses ongles, deux à chaque main.

Ivre, la Goule laisse sa haine déborder. Haine des hommes, des femmes, de tout ou presque. Un passé similaire à celui du Moko – perte précoce de ses parents, éducation par l'Assistance publique, maison de redressement – l'a conduite à une attitude strictement opposée. Elle se vautre dans la fange avec délice.

Recru de douleur, le Moko garde le silence. Du sang coule sur ses yeux puis descend, comme des larmes, le long de ses joues. Un spectacle qui éveille une lueur mauvaise dans les yeux de la chef tortionnaire. Elle lampe cul sec un verre entier de cognac.

– Raoul, apporte-moi un schlass. Bien pointu.

L'haltérophile lui tend son cran d'arrêt à fine lame, qu'elle ouvre avec un petit déclic.

– Tu te prends toujours pour un vrai dur, charogne ? On va voir si t'en as.

– Tu vas pas lui couper les burnes ? glapit Raoul.

– J'ai une meilleure idée. Montre ta gueule, beau blond. D'une main, elle relève le visage de Plantel, de l'autre elle approche la pointe de l'œil droit de sa victime.

– Tu parles, connard ? Tu parles ?

Plantel n'ouvre même pas les lèvres, alors, déchaînée, la

Goule lui enfonce la lame dans l'œil. Gicle un geyser sanglant sur la veste de la tortionnaire.

La souffrance est atroce mais, foutu pour foutu, autant continuer à la boucler. Le Breton persiste dans son mutisme.

– Attends, supplie Raoul, qui craint les représailles de Gautremont.

– Y a rien à attendre. Il va parler, j'te dis. Ces types ont de grandes gueules, mais rien dans le calbar…

Définitivement aveuglé par un deuxième coup de pointe de couteau, Plantel s'évanouit. Derrière ses yeux à jamais morts défile l'image irréelle d'un curé en soutane et surplis portant le saint-sacrement au milieu de paroissiens endimanchés et d'enfants de chœur.

Les aveux de Léon Hiégel, mis en condition par Gautremont et terrorisé par le supplice du Moko, constituent une occasion sans précédent de décapiter la direction du réseau Bucéphale.

Il était temps. Irrités du manque de résultats de WW et ignorants de la mission secrète confiée par le Brigadeführer Freitag, ses supérieurs directs commençaient à perdre patience.

Hélène La Granière *alias* Déméter habiterait donc cet immeuble à l'allure innocente du 12e arrondissement. Une chambre de bonne sous les combles au quatrième. Pour donner à sa logeuse, veuve d'un agent de police, le sentiment d'exercer un métier honnête, elle sort tous les matins à la même heure.

Hiégel a donné tous ces détails à ses bourreaux ; il a aussi livré l'adresse d'Émile et d'Yvonne. Mais rien dit de la planque de Noroit, qu'il prétend ignorer. Dans l'état d'effondrement psychologique où se trouvait l'ancien dirigeant du réseau Bucéphale, même Gautremont, le plus méfiant de tous, lui a fait confiance.

Faut-il monter à son étage et débusquer la résistante ? Wehner décide que non. On l'attendra à bord de la traction avant Citröen banalisée. Du carrefour voisin, l'auto possède une vue imprenable sur l'entrée du 52. Un peu plus loin, deux agents en civil du SD font le guet.

Quelle manie stupide, ces manteaux en cuir ! Même en bourgeois, les hommes du SD conservent, vieille habitude allemande, une allure paramilitaire et des vêtements stéréotypés. Or ce qui reste utile pour frapper l'imagination des sujets du IIIe Reich s'avère déplorable ici, en pays occupé où les résistants trouvent aujourd'hui des complicités un peu partout.

Descendra-t-elle à l'heure ? Mais oui, la voilà qui pousse la porte cochère de l'immeuble. Jolie fille, note WW. Hélène porte un corsage blanc, une veste en coton et une jupe bleu marine. Tandis que le capitaine et ses deux acolytes jaillissent de la traction, pistolet au poing, les hommes du SD convergent vers la résistante. Celle-ci s'immobilise.

– Police allemande, levez les bras en l'air ! hurle Wehner.

Hélène La Granière porte la main au revers de sa veste, défait sa broche. Au moment où elle s'apprête à s'enfoncer l'extrémité pointue du bijou dans le cou, un SS en manteau de cuir noir parvient à dévier son geste meurtrier. Manquant de peu la résistante, la pointe de la broche vient se ficher dans la main de son agresseur. L'homme arrache le bijou, qu'il jette par terre en poussant un juron.

Tandis que Wehner, accouru par l'autre côté, la met en joue, son *alter ego* ceinture Hélène

– Police allemande, répète WW. Nous vous tenons enfin, madame La Granière.

Hélène fixe l'officier nazi droit dans les yeux.

– Mon mari est vengé, répond-elle simplement.

Le SS au manteau de cuir noir pâlit. Ses yeux se voilent. Il hoquette ; on dirait qu'il étouffe. Du poison… celui que la résistante se destinait en cas d'arrestation. Faute d'avoir pu en user contre elle-même, Démeter a éliminé un des agents du SD.

L'homme au manteau de cuir est devenu violet. Il porte la main à sa gorge puis s'effondre sur le pavé.

Rompue dans l'art des perquisitions, la Geheime Feld Polizei a tout prévu. Rien ne manque à son arsenal, pas même une paire de vérins.

– Défoncez la porte ; il me les faut vivants, lance à mi-voix le lieutenant von Landsberg.

Un soldat empoigne sa masse par le manche, la soulève et la projette à toute force contre le gond de la porte d'entrée de l'appartement d'Yvonne Détais et Émile Nordmann.

Réveillés en sursaut par le martèlement de l'outil, Psyché et Dionysos jaillissent de leur lit.

– Les punaises vertes ! crache Émile entre ses dents. File par les toits, je vais les retarder.

– Mais... tente de protester Yvonne.

– La ferme ! Les carottes sont cuites ; un seul d'entre nous peut s'en sortir.

Nu comme un ver, l'ancien militant du PSOP attrape son pistolet, tire à travers la porte. On entend des cris, des ordres de se mettre à couvert.

– Fonce ! répète Émile. Habillée à la hâte, Yvonne s'empare de son sac à main. Elle installe une chaise sous la trappe ménagée dans le toit du petit logement.

– Rendez-vous ! crie von Landsberg. En guise de réponse, Nordmann tire un deuxième coup de feu.

– Je ne peux pas... balbutie Yvonne.

– Taille-toi ! Faut prévenir les copains.

Troisième coup de feu qui blesse légèrement un des hommes de la GFP. Yvonne grimpe sur la chaise. Hagarde, elle ouvre la trappe qui débouche sur le grenier, itinéraire de fuite préparé à l'avance.

– Nordmann, crie Landsberg, vous n'avez aucune chance. L'immeuble est cerné.

– Cause toujours ! réplique Émile, qui appuie une fois encore sur la queue de détente.

Comme elle le faisait autrefois en gymnastique sportive, Yvonne se hisse sur ses avant-bras, prend appui sur le dossier de la chaise et bascule à l'intérieur du grenier. Elle manque de se cogner à une solive. À demi courbée, elle traverse le grenier, un long couloir qui mène à une petite porte peinte en blanc.

En bas, le martèlement a repris. Accroupis, les soldats de la GFP sont maintenant deux à s'attaquer aux gonds.

Du temps pour Yvonne, se dit Émile. Quatre ou cinq minutes au moins. La dernière balle sera pour lui, mais plus tard. Quels connards, ces racistes ! On a beau être athée, pour les nazis, on reste toujours un juif puisque né dans une famille juive et circoncis.

Il lui reste encore un chargeur, plus une grenade planquée dans la table de nuit, derrière le pot de chambre. Émile se saisit de l'engin explosif qu'il pose par terre à portée de main.

Gagner du temps… on peut toujours essayer.

– Si on se rend, vous allez nous tuer !

– Nous n'en voulons pas à vos vies, je suis un officier de la Wehrmacht.

– Pas des SS ?

– Non, non, Wehrmacht.

– Et nous aurons la vie sauve ?

– Parole de lieutenant allemand.

– Laissez-nous réfléchir.

– Soixante secondes, pas plus. Après, ce sera l'assaut.

Émile se lève avec précaution, grimpe sur la chaise, referme la trappe sans bruit puis revient prendre position. Les secondes s'écoulent.

– Alors, c'est oui ? s'impatiente le lieutenant.

– C'est va te faire foutre !

Émile vide à moitié son chargeur. Furieux, Landsberg ordonne la charge. Plus facile à dire qu'à faire ; un des soldats, grièvement blessé, s'effondre en travers du palier. L'officier fait signe. Un homme de la GFP tire une longue rafale de Schmeisser. Avec trente-deux cartouches, il a de la marge. Les balles de 7,92 mm déchiquettent le panneau supérieur de la porte. Un deuxième Allemand lance la masse à pleine volée. Cette fois, la serrure finit par céder, laissant la porte entrouverte. Allongé derrière le lit, Émile abat encore un des assaillants. Mais les Allemands, conduits par Landsberg, s'engouffrent dans la pièce.

– Rendez-vous ! répète le lieutenant.

Émile a dégoupillé la grenade. L'engin explose, le tuant net ainsi que deux soldats.

Impuissant, Landsberg ne peut que constater l'étendue des dégâts. Nordmann est mort. Et la femme, où se trouve-t-elle ? Les yeux du jeune officier inspectent la pièce, montent au plafond, repèrent la trappe.

Issue de secours : elle vient de lui filer entre les doigts, la femme…

La planque, une pièce sans fenêtre indiquée par Gaston Levallier sous les combles de son propre immeuble, ne doit servir en principe que de cache occasionnelle pour documents encombrants. Elle a abrité un temps l'émetteur-récepteur de Luc Desroches. Depuis, plus rien.

Mais il y a la guerre, la fatigue. Épuisé, Vincent Noroit s'est allongé à même le sol.

Le résistant s'éveille, l'œil vague. Quelle heure est-il ? C'est pas vrai, ça fait soixante-cinq minutes qu'il dort là, bêtement ! Trop tard pour le rendez-vous avec Yvonne à qui il devait remettre le texte du prochain message pour Londres. Le repêchage n'est prévu que pour demain.

Heureusement, le rendez-vous avec l'émissaire du BCRA a déjà été arrêté longtemps à l'avance dans un lieu particulièrement sûr. Le type, une très grosse légume apparemment, vient d'arriver de Londres pour préparer la réorganisation des réseaux. Sauf contrordre de sa part ou de celle de Bucéphale, il sera au lieu prévu à l'heure dite.

Noroit s'assoit à même le parquet. Quelqu'un cherche à pénétrer de force, réalise-t-il. Quelqu'un… les Boches.

Le résistant sort en catastrophe un briquet de sa poche, met le feu au message. Papier très fin de mauvaise qualité ; il s'embrase aussitôt. Dehors, les coups redoublent. La porte résiste, finit par voler en éclats. Noroit pose par terre le papier en flammes et se lève, faisant au document un rempart de son corps.

Pistolet à la main, Gautremont est face à lui, flanqué de Roberto, l'Argentin, et de Mardreau.

– Le truc qui crame, attrapez-le ! gueule le chef de bande, conscient de l'urgence.

Mardreau se précipite. Victime d'un maître croc-en-jambe, il tombe avant d'avoir pu atteindre son objectif. Roberto tente de lui emboîter le pas. Mais plié sur ses jambes comme un avant de rugby, Noroit envoie l'Argentin bouler sur Gautremont, qui chancelle et manque de tomber à son tour.

La feuille n'est plus que cendres. Et dire qu'en livrant cette adresse d'une planque désaffectée, Léon Hiégel croyait préserver l'essentiel, la liberté de Vincent.

À la vue des soldats allemands envahissant la maison mère parisienne des Frères prieurs, le père Lochard a refoulé à grand-peine les gestes instinctifs du combattant des corps francs qu'il fut dans l'autre guerre.

– Mes frères, que personne ne bouge, lance-t-il à l'intention des moines.

– Il n'y a pas d'erreur, c'est bien vous que nous sommes venus chercher, ricane le capitaine Kraus. Le réseau Bucéphale, c'est terminé.

Le père supérieur reste silencieux tandis que les Allemands fouillent les pièces l'une après l'autre.

– Vous ne trouverez rien ici, se décide-t-il à dire.

Kraus sourit.

– Vos petites finasseries françaises aussi, c'est terminé, conclut-il, se gargarisant de ses propres mots.

Malgré le flot de questions qui l'assaillent, Lochard reste impassible.

Une certitude d'abord. Léon Hiégel est le seul à savoir où on a transféré sur son ordre les archives du réseau et qui s'en occupe. Qu'ont-ils fait subir à ce malheureux pour qu'il parle ? Que vont-ils lui faire à lui, Lochard, lourd de trop de secrets ? Où trouvera-t-il le courage de ne pas parler ? Pour le père supérieur aussi, le temps des souffrances est venu…

CHAPITRE 41

Juin 1944

Où se cache donc Eson ?

Après le semi-succès, semi-échec de la rafle… Hélène La Granière, le père Lochard et Vincent Noroit capturés… Yvonne Détais en fuite… Émile Nordmann mort, lui qui, d'après Hiégel, possédait seul la liaison avec le radio du BCRA, la question taraude Wehner aussi bien que Landsberg.

À tout prendre, l'ancien militant pivertiste constituait l'objectif central de l'opération. Si les cimetières sont remplis de gens indispensables, cet homme-là l'était vraiment. Nordmann représentait le contact avec Eson, donc le contact avec Londres. En se sacrifiant, il a coupé le fil, et comment le renouer, à présent ?

Équation simple mais insoluble.

Sans Eson et son émetteur-récepteur, aucun moyen d'établir la ligne directe entre Abwehr et Alliés qu'espère Landsberg.

Sans Eson et son appareil, pas de *funkspiel* possible pour Wolfgang Wehner non plus.

Funkspiel est le terme technique allemand pour désigner les manœuvres d'intoxication de l'adversaire par radios interposées. Un art subtil aux conséquences incalculables en ces tout premiers jours de juin 1944 où les services spéciaux nazis, aux abois, tentent de percer à tout prix les mystères du prochain débarquement anglo-américain.

C'est des ondes que les espions du Reich attendent la découverte du grand secret. De la manipulation intelligente des messages entre opérateurs radio capturés et leur centrale londonienne jaillira, pensent-ils, la révélation capitale : celle du jour et du lieu de l'assaut allié. Or chaque opérateur possède sa manière toute personnelle de pianoter. Unique, inimitable, elle seule authentifie le mélange dosé au millimètre d'informations inexactes et de vrais renseignements qui peut permettre au SD ou à l'Abwehr de soutirer la vérité aux Alliés. L'exercice intellectuel est fascinant. De lui dépend l'avenir de l'Allemagne. L'assaut à l'Ouest repoussé, celle-ci pourrait en effet obtenir soit le répit nécessaire au déploiement des armes secrètes, l'option hitlérienne, soit une paix séparée avec les Anglo-Américains, l'option des milieux conservateurs antinazis.

Deux programmes à la fois opposés et convergents, mais plus difficiles à mener à bien en l'absence du mystérieux Eson. Or, torturé à nouveau dans la baignoire au cas où, Hiégel n'a pas varié d'un pouce à son sujet : il ignore tout de lui. L'homme brisé ne fait que dire la vérité, le contrôle de l'opérateur venu de Londres dépendant effectivement de Nordmann. Quant à Hélène La Granière, au père Lochard et à Vincent Noroit, soumis à la question, frappés, baignés, humiliés, ni la première ni les deux autres n'ont pour l'heure desserré les lèvres sur ce point comme sur les autres.

WW réfléchit, le menton enfoui dans sa main. Lors de son dernier interrogatoire, Hiégel a mentionné sans plus de détails un couvent des Frères prieurs quelque part en Seine-et-Oise. Couvent, lieu fermé, protégé des regards extérieurs... l'endroit idéal pour cacher un poste émetteur-récepteur et son servant. La solution de l'énigme Eson se trouve peut-être là-bas.

– Kraus, dites à Herr Gautremont de faire revenir Hiégel au plus vite, ordonne-t-il de sa voix impérieuse. J'ai encore quelques questions à lui poser.

Le convoi roule à tombeau ouvert à travers la campagne. Encore un petit kilomètre de chemin non goudronné, et on arrivera au couvent des Frères prieurs. Après le contre-interrogatoire de Léon, Wehner et Landsberg se sont penchés ensemble sur une carte de la région parisienne. Pour investir le lieu de recueillement et de prières, les deux rivaux ont trié sur le volet leur petit commando. Trois voitures rapides dont la Matford personnelle de Gautremont bourrées d'hommes : SS, soldats de la GFP et une brochette de truands français de la police économique.

Kraus ayant noté l'effet déplorable de son irruption dans la maison mère de l'Ordre à la tête de soldats en uniforme, les membres de ce groupe de choc sont tous en civils. Les autorités de Vichy ont beau vivre couchées, il leur arrive quelquefois de protester pour la forme. Pas la peine de compliquer inutilement les choses…

Wehner et Landsberg ont pris place à l'arrière de la Matford. Le SS porte un costume croisé et le lieutenant un pantalon de coton et une veste à trois boutons. Il est convenu que les deux officiers donneront leurs ordres par signes exclusivement, les seuls à prendre la parole étant les Français de Gautremont.

Quatre cents mètres, trois cents mètres. Les autos stoppent devant l'entrée du couvent, aisément identifiable à l'immense croix de granit qui la surmonte. À l'exception des chauffeurs, tout le monde descend. Les ordres sont clairs : dans un premier temps, rester hors de la vue des moines, dont on ignore le degré exact de complicité avec la Résistance.

Sur un geste de la main de Wehner, Gu presse la sonnette. Quelques instants de palabre et la porte s'ouvre. Des fourrés avoisinants, les hommes du commando bondissent comme des diables de leur boîte.

– Tous les curés dans la cour sinon celui-là y passe ! beugle Ribouldingue, qui pointe son automatique sur la tempe du frère portier.

Escorté de quatre ou cinq autres moines, un homme âgé

barbu sort du corps de bâtiment principal. Il se plante crânement face au gangster.

– Je suis le supérieur du couvent. Ici, c'est la maison de Dieu. Que nous voulez-vous ?

Décontenancé, Ribouldingue mendie silencieusement un ordre des deux officiers allemands.

– Rassemblez-les, indique Wehner en refermant ses bras dans un grand geste circulaire.

– Ce que je veux ? C'est vous voir tous ici, dans la cour, répète le truand.

Le supérieur hausse les épaules comme s'il tentait de camoufler son inquiétude.

– Frère André, ordonne-t-il, faites descendre tout le monde dans la cour. Je reste là.

Grouper les Frères prieurs, une quinzaine, c'est l'affaire de sept ou huit minutes. Autour des religieux, les hommes du commando ont pris position, armes braquées. Wehner fait claquer ses doigts à l'adresse du Nantais. Le truand s'approche, prend dans sa main le petit papier plié en quatre que lui tend le SS, lit et hoche la tête.

– Qui est le frère Albert ?

– C'est moi, répond l'un des moines sans la moindre émotion dans la voix.

– Alors viens par là. Les autres, mettez les mains sur la tête et attendez. On va fouiller votre cambuse…

– Voyons ! proteste le père supérieur, qui s'est avancé d'un pas.

En guise de réponse, Vermeulen frappe le religieux au visage d'un coup de matraque en caoutchouc, son arme de poing favorite.

– Ta gueule ! Les curetons, moi j'aime pas, éructe-t-il.

Tandis que deux hommes de la GFP entraînent frère Albert vers l'extérieur, les moines, impuissants, ne peuvent que s'incliner. La violence leur est interdite et, de surcroît, les armes braquées sur eux ont de quoi les dissuader de tout acte de résistance.

– Prions, mes frères, dit le père supérieur, accablé.

Faute de mieux, les Frères prieurs s'agenouillent sur les pavés de la cour, mains jointes et visages tournés vers le ciel sous le regard goguenard des gangsters et des SS. Et l'œil plus gêné de certains soldats dont le lieutenant comte von Landsberg…

Pour un peu, Wolfgang Wehner embrasserait le combiné téléphonique, qui vient de lui apporter la bonne nouvelle qu'il n'espérait plus.

Torturés, la sœur et le beau-frère d'Hélène ont fini par avouer où se trouvait Paul La Granière, qu'ils avaient cru en sécurité dans l'appartement d'une de leurs amis. Le gamin est entre les mains des SS. Nul doute que confrontée à cet enfant innocent, soumise au chantage, sa folle furieuse de mère va enfin parler.

C'est qu'en dépit des tortures que lui ont fait subir les sbires de Gautremont, Hélène persiste à garder le silence. Jalouse à en crever de la beauté de sa cliente, Adélaïde Lilant s'est pourtant fait un plaisir de la défigurer à coups de poing ; de lui griffer les joues et le corps. L'ex-haltérophile n'a pas obtenu de résultats meilleurs en baignant six fois de suite la jeune femme, qui s'est à moitié étouffée dans ses propres vomissures. Elle a tout essayé, la Goule, même les brûlures de la pointe des seins à la cigarette, même le coup de la bouteille dans le vagin, sa spécialité qui, d'ordinaire, fait plier les plus rebelles. En vain : La Granière ne cède toujours pas.

Cette femme mériterait d'être allemande, songe Wehner, rêveur.

Remettre en cause la hiérarchie raciale des valeurs nazies n'est pas évident pour lui, un SS. Mais le courage des ennemis force quelquefois l'admiration. Et le courage, on n'en manque pas ici. Présenté par Hiégel comme un simple agent de liaison, ce qui n'a d'ailleurs trompé personne, Noroit reste muet. Martyrisés, le père Lochard et le frère Albert n'ont pas livré l'ombre d'un renseignement. Et pour démoraliser un peu plus WW, la fouille du couvent de Seine-et-

Oise n'a permis ni de repérer le mystérieux Eson, ni de déceler l'emplacement du poste émetteur. Dissimulées dans un souterrain datant du XIIIe siècle connu des seuls Frères prieurs, les archives du réseau Bucéphale demeurent inviolées elles aussi. Bref on patauge, on perd du temps.

Faut-il parler au passé ? Car La Granière, c'est le point faible maintenant. Prise au piège de son sentiment maternel, la résistante ne peut que s'effondrer. Wehner l'a constaté tant et tant de fois : les femmes aiment leurs enfants pardessus tout. Même les juives, c'est dire…

– La femme La Granière va parler : le SD est en possession de son fils, annonce-t-il, tout content.

Landsberg lance un regard plein d'ambiguïté à son ennemi intime. Le lieutenant n'a pas oublié les images de la mise à sac et du pillage du couvent. Des scènes grotesques gravées dans sa mémoire quand les SS et les gangsters français, revêtus des vêtements sacerdotaux arrachés aux religieux, se sont « divertis » sous l'œil amusé de Wehner. Écœurés, les hommes de Landsberg sont restés à l'écart, et c'est ce sacrilège qui a décidé leur lieutenant comte de chef à sauter le pas. Récemment, un de ses anciens camarades du front russe de passage à Paris lui a parlé sous le sceau du secret d'une conjuration militaire dirigée contre le régime.

– Ne compte pas sur moi, a répondu le lieutenant. Tout ce que je peux te promettre, c'est le silence. Un Landsberg n'a qu'une parole…

Helmut a pleine confiance en Franz. Près d'être cernés par une brigade entière de l'armée Rouge, les deux jeunes officiers ont vécu au coude à coude ces jours terribles où nul ne peut plus se mentir à soi-même avant de briser, enfin, l'encerclement. De leurs compagnies respectives ne restaient que quarante-deux hommes vivants et, comme eux, meurtris et affamés.

Demain, Landsberg ira voir Franz. Il lui dira : tu avais raison, ces hommes sont pires que des bêtes fauves. L'Allemagne n'a que trop perdu de temps. Nous devons éliminer la clique brune.

CHAPITRE 42

Juin 1944

Effondrée sur le châlit, Hélène sanglote. Wehner l'a fait ramener dans sa soupente sans fenêtre du quatrième étage.

– Pour vous donner l'occasion de réfléchir, a précisé le capitaine, qui, tout sourire, savourait sa victoire d'avance.

Réfléchir comment ? Cris, haine, humiliations, coups, torture, Hélène a enduré tout cela sans faiblesse : d'une certaine manière, les douleurs de l'accouchement ne l'avaient-elles pas préparée à sortir victorieuse de l'épreuve ? Mais la voici désemparée dès lors que Petit Paul se trouve entre les mains de ses bourreaux. L'enfant, c'est son point faible, Wehner n'avait pas tort.

– Quand vous aurez envie de me parler, faites signe à mes hommes, a conclu l'officier. Depuis, deux SS montent la garde devant la porte de sa chambre-prison.

Hélène sèche ses larmes. L'idée lui vient alors, brutale, soudaine. C'est bien ça, la solution. La jeune femme tambourine à la porte.

– Haupsturmführer Wehner, Haupsturmführer Wehner…

La serrure joue. Apparaît le visage désincarné d'un des deux anges de la mort.

– *Was ?*

– Haupsturmführer Wehner, répète Hélène.

Le SS hoche la tête.

– *Jawohl*, dit-il simplement, invitant la résistante à sortir de la pièce.

L'œil d'Hélène balaie l'étroit couloir du quatrième étage de l'hôtel particulier de l'avenue des Ternes. Tout se passe comme elle l'a prévu.

– *Pissen,* gémit-elle, geste expressif à l'appui.

Les deux nazis se concertent puis lui indiquent, un peu plus loin, la porte des toilettes. Par sécurité, ils lui interdisent bien de la fermer au verrou, mais telle n'est pas son intention.

La promiscuité répugne aux nazis, obsédés par l'hygiène. Ceux-là vont-ils s'éloigner ? Par l'étroite embrasure, Déméter les observe qui s'écartent en effet d'instinct vers le fond du couloir. Toujours habillée, elle pense aux camarades du réseau. Aux deux hommes qu'elle a aimés, Henry qui est mort et Vincent qui va peut-être vivre. À Petit Paul qui sera orphelin, mais pas le fils d'une lâche, d'une traîtresse.

– Hans ! hurle le plus grand des deux SS.

Trop tard. En un éclair, Hélène La Granière jaillit des toilettes, enjambe la balustrade de la fenêtre ouverte, saute dans le vide. Elle est libre. Avant que la résistante ne s'écrase sur le sol pavé de l'hôtel particulier de la PEFA, un visage lui revient, celui de cette jeune sauveteuse londonienne aux taches de rousseur qui voulait tant visiter Paris…

Penché sur Noroit, le gamin sursaute :

– Vous avez entendu ce cri ?

– Comment ? bredouille l'avocat, aux trois quarts assommé par sa dernière séance de torture.

– Sais pas… un hurlement à faire dresser les cheveux sur la tête, répond le gosse. Seize, dix-sept ans, des cheveux longs qui lui tombent dans les yeux et qu'il ramène sans cesse en arrière d'un geste machinal ; des dents jaunâtres disgracieuses. Pas beau selon les critères conventionnels, mais plein de cette force apaisante que donne la certitude d'avoir raison – le gamin est communiste.

– Ces fumiers vous ont quand même mis dans un sale état, m'sieur, constate-t-il.

Noroit lève les yeux vers le visage marqué de son compagnon de cellule.

– Et toi, ils t'ont fait du bien, peut-être ?

– Comme je suis coco, forcément, ces cons-là tapent un peu plus fort. Mais les coups ne me font pas peur. La mort non plus. Parce que j'ai aucune illusion, hein ! Même si je parlais, j'aurais droit au peloton comme les copains.

– Et ça t'effraie pas, toi, un athée ?

– Vous êtes chrétien ?

– Non. Je ne crois pas à la vie éternelle. C'est d'ailleurs pour cette raison que la mort me fait peur.

Malgré ses plaies qui le tiraillent un peu partout, le garçon sourit.

– Peur ? Là vous blaguez !

– On peut se tutoyer, tu sais. C'est quoi ton prénom ?

– Julien.

– Vincent.

Ils se serrent la main.

– C'est au mont Valérien qu'ils fusillent, paraît, dit le gamin.

– On le dit, confirme Noroit. Et tu chanteras quoi, *La Marseillaise* ou *L'Internationale ?*

Le gamin hésite et rougit.

– Les deux s'ils m'en laissent le temps.

– On m'a dit que certains militants de chez vous criaient « Vive le parti communiste allemand ! ». C'est vrai ?

– Je crois, oui.

– Mais en même temps, vous avez un slogan, « À chacun son Boche »...

Julien soupire.

– J'en sais rien, moi ! Je ne suis qu'un petit, un militant de base.

Vincent l'attrape par l'épaule.

– Tu vois, j'ai mal, tu as mal mais ça me fait plaisir qu'on soit ensemble.

– Charriez pas m'sieur.

– Vincent.

– Oui, Vincent. Charrie pas…

– Je dis la vérité, mon vieux. Demain, je n'en aurais peut-être pas l'occasion. Allez, rendors-toi.

– C'est une idée, ça. On n'a rien d'autre à faire qu'attendre, ici.

Noroit ne répond pas. Il dort ou bien il songe. Depuis son arrestation stupide, l'avocat ne sait rien du réseau et de ses camarades.

Ils ont redescendu Noroit dans le salon désaffecté du rez-de-chaussée, là où les tortures, on ne sait pourquoi, sont toujours pires.

Ils sont quatre pour tenter de lui arracher des aveux : Gautremont flanqué du Nantais, de Mardreau et de Ribouldingue.

– T'es encore presque intact mais la coupe déborde et, cette fois, tu vas cracher le morceau, dit le chef de bande.

– Vas-y, Ribouldingue, cogne.

Le truand empoigne son nerf de bœuf, frappe au ventre. Noroit s'effondre sur le sol couvert de sang. Celui du petit communiste sans doute. Tout à l'heure, ils ont remonté Julien à moitié mort. On lui avait arraché les ongles, ses mains étaient pleines de sang et sa jambe droite fracturée.

– J'en pouvais plus, j'ai fini par parler. Pas beaucoup, juste un peu. Vous croyez que les copains vont m'en vouloir ? a demandé le gamin à son compagnon de cellule.

– Pas ceux qui sont passés par le même chemin. Ça fait trois jours que tu tiens. Pour nous, la consigne, c'est deux. Le temps que nos amis aient tout déménagé…

– Chez nous y a pas de limite ; faut tenir jusqu'au bout, a gémi le gosse avant de s'évanouir.

Tandis que les coups pleuvent, Vincent se dit que lui aussi a atteint ses propres limites. Il a vu le cadavre de Plantel, les yeux crevés. Face au Breton étendu sans vie, il s'est mordu les lèvres pour ne pas hurler. Pourquoi avoir choisi ce pseudonyme d'Œdipe ? S'il avait su…

– Puisque tu t'obstines encore, glapit Gautremont, tu vas avoir droit au traitement spécial. Mardreau, appelle-moi la Goule. Les ongles arrachés, elle adore…

Noroit sent sa volonté qui plie. À quoi bon toutes ces souffrances ? Parler, ce serait si simple. Après, ils le tueraient. Tout serait fini. Ils veulent Eson ; lui sait où se planque l'opérateur radio. Il n'a qu'à le leur livrer…

La porte s'ouvre au moment où il s'apprête à faire signe que bon, il n'en peut plus, il cède. Mais ce n'est pas la Goule qui fait irruption telle une furie. C'est Élyette, la maîtresse du chef de gang, moulée dans sa robe fourreau de soie noire.

– Tu m'avais promis qu'on irait tous à la Vie parisienne ce soir ! lance la jeune femme sans un seul regard pour la scène atroce qui se présente à ses yeux. Suzy Solidor… *Lili Marlene*, t'avais promis.

– Une urgence. Tu vois bien que je suis en train de bosser.

– T'es toujours en train de bosser !

– Tu crois que les Chleuhs me payent à rien faire ?

Élyette hausse les épaules.

– Non, ils te payent pour que tu me fasses faire la tournée des grands ducs.

Prenant ses hommes à témoin, Dambris éclate de rire.

– Elle a raison, après tout. Y a pas que le boulot dans la vie. À nous Suzy Solidor…

Consultant son bracelet-montre en or :

– Cinq minutes, poupée, et je te reviens propre comme un sou neuf.

Au passage, le chef de bande décoche un coup de pied à Vincent.

– Et toi, tu perds rien pour attendre…

Le souffle à nouveau coupé, l'avocat s'allonge carrément sur le sol. Une silhouette se penche sur lui : Élyette dont il aperçoit la poitrine magnifique qui ballotte avec grâce. Au bord du gouffre, c'est bête, cette beauté féminine continue à le captiver.

– Jules est fou furieux, lui souffle en catimini la dame à la robe noire. Ta copine s'est suicidée. Elle n'a pas parlé…

– Qu'est-ce que tu peux trouver à lui raconter à cette pauvre cloche ? râle Gautremont. Allez, on part. Luciani, c'est toi qui t'y colles. Tu me gardes ce con jusqu'à notre retour. Et fais bien gaffe, on a assez de merdes comme ça…

Hélène est morte ; Noroit glisse dans les abysses d'un océan sans fond. Il n'est plus rien qu'un agrégat de douleur physique et d'horreur morale. Autour, le silence. Furieux de se savoir de corvée quand les autres sont partis s'amuser, Gu Luciani, plongé dans ses pensées, grille cigarette sur cigarette.

Vincent s'éveille, aperçoit le dos du truand, sa veste grise à larges rayures blanches, les volutes de fumée qui montent vers le plafond.

D'un coup, il réalise. Le sang reflue dans ses artères, vie qui revient après la mort.

Le résistant s'est redressé. Mais ce n'est plus Vincent Noroit qui s'avance sans bruit vers l'homme de main de Gautremont, c'est Hélène, c'est Émile, c'est les copains du réseau, c'est toute une armée de fantômes.

– Ouuk… glapit Luciani quand les mains du prisonnier enserrent son cou.

Il n'en dira pas plus. Les doigts crispés, Noroit serre, serre. Privé d'air, Gu se débat, renonce à chercher son arme. Trop loin sous la veste, trop dur. Son visage devient rouge, ses yeux vitreux ; des larmes coulent le long de ses joues. Une dernière fois, le truand tente de réagir puis s'abandonne à l'étreinte mortelle.

Le cadavre de Luciani glisse sur le sol rouge du sang de Julien. Épuisé, Noroit lâche sa victime. Ça fait un bruit mou et sec qu'il ne perçoit même pas.

Noroit fouille les poches de Gu, prend le portefeuille, les billets. L'arme surtout, son colt Webley dont il était si fier.

Libérer Julien ? Impossible, avec cette jambe cassée le gamin ne ferait pas deux mètres. C'est moche mais tant pis. Tant pis pour Léon aussi, mais il a trahi. S'enfuir, sauver sa peau, sauver celle d'Eson, tout pour ne pas révéler à l'ennemi le rendez-vous capital prévu avec le haut responsable du BCRA...

Les couloirs sont étrangement vides. À l'entrée de l'hôtel, un garde allemand ronfle sur son fauteuil en cuir trop confortable. D'un coup de crosse, Noroit lui enfonce le crâne. Du sang jaillit, souillant le tapis en laine. Un coup de canon du colt, un autre. L'homme est bien mort. Au passage, Noroit lui subtilise sa baïonnette.

Nouvel obstacle dehors où, repérable à la cendre rouge de sa cigarette, un jeune truand inconnu veille au volant d'une Peugeot, mesure de précaution contre un raid surprise analogue à celui qui a déjà coûté la vie à McNeill. Courbé, Noroit s'avance, la baïonnette de l'Allemand à la main. L'arme d'un soldat Boche pour en finir avec un de leurs serviteurs.

La fenêtre de la Peugeot est grande ouverte. Noroit se redresse, pose la lame sur le cou du gangster qui s'affaisse, la gorge tranchée. Le cadavre est encore chaud, le siège maculé de liquide rouge. Noroit ouvre la portière gauche, s'empare des papiers du mort, de son arme, pousse le corps inanimé sur le siège du passager. La clef est sur le contact.

Faisant le tour de la Peugeot, Noroit ouvre la portière gauche, empoigne l'homme par l'épaule, le fait tomber sur le trottoir, le tire encore un peu pour l'écarter du véhicule. Rue déserte, personne ne l'a vu.

L'avocat s'installe à la place du conducteur, met le contact, démarre.

Tout n'est pas perdu...

Chapitre 43

Juin 1944

Yvonne Détais est à bout de forces, il la serre dans ses bras. Luc Desroches contemple ses deux camarades. Cette catastrophe, comment a-t-elle pu se produire ? Avant les irruptions successives d'Yvonne, puis de Noroit dans sa planque de Vitry-sur-Seine, le jeune opérateur radio n'en a rien su.

Vitry, un coup de génie de Nordmann. Puisque la radiogonio allemande repère les émissions fixes, c'était le poste qui devait bouger pendant qu'on expédiait le message. Et quoi de plus mobile qu'une péniche bien innocente traversant la capitale pour livrer son chargement avant de revenir au bercail, à Vitry, justement, à deux pas du pont du Port-à-l'Anglais ?

L'ancien du PSOP possédait quelques vieilles relations dans les milieux de la batellerie. Il avait déniché sans attendre les complicités nécessaires. Ainsi Desroches, le fils de bourgeois lyonnais, prenait-il de temps à autre place à bord de la *Bien-Vivante* avec son émetteur-récepteur et sa batterie. Les mariniers vivent dans la hantise d'une noyade accidentelle de leurs enfants : attaché à une laisse en cuir dans l'alcôve qui servait de chambre aux propriétaires de la péniche, un gamin de deux ans, le petit Antoine, tenait compagnie au jeune résistant.

Pour le logement de Luc, le mieux était de trouver une planque sur place, ici, à Vitry. Une toute petite piaule avec cuisine dans un de ces immeubles bon marché de briques rouges où les locataires ne lorgnent pas trop sur leurs voisins. Celle qu'Yvonne, désemparée, a ralliée après le sacrifice d'Émile et où Vincent, qui la connaissait aussi, vient se réfugier suite à son évasion de la rue des Ternes.

Agir. Et vite puisque la « grosse légume » du BCRA risque de tomber dans un piège mortel. Le message d'alerte, c'est l'affaire de quelques secondes. L'expérience aidant, son cryptage sera à peine plus long.

– On pourrait prendre le risque d'émettre d'ici vu la brièveté du texte, propose Desroches.

– L'appareil est loin ?

Le jeune homme rougit.

– La cave… j'avais pas d'autre endroit. On n'a qu'à le remonter.

Dans l'escalier, Noroit et lui croisent un ouvrier, sa musette sous le bras. L'homme, un quadragénaire bas sur pattes, part au chagrin. Ses yeux fatigués glissent sur eux sans remarquer la valise d'Eson.

La pièce est petite, mais tranquille. Desroches, concentré, installe l'émetteur sur la table de la cuisine, sort les cristaux d'une cache rudimentaire sous le plafond du placard, en choisit un, l'adapte sur l'appareil. Il déroule en zigzag d'un mur à l'autre une bonne dizaine de mètres de fil d'antenne. Prostrée sur le lit, Yvonne garde un silence de plomb ; on la sent prête à craquer à nouveau. Noroit, lui, a retrouvé son sang-froid. Debout devant la fenêtre, il soulève le rideau d'une main tremblante, penche la tête vers l'extérieur.

– Luc, n'oubliez pas vos *security-checks.*

Ce sont les erreurs, les fautes de frappe convenues d'avance que l'opérateur de radiotélégraphie doit glisser dans chacun de ses messages pour confirmer à Londres qu'il émet librement, sans contrainte de l'ennemi.

– Pas d'inquiétude, répond le jeune Lyonnais. Question sécurité, j'ai été à bonne école.

– Dans ce cas, commencez ; la rue est vide.

Les doigts fins de Desroches pianotent à toute vitesse le message salvateur : « Réseau 235 en partie démantelé. Plusieurs morts. Annuler d'urgence rendez-vous prévu. Je répète, annuler d'urgence rendez-vous prévu. Prendrons contact avec vous par canal convenu. Stop. »

– J'ai fait aussi vite que j'ai pu, souffle Eson. On travaille en *one time pad* : la partie de code que je viens d'utiliser n'est valable que pour une seule émission. Je la brûle, et il ne nous restera plus qu'à ranger le matériel.

Le radio s'exécute. Hypnotisé par le calendrier de bureau aux gros chiffres rouges sur la table de cuisine, Vincent passe au tutoiement.

– Les pages, tu les arraches tous les jours ?

– Ben oui, répond Desroches. C'est indispensable pour les dates des rendez-vous et les fréquences radio.

– Je ne m'en étais pas rendu compte.

– De quoi ?

Noroit désigne le calendrier.

– Les Allemands… ça fait presque quatre ans qu'ils sont là.

– Oui, quatre…

Voix blanche du fondateur du réseau Bucéphale :

– Tu crois qu'on en verra la fin ?

En un éclair, Vincent se remémore ce jour où Hélène assurait que selon toute probabilité, aucun d'entre eux ne survivrait. C'était quand ? Où ? Ah oui, ça lui revient : en juin 1941 à son cabinet, juste avant l'attaque allemande contre l'URSS. Ils étaient cinq, elle, Émile, Théo, Léon et lui. Les trois premiers ne sont plus de ce monde. Léon, c'est pire encore, a sombré corps et âme.

L'avocat réalise alors ce que l'urgence des tâches à effectuer lui avait occulté jusque-là : la mort d'Hélène. Terrible, la pensée s'abat sur ses épaules comme la foudre. Et avec elle, le désespoir, le besoin irrépressible de se retrouver seul.

– Luc, tu peux t'occuper du matériel ?

Desroches, étonné, hoche la tête.

– Je vais l'aider, ça va mieux, dit Yvonne.

Noroit acquiesce.

– Moi, je descends faire le guet dans la rue. En cas de repérage par la gonio boche, on ne sait jamais.

La vérité, c'est qu'il se sent au bout du rouleau. Si les Allemands survenaient et le tuaient là, il n'en serait pas mécontent. Ce serait une fin comme une autre. Une fin…

Dehors, rien de suspect. Le résistant lève la tête, contemple le ciel. L'aube pointe ; le jour sera bientôt là. Il marche comme un somnambule, l'œil rivé mentalement sur le chiffre 6 en grosses lettres rouges là-haut, sur le petit calendrier de Luc.

On est le 6 juin 1944. Un jour de plus sous la botte nazie, un jour comme les autres…

FIN

RÉALISATION : CURSIVES À PARIS
IMPRESSION : NORMANDIE ROTO IMPRESSION S.A.S. À LONRAI (ORNE)
DÉPÔT LÉGAL : MAI 2006. N° 60203 (06-0986)
IMPRIMÉ EN FRANCE